주권과 국제정치:
근대 주권국가체제의 제국적 성격

주권과 국제정치
근대 주권국가체제의 제국적 성격

초판 1쇄 발행 2019년 12월 20일
초판 2쇄 발행 2020년 10월 30일

지은이 전재성
펴낸이 오세정
편집 최유식
디자인 장혜원
인쇄 교학사

펴낸곳 서울대학교출판문화원
주소 08826 서울 관악구 관악로 1
도서주문 02-889-4424, 02-880-7995
홈페이지 www.snupress.com
페이스북 @snupress1947
인스타그램 @snupress
출판등록 제15-3호

ISBN 978-89-521-2933-8 93340

주권과 국제정치

근대 주권국가체제의 제국적 성격

전재성 지음

서울대학교출판문화원

머리말

이 책은 한국이 위치한 동북아시아의 국제정치를 이론화하기 위한 작업의 일환으로 쓰게 되었다. 이전에 쓴 졸저 『동아시아 국제정치: 역사에서 이론으로』와 이 책과 같은 시기에 나온 『동북아 국제정치이론: 불완전 주권국가들의 국제정치』와 연결되는 내용으로 근대 국제정치체제의 핵심 개념인 주권과 이에 근거한 조직원리를 이론, 역사, 사상, 국제법의 차원에서 살펴보고자 하였다.

7년간 한국연구재단에서 SSK사업 지원을 받아 여러 학자들과 함께 공부하는 과정이 큰 도움이 되었다. 연구단에서 함께 연구해 주신 신욱희 교수님, 민병원 교수님을 비롯한 많은 연구진께 감사드린다. 일본 게이오대학 법학부에서 1년간 연구년을 보내면서 책을 완결지을 수 있었는데, 일본 국제교류재단과 소에야 요시히데(添谷芳秀) 교수님의 지원이 큰 힘이 되었다. 하영선 교수님과 계속해 오고 있는 한국 외교사 연구회, 전파 연구회, 동아시아연구원의 국가안보패널, 정보세계학회 등은 지속적인 영감의 원천이 되었다. 지속적으로 큰 격려를 해 주신 하용출 교수님께 깊이 감사드린다. 대부분의 연구를 함께 해 주신 손열 교수님의 도움도 컸다. 책의 초고에 대해 논평해 주신 이혜정 교수님께 감사드린다. 초고 발표 자리를 마련해 주고 논평을 해 주신 수요안보모임

교수님들께 감사드린다. 특히 전체를 읽고 코멘트 해 준 차태서 박사에게 감사한다. 박사과정에서 공부하고 있는 주연정, 용채영 두 석사의 코멘트도 큰 도움이 되었다. 서울대학교출판문화원에서 출판할 수 있도록 심사해 주시고 유용한 평을 해 주신 익명의 두 심사위원께도 감사드린다.

차례

제1장

서론

비서구를 포함한 지구적 국제정치를 이론화할 필요성

이 책은 주권 개념의 형성과 주권 개념이 실현되는 역사적 변화 과정 속에서 근대 국제정치의 조직원리가 어떻게 작동되는지 살피고 있다. 국제정치이론의 가장 기본적인 개념은 주권국가와 무정부상태라는 조직원리이다. 국제정치의 단위와 체제, 두 차원의 개념들이다. 국제정치를 하나의 게임으로 본다면 행위자와 게임의 법칙, 행위자들의 행동이 모두 국가 주권의 원칙과 이들 간의 기본 관계에서 비롯된다. 조직원리를 정의하자면 "다양한 단위들의 상호 과정 속에서 어떠한 단위가 정당한 단위인지, 이들 단위들의 가장 근본적 관계를 어떻게 설정할지, 그리고 그러한 관계가 어떻게 정당화되는지에 관한 원리"다. 국제정치, 혹은 "국제"의 조직원리는 국내정치 혹은 "국내"와 "제국" 사이에서 정의되어 왔다. 국내정치의 조직화된 위계와 국내정치보다는 느슨하지만 일원적인 위계 사이에서 막연하게 무정부상태로 정의되었다. 국내 정치 조직원리의 전복된 개념이자, 제국이 분산되어 느슨해진 개념인데 사실 국제의 작동방식은 국내의 변화와 제국의 지속성과 연속성을 가지며 변화해 왔다.

문제는 국내의 전복된 이미지로서의 국제, 혹은 국내-국제 유추로는 국제정치 조직원리의 본질을 적극적으로 규명할 수 없다는 것이다. 유추에 의한 정의가 아닌, 국제정치 자체의 역사 자체에서 이론화된 조직원리론이 필요하다. 국제와 제국의 관계도 보다 명확히 해야 한다. 현대 국제관계이론은 국가와 제국의 경계를 명확하게 전제하고, 국가의 주권과 제국의 주권이 상이하다는 전제를 가지고 있다. 근대국가체제의 조직원리와 제국의 조직원리가 다르다는 것이다. 그러나 제국은 긴 역사를 통해 끊임없이 진화하고 있으며, 주권국가체제를 넓은 의미에서 본다면 진화한 제국성이 실현되는 거버넌스의 모습도 지닌다. 그러한 점에서 대부분의 주류 국제정치이론 특히 신현실주의, 신자유주의 등은 주권국가와 제국의 본질적 차이점을 전제하고, 근대 국가의 내장된 제국성에 대한 논의를 도외시했다.

국제정치의 조직원리를 보는 이론적 시각은 다양하다. 첫째, 왈츠(Kenneth Waltz)로 대표되는 신현실주의자들의 견해로 근대 주권국가들 간의 무정부상태로 보는 견해다. 국내정치 조직원리론에서 논리적으로 유추된 것으로 자연상태론 개념을 중시하는 홉스적 시각이다. 둘째, 개별 주권국가들로 구성되었지만 상호 간의 공동이익과 규범을 발달시킴으로써 점차 국내 사회계약과 같은 제도를 형성해 나갈 것이라는 로크적 입장에 기반한 신자유주의적 제도주의 시각이다. 셋째, 국가를 가로지르는 개인들의 역할과 시민사회 간 연대를 강조하여 결국에는 국가를 넘어서는 지구적 거버넌스가 가능할 것이라고 보는 칸트적 입장으로 범세계시민주의가 하나의 예다. 넷째, 자연상태에서 개별적으로 존재하는 국가들 간에도 사회성과 기본적인 규범, 공동의 이익이 존재하며 사회계약 없는 사회성이 존재할 수 있다는 그로티우스적 시각에 기반한 영국 국제사회학파의 국제사회론이다. 다섯째, 국제정치는 자본주의 세계체제의 상부구조로서 국제정치적 근대는 자본주의의 전체 속에서 그 정치적 역할이 규정된다고 보는 마르크스주의, 세계체제론의 입장이다.

국제정치 조직원리의 문제는 주권의 문제와 직결된다. 무정부상태는 국가 주권에서 파생한 개념으로, 모든 국가들이 주권을 소유하고 있으며 주권국가 이상의 권위를 인정하지 않기 때문에 정부가 없는 무정부상태의 조직원리가 생겨난다는 논리다. 이러한 개념은 사실 국내정치의 정부상태를 부정적, 소극적으로 정의한 것으로 실제 국제정치의 역사 변천에 대한 연구를 경시하는 결함을 가지고 있다. 주권의 개념이 어떻게 형성되었고, 주권을 소유하는 유일한 주체로 국가가 어떻게 형성되었는지, 그로부터 근대 국제정치의 조직원리를 어떻게 보아야 하는지가 주요 문제로 대두한다.

주권을 둘러싼 질문들

주권의 개념은 유럽에서 생겨난 것인데, 어떠한 특정 권력이 최고성과 독립성을 가질 수 있다는 생각 자체는 매우 특이한 것이다. 권력은 여러 행위자들에 의해 분점될 수 있고, 최고이며 독립적인 주권이 존재하지 못한 채 중요한 결정이 내려지기도 한다(Bartelson 2011). 유럽에서 실현된 주권이라는 형태의 권력이 실제로 존재할 수 있는 것인지, 아니면 인간의 의식 속에서만 상징적으로 존재하는 것인지, 그러한 가정이 실제 현실을 어떻게 이끄는지 등이 중요한 문제로 대두한다(Hinsley 1986; Beaulac 2004: 3).

유럽의 경우 제국은 로마제국에 이르러 완성되었고, 비유럽의 경우 각 지역별로 다양한 제국이 명멸하였다. 근대 주권국가체제가 정착하는 과정을 보면서 생기는 질문은 왜 유럽은 중세 제국의 멸망 이후 여러 신생제국들의 경합을 거쳐 다시 유럽 전체를 통합한 제국이 출현하지 않았는가, 혹은 출현할 수 없었는가이다. 과거 중국을 보면 제국이 약화되고 많은 세력들이 나뉘어 경합하다가 다시 하나의 제국으로 통합되는 역사를 반복한다. 여러 제국들이 공존을 받아들이고 제국들 간 평등을 규범으로 삼는 예는 사실 희귀한데, 중국의 경우가 더 자연스럽지 않은가?

우리는 근대 초 유럽에서 발원한 주권국가체제에서 살고 있다. 많은 국제정치학 이론들은 공히 국가가 절대적이고 최상위의 권력인 주권을 소유하고 있다는 점, 국가들 간의 관계를 좌우할 수 있는 보다 상위의 권력은 없다는 점, 국제관계는 본질적으로 무정부상태이며, 이는 1618-1648년 사이에 벌어진 30년 전쟁을 마감한 베스트팔렌 조약을 기점으로 확정되었다는 점 등을 기초로 한다.

현재 77억에 달하는 인간이 약 200개의 단위로 나뉘어 살아가고 있다. 이들 200개 단위들은 모두 주권을 소유하고 있는 것으로 상정된다. 주권이란 다른 어떠한 권력에도 종속되지 않는, 그 자체로 완전하고 독립적이며 최고인 권력이다. 이러한 현실은 일견 당연한 것 같지만 잘 생각해 보면 그러하지 않다. 주권국가들은 엄청난 국력의 차이를 보인다. 주권을 가진 복수의 국가들이 존재하는 것도 자연스러운 일은 아니다. 왜 하필 200개 안팎의 집단만이 주권국가로 인정되고 있는가? 세상에는 약 5,000개에 달하는 언어집단과 인종집단이 존재한다고 보는데, 200개의 주권적 집단이 나머지 4,800개의 집단을 배제하는 현상은 어떻게 결정된 것인가? 이들 복수의 주권국가들은 모두 최고의 권력과 대외적으로 독립적인 권력을 가지는 것으로 상정되는데, 이들은 과연 평등한 권력을 소유하고 있는가?

미국과 같이 초강대국이 있는가 하면 3세계의 작은 도서국가들도 있다. 이들 국가들이 국제법적으로 같은 주권을 가진다고 상정된 것은 어떠한 역사적 흐름 때문이었는가? 주권을 가지고 있다고 해도 작고 약한 국가들이 스스로의 운명을 결정하는 권한을 가지고 있을까? 앞으로도 이러한 주권국가체제가 유지될 수 있는가?

이 문제를 해결하는 하나의 이론적 시도는 주권국가들이 법적으로, 혹은 형식적으로 평등하지만, 경험적으로 혹은 실체적으로는 불평등하다고 보는 것이다. 법적 주권과 경험적 주권을 분리해서 보는 방법이다(Jackson 1990). 왈츠의 신현실주의도 이러한 이론적 전제에 기반하고 있다. 법적 평등이 주권국가들 간의 무정부상태 조직원리를 만들었지만, 국가들 간의 국력 불평등이 현실을 지배하는 현실이 국제정치구조가 된다. 그러나 주권이 법적으로 평등하다는 규정은 애초에 어떻게 시작되었는가? 평등하다는 법적 논리가 평등한 주체들 간의 합의에 의한 것인가, 아니면 애초에 불평등한 주체들 간에 평등하다는 법적 논리를 부과하게 된 역사적 계기가 있는가? 법적 평등성 속에 실체적 불평등이 작동하고 있다면, 법적 평등을 핵심적 사실로 상정하고 이론화하는 것이 타당한가?

국제정치를 이론화할 때, 국제법이 보장하는 주권국가들 간의 규범들은 매우 중요한 가정이다. 주권의 대내적 최고성과 절대성, 대외적 독립성, 영토 보존 및 내정불간섭, 주권국가들 간의 평등성 등, 현대에서 평면적으로 나열되는 규범들은 사실 하나 하나가 치열한 국제정치의 산물이며 오랜 시간을 걸쳐 다른 속도로 자리 잡았다. 하나의 국제정치 안에 하나의 조직원리만이 존재하는 것도 아니다. 유럽 제국들 간의 조직원리와, 유럽 중심부 및 주변부 간의 조직원리, 그리고 유럽과 식민지 간의 조직원리가 각각의 논리로 변화하면서 총체를 이루고 그 속에서 유럽 제국들은 이를 조율하며 전체의 조직원리를 만들어 낸다(전재성 2011).

주권의 역사적 변천

국가가 주권을 소유하는 주체로 나서는 역사를 살펴보는 일은 매우 중요하다. 유럽 중세에서 근대로 넘어오면서 주권국가가 출현했다는 점에는 의심의 여지가 없다. 이전의 역사를 보면 고대 로마제국이 멸망하기 직전에 기독교가 국교로 공인되었고, 수도가 콘스탄티노플로 옮겨지면서 유럽은 기독교 제국으로 재편된다. 이후 476년에 로마가 이민족에게 함락되고 결국 동로마제국 이외의 서유럽은 이민족 지배하에 들어가게 된다. 유럽 중세는 이민족 왕국들이 들어서는 서유럽과 동로마제국으로 분할되고 서유럽의 이민족 왕조들은 점차 기독교를 받아들여 로마 교황과 연대를 이루게 되고 신성로마제국을 축으로 한 기독교 보편왕국을 이루게 된다. 중세 유럽은 신정제국으로서 서유럽 영역의 기독교 제국과 동로마제국으로 양분되어 지속되었다.

서유럽에서 교황과 황제 간, 황제와 왕국들의 군주 간, 황제 및 군주와 일반 신민 간, 그리고 황제 및 성직자들과 일반 기독교 교도 간, 복잡한 정치적 대항 구도가 성립되어 있었다. 이 과정에서 교황과 황제의 연합이 유지되어 신정제국이 상당기간 지속되었다. 그러나 13세기 전후 아리스토텔레스의 고전 정치철학이 유입되면서 교권과 속권의 분리, 교황에 대한 황제의 자율권 주장, 황제에 대한 군주의 주권 주장, 황제와 군주에 대한 시민의 정치권리 주장, 황제에 대한 공의회와 평신도들의 권리 주장 등이 잇따르게 된다. 그 결과 15세기에 이르기까지 왕국의 군주들은 한편으로는 신의 권위에 의존하여, 다른 한편으로는 인민의 상향적 정치참여에 의존하여 자신의 영토에서 주권을 주장하게 된다. 교황은 물론 황제도 왕국의 영토에서 군주의 권위를 침범하지 못하게 되는 상황이 도래한다.

영토를 중심으로 군주와 귀족, 인민들 사이에 하나의 정치체(body politic)라는 의식이 생겨나고 국가의 개념도 형성된다. 중세에는 국가의 개념도, 인민들의 자연적, 정치적 욕구가 형성하는 정치적 공동체의 개념도 존재하지 않았기에, 국가가 출현하고 주권이 국가에 귀속되는 양상은 매우 새로운 것이었다. 주권국가들 간의 관계 역시 새롭게 형성된다. 제국 안에서 교황과 황제의 권위를 받들어 군주들 간의 관계가 형성되던 것과는 딴판이 된다. 최상위의 주권을 가진 군주들 간의 관계는 무정부상태인 것처럼 보인다.

그러나 이러한 변화 속에서 새로운 제국이 등장하여 전체를 아우르지 못한 채 영토에 기반한 다수의 주권국가가 출현하여 근대 유럽을 만든 것은 역사적으로 매우 특수한 현상이다. 영토 국가 이외에도 도시국가, 제국, 도시연합 등 다양한 단위들이 경쟁하고 있었던 상황을 돌이켜 보면 더욱 그러하다(Spruyt 1994). 이때 주권국가를 기반으로 한 국제정치, 즉, 국가 간 정치가 아니라면 어떠한 조직원리가 형성될 수 있었을까? 역사적으로 주권국가 체제와 다른 조직원리는 제국이 가장 일반적 현상이었다. 제국은 인간이 씨족 사회, 부족 사회를 거쳐 조직적인 정치사회를 만든 이래 일반적 단위로 자리 잡게 된다. 제국은 자신이 세계 정치질서의 유일하고 최고의 권력이라고 상정하고 자신의 보편성을 주장한다. 제국 밖의 집단들은 원칙적으로 동등하다고 인정할 수 없는 야만의 집단이기 때문에 정복의 대상일 뿐, 공식적으로 공존의 대상일 수 없다. 하나의 제국은 기본 논리상 다른 제국을 정당한 공존의 대상으로 파악하고 평등을 인정할 수 없다.

주권국가체제가 정착되고 현대에 이르는 기간을 좀 더 세부적으로 나누어 보면, 1) 13세기부터 17세기 중반, 더 정확히는 30년 전쟁(1618-1648)이 마감되는 베스트팔렌 조약(1648)까지의 기간으로 중세 제국이 쇠퇴하고 이를 잇는 스페인제국이 흥기하며 다른 근대 제국들이 탄생하는 시기; 2) 30년 전쟁 종전부터 19세기 초 비엔나 체제 수립까지의 기간으로 스페인제국을 비롯한 모든 유럽 제국들 간에 주권적 평등이 이루어지고 유럽의 패권을 차지하기 위해 지속적인 전투가 벌어지는 한편, 세력균형과 유럽연방 설립의 추진 등 다양한 변화가 나타나는 시기; 3) 19세기 초부터 1945년까지 유럽 강대국 간 공존의 규범이 확립되는 한편, 유럽 약소국과 식민지에 대해 주권 부여, 혹은 불인정의 조직원리 권력이 행사되는 시기; 4) 2차 세계대전 이후 미소 강대국이 새로운 형태의 조직원리 권력을 행사하고 냉전을 수행하는 시기라 할 수 있다.

이러한 시기변화 속에서 주권 개념이 어떻게 변화했는가 하는 점이 핵심적인 질문인데, 유럽에서 국가 주권이 형성되는 과정은 오랜 기간에 걸친 현상이었고 국가 주권의 개념도 시기에 따라 다른 내용으로 채워지고 보완되어 왔다. 현실과 정확히 부합하지는 않지만 논리적으로 주권의 개념이 발전하는 각 단계를 세부적으로 나누어 생각해 보면 다음과 같다.

첫째, 하나의 종교에 기반하여 보편제국의 존재를 당연시하였던 유럽인들은 점차 다수의 단위로 갈라져 나오게 된다. 중세의 제국적 지배, 제국의 중심에 의한 개입에 반해 새로운 단위들이 제국을 자신의 것으로 만들거나, 신생 제국, 국가를 이룩해 간다. 이 과정에서 제국과 교황이 가지고 있던 일원적 주권이 다수의 제국들, 국가들에 분할되는데, 국가 개념의 시초는 중세의 단일한 권위에 대한 독립확보라고 할 수 있다.

13세기 이래 그리스의 합리주의가 강화되어 세계를 합리적으로 보는 인문주의가 부상해 있었고, 하향식 중세철학에 대비되는 게르만 전통의 상향식 정치철학도 강화되었다. 가톨릭 내의 폐해가 심화되어 종교의 권위가 약화되었고 급기야 가톨릭 교단과 교황의 권위에 도전하는 다양한 개신교 교파가 등장하여 종교개혁이 가속화되었다. 이러한 와중에 황제와 교황의 권위로부터 독립하려는 강력한 왕조들이 등장하였다.

스페인을 필두로 영국, 프랑스, 스웨덴 등의 국가들이 독립적 영토국가로 부상하였고 네덜란드 역시 스페인으로부터 독립운동을 하면서 자주성을 강화하였다. 스페인의 카를 5세는 스스로 신성로마제국의 황제가 되어 가톨릭의 권위에 기초한 제국을 유지하려고 한 반면, 영국은 성공회를 설립하여 개신교 강대국이 되고자 하였다. 프랑스는 가톨릭을 유지하는 가운데 심각한 종교분쟁을 겪으면서 점차 왕권을 강화해 나가고 있었다. 이 시기의 주권 개념은 대외적 독립성의 개념이 핵심이었다고 본다.

둘째, 외부로부터의 독립을 추구하는 것이 주권의 최초 내용이었다면, 그다음은 내적 안정과 통일성을 확보하는 것이었다. 대내적 조건을 완성하는 시기로 제국적 개입이 약화된 각 왕국의 영토 내에서 궁극적이고 최고의 권력을 확립해 나가는 과정이다. 종교개혁이 교파 간 분쟁으로 발전한 대륙의 경우 내전이 지속되고 있었고 프랑스의 경우 무력충돌과 갈등이 국가의 통합성을 해치고 있었다. 16세기 프랑스는 대외적 독립성에 못지않게 대내적 통일성이 중요한 이슈로 등장했고 이는 다른 국가들의 경우에도 해당하는 것이었다. 대내적 주권을 강화하기 위해서는 영토 내의 인민들을 다스리는 최고의 권위가 확립되어야 했고 그 과정에서 주권 사상이 강화되었다. 신으로부터 직접 수여받은 권한을 기반으로 영토군주가 국가를 통합하지 않으면 국가가 유지되기 어려웠던 것이다. 소위 내적 안정화(internal pacification)의 과정이다 (Giddens 1985).

세 번째 단계에서 대내적 주권을 확보한 이후 등장한 다음 과제는 다른 제국들과의 경쟁에서 생존과 독립을 확보하는 것이었다. 중세 제국, 이를 이어받은 스페인제국의 제국적 간섭이 종식되면서 각 국가들, 혹은 신생 제국들은 주권을 얻게 된다. 그러나 주권적 지위가 평등하게 부여되었다고 해서 상호 간에 정복의 꿈이 사라진 것은 아니다. 하나의 기독교 왕국에서 독립된 정치체들은 곧바로 다른 국가들의 주권을 인정하는 여러 국가들 중의 하나로 자리 잡지 않고 스스로 제국이 되고자 오랜 시간 각축을 벌였다. 국내적 주권이 확립되어도 대외적으로는 독립성이라는 규범만 소유한 것이었고, 다른 국가들의 주권적, 영토적 보존, 더욱이 다른 국가들과의 주권적 평등성을 곧바로 인정한 것은 아니었다. 오히려 근대적으로 유럽을 자신의 제국으로 만들려는 노력은 지속되었고 주권적 평등이란 유럽의 정복을 위한 자격의 평등을 의미한 것이다. 물론 이러한 흐름을 경계하는 유럽연방의 꿈을 지식인들이 제기하기는 했지만 현실은 지속되는 전쟁과 상호 견제로 이어진다.

근대 초 유럽의 국가들은 여전히 다른 국가들에 대한 정복과 영향력 확보를 목표로 하고 있었기 때문에 지속적인 전쟁을 수행했다. 스페인의 무적함대와 영국은 대규모 해전을 벌여 패권을 다투었고 30년 전쟁에서 부르봉 왕조와 합스부르크 왕조는 전 유럽에 걸친 대전을 벌였다. 이 과정에서 주권은 다른 제국들과 경쟁하는 논리였고 국력을 확장하는 기반이 되었다. 이때까지만 해도 다른 나라의 주권을 존중하는 상호공존의 논리가 뿌리내리지 못하고 있었다. 30년 전쟁으로 국가들 간의 광범위한 합의가 만들어졌지만 이후에도 여전히 패권을 둘러싼 대규모 전쟁이 지속되었다. 루이 14세의 팽창노력이 두드러진 17세기 말과 18세기 초의 전쟁은 여전히 유럽 내 제국적 팽창을 목표로 한 것이었고 국가 주권은 다른 국가에 대한 정복과 팽창을 목표로 한 것이었다.

네 번째 단계는 유럽 강대국들의 해외팽창으로 비유럽의 단위들에게 주권적 지위를 인정하지 않고 식민지화하는 단계다. 지구적 차원에서 주권국가와 비주권 단위를 나누는 힘을 유럽 강대국들이 가지게 되었다는 것이다. 주권은 차별적으로 주어지는 배타적 권위였기 때문에 주권을 박탈당한 단위들의 운명은 이미 주권국가로 정착한 단위들의 국제정치게임에 좌우되게 된다.

유럽 국가들의 국력을 강화시키는 데에 많은 요소들이 작용했지만 유럽 밖의 식민지 개척은 중요한 자원을 제공했다. 아메리카 신대륙의 발견으로 스페인은 전쟁에 필요한 재정을 충당할 수 있었고 영국과 프랑스도 적극적으로 아메리카에 진출했다. 17세기 초부터 영국과 네덜란드는 동인도 회사를 설립하여 아시아 개척에 나섰고, 인도에 대한 영국과 프랑스의 진출도 본격화되었다. 비유럽의 영토와 거주민에 대한 국제법적 관념이 중요한 문제로 등장했다. 노동력을 투입하면 소유되지 않은 신대륙의 영토에 대해 점유권이 인정되어 아메리카에 대한 약탈이 국제법적으로 허용되고 유럽 강대국들의 이익에 따라 영토가 분할되었다. 비유럽 정치단위들을 주권의 영역에서 배제하는 노력이 시작된 것이다. 이는 20세기까지 계속된다.

다섯 번째 단계는 유럽 강대국들이 경합하면서 상대방의 존재를 부정하는 정복적 국제관계에서 상대방을 정당한 적으로 인정하고 더불어 공존하는 주권적 규범이 생겨나는 단계다. 18세기 유럽 강대국들의 경합은 유럽 전체를 정복할 제국의 출현을 막기 위한 세력균형의 국제정치이기도 했다. 유럽 강대국들이 서로를 완전히 정복할 만한 국력을 갖추기가 어렵다는 "포기의 균형"이 이루어지고 세력균형에 의한 견제 논리가 자리 잡아 가는 시기다. 여기서 중요한 점은 국가들 간에 공존과 상호 인정의 규범이 성립되었다고 해서 제국을 지향하는 팽창적 정체성이 완전히 소멸하지 않는다는 점이다. 세력균형이 구성원들의 영토적 통합과 주권적 독립을 보전하는 기제로 작동하기는 했지만 제국을 지향하는 열망이 사라졌다고 보기에는 무리가 있다. 제국의 출현을 막기 위한 동맹이 지속되었다는 것은 역설적으로 제국에 대한 열망이 존재했다는 반증이 된다. 이것은 18세기 세력균형 체제에서도 주권국가들이 여전히 비서구에 대한 제국으로 스스로를 인식하면서 같은 서구 강대국 간 우위를 점하려는 노력을 기울였다는 점에서 명백하다.

공존의 주권적 규범이 정착되어 내재화되는 데 유효했던 것은 오히려 국내정치 변수다. 유럽 내 자유주의가 확산되면서 사회계약설에 기반한 민주주의가 유럽국가들의 정치철학으로 자리 잡게 된다. 국내 주권의 소재지가 국민으로 변화되면서 다른 국가에 대한 정복이 국제정치에서 어려워지게 된다. 왕조국가가 주권을 소유하고 있을 때 이를 정복하여 인민을 다스리는 것은 훨씬 쉬운 일이었지만, 민주주의 주권국가를 정복하여 다스리려면 피정복 인민의 정치적 의사를 대변하는 정치체제를 마련해야 지속가능한 제국을 이룰 수 있기 때문이다. 그러나 민주주의와 더불어 민족주의가 팽창하면서 이러한 병합적 제국주의는 유럽 내에서 이루기 어렵게 된다. 나폴레옹은 자유주의와 민주주의에 기초하여 다른 국가들을 해방시키고 정복을 이루었지만 결국 국가별 민주주의에 기반한 자율성에 대한 열망을 극복할 수 있는 초국가적 정복체제를 이룩하는 데는 실패하였다.

여섯 번째 단계는 강대국들 간에 인정되었던 국가주권이 점차 유럽의 비강대국, 그리고 터키와 같은 유럽 주변국에게도 적용되기 시작하는 단계다. 19세기 유럽의 강대국들은 소위 강대국협조체제를 이룩하여 유럽과 식민지의 문제들을 상호적 관점에서 다루어 나갔는데, 이 과정에서 서로에 대한 견제체제를 더욱 확고히 하는 동시에 약소국들에 대한 주권 부여의 문제를 함께 다루어 나가게 되었다. 주권을 부여하는 주권국가와 주권을 부여받는 약소한 주권국가 간의 지위의 차이가 명확해진 시대다.

비엔나 회의를 기점으로 유럽을 제패하려는 프랑스의 재흥을 막기 위해 프랑스 주변 국가들에게 주권을 부여하는가 하면, 약소국들의 독립과 중립화 등 주권부여의 문제를 다자적으로 다루어 간다. 1853년 크림전쟁 이후 오토만제국에 비유럽 국가로는 처음으로 주권을 부여하여 유럽의 세력균형을 유지하고자 하였다. 이 과정은 단순히 문명 기준에 도달해야 주권국가로 인정하는 문화적 정체성의 정치가 작동했다기보다는 주권 부여를 통해 지정학적 이해를 조정하는 이익의 정치로 보아야 한다. 그러한 점에서 영국 국제사회학파의 문명기준 국제사회론의 한계를 지적할 수 있다.

19세기 후반에 이르러 유럽 강대국들은 상호 충돌과 제로섬 게임적인 경쟁을 관리하기 위해 국제법에 기초한 식민지 분할의 노력을 기울인다. 식민지와 유럽 약소국에 대한 분할 정복, 혹은 제한적이고 선별적인 주권부여 정치를 실행하기 시작하고 이 과정에서 비서구 단위들의 주권성에 대한 문제가 다루어지기 시작한다.

일곱 번째 단계는 20세기 중반 식민지, 혹은 반식민지 상태에 있던 많은 비서구 국가들이 주권의 지위를 승인받는 단계다. 전 세계가 주권국가 단위로 재편되는 것은 혁명적인 변화였다. 그 변화는 급작스럽고 지역별, 국가별로 매우 다양하게 이루어졌다. 형식적으로 주권이 부여되었지만 완전한 주권을 가지지 못한 채 어려움을 겪게 된 신생국가들이 많았고, 2차 세계대전 이후 초강대국으로 떠오른 미국과 소련의 전략적 대응이 중요한 변수가 되었다. 양국 모두 유럽 열강의 구 제국주의를 비판하고 각자 자유주의와 공산주의에 기반하여 인민과 민족의 자결을 지지하였다. 이들 민족에게 형식적 주권을 부여하면서 각자의 진영 속에서 패권을 확보하는 진화된 제국으로 스스로를 발전시키게 된 것이다. 냉전기를 거치면서 지구적 주권국가 체제는 국제정치의 변화를 가져오는데 이는 유럽국가들 간의 주권적 공법질서와는 또 다른 모습을 보이게 된다.

주권 국가체제 안에 내장된 제국성과 위계성

스페인, 포르투갈, 네덜란드, 프랑스, 영국, 독일, 이탈리아 등 유럽의 강대국들은 제국의 꿈을 유지하면서 각축하는 한편 유럽의 주변지역에 대해 분할, 점령, 영향권 편입 등 차별적 정책을 실시한다. 더불어 비유럽 지역에 대해서는 식민지 정복 경쟁을 지속했다. 유럽 내부와 외부에서 주권 국가라는 단위는 제국의 성격을 중층적으로 가지면서 출발하였고, 근대 초 유럽 국가들 간의 질서는 제국 간 관계라고 할 수 있다. 1500년경으로부터 유럽 국가들 간의 국제정치는 제국 간 정치였는데, 과연 국가의 주권이란 제국 간 정치와 어떠한 관련을 맺고 있는가, 식민지를 가진 제국들 간에 주권의 규범을 확립한다는 것은 어떤 의미인가?

유럽의 식민정책은 15세기경부터 시작되었다. 포르투갈은 서아프리카를 거쳐 희망봉을 돌았고, 유럽의 많은 제국들은 인도와 동아시아, 일본까지 진출한다. 1492년 콜럼버스의 신대륙 발견과 마젤란의 세계일주 이후 비유럽은 유럽의 식민지 팽창의 대상이 된다. 아메리카와 아프리카 등 정복이 상대적으로 수월했던 지역은 유럽의 직접 식민의 대상이 되었고, 인도, 중국, 일본 등 문명이 유럽보다 발달한 지역은 교역과 부분적인 간접 통치의 대상이 되었다. 산업혁명 이후 생산력과 군사력이 급속히 발전하면서 19세기 중반 이후 제국주의가 본격화되었다. 비유럽은 유럽 제국들의 직접적인 제국주의의 대상이 되고, 비유럽 국가 중 제국의 지위를 차지한 비유럽 국가는 영국으로부터 독립한 미국과 러일전쟁을 통해 스스로의 군사력을 증명한 일본 정도로 예외에 속한다.

비서구 지역에 주권국가질서가 애초부터 이식된 것은 아니다. 비유럽의 지역은 서로 다른 토착적 지역질서를 가지고 있었고, 그중 주권국가체제의 이념형에 접근했던 질서는 보기 어렵다. 최고의 권력과 대외적 독립성을 주장하는 단위들이 상존하였고 대체로 제국을 표방하였지만 제국들 간의 공식적 공존 체제를 정착시킨 경우는 드물다. 군사력과 경제력, 이념과 문명의 힘을 사용하여 유일하고 보편적 권력을 추구한 제국들은 다른 제국과 무력을 통해 경쟁하며 명멸한다. 그렇게 볼 때, 유럽 근대의 다수 제국 간 공존은 오히려 예외적 현상이라고 할 수 있다.

모든 비유럽 단위들은 식민지가 되었거나 반식민지, 혹은 형식적으로 독립을 유지하면서 각각 전통적 단위의 특성을 보존한 채 보호령 등의 명칭을 달고 서구의 사실상의 지배하에 들어갔다. 지구 전체를 볼 때, 19세기에 이를 때까지 주권을 가진 국가이자 제국은 10개에 미치지 못했고, 유럽 주변의 국가들을 포함, 대부분의 지역은 제국들의 분할과 정복의 대상이었다. 19세기 비엔나 회의 이후 약소국들이 점차 독립하고 주권을 소유하게 되었는데 강대국들은 승인과 주권 부여의 권력을 가지고 약소국들의 지위를 결정하는 배제와 선택의 정책을 실시하였다. 주권의 지위를 얻은 국가들, 특히 일본과 미국을 제외한 동유럽의 국가들과 터키는 스스로의 힘으로 독립했다기보다는 제국들 간의 권력 정치의 소산으로 주권이 부여된 측면이 강하다. 2차 세계대전까지 지구 정치를 이론화한다면 유럽과 비유럽 국가 간 혹은 비유럽 내 무정부상태라는 가정은 어불성설이며, 유럽 국가들 간 관계는 주권제국 간 관계로 이론화된다.

지구적 차원에서 주권국가 체제가 일반화되는 것은 2차 세계대전 이후다. 그리고 이때의 주권국가 간 질서는 유럽 주권국가 질서의 근원이라고 하는 베스트팔렌 체제와는 무척 다르다. 세계의 반을 차지하는 공산권은 명분은 프롤레타리아 세계주권을 표방하였지만 사실상 소련 제국 중심의 불평등한 주권관계를 공식화하였다. 소련은 국가의 주권을 승인하는 듯하였지만 서구 제국주의에 대한 반대의 측면에서 이를 활용하였고, 세계 공산주의 혁명이라는 기치하에 동구권 국가들에 대한 직접 군사 간섭도 단행하고 이를 합리화하였다. 이론적으로 공산권을 비공식적 제국으로 볼 수도 있고, 브레즈네프 독트린에서 보이듯 공식적 제국으로 볼 수도 있다(Wendt and Friedheim 1995).

서유럽의 경우 2차 세계대전 이후 독일의 재흥을 막기 위해 1950년 유럽석탄철강공동체를 창설하고 이후 유럽통합의 과정을 겪는다. 국가 주권을 유지하면서 지역단위의 공동 주권, 국가 상위의 주권을 기획하며 결국 1990년대에 이르면 유럽통합을 완성하게 된다. 브렉시트 등 많은 어려움을 겪고 있지만, 유럽의 국가들이 제국의 지위를 포기하자마자 국가주권의 엄격한 원칙에서 이탈하여 국가주권의 이행과 변형을 추구하였다는 것은 시사점이 크다. 혹자는 유럽연합 자체가 제국의 기획이라고 논의하기도 한다. 과연 유럽의 경우 우리가 상정하는 바와 같은 엄격한 의미의 전형적 주권국가체제라는 것이 현실로 존재한 기간이 있기는 하였는가? 제국이 아닌 주권국가들의 무정부상태가 존재한 것은 역사적 사실인가?

비서구 국가들이 독립을 하고 주권국가가 되는 과정과 양태 역시 중요하다. 서구 제국들 간의 전쟁과 그 파괴적 여파, 식민지 국가들의 강렬한 독립 열망과 투쟁, 제국의 경영이 경제적으로 반드시 긍정적 대차대조를 남기지 않는다는 사실, 그리고 이를 인식하고 새로운 강대국의 운영방법을 구상한 미국과 소련의 기획 등 다양한 요소들이 작용했다. 문제는 20세기 중반부터 새로운 지구적 주권국가체제가 만들어졌다고 할 때 그 모습은 어떤 것이었는가? 주류이론의 이미지처럼 완전한 진공상태에서 무정부상태라는 장이 만들어지고 다만 국력의 차이만 존재하는 자기완결적, 기능적으로 미분화된 다수의 주권국가들이 일거에 등장한 것인가? 중요한 변수는 새롭게 등장한 주권국가들이 과거 유럽 제국주의의 억압적 잔재들을 상당 부분 간직하고 있었다는 점, 독립의 과정에서 유럽제국들의 지속적인 지배 기획이 작동했다는 점, 미소 양국이 냉전을 시작하면서 냉전적 대립의 논리가 3세계 국가들의 해방과정에 중요한 영향력을 행사했다는 점, 그리고 3세계 국가들 간의 투쟁 역시 새로운 국면에서 강렬해지고 있었다는 점 등이다. 주권국가 체제가 실현되고 자유주의 국제질서까지 자리 잡았다고 볼 수 있지만 탈식민(post-colonial)의 기획은 비단 사회문화 영역에서뿐 아니라 영토, 국민, 대외적 독립성 등 주권국가의 양태에서도 완전히 달성되지 못하였다.

3세계 국가들은 국가가 주권을 가진다는 것이 외부의 압력으로부터 완전히 자유롭고 실질적 자율성을 행사하는 상황이 보장된 것으로 인식했을 수 있다. 그러나 주권국가체제라는 것 자체가, 혹은 국가가 주권을 소유한다는 것 자체가 제국적 통치 기획을 내재하고 있다면 주권이라는 개념이 유발하는 완전 독립과 자주라는 내용은 사실 보장된 것이 아닐 수 있다. 오히려 형식적 주권이 부여되는 과정에서 주권의 불완전성이 내장되고, 비서구 국가들의 상황을 충분히 활용할 수 있는 강대국들의 개입정치가 일반화되는 것이 주권국가체제일 수 있기 때문이다.

주권의 기본 요소가 영토, 국민, 정부라고 할 때, 해방된 3세계의 국가들은 전통적으로 자신이 보유해 왔던 영토와 국민의 개념에 부합하는 국가를 가지게 된 경우가 거의 없다. 주권 개념 자체가 내재적이 아닐뿐더러, 유럽의 경우처럼 당사자들이 전쟁을 통해 오랜 시간 조정해온 것도 아니었다. 더욱이 구미 제국 통치의 편의 및 제국들 간 조정에 따라 영토와 국민의 개념이 정해진 터라 해방 이후 주권에 대한 인식적 당위와 현실적 불완전성 간에 괴리는 더욱 커질 수밖에 없었던 것이다. 분단과 내전, 인종학살 등 다양한 불안요소들은 주권요소의 불완전성에 기인한 것이다. 정부 역시 이러한 불완전성 위에 온전하고 통합된 대의적 정치체제를 실현할 수 없었다. 정치불안과 지속된 쿠데타, 또는 분단하에 경합하는 정치세력들이 3세계 정치를 규정하게 된다. 많은 비서구 국가들은 자신이 전통적으로 보존해 온 인식에 따라 영토, 국민, 정부와 대외적 독립성을 규정하고 이를 현실에서 실현하기 위한 소위 주권게임의 노력을 기울인다. 국가들의 법적 주권을 둘러싼 분쟁이 여전히 진행 중이며 이는 지역 질서를 복잡하게 함과 동시에 강대국의 개입 여지를 늘린다(전재성 2020; Miller 2007).

냉전기 미소 양국은 서로를 적으로 상정하고 지구를 양대 진영으로 나누어 적을 상대하기 위한 진영논리 속에서 영향권을 확보하였다. 군사동맹, 경제적 상호의존, 이념적 동질성은 비서구 신생 독립국가들과 강대국을 잇는 연결고리였고, 비서구 국가들의 불완전한 주권의 현실도 강대국 개입의 유용한 토양이었다. 비서구 국가들은 자신이 이상적이라고 상정한 영토와 국민, 정부를 실현하기 위해 형식적 독립 이후에도 투쟁하였고 그 과정에서 강대국 정치는 중요한 변수로 작동한다. 일례로 분단되어 불완전 주권을 소유하는 데 그친 남북한의 경우 미소 초강대국의 정책이 남북한에 큰 영향력을 발휘할 수 있는 유용한 조건을 제공하였다.

결국 주권국가들의 모임으로서 국제정치란 국내의 주권규범 변화와 내장된 제국성 사이에서 새로운 지배와 팽창의 계기를 마련함과 동시에 이미 정착되는 규범들을 최대한 활용하고자 하는 논리를 실현하고 있다. 주권국가체제와 제국성 간의 경계가 명확하지 않게 되는데, 그렇다고 양자의 개념적 경계를 명확히 긋는 것은 현실 왜곡의 위험이 강한 것도 사실이다.

국제정치의 역사를 보면 주권국가체제는 겉으로 드러난 주권평등의 원칙이나 내정불간섭 등의 규범에도 불구하고 시대적으로 다양한 모습을 띠어 왔으며, 주권의 개념 자체도 변화해 왔다. 비서구 국가들은 주권이라는 개념에 독립, 자주, 자결 등의 많은 꿈을 투사하면서 주권국가의 지위를 열망했지만 주권국가체제라는 것 자체가 제국의 체제와 겹쳐 있다는 사실을 충분히 인식하지 못했다. 만약 주권국가체제라는 것이 본질적으로 제국체제의 한 역사적 국면이며, 시대에 따라 진화하는 제국경영전략의 한 기획이라면 주권이라는 말, 혹은 이미지가 함유하는 내용과 현실의 본질은 매우 다른 것이 될 것이다. 물론 국내적으로 자유주의가 발전하고 국가들 간의 법적 평등 관념이 정착되면서 제국성이 완화된 것도 부정할 수 없는 사실이다. 그러나 주권국가 체제가 많은 불완전한 주권국가들을 바탕으로 하고 있어 여전히 주권게임이 진행 중이고, 주권국가들 간 힘의 차이에서 발생하는 위계성도 내장하고 있다는 점에 주목할 필요가 있다(Krasner 1999; Lake 2009).

이론적 고려 요소들

첫째, 국제정치이론은 국제정치의 현실을 대상으로 한다. 현재의 국제정치는 근대 유럽에서 형성되면서 전 세계의 지역질서와 세계질서를 근본적으로 변화시켰다. 따라서 국제정치이론은 근대 유럽의 역사로부터 각 지역별 변화의 역사, 그리고 전 세계의 질서가 만들어지는 과정의 역사를 이론화해야 한다. 문제는 국제정치 현실이 너무나 다양하고 역사적으로 긴 시간에 걸쳐 있기 때문에 이론화가 지극히 어렵다는 것이다.

유럽의 국제정치의 역사가 길 뿐 아니라 시기적으로 분절되고, 유럽의 식민지 정책이 시작된 이래 세계 여러 지역의 변화 양상이 또한 다양하여 이 모두를 엮어 낼 이론적 시각을 역사로부터 만들어 낸다는 것은 무척 어려운 일이다. 이론가들은 다양한 우회전략을 사용했는데, 첫째, 역사의 복잡성을 실증주의적 간결성(parsimony)을 위해 희생하는 전략이다. 현실의 뼈대가 되는 논리를 추려 법칙에 해당하는 규칙성을 설명하는 데 만족하는 이론개념을 유지하는 것이다. 왈츠를 비롯한 실증주의 이론가들이 택하는 방법이다. 둘째, 국내정치와 대비되는 개념으로 국제정치를 보는 방법이다. 와이트의 논의처럼 국내정치는 이론화가 가능한데 국제정치는 권력정치에 기반한 반복의 장으로 배제하여 이론화의 필요성을 외면하는 길이다. 셋째, 다양한 이론적 시각을 타 분과로부터 수입하여 현실보다 이론적 시각을 풍부하게 하는 전략이다. 이론은 다른 이론에게 영감을 받아 새로운 시각을 만들어 내기도 한다. 현재 국제정치학이론계에서 수많은 전회(turn)들이 나오는 이유이다. 다른 사회과학 분야의 이론적 성과를 흡수하려는 노력으로, 유의미하지만 독특하다고 좋은 이론은 아니라는 점이 문제다. 현실을 다양하게 보는 학문적 노력은 의미가 있지만 정작 현실이 어떻게 변화되는지에 대해서는 상대주의적 관점을 택하기 쉽다. 결국 국제정치의 이론화란 말 그대로 국제정치의 역사와 현실을 연구하여 이를 이론화하는 길이다. 한 연구자의 능력을 벗어나는 일이며, 아마도 한 국가의 학계를 넘어서는 일이기도 하여, 공동의 작업으로만 가능한 일이다. 한 국가와 한 지역에 속한 연구자의 경험적 범위는 대체로 한정되어 있는데 국제정치의 시공적 현실은 몇몇 연구자의 연구 범위를 넘어서 있기 때문이다.

결국 역사에서 추출된 이론이 가장 중요한데 어떠한 역사와 이론이 결합되어야 하는가가 중요한 점이다. 이 책은 근대 이행기로부터 20세기 초까지 유럽의 역사와, 유럽 제국의 식민지 지배의 전개, 20세기 중반 이후의 국제정치가 주된 연구대상이라고 설정하였다. 이론화에 필요한 정도를 조정하여 역사적 사실을 분석하였다.

둘째, 구미의 경험과 비서구의 역사가 통합된 국제정치이론이 필요하다. 현재까지 국제정치의 단위가 강대국에 한정되어 국제정치이론은 강대국 간 관계를 설명하는 데에만 유용하고 강대국의 약소국 전략은 왜곡되기 쉬우며, 약소국의 대외관계를 설명하는 데에는 유용성 자체가 부족하다. 국제정치이론은 냉전기 강대국 관계를 중심으로 발전해 오다 1980년대 들어 다양화되기 시작했다. 그러나 여전히 지구 전체를 존재론적 단위로 생각하여 이론적 전제를 재고하는 데에 아쉬움이 있다.

강대국 혹은 제국의 역사와 3세계의 역사는 애초부터 통합적이었다. 1492년 혹은 그 이전부터 지리상의 발견이 본격화되고 유럽과 이슬람의 충돌은 이전부터 존재했는데, 유럽 근대 국제정치의 성립과정에서 비서구가 어떠한 역할을 했는가는 중점적으로 다루어지지 못했다. 이슬람처럼 유럽과 전쟁, 문명교류를 통해 직접적으로 연결된 지역이 있는가 하면, 아메리카, 아시아처럼 시간이 흐르면서 상업과 정복에서 시작된 관계가 전면적 전파, 피전파의 관계로 발전한 경우도 있다. 유럽의 발전에 비서구의 존재가 필연적이었는가, 그리하여 국제정치이론은 근대부터 지구정치이론이었어야 하는가 하는 문제를 제기해 볼 수 있다.

1945년까지는 유럽식 구제국주의 대결의 논리가 세계를 지배했고, 냉전기까지는 미소 초강대국의 대결의 논리가 지구 곳곳에 뻗쳐 있었기 때문에 강대국의 논리를 국제정치 이론화의 기초로 삼아도 큰 문제가 없었다. 물론 냉전을 보는 시각도 점차 지역별 특수성과 이슈영역별 복잡성을 반영하는 형태로 바뀌어 가고 있다(Leffler and Westad 2010). 냉전이 종식된 이후 미국의 단극체제 논리가 세계를 압도할 것으로 예상하기도 했지만 국제정치는 강대국과 서구가 아닌 "나머지의 부상(rise of the rest)"으로 특징지어지고 비서구 국가들의 도전이 국제정치의 중요한 흐름으로 부상하면서 국제정치의 이론화는 보다 복잡해졌다.

결국 지구 전체를 설명하는, 보다 역사에 충실한 이론화가 당면과제가 되었고, 차근차근 국제정치사를 돌아보는 노력이 필요하게 되었다. 역사사회학의 접근법을 취하는 많은 연구자들은 근대 국제정치의 기원을 되짚어 보는 작업을 하고 있고, 3세계의 역할에 대해 사회과학과 인문학 등에서 탈식민의 연구 경향이 강화되면서 비서구에 대한 국제정치사의 연구도 어느 정도 시작되고 있다.

이러한 측면들에서 기존의 국제정치 주류이론은 비판의 대상이 되고 있다. 특히 신현실주의는 주권국가의 존재를 전제하고 이들 간의 국력차이를 주된 변수로 삼고 있는데, 사실 주권국가 체제 자체가 오랜 역사의 권력정치의 산물이라는 점에 주의가 충분하지 못했다. 1945년 이전의 역사를 사상(捨象)함으로써 주권국가 체제의 조직원리는 자동발생한 것과 같은 이미지를 보인다. 왈츠의 경우 신고전주의 시장의 비유를 사용하여 이기적이나 불균등한 힘을 가진 개인 혹은 기업의 존재, 이들 간의 활동에서 창발되는 시장의 조직원리의 논리를 가져왔다. 개인의 경우 근대의 상황에서 주어진 존재로 볼 수 있지만, 국가의 경우 주권국가 성립 자체가 권력 정치의 산물이다. 따라서 지구가 주권국가 체제로 재편되었다는 사실에 내장된 권력정치적 성격, 혹은 제국성을 사상하고 조직원리를 복잡계 이론의 논의처럼 자동발생적으로 보는 것은 조직원리를 구성하는 권력을 사상하는 결과를 가져온다. 이는 이론적으로 크게 아쉬운 점이며 권력의 요소를 오히려 철저히 고려하지 않는 현실주의의 결여다.

이 책 역시 가능한 범위 내에서 국제정치의 역사 자체에 관심을 기울이며 기존의 실증주의 이론화의 단순성을 극복하고자 한다. 근대 유럽의 역사로부터 국제정치사, 특히 제국과 강대국의 국제정치사를 돌아보고, 비서구의 역사를 살펴보아 서구에 국한된 경험을 보편화하는 우를 피하고자 한다.

셋째, 국제정치, 혹은 더 넓게는 사회과학에서 방법론은 현실의 한 측면의 논리를 고립시켜 이를 설명하는 데 치중하여 왔다. 현실의 모든 면을 설명할 수 없기 때문에 나누어 설명하는 분석의 방법을 사용한 것이다. 이론가들은 현실을 자신의 관점에서 보고 분석한다. 감추어져 있거나 연결되지 못했던 사실들을 이론적 분석에 의해 밝히면 현실을 보는 데 큰 도움이 된다.

문제는 여러 이론가들이 하나의 사실을 놓고 각자의 분석을 내놓았을 때 현실은 여러 개의 조각그림으로 나누어져 다시 합치기 어렵게 된다는 점이다. 그 현실에서 한 발 더 나아간 미래의 현실은 여전히 조각으로 나누어져 예측된다. 조각이 합쳐진 미래의 현실이 전체적으로 예측되려면 분석된 현실이 다시 통합되어야 한다. 분석하는 나눔의 방법론에서 분석된 현실의 조각을 다시 합치는 방법론이 필요하다.

국제정치이론 역시 다양한 중범위이론과 세부이론이 발전하면서 현실의 한 측면을 엄밀하게 분석하는 이론과 가설이 발전해 왔다. 이는 현실의 한 측면을 설명하는 데 매우 유용한 축적이다. 그러나 경험적 이론들의 가장 기본이 되는 이론적 전제가 잘못되어 있다면 설명에 한계를 가질 수밖에 없다.

이 책은 국제정치 이론들, 특히 모든 패러다임을 관통하는 기본 단위로서의 주권국가와 무정부상태의 조직원리를 새롭게 조망하여 이론의 기본 전제를 살펴하고 개별 이론들의 바탕이 되는 전체를 바라보고자 한다. 주권의 개념과 주권국가의 성격, 조직원리의 내용이 새롭게 이론화된다면 현재까지 발전된 많은 중범위 이론과 세부이론은 그 바탕 위에 새로운 의미를 가질 수 있다. 결국 현실을 나누어 분석했던 방법론에서 새로운 전제하에 이들 분석을 다시 하나로 통합하여 보다 나은 설명을 추구하는 통합의 방법론이 필요하다.

넷째, 국제와 국내의 연결에 관한 주제로 국제를 국내와 병렬적으로 단순 비교하는 방식에서 벗어나 국내정치의 발전과 국제정치의 변화를 연결하는 작업이다. 근대 유럽에서 국제는 중세 제국의 자기분열 속 현상이다. 따라서 주권국가들 간 국제는 이전 제국의 국내였고, 주권국가들의 국내는 새롭게 형성되는 국가의 대외전략을 규정하는 새로운 영역으로 등장한다. 현재의 관점에서 애초부터 권력정치적 진공 속에 주권국가가 국내와 국제를 가르는 기본 단위로 존재했다고 상정하기 어렵다.

더욱이 주권적 개인의 권리가 상정되고 개인의 주권과 국가의 주권이 비교되면서 근대의 국제정치는 더욱 복잡해진다. 개인을 강조하는 르네상스, 종교개혁, 계몽주의를 거치면서 국내정치는 민주주의로 이행해 간다. 국가가 하나의 정치적 몸, 정치체로 규정되고 인민들의 의사를 상향식으로 대변하는 국가가 형성되면서 중세적 제국은 정당성을 점차 상실해 간다. 국가의 정치는 개인의 정치적 의사를 대변하는 전체로 상정되면서 국가들 간의 경계가 더욱 명확해진다.

이러한 국내정치의 변화는 제국을 지향하는 근대 주권국가 간 규범에 큰 영향을 미친다. 근대 영토국가들 역시 제국의 꿈을 버리지 않았지만 제국이 영토화되고 타 영토에서 살아가는 국민들의 의사를 대변할 방법이 없게 될 때, 제국이 국제정치에서 설 자리가 없어지게 된 것이다. 20세기에 들어 이러한 국내의 변화는 비서구에 영향을 미치고 역시 국제정치의 변수로 등장한다. 따라서 국내정치의 변화와 국제정치를 비유와 유추가 아닌 역사 속에서 연결할 방법을 찾아야 한다.

다섯째, 국제정치이론과 국제법 간의 관계에 유의해야 한다. 국제법은 복잡한 국제정치의 현실을 반영하고 규범화하고 정당화한다. 시기별로 다른 국제법이 만들어지고 앞으로 국제법은 또한 변할 것이다. 19세기까지만 해도 국제법은 식민지의 존재를 국제법적으로 적법한 현실로 간주하였다. 국제정치가 하부구조 혹은 토대라면 국제법은 상부구조가 된다. 국제법이 국제정치를 이끄는 측면도 부정할 수 없지만, 국제정치를 결과로서의 국제법 가정에 기초해서 이론화한다는 것은 현상을 기초로 본질을 파악하려는 위험을 안고 있다. 따라서 국제정치가 국제법적 주권에 기초한 것으로 보고 주권국가들 간의 규범을 국제정치 이론화의 기초로 삼는 것은 본말이 전도된 현상이다.

책의 구성

이 책은 국제정치 조직원리의 역사를 주권개념의 측면에서 추적하며 이론적 개념화를 시도한다. 기초 개념으로는 조직원리, 제국, 패권, 주권, 그리고 1945년 이후 미국 주도의 국제질서를 설명하기 위해 만든 메타주권의 개념이다. 조직원리의 개념은 앞서 논의한 바와 같고, 주권은 "다른 어떠한 정치체의 간섭에서 자유로운 대외적 독립성과 대내적으로 가장 최고의 권력"을 의미한다. 제국은 "한 정치체가 다른 정치체(들)의 주권적 지위와 독립적 활동에 군사적, 정치적, 경제적, 이념적 힘을 가지고 영향을 미치는 정치체"가 될 때 성립한다. 패권은 "주어진 조직원리 속에서 행동규범과 제도의 틀을 설정하는 힘으로 주권국가 체제 속 질서 부여자"이고, 메타주권은 "주권 국가들 간의 형식적 평등과 이들 간의 합의적 규범 형성, 이를 기초로 한 질서 수립을 추구하면서도, 패권국가 혹은 제국의 이익이 중대한 임계점에 이르렀을 때 이를 예외상황으로 규정하고 전체 규범을 일방주의적으로 바꿀 수 있는 주권 위의 주권적 권한"을 의미한다.

국제정치의 조직원리는 대규모 전쟁 이후 전후 처리 과정에서 입법조약 및 정치적 타협으로부터 발생한다. 조직원리를 구성하는 힘은 제국, 패권국, 강대국에 의해 주도되는데, 조직원리 구성권력은 크게 네 가지로 볼 수 있다. 첫째, 조직원리 자체를 구성하는 힘으로 주권의 소재와 범위를 설정하는 힘, 둘째, 기존의 조직원리를 조작, 변형시키는 힘으로 운용원리를 구성하는 힘, 셋째, 조직원리 속에서 행동의 규범을 조작하는 힘으로 기존의 패권개념과 일치하는 것이며, 넷째, 조직원리 속에서 상대방의 행동을 규율하는 힘으로 보다 미시적이고 행위적인 강대국의 힘을 들 수 있다.

이 책은 다음과 같이 구성되어 있다. 제2장은 이론적 논의로서 국내-국제 유추에 의해 국제정치조직원리를 설명해 온 기존 논의를 비판하고 국제정치 조직원리 자체를 역사적 연구에 의해 규정할 필요성을 제시한다. 제3장은 근대 국제정치 출현 이전 중세로부터 근대에 이르기까지 역사를 다루며 제국이 어떻게 형성되고 유지되었는지, 그리고 제국 간 관계의 본질이 무엇인지를 다룬다. 제4장은 중세 후기부터 나폴레옹전쟁기까지의 기간을 다루고 베스트팔렌 조약을 기점으로 근대 국제정치가 어떠한 모습으로 정초되었는지를 살펴보고, 제5장은 주권에 관한 정치이론과 국제법 사상을 다룬다. 제6장은 1815년부터 근대 국제체제의 기초가 놓이는 과정을 이론적으로 고찰하고, 주권국가가 식민지 국가이자 제국으로 지구적으로 어떠한 조직원리를 만들어 가는지 살펴본다. 제7장은 1945년 전후 20세기를 주도한 미국과 소련 양국의 조직원리 권력을 살펴본다. 양국 모두 유럽의 구제국주의를 비판하면서 인민과 민족의 자결을 강조하고 각각 자유주의와 공산주의에 기초한 국제주의를 실현하는 과정을 살펴본다. 소련이 주도한 공산권이 제한주권론을 구체화하는 과정을 집중적으로 살펴본다. 제8장은 2차 세계대전 이후 미국이 주도하여 창출한 자유주의 국제질서의 성격을 고찰하고, 이를 개념화하기 위해 슈미트의 주권론을 통해 메타주권의 개념을 설정하며, 진화하는 제국성이 어떠한 조직원리 권력과 예외상태 권력을 추구하는지 알아본다. 제9장에서는 국가주권의 본질과 근대 국제정치의 조직원리에 대한 결론을 내린다.

제2장

국제정치와 국내정치의 조직원리는 어떻게 비교할 수 있는가

국제정치 조직원리 개념을 둘러싼 질문들

대부분의 현대 국제정치이론은 국제정치의 조직원리로 무정부상태 개념을 상정하고 있다. 국제정치에는 국가들 간 관계를 통치하는 상위의 "정부가 없음"에 주목한 개념이다. 대내적 최고성과 대외적 독립성을 가진 주권국가들은 상위의 권위를 인정하지 않기 때문에 이러한 개념이 성립된다. 주권은 스스로 말미암은 권력이기 때문에 다른 권력에 기대어 있지 않고 주권국가들 간의 관계에서 이들을 통제할 정부가 없다는 의미다. 국가의 주권성과 무정부상태 조직원리가 결국 같은 사실의 양면이라는 대쌍 개념으로 여겨지고 있다.

국제정치를 독립적인 하나의 분석 대상으로 설정하려면 국제정치의 영역이 다른 사회현상과 근본적으로 구별되는 특징을 밝혀야 하는데, 이때 가장 중요한 개념이 조직원리다. 국제정치를 다른 장에서 벌어지는 현상과 구별되게 하는 가장 기본적인 원리이기 때문이다. 국제정치의 장에서 누가 정당하게 인정된 행위자이며, 행위자들은 어떠한 규칙을 따르며, 어떠한 행동을 하는지를 규정하는 근본원칙, 즉, 행위자의 실천을 의미 있는 것으로 만드는 근본원칙이다. 국제정치학 이론에서는 조직원리, 구성원리(constitutive principles), 구조적 원리(structural principles), 근본적 제도 등 다양한 개념이 사용되고 있는데, 국제정치, 국제체제, 국제관계가 하나의 현상으로 성립되게 만드는 원칙을 일컫는 용어들이다(Osiander 1994, 5).

무정부상태 조직원리가 국제정치의 이론화에 가장 근본적인 개념이라고 할 때 다음과 같은 질문을 검토해 볼 필요가 있다. 우선 제기할 수 있는 질문은 국제정치를 적극적으로 조직해 내는 원리 자체가 존재하는가이다. 즉, 국제정치가 스스로 자족적인 주권적 실체의 집합이라면 이들 간의 관계가 조직된다는 말 자체가 성립하는가 하는 것이다. 서양사상사에서 주권은 신학 개념으로 출발하여 점차 세속화된 개념이다. 기독교의 신이 스스로의 존재근거를 가지고 자족적으로 존재하기 때문에 신이야말로 주권적 존재로 인식되어 왔다. 근대 초 세속화의 물결 속에서 세속을 주관하는 신의 지배력에 대한 관념이 약화되고 주권의 개념은 세속의 왕에게 전가된다. 왕이 주권적이라고 할 때 주권은 정치신학적 개념이 되는데, 이때 주권을 가진 왕이 복수로 존재할 때 과연 이들을 조직하는 원리가 존재할 수 있는가? 이후 민주주의 혁명을 거치면서 주권은 인민의 소유가 되고 세속화된 주권을 소유하는 신성화된 존재로 인민이 자리매김한다. 역시 스스로 말미암은 인민이라는 공동체를 또다시 조직하는 원리가 존재할 수 있는지의 문제가 제기된다. 하나의 주권적 존재가 다른 주권적 존재를 조직의 상대로 상정할 수 있는가, 혹은 주권적 존재들이 합의하여 서로를 구속하는 자기통치의 기제를 마련하게 되는가 등의 문제다. 주권적 존재는 타자를 조직하지 스스로 조직되지는 않는다고 할 때, 개념적 모순의 여부가 중요하다.

둘째, 국제정치의 구성단위가 주권적 실체라고 할 때 이들을 조직하는 조직자가 생겨날 수 있는가, 아니면 복수의 주권적 실체들의 상호작용 속에서 국제정치가 스스로 조직되어 조직원리가 창발되는가의 문제다. 조직원리가 존재한다면 이는 행위자의 의도된 행동의 결과이거나, 혹은 의도하지 않은 행위들, 혹은 행위들의 상호작용 속에서 조직원리가 자동적으로 만들어진다고 보아야 한다. 복잡계이론은 많은 행위자들의 의도되지 않은 행동이 반복되면서 패턴이 형성되고 자기조직화에 의해 질서가 창발된다고 논한다. 국제정치의 조직원리도 그러하다고 볼 수 있는가? 국제정치는 행위자가 무척 많고 경쟁과 협력의 대상이 되는 이슈도 다양하며 오랜 시간에 걸쳐 행해지는 것이기 때문에 일관된 조직원리의 조직자를 상정하기가 쉽지 않다. 그렇다고 국제정치의 조직원리를 조직하려는 야심 있는 행위자, 특히 강대국이 존재하지 않는다고 말하기는 불가능하다. 소위 패권국들이 국제정치를 자신의 이익에 맞게 조직하려는 노력을 기울여 왔기 때문이다. 국제정치의 조직원리는 어느 정도 조직자에 의한 의도적 행동의 결과이기도 하고, 어느 정도 의도치 않은 상호작용의 창발의 결과이기도 하다.

셋째, 국제정치는 자체적인 조직원리를 가지고 있는가, 아니면 행위자인 주권국가들의 관계라는 점에서 행위자로부터 파생되는 개념인가의 문제다. 사회과학에서 구조주의는 구조가 존재론적으로 선행하고 행위자인 단위가 파생된다고 보는 데 반해, 개체주의는 개체가 먼저 존재하고 이로부터 구조가 생산된다고 본다. 조직원리도 결국 국제정치의 구조 개념인데, 구조와 행위자 간의 존재론적 우선성은 어떻게 해결해야 하는가? 구성주의는 신현실주의의 존재론적 개체주의와 세계체제론 등 구조주의 계열 이론의 존재론적 구조주의를 융합하는 길로 안소니 기든스의 구조화(structuration)이론을 차용하고, 상호구성성의 개념을 내세웠다. 그러나 양자의 상호작용의 일면을 보여 주지만 여전히 국제정치구조 자체를 밝히지 못하고 있는데, 이는 국제정치의 역사로부터 구조의 개념을 이끌어 내지 못하기 때문이다. 특히 알렉산더 웬트류의 구성주의는 근대 국제정치의 역사와 경험으로부터 구조를 밝히는 경험적 연구를 완성하지 못하기 때문에 논의의 추상성이 문제가 되고 있다.

이러한 문제를 해결하는 손쉬운 방법은 주권국가의 개념에서 조직원리를 이끌어 내는 것으로, 무정부상태 개념이 그러하다. 무정부상태는 정부상태라는 국내 조직원리 개념으로부터 파생된 부정적 개념으로 국내정치를 국제정치와 비교한 개념이다. 개인 대 국가의 관계를 국가 대 국제정치의 관계와 비교하는 개념이기도 하다. 양자가 비교가능한가, 역사적으로 국내와 국제가 분리될 수 있는가 등의 문제가 있지만 무엇보다 국제정치의 역사에서 국제정치 조직원리를 이론화하지 않고 유추의 방법을 썼다는 점에 문제가 있다. 무정부상태라는 개념은 단지 집단 간 관계에서 상위에 있는 정부가 없는 상태라는 것이지 국제정치에서 어떠한 질서가 있을 수 있는가에 대한 적극적 정의는 아니다. 무정부상태라는 개념은 국제정치의 질서, 혹은 조직원리에 대한 매우 소극적 정의이며, 국내정치의 정부상태에 대한 비유적, 반대적, 부정적 정의이다.

넷째, 국제정치라는 장은 시간적, 공간적으로 매우 다양하고 복합적이다. 근대 주권국가체제는 유럽에서 시작되었지만, 그 시작부터 비유럽에 대한 식민정책이 병행되었고, 결국 20세기에 들어 모든 지역이 주권국가체제를 모델로 변형되었다. 시간적으로도 500여 년 간 지속된 체제이기에 전체 시간을 단일한 체제로 보기도 무리다. 과연 시간적으로 근대 국제정치의 역사 전체를 하나의 조직원리로 규정하는 것이 적절한가? 공간적으로 유럽과 비유럽, 혹은 유럽 내 몇 개의 소지역들, 비유럽의 다양한 지역들을 모두 하나의 조직원리로 보는 것이 가능한가? 하나의 국제정치 체제는 하나의 조직원리만을 가지는가, 아니면 복수의 조직원리를 동시에 가질 수 있는 것인가? 현대 국제정치학 이론은 2차 세계대전 이후의 국제정치를 주된 대상으로 삼고 있고 이전의 국제정치의 영향력을 사실상 역사적으로 추적하지 않는 경향이 강하기 때문에 무정부상태의 조직원리를 보편적이고 대표적인 조직원리로 상정하는 경향이 강하다.

국제정치 이론화에서 국내-국제 유추(domestic analogy)의 유혹

영국의 국제정치학자 와이트는 국제정치를 이론화하는 것이 왜 어렵고, 특히 국내정치와 비교할 때 어떠한 딜레마를 겪게 되는지에 대해 논의한 적이 있다(Wight 1966). 와이트는 국제정치이론이 역사적으로 지적 전통을 만들면서 존재해 오지 않았다고 지적하고 그 이유를 나름대로 밝히고 있다. 정치이론은 플라톤 이후 일류급 지성의 핵심 연구 대상이었던 데 비해, 국제정치의 변화는 이론화의 대상이 된 적이 별로 없었다는 것이다. 국제법학자들이 국제정치를 이론화하려고 해 왔지만 대부분 국제정치의 사건이 있을 때 이를 해결하려는 규범적 노력을 하거나 혹은 국제정치가 안정되었을 때 이를 관리하려는 노력에 그쳤다고 본다. 전자는 자연법 계열의 국제법 학자들이고 후자는 법실증주의 계열의 19세기 학자들이다. 오히려 역사가들이 국제정치의 변화를 전체적으로 이론화하려는 노력을 기울였는데 투키디데스를 대표적인 인물로 거론한다. 마키아벨리는 국내와 국제의 경계가 혼란스러운 역동적 시기를 살면서 국제정치이론 혹은 국제정치사상에 관한 견해를 피력했는데, 이는 대세가 아니었고 근대 시작 이후 대부분의 사상가들은 국가, 국내 정치에 대부분의 관심을 기울였다는 것이다. 그 과정에서 국제정치는 항상 반복되는 현상의 영역으로 여겨져 힘과 폭력의 세계로 국내정치와는 명확히 구분되는 영역으로 인식되었다. 따라서 국내와는 달리 이론화를 벗어나는 영역으로 인식되었고, 국내정치에서는 극단적이며 예외적으로만 다루어지는 주제들, 즉 폭력, 생존, 전쟁의 문제가 발생하는 전혀 다른 영역으로 인식되었다는 것이다.

국제정치를 이론화하려면 당연한 말이지만 국제정치 자체를 분석해야 한다. 국제정치의 조직원리를 밝히려면 국제정치의 역사적 변천과정을 경험적으로 연구하여 개념화해야 한다. 개별국가들의 외교정책을 연구하는 것만으로는 부족하고 소수 국가들 간의 관계를 일반화하는 것도 부분적인 성과에 그친다. 어느 한 지역과 국한된 시기의 역사만으로 국제정치의 본질에 접근하기도 어렵기 때문에 연구의 범위가 넓을 수밖에 없다. 부분적인 개념과 이론에 입각한 연역적 방법으로 국가 간 관계를 상정해서도 부족하다. 그러한 점에서 국내와 다른 국제의 측면에 착안하는 국내-국제 유추는 그 유용성에도 불구하고 한계가 있다. 유추란 둘 또는 그 이상의 사례들 간의 유사성에 착안하여 상이점에도 불구하고 양자를 비교하여 전체적인 함의를 얻는 사고 양식이다. 부분적 유사성이 전체적 유사성으로 확장, 전이될 수 있다는 전제하에 양자를 비교하다 보면 여러 가지 함의를 얻게 되기 때문이다. 그러나 양자의 상이점이 지나치게 커질 때, 유추의 장점은 사라진다(Aronovitch 1997; Bottici 2003; Bottici 2009). 국내-국제 유추가 지나칠 경우 국제정치 자체의 역사를 연구하는 수고로움을 우회하고 근본적으로 다른 대상에서 얻은 영감으로 국제의 영역을 왜곡할 수 있다.

'국내(domestic)'라는 용어는 고대 라틴어인 domus(house), dominus

(master of the house), domesticare(to dwell in a house) 등에서 유래된 것으로 각기 다른 어감을 가지고 있다. 근대에 들어와 영어 사용에서 가사, 가족 관련의 함의보다는 국가 차원의 함의를 가지게 되면서 국가의 일, 국정의 지배자와 연결되는 한편, 아메리카 발견 이후 자연상태와 대비되는 시민사회의 상태를 대비하여 개념화하는 데 사용되기도 하였다. 특히 자연상태와 대비에서 규정된 국내의 개념은 주권이 적용되는 영역으로 무정부상태와 대비되는 것으로 생각되었다(Rolf 2014, 162-163).

국제정치는 걸쳐 있는 지리적 영역이 넓고, 개인으로부터 지구에 이르기까지 차원이 다양하기 때문에 그 자체로 사고하기보다는 다른 영역의 논리를 빌려 비유적, 유추적으로 사고하는 경향이 강했다. 국내정치와의 비유는 추상적, 연역적 사고다. 개인 : 국가 = 국가 : 국제정치의 등식이 성립된다는 믿음에서 비롯된 것이다.

이러한 비교는 17세기 영국의 민주주의 혁명으로부터 정치적으로 주권적인 개인이 탄생하고 이들 간의 계약으로 정치질서가 성립된다는 사회계약설을 축으로 한 민주주의 이론이 자리 잡은 후에 성립된 것이다. 즉, 국가가 개인들 간의 합의에 의해 형성되는 민주주의 혁명을 경험하면서 가능하게 된 개념으로, 개인이 국가의 성립의 기초가 되듯이 국가가 국제정치의 기초가 된다는 생각이다. 특히 영국과 미국이 차례로 국제정치의 패권국으로 등장하고 이들 국가들이 자국의 내부 조직에 따라 국제정치를 조직하려는 움직임을 보였기 때문에 민주주의 국가 조직원리가 국제차원으로 이식되고 적용될 수 있는가가 국제정치학자들과 정책결정자들의 큰 관심이었다.

다른 형태의 비교도 가능하다. 예를 들어 왈츠(Waltz)의 경우처럼 기업 : 시장 = 국가 : 국제정치의 등식을 가정할 수도 있다. 왈츠는 국제정치의 이론화가 매우 저발전되어 있다는 판단하에 자유로운 상호 작용이 보장된 시장 속에서 작동하는 기업들의 상황에서 국제정치를 유추하였다. 문제는 이러한 비교와 유추가 얼마나 실제를 파악하는 데 도움이 되는가 하는 점이다. 유추의 방법은 말 그대로 비슷하고 유사한 것, 알려진 것과 익숙한 것들에 대한 지식을 바탕으로 아직 알지 못하고 덜 익숙한 것들을 비교하여 알아내는 방법이다. 연역의 방법이라기보다는 귀납의 방법으로 가장 비슷한 부분들을 비교하여 알고자 하는 대상의 면모, 인과관계를 추정하고 전체를 알아 가는 방법이다. 롤프의 논의처럼 최대유사와 최소차이의 관계가 성립할 때 가장 강력한 유추가 성립한다. 국제정치는 한 행위자, 혹은 한 국제정치 학자가 알기에는 역사와 범위가 너무 커서 이에 대한 전체적 경험적 지식을 바탕으로 이론화하기가 어렵다. 따라서 유추에 의한 방법으로 국내정치와 비교하여 인식하기가 훨씬 용이하고, 국제정치와 유사한 측면이 많은 대상을 연구하여 이를 국제정치에 적용하는 방법을 택할 수 있다. 문제는 이러한 유사점이 어디까지 이어지며, 차이점을 어떻게 설정하여 양자 간의 관계를 설정할 것인가 하는 문제다(Rolf 2014).

국내-국제 유추는 규범적 유추와 분석적 유추로 나눌 수 있다. 규범적 유추는 국내정치가 자연상태를 극복하고 정부를 수립하여 사회상태로 옮아가 평화를 이룩하였기 때문에 국내정치의 모델이 국제정치의 바람직한 미래에 시사점을 준다는 유추적 사고다(Suganami 1989). 자연상태에서 개인이 리바이어던과 같은 정치권위를 창출하여 자신의 생명과 재산권을 보호할 수 있었듯이 무정부상태에서 국가도 세계정부를 창출하여 개인과 국가의 생명과 재산권을 보호할 수 있다는 견해다(Bottici 2003).

규범적 차원에서 제기할 수 있는 질문은 첫째, 국제정치에서 질서는 국내정치에서 보이는 바처럼 정부에 의해서만 가능한가 하는 질문이다. 국내정치처럼 국제정치적 리바이어던이 만들어지고 세계정부가 들어서서 중앙집권적으로 헌정적 질서를 만드는 것이 국제정치와 세계정치에서 가능한가? 국제연맹과 국제연합을 거쳐 세계화의 시대에 접어든 현재 국제정치의 헌법을 만들어 헌정적 지구 거버넌스를 만들고자 하는 노력이 있는데 과연 이러한 모델은 성공할 수 있는가? 근대정치에서 정부를 통한 질서의 수립과 구별되는 21세기 상황에서 질서의 수립은 다른 사회적, 기술적 가능성을 가질 수도 있다. 국가 내의 질서가 위계적이고 단일하게 성립되는 방식과는 별도로 보다 네트워크적이고 다원적이며 수평적인 질서가 가능한지 살펴보아야 한다.

둘째, 개인들의 의견을 모아 공통점을 찾아 하나의 정부를 수립하는, 소위 일반의지를 창출하는 과정이 국제정치에서 어느 정도 완벽하게 이루어질 수 있는가의 문제다. 새로 만들어지는 질서가 국가들 간의 권력 불평등을 전제로 한 것이기 때문에 진정으로 평등한 권리에 기반한 질서가 가능한지를 따져 보아야 한다. 국제정치 질서를 수립할 때 국가 간 국력차이가 엄연한 변수인데, 과연 공평한 세계정부 수립이 어떻게 가능할지 물을 수 있다. 국내정치에서 개인들 간의 능력 차이와 국제정치에서 국가들 간의 국력 차이는 비교할 수 없을 만큼 큰 편차를 보인다.

한편, 분석적 유추는 국제정치를 정확히 이해하기 위해 국내정치와 비교하는 것으로 국내정치의 기본 작동원리와 개념들을 국제정치의 영역에 적용하여 이해하고자 하는 방법이다. 유추에 의한 이론화의 한계에도 불구하고, 국내정치는 국제정치 이론가의 사고 속에 하나의 비교대상으로 자연스럽게 자리 잡고 있다. 특히 20세기의 이론가들에게 개인과 국가의 관계는 국가와 국제정치의 관계와 비교된다. 20세기 국제정치이론의 기초를 놓는 데 공헌한 왈츠는 분석적 유추를 적극 활용하여 국내정치가 정부라는 중심으로 가지고 위계적으로 조직되며, 각각의 부분들이 명확한 업무분담과 기능적 분화에 기초하고, 서로의 권한이 명확하게 설정되어 있다는 점과 대비하여 국제정치 체제의 성격을 유추한다. 국제정치는 국내정치와는 달리 정부가 없는 무정부상태이며, 각 부분들은 기능적으로 미분화되어 있어 단위들 간의 권력배분이 가장 중요한 변수가 된다는 것이다. 각 단위들은 같은 주권적 단위이기 때문에 상호 종속과 지배관계가 성립되지 않는다. 여기서 조직자가 없는 조직원리가 어떻게 생겨날 수 있는가의 문제가 대두되는데, 왈츠는 여기서 시장의 논리를 가져온다. 각 행위자들이 이익 추구를 위해 상호작용할 때 시장이 이를 보상하거나 처벌하는 메커니즘으로서 작동하는 것처럼, 각 국가 단위들이 생존을 위해 상호작용할 때 국제정치의 무정부상태 조직원리는 단위들을 구조의 흐름에 비추어 처벌하거나 보상한다고 본다(Waltz 1979, 88-92).

이러한 논리는 그 자체로서 국제정치의 일면을 명확하게 보여 주는 설명적 효과가 있다. 그러나 국내정치와의 비교를 통해 국제정치의 조직원리를 설명하고 있으므로 국제정치 자체의 변화과정을 역사적으로 추적하여 이론화한 것은 아니다. 뒤에서 논의하겠지만 국제정치적 무정부상태가 역사적 진공상태에서 갑자기 출현한 것이 아니다. 즉, 주권을 소유한 국가라는 행위자가 존재론적으로 우선성을 가지고 존재하기 시작한 것이 아니다. 중세 말의 복잡한 지역 체제 속에서 국가가 출현하고 국가의 속성으로서 주권의 내용이 서서히 채워져 나가기 시작하였다. 모든 국가들이 동시에 같은 법적 주권을 가지고 무정부상태를 이룬 것도 아니며, 다른 국가를 종속시키려는 제국적 확장논리를 한순간에 포기한 것도 아니다.

신현실주의를 비판한 구성주의자 웬트 역시 무정부상태 개념을 이론의 주요한 축으로 놓고 있다. 왈츠와는 달리 무정부상태가 주어진 구조적 요건이 아니라 국가가 주권을 소유하고 이를 기반으로 실천하는 과정에서 무정부상태 자체가 구성되는 것으로 본다는 점에서 좀 더 유연하다. 그러나 무정부상태가 역사적으로 어떻게 만들어지는가를 구체적인 역사 현실에서 이론화하기보다는 주권 국가들 간의 상호작용에서 추상적으로 도출하고 있다. 주권을 소유하는 국가들의 상호작용에서 무정부상태가 발생하는 과정을 논리적으로 유추하지만 국가주권과 무정부상태는 기본 전제들을 토대로 선험적 추상공간에서 서로 맞물려 개념화된다. 이후 초점은 무정부상태의 문화가 어떻게 달리 형성되는가의 문제로 이행한다. 국가들이 서로 경쟁적이고 적대적으로 관계를 맺어 가는가, 혹은 상호 인정과, 공존, 협력의 관계 속에서 관계를 맺어 무정부상태의 구조적 틀 속에서 보다 온건하고 협력적인 관계를 맺어 가는가를 논하는 데 집중한다. 신현실주의의 구조적 제한 속에서 신자유주의의 과정적 다양성을 조화시키려 한다는 점에서 의미가 있으나 무정부상태를 주어진 조직원리로 규정하고 시작한다는 점에서 국내 정치의 정부 존재 상태와 대비하고 있다. 웬트는 무정부상태 문화를 홉스적, 로크적, 칸트적으로 구분하는데, 이 역시 이들의 자연상태론과 사회계약론의 이론적 전제를 암묵적으로 흡수하고 있음을 보여 준다. 이후에 보겠지만 자연상태론이 국내-국제 유추를 전제하고 있다는 점에서 이론적 한계를 가지고 있다(Wendt 1992; Wendt 1999).

홉스의 사회계약론과 국내-국제 유추의 일반화

국내-국제의 분석적 유추는 위계상태와 무정부상태의 단순 비교에 그치지 않는다. 자연상태에서 정치질서가 창조되는 사회계약의 경로, 정부 권위의 창출을 국내의 조직원리로 본다면, 홉스가 논한 "만인의 만인에 대한 투쟁"으로서 자연상태가 국제정치의 조직원리라는 논의가 보다 정교한 논리체계를 가지고 있다. 이러한 입론에 가장 큰 영향을 미친 이론은 홉스의 자연상태론과 전쟁상태론이다. 홉스는 리바이어던 13장에서 "개인들 사이에 적대하는 전쟁상태가 과거 역사상 결코 존재한 일이 없었다 할지라도, 시대를 막론하고 군주나 통치자들은 자국의 독립을 지키기 위해 끊임없이 경계하며, 무기를 들고 서로 노려보는 검투사 같은 자세를 취하고 있다. … 이것이 바로 전쟁준비상태다."라고 쓰고 있다(Hobbes 2016, 133). 이 구절이야말로 근대 국제정치를 이론화하려는 많은 이론가들이 국제정치를 만인의 만인에 대한 투쟁상태, 자연상태로 보게 만든 결정적 구절이다.

홉스는 자연상태에 처한 인간의 상황 및 인간의 본성을 다음과 같이 정의한다. "자연은 인류를 육체적, 정신적 능력에서 평등하게 창조"

했으므로 "모든 능력을 종합해 보면 인간들 사이의 능력 차이는 거의 없"으며, "있다 하더라도 다른 사람보다 더 많은 편리와 이익을 주장할 수 있을 만큼 두드러지지는 않다"는 것이다. "육체적으로 아무리 약한 사람이라도 음모를 꾸미거나 같은 위험에 처해 있는 약자들끼리 공모하면 아무리 강한 사람이라도 충분히 쓰러트릴 수 있"으며, 서로 불신하는 상황에서 "자신을 안전하게 보존하려면 선수를 치는" 방법을 택할 수 있다. "따라서 선량한 사람들조차 침략을 위한 권력 부풀리기에 나서는 것"이며, "타인의 지배를 위해 힘을 키우는 것은 자기보호를 위해 필요한 일이므로 누구에게나 허용되어야 한다"고 주장하고 있다 (Hobbes 2016, 129-130).

홉스는 자연상태를 전쟁상태로 본다. 인간은 자연상태에서 "그들 모두를 위압하는 공통 권력 없이 살아"가며 바로 이때 "전쟁상태로 들어간다는 것이다." "이 전쟁은 만인에 대한 만인의 전쟁이다." "전쟁상태에서 인간은 끊임없는 두려움과 폭력에 의한 삶과 죽음의 갈림길"에 서게 되며 "인간의 삶은 외롭고, 가난하고, 비참하고, 잔인하고, 그리고 짧다는 것"이다. 이때 전쟁상태는 단순히 전투 혹은 투쟁 행위의 존재 유무만으로 판단하는 것이 아니라고 본다. 일정한 기간에 걸쳐 전투의지가 존재하는 것이 확실하다면 그 기간 동안은 전쟁상태에 놓여 있는 것이다. 홉스에 의하면 "그러므로 … 전쟁의 본성에는 시간의 개념이 고려되어야 한다. … 전쟁의 본질도 실제 전투 행위에 있는 것이 아니라 전투가 벌어질 가능성이 있느냐 없느냐, 전투가 벌어지지 않는다는 보장이 있느냐 달려 있다. 그 밖의 기간이 평화다"(Hobbes 2016, 131-132).

자연상태에서 인간의 본성은 무정부상태에서 국가의 본질에 대한 논리와 직접 연결되어 현대 국제정치학 이론에 등장한다. 특히 현실주의는 인간의 본성을 다양하게 세분화하면서 근대의 정치철학의 갈래들과 연결된다. 공격적 현실주의는 방어를 위한 공격적 행동의 필요성을 강조하는데, 홉스 역시 자신을 방어하기 위해 공격적 능력을 배양해야 한다고 주장하고 있다. 이에 반해 방어적 현실주의는 국가 단위의 기본 동기가 자신의 생존과 보호에 치중한다고 가정한다. 홉스보다는 루소(Jean Jacques Rousseau)의 논리에 근접한 것으로 왈츠도 이러한 논리선상에 있다. 한편 고전현실주의는 방어를 위한 공격성이라는 전제를 넘어 공격을 위한 공격, 혹은 팽창과 명예를 위한 공격도 인간의 본성으로 가정하고 있다. 이러한 점에서 자연상태에서 국가의 팽창욕, 제국주의 본성을 이론의 시계 속으로 포괄한다. 홉스 역시 인간의 팽창적 본성을 논의하고 있지만 이를 구별하여 자세하게 논의하고 있지는 않다(김영호 2002).

홉스의 자연상태에서 인간은 분쟁을 일으키는 세 가지 본성적 요소를 가지고 있는바, 그것은 경쟁, 불신, 공명심이라고 본다. "인간은 이득을 위해 침략하고 안전을 바라서 공명심 때문에 명예수호를 위한 공격자가 되는 것"이라는 것이다(Hobbes 2016, 131). 홉스는 인간의 본성에 관해 논하면서 "끊임없는 힘에 대한 욕망"을 언급한다. "모든 인간에게서 발견되는 일반적 성향으로 죽을 때까지 계속되는, 힘에 대한 끊임없는 욕망"이 있다는 것이다. "인간이 이미 획득한 것보다 더 강렬한 환희를 바라거나 보통 수준의 힘에 만족할 수 없어서 그런 것"이다. 군주의 경우 "새로운 정복을 통해 명성을 얻으려는 욕구 자기 한 몸의 안락과 감각적 쾌락을 향한 욕구, 자신의 기예나 정신적 능력의 뛰어남에 다한 칭송과 아첨을 바라는 욕구"가 존재한다는 것이다(Hobbes 2016, 104-105). 인간 본성에 대한 고전적 현실주의의 가정과 상통한다.

홉스가 전쟁상태를 생각할 때 현실과 조응하는 어떠한 상황을 염두에 두었는지는 흥미로운 논제다. 홉스는 내란과 국제정치를 든다. 내란에 관해서는 "두려워할 만한 공통 권력이 존재하지 않는 곳에서 인간의 생활양식이 어떨 것인지는 과거 평화로운 통치 아래에서 살다가 내란에 빠져들곤 했던 인간의 역사를 살펴보는 것으로도 충분하다"고 지적하고 있다(Hobbes 2016, 132). 홉스가 살았던 17세기 중반 영국의 상황을 충분히 짐작할 수 있다. 또 하나의 예는 군주들 간의 국제정치로 앞에서 인용한 구절에 나타나 있다. 홉스는 30년 전쟁을 직접 목도하였고 전쟁의 비참함을 몸소 체험했으므로 전쟁 기간 중에 대륙의 무정부상태를 염두에 두었을 것이다(Yurdusev 2006, 311).

이러한 전쟁상태에서 개인들 간의 협력과 평화, 덕목은 있을 수 없다. "모든 사람이 모든 사람에 대하여 전쟁을 하는 상황에서는 그 어떤 것도 부당한 것이 될 수 없다. 옳고 그름의 관념, 정의와 불의의 관념은 존재하지 않기 때문이다. 공통 권력이 없는 곳에는 법도 존재하지 않으며 법이 없는 곳에서는 불의(injustice, 즉 불법)도 존재하지 않는다. 전쟁에서 요구되는 덕은 오로지 폭력과 속임이다. 정의, 불의는 육체 또는 정신의 어떤 능력에도 속하지 않는다."라고 주장한다.

일단 전쟁상태를 벗어나 사회상태로 들어갈 때 비로소 사회적 의미의 정의와 법이 존재하기 시작한다. 홉스에 의하면 "만일 정의, 불의가 감각이나 정념처럼 인간의 육체적 및 정신적 능력의 일부라면, 이 세상에 사는 단 하나뿐인 인간에게도 있어야 할 것이다. 정의, 불의는 고립된 인간들이 아니라 사회 속에 있는 인간들에게 관계된 성질이다. … 전쟁상태에서는 소유도, 지배도, 내 것과 네 것의 구별도 존재하지 않는다. 저마다 획득할 수 있는 것만이 자기 것이며, 그것도 자기 것으로 유지가능한 기간 동안 자기 것이다. … 인간이 그런 가혹상태로부터 벗어날 가능성이 없는 것은 아니다. 그 가능성의 일부는 인간의 정념에, 일부는 인간의 이성에 있다"(Hobbes 2016, 33-134).

이러한 진술은 국제정치의 이론화 과정에서 많은 질문을 야기한다. 홉스의 논의에서 개인은 사회와 국가에 대해 존재론적 우선성을 가진다. 개인은 주권적 존재로 자신의 안전을 위해 사회와 국가를 도구적으로 창출한다. 이러한 논리를 국제정치적으로 받아들이면 국제정치 체제 혹은 구조에 대해 국가가 존재론적 우선성을 가지는 것으로 해석할 수 있는가? 역사적으로 국가가 먼저 존재하고 국제정치 조직원리가 만들어진 것인가?

홉스의 말을 단순히 받아들여 국제정치가 자연상태로서 곧 전쟁상태라고 정의한다면 과연 군주들이나 통치자 간에 사회적 요소는 존재하지 않는다는 것인가, 국제적 자연상태 속에 정의와 불의의 관념이 존재할 공간이 원래부터 없었다고 할 수 있는가, 모든 사람이 모든 사람에 대하여 전쟁을 하는 자연상태의 표본이 국제정치 상태라고 하는데, 모든 국가, 혹은 군주가 모든 다른 군주, 국가에 대해 전쟁을 하는 상태, 혹은 전쟁을 준비하는 자연상태가 국제정치의 상태인가? 이는 자연상태에서도 자연법과 자연권이 존재한다는 그로티우스(Grotius)나 로크의 견해와 대비된다.

보다 구체적인 역사 속에서 홉스는 정의, 불의가 개인의 덕목이 아니라고 논하고 있는데, 군주들 간의 전쟁 상태에서 정의, 불의가 존재한다면 이는 군주들 간의 일정한 사회상태를 가정하고 있기 때문이 아닌가? 군주들은 개인으로 전쟁을 수행하는 것이 아니라 주권자로 전쟁을 수행하는데, 군주의 인격은 그 자체가 개인들로 위임받은 권력에 기반하고 있으므로 인격 자체가 사회적인데, 이러한 중첩상황을 어떻게 해결할 것인가? 홉스는 자연상태의 예로 군주 간 관계로 들고 있는데 이는 아마 17세기 중반까지의 국제정치 현실을 고려한 결과일 것이다. 대체로 국제정치에 대한 홉스의 논의는 매우 짧고 이후의 논리 전개에서는 아주 짧은 문단에서만 국제관계를 논하면서 곧 인간 간의 관계로 되돌아가곤 한다. 홉스는 국제정치 상황의 역사와 현실에서 국제의 논리를 이론화하는 것이 아니라 인간 간의 논리에서 유추하여 비유적으로 국제를 논하고 있다. 이를 후세의 이론가들이 어떻게 받아들이는가는 매우 중요하며, 홉스가 과연 국제정치의 조직원리를 독자적으로 이론화하려고 한 것인지 평가해 보아야 한다.

홉스 역시 전쟁상태론을 단순화해서 이야기할 때 국제정치를 전쟁상태로 상정하는 모습을 보이지만 실제의 국제정치에 대해 간헐적으로 논한 부분들을 종합해 볼 때, 홉스가 현대의 의미에서 현실주의자로 단순히 해석되기 어려운 다양한 사고를 하고 있었음을 알 수 있다. 홉스가 개인 간 관계를 온전한 무법상태로 본 것과는 달리 국제정치의 경우 이를 전쟁상태로만 본 것은 아니다.

홉스는 자연상태에 있다고 보는 국가들 간에도 기본적인 신약과 상호 이해, 의무의 존재 가능성, 필요성 등을 논하고 있어, 국제정치 자연상태를 지속적인 전쟁상태로만 보는 것에 무리가 있다. 홉스는 또한 "전쟁을 재개할 정당한 명분"이라는 표현을 사용하고 있는데 이는 군주들의 행위가 자의적 개인의 행동이 아님을 함축하고 있다. 이러한 홉스의 생각은 아마 17세기 당시에 존재하는 군주들 간의 암묵적 국제정치 규범, 더 나아가 무정부상태에 대한 사회적 합의, 즉, 국제정치는 무정부상태적으로 운영해 나간다는 사회적 합의를 의식했기 때문일 수 있다. 무정부상태가 무규범상태가 아니라 정부 없는 질서 상태라는 점에 대한 사회적 합의라는 사실을 함축한다.

홉스는 또한 싸움의 존재 자체가 전쟁상태를 나타내는 것은 아니라고 본다. 국제정치에서 전쟁이 존재해도 싸움을 통해 질서를 창출해 나가는가가 중요하기 때문이다. 상대방의 존재 자체를 부정하지 않고 상대를 "존재의 근거가 있는 정당한 적"으로 상정하는 것이 역사에 부합되는 전쟁상태일 것이다. 홉스 역시 완전한 자연상태에서는 싸워 본 뒤에만 서로의 힘의 크기를 알 수 있다고 말하고 있어 자연상태가 이미 완결된 대결상태가 아니라는 함축을 보인다(Hobbes 2016, 147). 자연상태에서 공존을 가능하게 한 사회성이 조성되어 가고, 이는 명시적 사회계약 없이도 유지될 수 있으며, 그렇다고 제국을 향한 국가들의 움직임이 사라지는 것도 아니다. 제국을 출현을 막고자 하는 세력균형의 규범이 사회적으로 형성되기도 하고 때로는 제국적 상황이 출현하기도 한다. 사회계약 없는 사회적 상태 속에서 자연상태적 권력정치가 공존하며, 그 과정에서 규범이 자리 잡아 가는 것이 역사에 부합하는 국제정치 조직원리다.

홉스는 개인들 간의 신약을 말하면서 국가들 간의 신약도 같이 논의하고 있다. 홉스는 권리를 서로에게 양도하는 계약의 일종으로 신약은 국가들 간에도 해당된다고 본다. 흥미롭게도 홉스는 완전한 자연상태에서 두려움 때문에 맺어진 신약도 지킬 의무가 있다고 주장한다. 예를 들어 내가 내 생명 대신 적에게 몸값 또는 노동을 지불하기로 약속했다면 그 계약은 구속력을 지닌다. 이것 또한 일종의 신약으로서, 나는 생명에 대한 편익을 얻고 상대는 내 생명을 빼앗는 대신 돈이나 다른 대가를 받는다는 계약이기 때문이다. 따라서 완전한 자연상태에서처럼 그런 채무 이행을 금지하는 다른 법이 없을 경우, 그 신약은 유효하다는 것이다. 그러므로 전쟁포로들이 자기들의 몸값을 지불하기로 신약을 맺었다면, 마땅히 그 몸값을 지불해야 한다. 또한 약소국의 군주가 겁에 질려 강대국의 군주와 불평등조약을 맺었을 경우에도, 그 조약을 지킬 의무를 지닌다. 전쟁을 재개할 정당한 명분이 새로 생기지 않는 한, 그 약속의 구속을 받는다는 것이다(Hobbes 2016, 144-145).

홉스는 또한 자연법에 기초한 국가 간 타협에 관해 부분적인 인정의 모습을 보이고 있다. 제2의 자연법 논의에서 홉스는 "인간은 평화와 자기방어를 위해 그가 필요하다고 판단하는 한, 또한 다른 사람들도 모두 그럴 경우에는 만물에 대해 이 권리를 기꺼이 포기하고, 자신이 타인에게 허락한 만큼의 자유를 갖는 것으로 만족해야 한다."라고 쓰고 있다(Hobbes 2016, 144-145). 국가 간 타협의 경우 전쟁 상태에서 자연법에 기초해서 해야 한다는 관념이다. 이러한 논의는 자연상태에서 자연법의 존재와 관련하여 정교하지 못한 논의를 보여 주는 것이 사실이다. 개인들 간의 관계에서 자연법이 자연상태를 극복하는 계기를 마련하는 데 부족한 반면, 국제정치의 자연상태에서 자연법의 정확한 기능은 무엇인가는 명확하지 않다. 과연 타협과 계약의 성격이 개인들 간의 그것과 다르다고 해서 국제정치 속 협력을 전쟁상태의 계속으로 보아야 할 것인가 등의 문제가 남는다(Yurdusev 2006, 317-318).

결국 홉스의 논의는 권력에 대한 객관적, 상호적 인식의 필요성에 대한 논의이며, 홉스가 국제정치관은 현대의 국제정치이론가들이 손쉽게 상정하는 것과는 달리 단순한 자연상태론보다는 훨씬 복잡한 생각을 가지고 있다고 볼 수 있다. 홉스는 이러한 국제정치관을 일관된 이론적 명제로 제시하지 않았으므로 후세의 이론가들이 자연상태론을 그대로 받아들여 이론화의 단순한 전제로 받아들이는 것은 문제가 있다.

로크의 자연상태론과 국내-국제 유추의 진화

홉스의 자연상태와 달리 로크의 자연상태는 자연법에 따라 질서와 안녕이 보존되어 있는 상태로 상정된다. 이러한 논의는 현대 국제정치학 이론에서 현실주의보다 자유주의, 영국 국제사회학파, 그리고 구성주의 논의의 기초가 된다. 로크의 자연상태는 "타인의 허락을 구하거나 그의 의지에 구애받지 않고 자연법의 테두리 안에서 스스로 적당하다고 생각하는 바에 따라서 자신의 행동을 규율하고 자신의 소유물과 인신을 처분할 수 있는 완전한 자유의 상태"이며 "평등의 상태, 모든 권력과 권한이 호혜적이고 차별 없이 자연의 동일한 혜택을 받고 태어나 동일한 재능을 사용하는 상태"다. 또한 "자연상태에는 모든 사람을 구속하는 자연법이 있고, 그 법인 이성은 조언을 구하는 모든 인간에게 인간은 모두 평등하고 독립된 존재이므로 어느 누구도 다른 사람의 생명, 건강, 자유 또는 소유물에 위해를 가해서는 안"되는 그러한 상태라는 것이다(Locke 1996, 13).

이러한 상태에서는 자연법적 질서가 존재한다. "인간들 사이에서는 서로를 죽일 수 있는 권한을 부여하는 이른바 어떠한 복종관계도 상정될 수 없"지만 "자신의 보존이 위태롭지 않을 때 인간은 가능한 최대한 다른 사람들을 보존해야 하며" "공격자에 대한 정당한 반격이 아니라면 다른 사람의 생명, 또는 생명을 보존하는 데 필요한 것, 곧 그의 자유, 건강, 신체 또는 재물을 빼앗거나 손상시켜서는 안 된다"는 것이다 (Locke 1996, 13-14).

하나의 자연상태 속에서 존재하는 법률은 다른 상태의 상황을 억지로 구속하지도 않는다. 자연상태에서 "법률들은 … 그 효력이 외국인에게 미치지 않"으며, "그 법률들은 외국인을 대상으로 하여 선포된 것도 아니며, 설사 그렇다 하더라도 그는 거기에 귀를 기울일 의무가 없다"는 것이다(Locke 1996, 15-16). "영국 프랑스, 또는 네덜란드에서 법률을 제정할 수 있는 최고의 권력을 가진 자들도 한 사람의 인디언에게는 세계의 여타 인간들과 마찬가지로 아무런 권위를 가지고 있지 않"으며, "외국인에 관한 한 그 위정자는 모든 사람이 다른 사람에 대해서 자연적으로 가지는 것 이상의 권리를 가질 수 없기 때문"이라고 함으로써 자연상태에서도 각 공동체들 간의 기본적 독립을 가정하고 있다. 따라서 로크는 "인간은 원래 자연상태에 있으며, 그들 자신의 동의에 의해서 일정한 정치사회의 구성원이 될 때까지는 그러한 상태에 남아 있다"고 주장한다.

이러한 논의는 당시 로크의 대척점에 서 있던 필머(Robert Filmer)의 가부장적, 왕권신수의 정부기원설을 비판하기 위해 전개되었다. 로크는 성경의 창세기, 로마, 그리스 등 고대 인간 사회의 역사, 그리고 신대륙에서 살아가는 원주민들의 삶을 총체적으로 인용하여 자연상태 인간의 평등성과 자연권을 주장하였다.

인간이 과연 그러한 자연상태에 처해 있는가 또는 처한 적이 있었는가라는 질문을 로크 자신도 하고 있다. 이에 대해 로크는 "전 세계에 걸쳐 독립된 정부의 모든 군주와 통치자들은 서로 자연상태에 놓여 있기 때문에 많은 사람들이 그러한 상태에 놓여 있지 않은 세상이란 과거에도 없었고 앞으로도 결코 없었을 것임이 명백하다."라고 답하고 있다. 이러한 언명을 볼 때 로크 역시 국제정치를 하나의 자연상태로 상정하고 있음을 알 수 있다. 국제정치에서 로크는 동맹상태를 포함한 모든 종류의 협약이 있다하더라도 자연상태가 종식되지 않는다고 본다. 즉, "하나의 공동체에 가입하여 하나의 정치체를 만들기로 서로 합의하는 종류의 협약만이 인간들 사이의 자연상태를 종료"시킨다는 주장이다. 따라서 근대 유럽의 국제관계는 로크의 견해로는 자연상태다. 오로지 하나의 정부가 출현하는 정치적 공동체가 되어야 사회상태로 보기 때문이다.

홉스와 흥미로운 대비점은 사회상태가 아닌 자연상태의 상황인데, 그 상황이 형식적 무정부상태이나 실질적 무질서상태는 아니라는 것이다. 이는 자연법의 존재 때문인데, 국제정치를 이루는 개별 단위인 국가들이 사회상태의 파생물로 출현한 정치체이며 이들 간의 관계는 자연법이 관장할 수밖에 없기 때문이다. 따라서 기본적 자연법과 개인의 의사를 대표하는 사회상태의 실현체로서 국가들 간의 관계라는 이중적 측면에서 국가들 간의 자연상태는 무질서상태라고 보기는 어렵다. 이는 홉스가 상정하는 바 자연상태와는 매우 다르며, 후에 그로티우스 이후의 국제법 사상가들이 자연법에 기초하여 국제정치의 질서를 세우려고 하는 노력과도 통한다.

한편 로크는 자연상태와 전쟁상태를 구별하며 혼동하는 것을 비판한다. "전쟁상태는 적의와 파괴의 상태다. … 흥분한 심정과 성급한 마음에서가 아니라 냉정하고 차분한 의도로, 다른 사람의 생명에 대한 위해를 선언한 경우에 그는 자신이 그러한 의도를 선언한 상대방과 전쟁상태에 들어가게 된다(Locke 1996, 23). 자연상태와 전쟁상태는 평화, 선의, 상호부조 및 보존의 상태와 적의, 악의, 폭력 및 상호파괴의 상태가 서로 다르듯이 현저히 다른 것이라고 본다. 사람들이 그들 간의 분쟁에 대해서 재판한 공통된 우월자를 지상에 가지지 못한 채 이성에 따라 사는 것은 당연히 자연상태다. "권위를 가진 공통된 재판관의 부재는 모든 인간을 자연상태에 처하게 하는 한편, 정당한 이유 없이 인간의 인신을 해치기 위해서 힘을 사용하는 것은, 공통된 재판관이 있건 없건 전쟁상태를 초래한다"(Locke 1996, 26).

로크는 "인간을 다른 사람과 전쟁상태에 몰아넣는 것은 힘의 부당한 사용"이라고 본다. 홉스가 인간의 본성과 희소한 자연 자원으로 인해 전쟁상태가 불가피하다고 본 전제와 매우 다르다. 로크는 "전쟁상태를 야기한 책임이 있는 자는 자신의 생명에 대한 권리를 상실한다. 왜냐하면 그는 인간과 인간 사이에 주어진 이성을 버리고 야수의 방식에 따라 무력을 사용함으로써, 그가 무력을 사용한 상대방에 의해서 죽어도 마땅한 존재가 되었기 때문"이라는 것이다(Locke 1996, 173).

결국 로크는 자연상태에서 인간의 상호 존중과 공존이 부당한 폭력에 의해 전쟁상태로 바뀌기 때문에 정당한 전쟁은 정당방위를 위한 전쟁이며, 전쟁상태로 정부가 파괴될 수 없다고 본다. 로크는 정당한 전쟁과 부당한 전쟁을 나누어 이야기하지만 그에 대한 정확한 설명을 하고 있지는 않다. 정당한 전쟁은 부당한 공격에 대한 정당방위이며 이로 인한 정복, 손해를 배상받고자 하는 행위 등을 총칭하는 것으로 볼 수 있다. 그러나 로크는 "부당한 전쟁을 일으켜 정복한 자들은 정복당한 자들에 대해 결코 어떠한 권리도 가질 수 없다고 주장한다"(Locke 1996, 167).

문제는 "구제를 호소할 공통된 우월자를 지상에 가지지 못한 상태에서 다른 사람의 인신을 해치고자 힘을 사용하거나 그 의사를 표명하는" 전쟁상태가 초래될 수 있고, "이러한 전쟁상태를 피하려고 하는 것이 사람들이 사회를 결성하고 자연상태를 떠나는 커다란 이유 중 하나"라는 것이다(Locke 1996, 25-27). 여기서 정치사회의 기원을 찾을 수 있는데, "각자 모두 자연법의 집행권을 포기하여 그것을 공공체에게 양도하는 곳에서만 비로소 정치사회 또는 시민사회가 존재"하게 된다. 로크의 지적을 보면, "어떠한 정치적 사회도 그 자체 내에 재산을 보존할 권력 그리고 이를 위해서 그 사회의 모든 범죄를 처벌할 권력을 가지지 않고서는 존재하거나 존속할 수 없다. 따라서 각각의 구성원이 이 자연적 권력을 포기하고, 공동체가 제정한 법에 따라 모든 사건에 관해서 그 보호를 호소할 수 있는 공동체의 수중에 그 권력을 양도한 곳, 오직 그 곳에서만 비로소 정치사회가 존재하게 된다"(Locke 1996, 83).

따라서 "국가(commonwealth)는 그 사회의 구성원들 사이에서 저질러진, 의당 처벌되어야 한다고 생각되는 이러저러한 범죄에 어떤 처벌을 가할 것인가를 결정하는 권력(곧 법을 제정하는 권력)을 가지게" 되며 "시민사회에 가입하여 어떤 국가의 구성원이 된 사람은 모든 자신의 사적인 판단에 따라 자연법의 위반행위를 처벌할 수 있는 권력을 포기한 것"이라는 것이다(Locke 1996, 84).

그런데 절대군주제의 상황은 "마치 인간이 자연상태를 떠나 사회에 들어가면서, 한 사람을 제외한 모든 사람들은 법률의 구속하에 있어야 하지만, 그 한 사람만은 자연상태에서 누리던 모든 자유를 여전히 보유할 뿐 아니라, 그것을 권력에 의해서 증대시키고 또 무절제하게 사용하더라도 책임을 묻지 않겠다고 합의하는 것이나 다름없다"는 것이다(Locke 1996, 90). 따라서 로크는 "절대군주제는 시민사회와 양립불가능하며, 시민적 지배형태가 될 수 없다"고 주장한다. "어떤 사람들이든 그들 사이에 발생하는 분쟁을 해소하기 위해서 호소할 수 있는 권위를 가지지 못한 자들은 어디에 있든지 여전히 자연상태에 있는 셈"이고, "절대군주는 그의 지배하에 있는 사람들에 대하여 자연상태에 놓여 있다"는 것이다(Locke 1996, 86). 즉, "절대군주는 그의 지배 밖에 놓여 있는 사람에 대해서와 마찬가지로 그의 지배하에 있는 모든 사람들과도 자연상태에 놓여 있다"고 본다(Locke 1996, 87).

이러한 논의는 국가들 간의 관계에도 큰 함의를 가진다. 주권국가가 그 영토 안에 속한 인민들이 자신의 생명과 소유권을 지키기 위해 사회계약에 의해 정치상태를 창출하면서 만들어진 것이라면, 주권국가를 넘어서는 단위가 새롭게 존재할 때, 즉 제국이 창출될 때, 제국 안 모든 인민들의 정치적 의사를 대변해야 한다. 제국이 다른 국가의 의사를 억압한다는 것은, 그 안에 사는 인민들의 정치적 의사를 억압하는 것이고, 지구적 차원에서 절대군주제와 다름이 없게 된다. 국가 대 국가의 정복은 상대방인 피정복국 인민들의 의사를 대변하는 정치적 과정을 왜곡하거나 억압하므로 진정한 의미의 국가 대 국가의 합병은 아니다.

결국 국내정치가 사회계약론에 의해 민주주의화되고 주권의 형태가 인민주권의 원칙에 기반하면서 국가 대 국가의 관계에서 제국의 형태가 존재하기는 매우 어렵게 된다. 제국이 제국 내 인민들의 의사를 새롭게 대변할 정복 이후의 기제를 창출한다면 사회상태로서 제국이 수립될 수 있을 것이다. 그러나 제국을 유지하는 것을 포기하는 데에는 한 정치체가 포괄할 수 있는 국민들의 다양한 범위와 밀접하게 관련되어 있다. 인민들이 하나의 정치체를 마련하기 위해 사회계약을 맺는 범위는 다양한 요소에 의해 결정될 것인데 쉬운 일이 아니기 때문이다. 역사적 동일성, 지리적 근접성, 문화적 동질성 등 국민으로 묶일 수 없는 인민들을 함께 대변하는 정치체가 마련될 수 없다면 국가를 넘어서는 제국이 단위로 설정되기 어려운 상황이 만들어진다. 따라서 로크가 상정하는 사회상태에서 침략에 의한 제국의 형성 가능성은 자연히 사라지고 만다.

따라서 정복은 정부를 설립하는 것과는 전혀 별개의 것이다. 사실 "정복은 이전의 국가를 파괴함으로써 종종 국가의 새로운 틀을 짜기 위한 터를 만들기도" 하는데, "인민의 동의 없이는 새로운 국가가 결코 수립될 수 없다"(Locke 1996, 167). 그리고 합법적인 전쟁에서 정복자의 지위를 고려하면서 그가 어떠한 권리를 누구에 대해 가지는지를 논하고 있다. 우선 "피정복자 자신의 인신에 대한 정복의 권리를 가질 수 있지만, 그의 재산에 대한 권리를 가질 수 없다." 더 나아가 "피정복자의 인민, 가족, 후손들에 대해서도 권리를 가질 수 없다"(Locke 1996, 171). 로크는 "정복자는 오직 그를 상대로 해서 사용된 부당한 힘을 실제로 지원하고, 협력하고, 그것에 동의한 자들에 대해서만 권력을 가질 뿐"이라고 주장한다. "인민은 부정의한 전쟁을 일으키는 것과 같은 부정의한 일을 하라고 그들의 통치자들에게 권력을 부여할 수 없기 때문에(그들 스스로도 그러한 권력을 가지고 있지 않다), 그들이 실제 전쟁을 부추긴 것 이상으로 부정의한 전쟁에서 저질러진 폭력과 부정의에 대해 죄가 있는 것으로 심판해서는 안 된다"는 것이다(Locke 1996, 171). 정복자는 "자신에게 아무런 손해를 끼친 바가 없는 그 나라의 인민에 대해서는 아무런 자격을 가지지 않으며, 그들의 생명을 몰수할 아무런 권리도 없"으며(Locke 1996, 172), "비록 그 전쟁이 정당한 전쟁이었다 할지라도 정복을 통해서, 전쟁에서 그의 편으로 가담한 사람들, 피정복 국가의 사람들로서 그에게 대항하지 않은 사람들 그리고 심지어 대항한 자들의 후손들에 대해서는 어떠한 지배권도 가지지 않는다." 또한 "그들은 그에게 종속되지 않을 자유가 있으며, 만약 그들의 정부가 해체되면 자신들을 위해서 새로운 정부를 시작하고 수립할 자유가 있다"는 것인데 이는 제국 형성에 중요하고 어려운 전제 조건을 내세우고 있는 셈이다(Locke 1996, 178). 국내 정치의 변화로 제국의 정당성이 부정되고 상호 주권 존중의 규범이 정착될 수밖에 없는 것이다.

이러한 논의는 앞 장에서 본 바와 같이 신대륙에 대한 유럽의 정복권리와 함께 로크 사상의 큰 모순으로 자리 잡는다. 로크는 소유권에 대한 논의에서 "자연이 제공하고 그 안에 놓아둔 것을 그 상태에서 꺼내어 거기에 자신의 노동을 섞고 무언가 그 자신의 것을 보태면 … 그의 소유가 된다"고 본다(Locke 1996, 35). 대지에 대한 소유권에 관해서도 "한 인간이 개간하고, 파종하고, 개량하고, 지배하고, 그 산물을 사용할 수 있는 만큼의 토지가 그의 소유"라 본다. "자신의 노동을 통해서 … 공유지로부터 떼어 내어 울타리를 친 셈"이라는 것이다(Locke 1996, 38). 문제는 아메리카 인디언들의 경우, "자연은 다른 어느 민족들에게보다도 풍성한 자원, 곧 식품, 의복 및 생활의 기쁨을 주는 것을 풍부하게 생산할 수 있는 비옥한 땅을 마련해 주었지만, 그들은 노동을 통해서 그 땅을 개간하지 않았기 때문에 우리가 향유하는 편익의 100분의 1도 누리지 못하고 있다"는 것이다(Locke 1996, 46). "태초에 모든 세계는 … 지금의 아메리카보다 더욱더 아메리카적"이었지만 사람들은 "묵시적이고 자발적 동의에 의해서 … 자신이 그 생산물을 사용할 수 있는 것보다 많은 땅을 공정하게 사용할 수 있는 방법을 … 발견하였고 … 토지를 불균등하고 불평등하게 소유하는 데 합의"했다고 본다. 따라서 로크는 적절한 노동을 가하여 생산물을 창출하지 않는 아메리카에 대한 유럽인들의 정당한 정복권을 인정하는 논리를 펴기에 이른다(Locke 1996, 53).

이러한 로크의 논의는 애초에 자연상태 논의에서 아메리카 인디언들도 유럽인과 같은 평등한 상태를 인정하지만, 점차 자연권, 소유권의 논리를 거치면서 발전론(developmental)의 견해를 갖게 되었고 결국 아메리카에 대한 정복의 논리로 귀결된다(Hindess 2007).

루소의 사회계약론과 국내-국제 유추

루소는 18세기 계몽주의 시대를 살았지만 일반적인 계몽 사상가와는 달리 문명과 학문, 예술이 인간을 타락시킨다고 보았다. 『사회계약론』 이전에 저술된 『학문예술론』과 『인간불평등기원론』에서 루소는 자연상태에서 인간의 본성을 제시하는데, 인간은 본래 평등하고 자유로우며 서로 아무런 교섭 없이 고립생활을 하며 육체적 본성에 충실하게 평화롭게 살았다는 것이다. 『전쟁상태론』에서 루소가 서술한 자연상태는 다음과 같다:

> 인간은 본래 평화적이며 겁약하여서 조그마한 위험에도 그의 첫 동작이란 도주란 것이며 오로지 습관과 경험만으로 전투에 익숙하게 되는 것이다. 인간이 위험을 무릅쓰고 생명까지 내걸게 하는 명예, 이익, 편견, 복수와 같은 모든 감정은 자연상태에서는 존재하지 않았으며, 타인을 공격하려고 인간이 결심하게 된 것은 몇몇 사람들과 사회를 형성한 후에야 비롯되는 것이니, 바꾸어 말하면 시민이 된 후에야 병사가 되는 것이다. 모든 동료들과 전쟁을 수행하려는 성향은 자연상태에서는 찾아볼 수 없는

것이다. … 따라서 인간과 인간과의 관계에 있어서는 일반적인 전쟁이 란 존재하지 않으며 인류는 상잔(相殘)을 위해서만 창조됐던 것은 아니다 (Rousseau 1984, 100).

자연상태에서 인간은 이성 이전에 자신을 보존하고자 하는 욕망과 동정심을 가진다. "자신의 생명 보존의 경우 이외에는 동료의 생명을 희생시킬 수 없고 또 불가피한 경우라 할지라도 분노 없이는 인간이 피를 흘리는 것을 증오"한다는 것이다(Rousseau 1984, 101). 루소는 많은 철학자들이 자연상태를 논하였지만 어느 누구도 성공하지 못했다고 단언하면서, 자신들이 사회에서 얻은 관념들을 자연상태 속에 옮겨다 놓았다고 주장한다. 루소는 특히 자연상태의 인간을 사악하고 이기적으로 묘사한 홉스와 푸펜도르프(Samuel F. von Pufendorf) 등을 비판하고 있다. 자연상태 그대로를 묘사한 것이 아니라 이미 사회상태에 의해 오염된 개인의 모습을 자연상태에 투사했다는 것이다.

루소에게 인간은 평등하게 태어났고, 이성 이전의 두 가지 근본 원리를 가지고 있는 것으로 보였다. 즉, 자신의 안위와 자기 보존에 열렬히 관심을 갖는 자기 보존 욕구 혹은 자기애(*Amour de soi-même*)와, 다른 하나는 모든 감성적 존재, 특히 우리 인간이 죽거나 고통을 당하는 것을 보기 싫어하게 하는 자연적인 혐오감으로, 이는 곧 동정심으로 이어진다(Rousseau 2010, 36). 자연상태의 자기애는 사회상태에서 타락한 개인의 이기심(*Amour Propre*)과는 차이가 나는 것이다(Rousseau 2010, 각주 15). 루소는 이전의 철학자들을 비판하면서 강렬한 이기심이나 자기보존 욕구 이전에 동료의 고통에 대한 동정심(pitié)이 있다는 점을 강조한다. 루소는 자연상태의 "미개인은 정념에 지배받지 않고 자족하면서 그 상태에

알맞은 감정과 지식만을 가지고, 자신의 진정한 필요만을 위해 허영 없이 고독하게 살았다"고 결론짓는다(Rousseau 2010, 88).

사회상태는 고독한 개인이 가족을 이루고, 사회집단을 이루며, 기술의 발전과 더불어 잉여가 생기면서 만들어진다. 특히 루소는 농업 기술과 야금술 등 생산력이 발달하면서 사유재산이 발생하고 노동분화가 일어났으며, 부자와 빈자 간, 강한 자와 약한 자 간, 그리고 결국에는 전제정치에서 군주와 인민 간 불평등과 지배관계가 발생한다고 보았다.

따라서 본래 자유인으로 태어난 인간이 사회상태에 진입함으로써 질곡에 쌓이게 되는데 그 가운데 정당한 사회질서를 이룩할 수 있는가가 중요한 관심사가 된다(Rousseau 1999, 5). 루소는 『사회계약론』에서 이 문제를 집중적으로 다루고 있는데, "자연상태에서 인간의 생존에 해로운 장애물들이 그 강력한 저항력으로써, 각 개인이 그 상태에서 자신을 유지하기 위해 사용할 수 있는 힘을 능가해 버린 … 시점"에 이르러 "생존하기 위하여 단결하여 … 힘의 총화를 이루"어야 하는 단계에 도달한다는 것이다. 루소는 사회계약이 "모든 공공의 힘으로부터 각 구성원의 신체와 재산을 방어하고 보호해 주는 한 연합의 형태, 그리고 이것에 의해 각 개인은 전체와 결합되어 자기 자신에게만 복종하고 이전과 마찬가지로 자유로울 수 있는 그런 연합"을 이루는 것이라고 정의하고 있다(Rousseau 1999, 19).

사회계약을 통해 "각자는 자신을 전체에 양도함으로써 결국 아무에게도 양도하지" 않으며, "구성원은 누구나 남에게 양도하는 자신에 대한 권리와 동일한 권리를 남에 대해 획득하는 것이므로, 결국 사람은 자기가 상실한 모든 것과 동일한 대가를 얻게 되고 자기가 소유하는 것을 보존하기에 더 큰 힘을 얻는다"는 것이다. 요약하면 "우리는 각자 자신의 신체와 모든 능력을 공동의 것으로 만들어 전체 의사(la volonté générale)의 최고 감독하에 둔다. 그리고 우리는 각 성원을 전체와 불가분의 부분으로서 한 몸으로 받아들인다"는 것이다(Rousseau 1999, 19-20). 개인들의 인격은 공적 인격으로 변화되고 공화국의 구성원으로 국민, 능동적 주권자(Souverain), 단순히 부르주아를 의미하는 시민이 아니라 주권에 참여하는 개인으로서 진정한 의미의 시민(Citoyens)이 된다(Rousseau 1999, 21-22).

사회계약에서 개인은 전체와 개인 사이에, 그리고 자기 자신과의 이중적 계약을 맺는 것이고 주권자의 한 사람으로서 개인들에 대해, 국민의 구성원으로 주권자에 대한 계약 이행의 의무를 진다. 주권자는 이를 구성하는 개인들로 그들의 이익에 상반되는 이익을 가지지도 않고 가질 수도 없다. 개인은 시민으로서 전체 의사와 상반되는 의사를 가질 수 있지만, "전체 의사에 복종하기를 거부하는 자는 누구를 막론하고 전 단체에 의해 그것을 따르도록 강요되어야 한다"(Rousseau 1999, 25).

인간은 사회계약을 체결함으로써 "자연적 자유와 … 마음이 끌리면 언제나 취할 수 있는 모든 것에 대한 무제한의 권리"를 상실한다. 반면 "사회적 자유와 그가 소유하는 모든 것에 대한 재산권"을 얻는다. 사회계약 이후에 인간은 "힘의 결과거나 먼저 점유한 자의 권리일 뿐인 소유"가 아닌 "확실한 명분 위에서만 성립되는 재산권"을 소유하게 되는 것이다(Rousseau 1999, 27).

여기서 주권의 논제가 발생하는데, 사회는 개인 간 이해관계의 대립으로 설립되었고, 공동이익을 기반으로 통치되어야 한다. 주권이란 "전체 의사에 의해 지휘되는 권한"이며 사회계약에 의해 정치체에게 부여한 "그 단체의 전 구성원을 지배할 절대적 권력"이다(Rousseau 1999,

42). 주권의 행위란 "상급자와 하급자 간의 계약행위가 아니라 전체가 그 구성원 각자들과 맺는 계약행위"다. 사회계약에 기반한 이 계약은 "합법적이고 만인에게 공통된 것이기 때문에 공평하고, 전체 이익을 도모하는 것 외에 다른 목적이 없기에 유익하고, 공공의 힘과 최고권력의 보장을 받고 있기에 확고"한 것이다(Rousseau 1999, 44-45).

이렇게 형성된 "주권은 오직 전체 의사의 행사이므로 결코 양도될 수 없고, 또 주권자는 오직 집합적 존재이므로 그 자신에 의해서만 대표될 수 있다"고 본다. 권력은 이양될 수 있지만 의사는 이양될 수 없기 때문이다(Rousseau 1999, 35). 주권의 불가양도성과 함께 루소는 주권의 불가분성 또한 주장한다. "의사란 전체적이거나 아니면 그렇지 않거나"이기 때문에 "의사는 국민 전체의 의사이거나 아니면 단지 그 일부의 의사"인데, 전자의 경우는 "공표된 의사는 주권 행위이고 법"인 반면 후자는 "개별적 의사이거나 행정기관의 행위"일 뿐이다(Rousseau 1999, 37). "주권의 일부로 보이는 권리"도 사실은 "모두 주권에 종속된 것"이고 "최고의사의 존재를 전제로 하고" 있다는 것이다(Rousseau 1999, 38). 주권자는 한 몸체로의 국민을 인정할 뿐이며 구성원들 간에 차별을 인정하지 않는다. 정치체를 규정하는 법은 "전체 의사의 행동"이며 입법은 정치체의 조직에 활동과 의지를 부여하는 일이다(Rousseau 1999, 50-52).

루소는 법에 의해 통치되는 국가, 주권자의 의사에 의해 통치되는 국가를 공화국이라고 부른다. 일반적으로 전체의사에 의해 인도되는 모든 정부이며, 정부는 주권자가 아니라 주권자의 대리인이다. 공공이익이 우위에 서고 공공의 것이 중요한 것이라면 합법적인 모든 정부는 군주정, 귀족정, 민주정의 구별 없이 모두 공화국의 정부가 될 수 있다(Rousseau 1999, 52). "집행권의 합법적인 행사"가 정부, 혹은 최고행정기관이며, 이 책임을 맡은 자는 군주, 혹은 행정관이 된다. "정부는 국민과 주권자 간의 상호연락을 위해 설치되며, 법의 집행과 시민적, 정치적 자유를 유지하는 소임을 맡은 일종의 중매체"이므로 주권자는 이 권력을 그의 뜻대로 제한하고 수정하고 또 회수할 수 있다(Rousseau 1999, 78). 만약 군주나 행정관, 정부가 "주권자의 의사보다 더 강력한 개인적 의사를 갖게 되고 이 개인적 의사를 따르기 위해 자신의 수주에 있는 힘을 사용함으로써 두 개의 주권자, 즉 법적인 주권자와 사실상의 주권자가 생겨나게 된다면 그 순간 사회적 결합은 자취도 없이 사라지고 정치체는 붕괴되어 버릴 것"이다(Rousseau 1999, 81).

루소에게 인민은 주권을 가진 절대적 존재이므로 다른 법과 관습에 의해 제약받지 않는 존재다. 문제는 인민의 의사를 모은 일반의지가 행사되는 실천적이며 구체적인 제도와 정부형태를 루소가 충분히 제시하지 못했다는 것이다. 일반의지는 인민의 의지를 산술적으로 합한 의사거나, 다수의 의사와는 다른 전체의 일반의지다. 일반의지가 직접 행사되는 정치제도가 마련되지 못하면, 결국 헌법과 의회 같은 일반의지의 매개자와 대변자가 권한을 행사하게 되는데, 루소의 생각에 의하면 이러한 대의제와 법적 장치가 일반의지를 충분히 반영할 수 없다는 것이다. 루소는 사실 진정한 의미의 민주주의는 한 번도 실행된 적이 없으며 앞으로도 불가능할 것이라고 쓰고 있다(Rousseau 1999, 88). 루소는 국민이 "자유로운 것은 오직 의회의 대의원을 선출할 때뿐이며 일단 선출이 끝나면 그들은 노예가 되고 아무것도 아닌 존재가 된다"고 비판하고 있다(Rousseau 1999, 123).

홉스에서 로크, 루소를 거치면서 사회계약론의 논리 중 주권자는 군주에서 인민, 국민으로 변화된다. 로크는 사회계약 이후 여전히 인민이 주권자임을 설명하고 있지만, 루소에 와서 시민으로서 주권자 지위에 대한 논의가 더욱 명백해진다. 우선 로크는 "입법부가 국가의 최고 권력일 뿐 아니라 공동체가 일단 그 권력을 위임한 자들의 수중에서는 성스럽고 변경할 수 없는 것이 된다"고 하면서 "그 밖의 다른 사람이 내린 어떠한 명령도, 어떠한 형태로 표현되건 또는 어떤 권력에 의해서 발해지건 상관없이, 공공이 선출하고 임명한 입법부로부터 승인을 받지 못하면 법률로서의 효력과 의무를 가지지 못한다고" 논한다. 그리고 법률은 사람들의 "재산을 평온하고 안전하게 향유하는" 목적을 위해 확립된 것이라고 주장한다(Locke 1996, 127). 로크는 정부가 구성된 이후 인민이 국민의 형태로 계속 주권자의 지위를 지닌다고 본 것이다. 인민의 주권자적 지위 및 주권의 개념을 명시적으로 논하지는 않지만 "정부가 존속하는 경우 … 입법부가 최고의 권력"이며 "입법부가 입법부인 까닭은 다름 아니라 그것이 사회의 모든 부분들 및 구성원들을 위해서 법류를 제정하고, 그들의 행동을 규제하는 규칙을 작성"하기 때문이라고 서술하고 있다.

이러한 논리는 국민의 저항권 논의와 연결된다. 만약 전제적 통치를 하는 군주가 출현하여 주권자인 "인민이 세운 그리고 그 외의 어느 누구도 세울 수 없는 권위를 파괴함으로써 그리고 인민이 권위를 부여하지 않는 권력을 도입"한다면, 이는 "실제로 전쟁상태, 곧 아무런 권위도 존재하지 않는 무력의 상태를 도입하는 셈"이며(Locke 1996, 214), "정당한 권리 없이 무력을 사용하는 자는 누구든지, 법에 근거함이 없이 무력을 행사하는 사회의 모든 성원과 마찬가지로, 그가 무력을 사용하는 상대방에게 전쟁상태를 도발하는 셈"이다. 따라서 "이전의 모든 유대는 취소되며, 그 밖의 모든 권리가 중지되며, 모든 사람은 스스로를 방어하고 침략자에게 저항할 권리가 있다"고 주장한다(Locke 1996, 218).

루소의 논의를 국제정치 차원으로 옮겨 보면 가장 큰 의문은 과연 국제정치에서도 사회계약에 따른 일반의지가 성립가능하며 이를 실현시킬 정치제도가 실현가능할까 하는 점이다. 만약 세계를 이루는 모든 인민들의, 혹은 모든 국가들의 주권성을 인정하고 이들의 진정한 사회적 자유를 실현할 수 있는 사회계약이 이루어진다면 가장 이상적일 것이다. 루소 역시 국가를 넘어서는 지구적 이상사회를 꿈꾸었음직하다. 18세기 후반 주권국가체제가 상당 부분 자리 잡아 가는 시대에서 루소가 국제정치에 대해 어떠한 사고를 했는지를 둘러싸고 많은 논란이 지금까지 존재한다. 생 피에르의 영구평화론 요약과 더불어 강도 높은 비판을 덧붙여 놓은 루소는 현실주의 국제정치 사상가의 면모를 보인다는 분석도 있고, 민주주의가 가능한 소규모의 국가를 꿈꾸었던 루소는 결코 세계정부와 같은 대규모의 온전한 사회계약을 추구할 수 없었다는 분석도 존재하며, 이미 자연상태를 벗어난 국가들의 욕망은 자연상태의 자기애(*Amour de soi-même*)를 잃고 타락한 이기심(*Amour Propre*)에 젖어 상대국에 대한 정복과 전쟁에 골몰한다는 전쟁론이 강조되기도 한다(Hoffmann 1963; Falaky 2016; 안두환 2016). 루소는 『사회계약론』의 말미에 국제정치의 문제는 "나의 좁은 안목에는 너무나 광범한 또 하나의 대상"이라고 언급하며, 상업, 전쟁의 권리와 정복, 동맹, 협상, 협정 등의 문제들을 다룰 것을 회피하고 있다(Rousseau 1999, 179).

사실 국제정치에 대한 루소의 견해는 여러 저서와 에세이들에 산재해 있으므로 일관된 사상으로 재구성하는 데 많은 어려움이 따른다. 여기서 중요한 점은 루소의 자연상태론과 국제정치론의 관계로서 과연 루소의 자연상태가 국제정치의 일정 단계와 조응되는지, 그러한 조응이 현대 국제정치이론의 자연상태론에 주는 함의가 무엇인지 하는 점일 것이다. 루소의 자연상태는 인간의 결사로 인간이 타락하기 전의 자유와 평등의 상태이므로 자연상태의 인간과 국제정치의 자연상태 속 국가를 대비시키기는 매우 어렵다. 국제정치에 속한 국가는 이미 자연상태의 인간이 결사와 연합을 이루어 사회상태에 돌입한 이후의 결과물이기 때문이다.

루소의 이러한 생각은 생 피에르에 대한 비판문에서 부분적으로 나타난다. 루소는 "모든 군주들이나, 그들의 임무를 위임받는 자들이 전념하는 모든 것은 대외로는 그들 지배를 확장하고 대내로는 그들 지배를 절대화시킨다는 단 두 가지 목적에 관계되고 있는 것"이라고 논한다(Rousseau 1984, 175). 18세기 후반 국제정치에서 정복과 확장을 위한 동력이 존재하며, 이는 국내적으로 전제를 향한 욕망과 쌍을 이룬다는 것이다. 국가들 간의 고귀한 공동이익이 존재하고, 이는 개별이익의 총합을 초월하며 공동이익을 통해 개별이익이 더 온전하게 실현되더라도 국가들은 목적의 개별이익을 벗어나기 어렵다고 본다. "도처에서 지배코자 했던 방약무인의 국가를 타파한다는 공통이익 이외에 각자는 매우 생생하고 목전의 개별이익"을 갖는다는 것이다(Rousseau 1984, 185). 따라서 국가들 간의 영구평화는 이성과 합의, 설득이 아닌 "혁명 이외의 다른 수단으로는 수립될 수 없는 것"이라는 결론이다(Rousseau 1984, 189). 영구평화를 원한다면 "설복이 아니라 강제가 문제가 되는 것이니, 저서를 집필할 일이 아니라 군대를 동원해야 되는 일"이라는 것이다(Rousseau 1984, 182).

그렇다면 군주가 지배하는 욕심 많은 국가가 아니라 자연상태의 덕목을 보존하는 소규모의 이상국가는 어떠한가? 국가가 과연 이상적 사회계약을 통해 대외관계에서도 이상적 행동을 할 수 있는가? 루소는 국제정치에서 소규모의, 자급자족적 민주주의 다수 국가들의 공존이 가능하다고 보지 않았다. 국가는 이미 사회상태의 타락한 이기심을 가지고 있으므로 자연상태에서 작동하는 바람직한 자연법적 관계가 존재할 수 없다고 본 것이다. 이상국가에 사는 국민들이라 해도 국가들 간의 치열한 경쟁 속에서 본래의 도덕성을 국제정치에서 실현할 길이 없기에 국가들 간의 평화로운 연합, 세계정부의 창설 등과 같은 이상주의가 설 곳이 없다는 것이다(Hoffmann 1963, 323-324).

루소의 자연상태-사회상태론은 국제정치의 자연상태와 연결되어 홉스, 로크의 이론화와 연장선상에 있다. 사회상태에 진입한 개인들 간의 관계는 국가들 간의 관계와 비교될 수 있다. 온전한 사회계약이 아닌 권력과 이익을 매개로 한 사회상태 속의 개인들 간 관계는 국제정치 속 국가들 간의 관계와 유사하기 때문이다. 그러나 루소의 논의는 국제정치의 조직원리를 개인-국가의 비유, 국내-국제의 단순 비유로 파악할 수 없다는 함의를 준다. 국가는 이미 개인들이 사회상태를 통과하면서 이룬 결과물이므로 자연상태의 개인으로 비유될 수 없고 따라서 국가들 간의 관계는 자연상태 속 개인들 간의 관계와는 근본적으로 다르다는 것이다. 루소의 자연상태-사회상태론이 실제 인간 진화의 역사, 사회형성의 역사와 일치하는 것은 아니고 철학적 이론화의 도구이지만 국제정치의 실제 역사에서 개인이 사회를 이루고 사회 속에서 주권국가가 출현하여 주권국가들 간 관계를 이루는 역사적 복잡성을 추상적으로나마 규정하고 있다. 국내-국제의 단순 비유보다는 개인, 사회, 국가, 국제정치의 단계별 진화과정을 이론화하고 있다는 점에서 루소의 견해가 주는 의미가 있다고 하겠다.

이상의 자연상태론과 사회계약론은 17세기 홉스와 로크, 이후 18세기 루소의 시대에 국가의 국내주권과 민주주의를 논리적으로 정립하기 위한, 당시에는 광범위하게 논의되고 있던 담론이었다. 홉스가 저술하던 17세기 중엽, 그리고 로크가 활동하던 17세기 말 이후의 영국에서 자연상태론은 상당부분 공유되는 정치적 담론이었고 이들만 자연상태론을 논한 것도 아니다. 자연상태가 실제로 존재했던 인류학적 과거 사실인가, 혹은 정치적 이론을 구성하기 위한 이론적 상상물인가에 대해서도 계속 질문이 제기된다. 현재의 관점에서 자연상태론은 정치철학을 위한 논리적 구성물, 철학적 픽션이라는 평가가 있는 것이 사실이고, 17세기 정치철학자들이 자연상태를 역사적 기술과 분석으로 보았는지, 논리적, 철학적 구성물로 보았는지는 확실하지 않다. 그러나 역사적 실재로 보지 않았더라도 애초에 존재한 자연상태의 한 측면을 논리적으로 부각시켜 당시의 정치적 문제에 필요한 논리적 기초로 삼았다는 점에서 자연상태론은 중요하다.

자연이란 무엇인가? 자연은 어떠한 상태인가에 대한 서구 철학과 정치학의 가정은 다양했다. 플라톤과 투키디데스의 그리스 학문으로부터 기독교, 로마철학을 거쳐 중세에 이르기까지 자연상태와 사회상태에 대한 가정은 변화해 왔다. 자연상태를 긍정적으로 보는 견해와 부정적으로 보는 견해가 있었고, 이에 따라 자연상태에서 사회상태로 변화하는 역사는 진보사관, 쇠퇴사관, 순환사관 등 여러 모습을 띠었다. 자연상태를 전쟁상태로 보고 사회상태를 문명상태로 보는 것은 진보사관이 된다.

많은 정치이론가들이 에덴동산을 자연상태로 보기도 하고 에덴동산에서 아담과 이브가 타락한 이후의 상황을 자연상태로 보기도 하였다. 에덴동산을 자연상태로 본다면 타락 이전 완전한 낙원으로 그려지는 장소가 홉스의 자연상태와 논리적으로는 모순이다. 따라서 타락 이후의 인간 상황이 자연상태라고 볼 수도 있지만 홉스가 정확히 무엇을 상상했는지는 의문으로 남는다. 타락 이후에도 인간이 홉스가 그리는 바대로 만인에 대한 만인의 투쟁상태로 돌입했는지, 그렇게 인간성의 갑작스러운 타락을 상정하는 것이 성경의 이후 서술과 일치하는지 등 많은 문제들이 있다.

홉스와 로크 등은 자연상태의 인류학적, 역사적 사실을 찾기 위해 그리스, 로마의 문헌과 소위 황금시대의 신화 등을 연구한 것으로 보인다. 홉스는 투키디데스의 『펠로폰네소스 전쟁사』를 번역하면서 그리스 도시국가들 간의 전쟁 상황에서 영감을 받기도 하였다. 여타 그리스 정치철학, 로마 정치철학, 그리고 동시대 정치철학 등 다양한 논의에서도 자연상태에 대한 영감을 받았을 것이다. 루소 역시 헤로도투스 등 그리스, 로마의 고전과 콩고 등 아프리카에 대한 견문기, 박물지, 아시아 및 유럽 고대에 대한 인류학적 당대 지식을 활용하고 있다. 무엇보다 당시의 이론가들이 새롭게 발견된 아메리카 대륙의 상황에서 영감을 받은 것은 확실시되며, 아메리카 인디언에 대한 자료를 많이 분석한 것 같다. 이미 지리상의 발견으로 지구 모든 곳이 알려진 상황에서 다른 문명의 상태를 분석함으로써 자연상태를 밝히고자 했던 것은 당연한 것으로 보인다.

인디언에 대한 관찰 역시 자연상태론에 영향을 미쳤다. 홉스와 로크의 시대에 인디언들의 상황은 원래의 토착질서에 가까웠던 반면, 루소의 시대에까지 오면 인디언들이 가졌던 토착질서의 장점은 약화되고 유럽 문명에 의해 오염된 아메리카의 문제점이 새롭게 강조되었을 것이다. 루소가 칭송한 자연상태에 있는 인간의 덕이 더 이상 동시대

아메리카인들에게 발견되기 어려운 상황이 루소의 논변에 영향을 미쳤을 것으로 추측해 볼 수 있다.

현실 정치와의 관련 속에서 영국이 내전에 휩싸여 있던 17세기의 상황이 홉스와 로크가 자연상태에 집중하게 된 주된 배경이었을 것이다. 특히 홉스의 시대에 주권적 권위가 추락하고 다양한 종파 간 갈등이 발생하며, 정치적 혼란 속에서 폭력이 횡행하던 당시의 상황이 자연상태 논의를 추동했을 것으로 보인다. 1640년대의 현재적 관점에서 인류학적 과거로 자연상태를 추정했을 것이고 이는 홉스식 현재주의라고 일컬어질 만하다. 또한 비서구의 토지와 소유물을 전유하는 유럽인들의 권리를 정당화하기 위해서도 비서구에 대한 연구가 필요했을 것이다(Hindess 2007).

이러한 논의는 19세기 다윈의 진화론이 제시된 이래 더욱 흥미로운 질문들을 유발한다. 인간이 자연상태에서 최초의 본성을 만들어 내는 것이 아니라, 이전에 존재했던 동물로서의 본성도 유지하고 있기 때문이다. 인간의 진화과정에서 동물적 본성이 보전되어 있다면 동물 역시 완전한 자연상태에서 사는 것이 아니라 나름대로 고도의 사회성을 가지고 있다는 점이 중요해지기 때문이다. 진화적으로 유용한 협력 전략을 자연상태에서 발전시킨 동물들의 상황을 다양한 사례에서 볼 수 있는데 과연 인간이 인간의 종적 조건을 가지고 최초로 자연상태를 맞이했는가 역시 흥미로운 질문이다. 물론 인간 사이의 자연상태가 있었다고 할 수는 있겠지만 인류학적 시원으로서 언제부터가 인간으로서 존재상태인지 명시할 수 있는지, 이는 기독교적 창조론, 즉, 인간이 태초에 현재의 인간의 모습으로 창조되었다는 가정에 입각한 것 아닌지 등의 질문도 제기된다.

자연상태론 비판을 통한 국제정치 조직원리 고찰

자연상태론의 존재론적 가정

국제정치학 이론에서 자연상태론은 중요한 존재론적 가정에 기대어 있다. 즉 존재론적 개체주의로서 개인의 정체성의 구성하는 사회적 맥락보다 개인의 존재를 우선적으로 상정하는 것이다. 사회계약론은 존재론적 개체론에 기초한 이론으로 개인의 존재론적 우선성에 기초하여 사회와 국가의 성립을 설명한다.

국제정치 자연상태론은 국가의 인격화(anthropomorphism)를 상정하는데, 국가가 인간들의 집합체이기 때문에 국가의 행동도 한 인간의 행동으로 여겨 이론화할 수 있다는 가정이다. 과연 국가가 단일 행위자처럼 일관된 행동을 하는지 아니면 자유주의 국제정치이론이 논하는 바처럼 여전히 국가 이하의 개인과 사회가 다양한 목소리를 내는지도 중요한 문제이지만 국제정치 자연상태론에서는 국가를 단일한 인격체로 취급하여 이론화를 시도한다는 점은 확실하다.

결국 사회계약론의 자연상태와 국제정치 자연상태론은 개체의 존재론적 우선성을 강조한다. 원자적 개인이 출현한 이후에 자연상태 속에서 갈등과 협력이 생겨나는 것처럼 국제정치 자연상태론에서도 주권국가가 독립적 존재로서 선행하고 자연상태 속에서 서로 갈등한다. 특히 홉스는 원자론적 개인을 강조하여 현실주의 국제정치이론의 자연상태론과 밀접한 관계를 가지게 되었다.

존재론적 개체주의를 축으로 이론화를 하게 되면, 아리스토텔레스와 같은 자연국가론, 왕권신수론, 더 나아가 헤겔식의 윤리적 총체로서의 국가론, 공동체주의 국가론 등은 국제정치의 이론화에 큰 영향을 미치기 어렵다.• 주권국가의 개별성이 강하고 국가들 간의 사회성이 본래적으로 상정되기가 매우 어렵기 때문이다.

현실주의 국제정치이론가들은 자연상태의 이론, 유비, 가정을 받아들여 국가들 간의 경쟁성, 도덕의 적용불가능성 등을 논했다. 자유주의 이론가들 역시 경우에 따라 자연상태를 가정하여 국가들의 협력을 이론적으로 유추해 내고자 했다. 구성주의 이론가들도 무정부상태의 형성과정을 자연상태론에서 시작하여 논리적으로 도출해 내는 과정을 거쳤다(Wendt 1992). 이러한 논의구조는 현재의 국제정치상황이 주권국가들의 존재를 전제로 하고 있고, 주권국가 상위의 권위가 원천적으로 부재하다는 인식을 바탕에 깔고 있다. 이들을 구속하는 사회상태, 표준적인 도덕과 법이 없기 때문에 국가들은 만인에 대한 만인의 투쟁상태, 혹은 지속적 전쟁상태에 있으며 자신의 생존과 이익을 위해 어떤 일이든지 할 수 있다고 가정한다.

그러나 국제정치의 경우는 훨씬 복잡한 역사적 맥락이 존재한다.

• 사회계약론 이외의 국가론, 그리고 사회계약론에 대한 비판에 대해서는 조긍호·강정인(2012)를 참조.

중세 말 유럽에서 주권국가가 갑자기 출현한 것이 아니라 중세의 제국 체제에서 다양한 단위들이 출현하고 복잡한 상호관계를 이루면서 주권국가가 주된 단위로 등장하였다. 이 과정에서 이론적으로 상정된 자연상태가 실제로 존재하였다고 보기는 어렵다. 국가가 국제정치 구조로부터 독립하여 존재론적 우선성을 가질 수 있는가는 중요한 문제다. 오히려 국제정치라는 구조가 성립되면서 국가라는 개체가 만들어지고 구별되어지는 측면이 존재하기 때문이다.

국제정치 자연상태는 사회성이 결여된 상태인가

국제정치 자연상태가 주권국가를 기초로 한다고 할 때, 주권국가가 진공상태에서 갑자기 생겨난 것이 아니기 때문에 역사 속에서 자연상태의 시발점에 대한 질문이 생겨난다. 국제정치적 자연상태가 역사적 사실이라면 과연 언제가 자연상태의 역사적 시점일까? 논리적으로 주권국가가 복수로 존재하기 시작한 시점이므로 베스트팔렌 조약을 기점으로 삼는다면 근대 주권국가들이 다수 성립한 1649년부터 자연상태가 존재한 것으로 설정해 볼 수 있다.

그러나 주권국가가 중세가 일거에 붕괴하고 제국을 대체하는 다수의 국가가 출현하는 식으로 생겨난 것은 물론 아니다. 유럽의 근대 국제정치는 중세에서 발전해 온 것으로, 중세의 위계적 기독교 제국에서 각각의 왕국들이 주권을 주장하여 성취한 것이고 국가별로 그 시기가 다를뿐더러 영토국가 이외의 단위들 즉, 도시국가, 도시연합 등의 경쟁단위와 경쟁한 기간과 성격도 각기 다르다(Spruyt 1994). 중세와 근대의 중첩기간이 길었고 국가가 주권을 가지게 되는 상황은 중세 말에서 근대가 상당히 진행된 시기에 걸쳐 있다. 그렇다면 주권국가들 간의 자연상태는 중세 유럽이라는 고도의 사회상태에서 분기된 것이기 때문에, 사회상태로부터 자연상태가 출현한 것이다. 과연 사회상태에서 자연상태가 발생할 수 있는가? 중세의 제국체제에서 근대 초의 유럽 지역질서가 만들어졌고 그 과정에서 주권국가가 출현한다. 국가는 사회적으로 구성되고 생성된 것으로 국가가 존재론적 우선성을 가진다고 보기 어려운데, 사회계약론, 혹은 국내-국제 유추에서 자연상태론과는 큰 차이가 있다.

결국 근대 유럽의 "국제"는 흔히 생각하는 것처럼 홉스적 자연상태, 만인의 만인에 대한 투쟁에서 출현한 것이 아니라는 점에 주목해야 한다. 주권국가가 완전하고 최상위의 권력을 가지고 갑자기 출현하여 이들 간의 무정부상태가 만들어진 것이 아니라, 제국이라는 정치적 바탕 속에서 점진적으로 개별 왕조의 군주들이 자율권을 행사하는 과정에서 "국제"가 형성된 것이다. 비유적으로 말하자면 하나의 국가 속에서 지방의 주지사들이 자율권을 가지게 되고 이후 최상위의 주권을 행사하게 되는 과정을 상상해 볼 수 있다. 제국이 먼저 존재하였고 그 안에서 국가가 형성되는 중에 제국에 대한 독립성을 확보한 국가들이 출현하고 이 과정에서 국가들 간의 관계가 만들어진 것이다. 시기적으로 제국, 제국에 맞선 독립적 국가의 출현, 국가 이외의 다른 단위들과 국가와 경쟁, 다수의 국가 형성, 그리고 국가들 간의 관계 형성의 각 단계가 출현한 것이다.

그렇다면 첫째, 매우 긴 과정을 통해 형성되는 "국제"의 과정은 기존의 규범으로부터 단기간에 단절하기 어렵다. 유럽 전체가 중세적 제국에서 근대적 국제관계로 이행하는 과정에서 과거로부터의 규범은 상당 부분 지속된다. 고대 로마에서 민족 간 관계를 규율하였던 유스 인테르 겐테스(jus inter gentes), 중세에서 기독교 세계와 이슬람 세계의 관계를 규율하였던 신법, 그리고 관습법, 중세 후기 다시 부활된 로마법 등 국제관계를 규정하는 형식적, 제도적 측면은 물론, 사람들의 인식과 정서, 실천 등의 중세와의 연속성은 상당히 강하다. 근대 국제법의 전반기 중요한 법적 연원으로 작동하였던 자연법 역시 신법의 전통이 세속화된 것이라고 할 때 중세의 영향은 강하다.

둘째, 중세 제국에서 개별 국가라는 단위가 먼저 형성되는 것인지, 아니면 "국제"라는 관계가 먼저 형성되는지를 살펴야 한다. "국제"는 제국에 대한 국가의 독립성과, 다수의 독립된 국가들 간 관계 설정이라는 두 단계를 거친다. 제국의 보편적 권위가 약화되는 과정은 종교개혁으로 인한 보편적 이념체제의 붕괴, 개별 영토군주들의 군사력, 경제력 발전, 신대륙 발견 및 아프리카, 아시아 진출로 인한 개별군주들의 영토 확장 경쟁 등 다양한 요인들이 함께 작용하였다.

14세기 이후 많은 왕국들, 특히 프랑스와 영국, 그리고 이탈리아의 도시국가 등 강한 왕국들의 군주는 교황과 신성로마제국 황제로부터 자율권을 주장한다. 이 과정에서 영토적 주권국가가 만들어지고 "국제"가 순차적으로 형성된 것은 아니다. 오히려 제국으로부터 독립적인 "정치체(body politic)"의 관념이 만들어져서 제국에서 독립적인 다수의 정치체들이라는 관계가 하나의 이념으로 자리 잡고, 뒤이어 그 정치체의 성격이 무엇인가, 그리고 정치체 다수 간의 관계는 무엇인가가 결정되는 것이다. 결국 영토국가가 승리하여 "국제"는 자체완결적인 주권국가들의 존재를 전제로 하게 되었다. 이후 주권국가들 간 관계의 본질이 무엇인가에 대해서는 많은 단계에 걸친 진화의 과정이 있었다. 애초에 국가들은 스스로 제국이 되고자 하였으나 점차 주권 평등에 기반한 동등한 국가들 간의 관계를 정착시킨다. 이 관계의 이념이 만들어진 이후 관계를 주도할 책임과 권능의 주체가 어떠해야 하는지, 개체에 대한 관념이 만들어진다. 주권체들 자체보다 이들 간의 새로운 관계라는 이념이 먼저 등장한다. 많은 국가들은 그러한 관계를 주장할 수 있는 주권의 자격을 갖추기 위해, 또 그러한 주권의 자격이 무엇인지를 정의해 나가기 위해 오랜 기간 노력한다.

셋째, 유럽의 왕국들은 서로 간의 관계에서 주권의 세부적 규범 내용들을 오랜 시간에 걸쳐 만들어 나간다. 제국으로부터 자율권을 획득하고, 주권국가의 자격을 설정하여 공유하고, 주권국가들 간에 전쟁할 수 있는 권리, 혹은 상대방을 정당한 적으로 인정하는 인정의 과정을 거치고, 또 다른 제국의 출현을 방지하기 위해 세력균형의 원리를 익혀 나가고, 주권국가들 간 영토보존의 규범과 주권적 평등의 규범 등 보다 세부적인 내용을 채워 나간다. 또한 15세기 신대륙 발견 이후 신대륙 분할에 대한 규범을 만들고 비유럽의 토지와 해양을 분할하는 협상을 추구하며 제국주의 팽창을 위한 협의를 해 나간다. 이 과정은 고도로 제도화되어 있는데, 국제법적 규범과 제도 등 공식화된 배경도 있지만 외교와 강대국 정치, 세력균형 등 암묵적 인식에 기초한 정치적 실천이라고도 볼 수 있다. 이론적으로 유럽의 근대는 유럽 국가들 간 심도 있는 상호이해와 관행 등에 의존하고 있다고 볼 수 있다.

문제는 이러한 국가들 간의 규범성이 어떠한 사회성을 이끌어 내었는가 하는 점이다. 홉스가 상정한 바 전쟁상태로서 자연상태를 가져온 것은 아니다. 상대방의 존재를 인정하면서 전쟁을 정당한 수단으로 경쟁의 규범을 발달시킨 것과 서로의 존재를 부정하는 만인 투쟁 상태는 분명 차이가 나기 때문이다. 로크적 의미에서 자연법이 존재하였다고 보기도 어렵다. 그로티우스 등 자연법을 원용하고자 하였던 국제법 학자들은 자연법 상태로서 자연상태를 상정하고자 하였지만 이는 훨씬 경쟁적인 현실과 동떨어진 규범적 논의였다. 루소가 지향한 일반의지가 국제사회에 이루어지기는 불가능에 가깝다. 일반의지가 주권자들의 합의에 의한 것일진대, 국제정치의 질서는 국가들 간의 불평등이 존재하는 상태에서 힘의 논리에 따라 이루어지기 때문이다. 따라서 조금 복잡하게 서술하자면, 무질서상태가 아닌 가운데 경쟁과 협력의 질서가 존재하며, 제국을 향한 지향이 여전히 존재하지만 서로 간에 공존과 전쟁의 규범이 만들어져 가는, 그리고 사회계약은 부재하지만 사회성이 존재하는 상황이 역사적 현실에 부합된다.

넷째, 국제정치의 사회성과 규범성이 지속적으로 변해 왔다는 점이다. 1차 세계 대전이 발발하기 전까지 유럽 국가들 간의 국제관계, 비서구와 3세계, 식민지를 둘러싼 유럽 국가들 간의 협상과 타협은 구속력 있는 규범들에 근거하고 있기 때문에 무정부상태라고 정의하기 어렵다. 무정부상태란 주권국가 상위의 권위체가 없다는 제도적, 공식적 측면을 의미하기도 하고, 주권국가들 간의 규범 자체가 부재하다는 실질적 측면을 의미하기도 한다. 후자의 경우라면 유럽의 근대는 무정부상태라고 보기 어렵다. 영국 국제사회학파가 논하는 바와 비슷하게 유럽 국가들 간에는 상당한 정도의 규범적 상호이해가 있었다. 영국 국제사회학파는 근대 초 그로티우스로부터 이론적 근원을 찾고 있으나 사실 중세로부터 연속성을 본다면 무정부상태의 사회적 측면은 더 깊고 장구한 것이다. 무정부상태가 국가 상위의 권위체를 인정하지 않는다는 측면에서 보더라도 유럽 근대는 많은 국제법 규범들을 만들어 내고 준수하였다. 중세에서 근대국가가 출현할 때, 주권의 논리는 로마법에 상당 부분 기초했고, 주권국가의 출현이 법률적 기초에 기댄 부분이 컸다. 이후 국가들 간의 관계에서도 로마법의 내용은 물론 관습법와 정치철학을 원용하여 운용하였기 때문에 무조건 무정부상태라고 보기는 어렵다.

슈미트가 논하는 바대로 소위 유럽 국가들 간 대지의 노모스(*nomos*)가 무너지는 것은 1차 세계대전 시기다. 유럽 대륙 내부와 3세계에 대해 유럽 국가들은 육지와 해양에서 강한 상호 규범을 가지고 있었다. 상대방을 정당한 적으로 인정하여 제한전을 통해 서로의 이익을 실현하고자 하였고, 선점의 논리에 의해 3세계 분할을 가능하면 질서 있게 유지하고자 하였다. 전면전을 막고 주권적 상호 인정을 유지한 것이다. 1차 세계대전은 미국과 일본 등 비유럽 제국들이 참가하면서 국제질서를 근본적으로 변화시킨 사건이다. 파리강화회의에서 단적으로 보여졌듯이 전후 처리에 대한 미국과 일본의 생각은 유럽 국가들과 다를 수밖에 없었다. 공산주의 소련의 전간기 주장 역시 큰 힘을 발휘한다. 특히 미국의 국제정치관은 강력한 힘을 바탕으로 하고 있었기 때문에 이후 국제관계는 기본 원칙상 큰 변화를 겪게 된다. 전쟁에 대한 도덕적 판단, 전범의 규정, 전쟁 배상 추진, 전쟁의 불법화 등 새로운 의제 등이 등장하고 제네바 의정서, 런던 군축회의, 켈로그-브리앙 조약을 거치면서 국제관계를 보는 시각이 변화한다.

자연상태는 전쟁상태인가

홉스는 개인의 취약성(vulnerability)을 강조하면서 자연상태가 전쟁상태라고 규정하였다. 개인적 자연상태는 정치적, 사회적 진공상태에서 개인들이 자신의 보존을 위해 어떤 일이든지 할 수 있다는 가정을 하고 있다. 개인은 자신의 생존을 위해 스스로의 기준에 따라 도덕을 만들고 그럴 권리가 있으며, 이때 도덕은 상대적일 수밖에 없다. 모든 인간은 취약하기 때문에 사회상태로 들어가고 자신의 주권을 양도하여 대신할 리바이어던을 필요로 한다는 논리를 전개하고 있다.

이에 반해 국가들은 취약성이 비교적 덜한데 국가의 멸망은 많은 시간과 노력이 들어가기 때문이다. 약한 국가라도 강한 국가에 의해 하루아침에 살해당하기는 어렵고, 더욱이 강한 국가가 약한 국가들의 동맹에 의해 무너지는 것은 쉽지 않은 일이다. 사회상태에 돌입하지 않고, 국가들을 보호할 국가 상위의 거대한 리바이어던을 필요로 하지 않는 상황이 지속될 수 있다면, 자연상태 속에서 그 자체의 질서가 수립되는 가능성을 부정할 필요는 없다. 설사 홉스의 논의처럼 애초에는 국제정치 자연상태가 전쟁상태라 하더라도 국가의 생존가능성이 상대적으로 높다면 상호 행동이 더욱 오래, 지속적으로 일어나고 그 속에서 질서가 생겨날 수 있기 때문이다.

홉스가 살았던 시기를 역사적으로 볼 때, 영국의 내전 시에도 영국이라는 주권적 단위는 국제정치에서 승인된 주권체로 보호받고 있었고, 내부의 정치상황과 별개의 국제규범과 국제정치가 작동하고 있었다. 내전으로 화한 국내적 자연상태가 국제적 사회상태에 의해 보호되고 규정되는 상황에서 단지 순수 논리로 국내 자연상태의 논의를 국제적 자연상태의 논의로 이전하기는 어려운 것이므로 홉스의 논의를 국제정치에 그대로 적용하기는 어렵다. 홉스를 비롯한 사회계약론자들이 자연상태를 상정한 것이 국내의 시민전, 내전을 목격하면서 대비의 객체로 국제정치를 설정한 것이라면, 내전의 상태와 국가 간 전쟁의 상태를 하나의 논리선상에서 보아서는 안 된다. 내전의 참혹성을 서술하기 위해 국가 간 전쟁을 비유로 사용한 것은 이해할 수 있으나, 그때 비유로 사용한 전쟁에 대해 정확한 정의를 하고 있었던 것은 아니기 때문이다. 루소의 논의처럼 국제적 자연상태는 폭력 노출도에 있어서 국내적 자연상태보다 훨씬 덜 폭력적이라고 볼 수 있다. 국가 간 폭력은 앞에서 논의한 바대로 규범에 기초하고 있고 폭력 사용이 개인 감정과 이익에 의한 것이라기보다는 국가 이익에 기초한 것이어서 국가의 일, 사업으로 다루어지기 때문이다. 또한 전쟁을 수행하는 주체가 군인인 만큼 일반 시민이 항상적으로 폭력에 노출될 일도 줄어든다. 그러한 점에서 국제적 자연상태는 국내적 자연상태보다 덜 폭력적이라고 할 수 있다.

현대 국제정치이론가들 특히, 왈츠는 무정부상태 조직원리가 폭력과 전쟁의 허용요인이기 때문에 전쟁이 평시의 일이고 평화가 예외라고 간주한다. 무정부상태가 국가 상위의 권위부재상태를 의미하기 때문이다. 그러나 상위 권위가 정부를 의미한다면 정부 없는 상태가 글자 그대로는 사실이지만 상위 권위가 정부 이외의 규범, 도덕, 관습, 인민들의 제약 등을 포괄적으로 의미한다면 국제정치는 무정부상태라고 보기 어렵다. 수많은 제약들이 존재하기 때문이다. 근대 국제정치가 만들어지고, 이후 전개되는 역사적 과정 속에서 무정부상태가 실제로 존재했는지는 역사적 검증의 문제다. 선험적 논의의 문제라고 보기 어렵다. 폭력과 전쟁은 규범에 따라 사용되기 때문에 폭력과 전쟁의 존재 자체가 자연상태의 존재로 이어지는 것은 아니다.

사회성이 있는 자연상태를 어떻게 이론화해야 하는가

자연상태, 사회상태, 무정부상태와 정치적 위계상태 등 기존의 개념들이 배타적으로 단순 분리되지 않는다면 다음의 점들에 유의해야 한다.

첫째, 국제정치가 자연상태에 처해 있다고 할 때 그 자연의 개념은 근대적 물리 개념이 큰 영향을 미친 개념인데 사실 중세의 자연은 신법하에서 전혀 다른 의미의 자연이었다. 자연상태하의 유럽 중세 질서는 신의 섭리에 따라 매우 질서정연한 신의 지배 상태다. 사회계약론이 생성되는 시기에 자연이란 신이 만든 자연이라는 인식에서 인간의 본성에 따른 자연이라는 개념의 변화가 일어났다. 따라서 자연상태란 자연적 상태에 대한 개념의 변화이지 실제의 변화인가라는 문제가 발생한다. 자연상태론이 성립하려면 자연에 대한 인식의 변화가 먼저 선행되어야 한다.

둘째, 자연과 사회가 배타적인 이분법으로 나뉘지 않는다면 무정부상태와 사회상태 역시 마찬가지다. 애초에 전쟁상태이자 무정부상태인 자연상태를 상정하고 사회상태로 이행하는 것으로만 보기는 어렵다. 오히려 무정부상태가 사회상태로 이행하는 것이 아니라 그 자체로 사회적 요소를 내장한 무정부상태적 사회가 존재한 것으로 보아야 할 수도 있다.

국제정치를 논할 때 국내와의 비교 속에서 정부 상태와 무정부상태의 이분법으로 구별되고 무정부상태는 전쟁상태로 단순화된다. 그러나 국제정치가 국내보다 질서가 결여되어 있다는 것은 상대적 개념이라고 보아야 한다. 오히려 국내-국제의 이분법이 아닌, 국내의 정부상태-국제정치 자체의 질서상태-완전한 무정부상태의 구분법을 상정해 볼 수 있다. 혹은 질서 상태의 국내-내전/무정부상태의 국내-규범에 기반한 국제-완전한 무정부상태 등으로 더 세분할 수도 있다. 국제정치적 무정부상태 역시 사회적 요소가 발생하는 자연상태에서 주권국가들끼리 게임의 룰을 정한 것으로 내전 시 국내적 무정부상태와는 다른 것이다. 오히려 국내의 무정부상태가 더욱 무정부적인 것에 가깝다고 볼 수 있다. 결국 무정부상태에 대한 정확하고 실증적인 정의를 내려야 하며 국내, 국제 구별의 형식논리를 그대로 적용해서는 안 된다(Rosler 2011).

홉스, 로크, 루소, 칸트 등 정치철학자들은 국제정치를 이론화하려고 한 것이 아니라 국제정치를 하나의 타자적 사례로 들어 국내정치를 이론화하려고 하였다. 특히 홉스는 국내의 논리를 다시 국제정치로 확산시켜 논의를 전개하였는데, 현대의 국제정치이론가들은 이러한 논의를 받아들이면서 국내-국제 유추의 함정에 빠지게 되었다. 이는 현재의 관점에서 국제정치를 이론화하는 현재주의의 문제라 할 수 있다. 현재 국제정치를 규정하고 있는 주권국가라는 단위와 이들 간의 무정부상태 조직원리는 과거로부터 긴 역사를 거쳐 이루어져 왔다. 그 결과물로서 국제정치를 목격하고 그 결과의 논리를 시초의 논리로 재규정하는 것은 논리적 비약이다. 현재 주권국가체제가 이루어지고 무정부상태의 논리가 갖추어졌다고 해서, 그 시원이 자연상태였을 것이라고 보기는 어렵다. 만약 복잡한 상황을 거쳐 지금과 같은 주권국가체제가 만들어졌다면 시작과 중간과정은 매우 다를 수 있다. 이는 마치 인간이 수백만 년의 진화과정을 통해 오늘의 모습을 갖추었지만, 오늘의 모습만 보고 태초에 인간이 지금의 모습을 가지고 있었다고 생각하는 것과 같은 오류다.

셋째, 국제정치 자연상태가 지속하는 동안 전쟁상태를 극복할 수 있다면, 홉스적 논의의 기반이 약화되고 오히려 로크적 자연상태에 접근하게 된다. 반드시 웬트의 논의처럼 국가들의 상호작용과 실천의 변화를 변수로 설정하지 않더라도 자연상태 속의 국가가 개인보다 내구성을 가지기 때문에 그러한 가능성이 커진다. 영국 국제사회학파가 논하는 바처럼 세력균형과 강대국 협력은 물론 전쟁 자체가 사회적 기제로 작동하면서 무정부상태의 사회적 상황이 정착한 것일 수 있다.

또한 규범을 어기고 전쟁이 발생한다고 해서 규범의 존재가 무시되는 것도 아니다. 전쟁의 종식 이후에 규범은 다시 회복되기 때문이다. 국내정치에서도 법을 어긴 폭력 사용의 범죄가 일어나고 이후 처벌받는다. 규범은 규범 위반 이후의 회복 가능성으로 존재가 확인되는 것이지, 규범의 위반 여부 자체에 따라 존재가 확인되지는 않는다. 정부가 없는 국제정치에서 규범이 작동하는 속에서 전쟁이 발발하더라도 이를 규제하는 규범이 작동하면 무정부상태, 혹은 자연상태라고 보기 어렵다. 오히려 전쟁이 발발한다는 것은 전쟁 수행의 주체를 국가로 한정하는 것에 동의했고, 전쟁 수행과 이후에 상대방이 정당한 적이라는 존재확인이 선재되기 때문에 국제정치가 성립하는 것이다. 비국가 행위자들의 전쟁 당사자성을 부정하고, 전쟁 이후에도 정당한 적인 상대국가의 존재 자체를 파괴하지 않는 규범이 정립되어 있기 때문에 전쟁은 그 자체가 사회적 행위라고 보아야 한다. 단지 전쟁을 일으킬 수 있는 원인에 대한 합의가 없다고 해서 전쟁과 관련된 규범이 성립되지 않는다고 볼 수는 없다.

넷째, 국제정치의 자연상태가 사회성을 가진다는 것은 복수의 국가들 간에 규범이 존재한다는 것이다. 중세로부터 탄생한 근대 초 주권국가가 발생하는 과정에서 국가는 인공물이므로 국가가 국가로 존재한다는 사실 자체가 다른 국가의 인정을 전제로 한다. 국가들이 복수로 존재한다는 것, 그리고 그것이 하나의 상태로 인정된다는 것, 무정부상태적 자연 속에서 국가들이 서로 독립성을 인정한다는 것 자체가 사회적 요소를 기초로 한 것이므로 사회계약론의 자연상태와는 전혀 다르다는 것을 알 수 있다. 국내정치에서 사회계약은 개인들이 안전과 소유권을 위해 계약을 맺는 것을 의미한다. 그 이전에는 사회 이전 상태, 계약 이전 상태로 개인은 폭력을 사용해서라도 자신과 자신의 소유물을 지키는 상태다.

국제정치에서 계약은 국가들 간에 인위적으로 이루어지지 않는다. 국가로 존재한다는 것 자체가 계약의 산물이기 때문이다. 역사적으로 중세에서 왕국들이 독립하여 주권을 인정받아 국가로서의 존재를 확립하는 과정이 계약이다. 따라서 사회계약은 국가의 탄생 시기에 성립한다. 반면에 국내정치에서 개인은 계약 없이 탄생하고 사회를 이루면서 계약을 맺는 것으로 상정된다.

다섯째, 국가들 간의 계약이 국내의 계약에 이어 순차적으로 이루어지지 않는다는 점에도 주목할 필요가 있다. 사회계약론에서 홉스, 로크, 루소, 칸트 등 정치철학자들은 인민들의 동의와 계약에 의해 시민사회와 정부가 구성되고 이어 이들 국가 간의 관계가 만들어지는 것으로 순차적 가정을 하고 있다. 그러나 역사적 사실은 중세의 제국으로부터 개별 왕국들이 출현했고 이들 왕국은 절대왕정의 국내정치를 위주로 하다가 시간이 지나면서 점차 상향식 민주정치의 국내정치를 갖추게 되었다. 국제가 먼저 형성되고 국내의 변화가 이루어졌으며, 양자는 논리적으로 필연적 관계를 가진다기보다는 상호 선택적으로 영향을 주고 받았다고 보아야 한다.

국제가 먼저 형성되는 경우 국제정치적 자연상태는 국내정치 자연상태와는 별개의 논리로 진행되기 때문에 국내정치 자연상태와 사회계약의 파생물로 국제정치를 다룰 수 없다. 따라서 국내정치 자연상태의 직접적 유비로서의 국제정치 자연상태론이나, 국내정치 자연상태와 정부의 순차적 파생물로 국제정치를 다루는 시각 모두 역사적 현실과 부합하지 않는다는 점을 지적할 필요가 있다.

여섯째, 국제정치 자연상태에서 질서가 창출되는 경우 반드시 국내정치의 모델을 따르지 않는다는 점이다. 개인 간 사회계약에서는 자연상태 전쟁의 비참함 때문에 서로 간에 계약을 맺어 리바이어던을 탄생시키지만, 국가 간 관계에서는 전쟁이 참혹해도 승자와 패자가 있기 때문에 승자는 리바이어던의 새로운 창출에 찬성하지 않는다. 승자 스스로가 리바이어던이 되려고 하고 이는 제국으로의 야망으로 나타난다. 나머지 국가들은 그 국가의 제국화를 막기 위해 세력균형을 취하게 되기 때문에 리바이어던은 창출되지 않고 서로 간의 균형을 통한 질서가 창출된다. 세력배분에 따라 제국계약에 의한 복속도 가능하다. 따라서 주권 국가 간의 가장 원초적 관계에서도 만국에 대한 만국의 투쟁이 일어나지 않으며, 국가 간 국력의 불평등 때문에 어떤 국가에 대한 어떤 국가의 투쟁(some against some)만이 일어날 뿐이다. 전쟁을 일으킬 국력이 없는 국가도 상당수 존재하고, 전쟁을 일으켜 득을 볼 수 있는 상황도 제한적으로 존재하는 것이다.

국제정치 자연상태의 지리적 경계

다음으로 생각해 볼 문제는 국제정치 자연상태론의 지리적 경계에 관한 부분이다. 홉스와 로크는 모두 신대륙, 오늘날의 용어대로 한다면 3세계의 문제를 다루고 있다. 그러나 신대륙 내부의 자연상태를 나름의 논리로 강변하고 있지만, 국제정치에서 문제가 되는 부분은 유럽과 신대륙의 관계다. 로크가 아메리카 인디언의 노동과 점유에 대한 서구 중심적 견해를 표방하여 제국주의를 합리화하는 요소를 가지고 있지만,

더 중요한 것은 이들 이론가들이 서구와 신대륙의 관계 자체를 명시적으로 논의하지는 않았다는 점이다.

앞의 논의를 전제로 국제정치적 자연상태를 정의한다면 유럽 이외의 지역과 유럽 간의 관계가 오히려 국제정치 자연상태에 가깝다. 즉, 상호 인정을 결여한 국가들 간의 경쟁, 예를 들어 다른 문명과의 충돌 속에서 발생하는 집단 간의 갈등이 진정으로 자연상태일 수 있다. 그리고 그러한 일은 유럽인들의 신대륙 발견 시에 발생하였다. 홉스나 로크의 주장처럼 신대륙 안에 자연상태가 존재한 것이 아니라 유럽과 아메리카 인디언의 조우 상태가 자연상태라고 할 수 있다. 슈미트는 17세기 홉스의 자연상태가 유럽의 종교전쟁에 기반한 개념이기도 하지만 신대륙에서의 투쟁이 중요한 인상으로 작용하고 있다고 본다. 리바이어던에서 자연상태는 아메리카 원주민들의 자연상태, 이들 간의 이리와 같은 성격, 그리고 비히모스에서는 스페인 가톨릭 교도들이 잉카 제국에서 행한 폭력 등을 묘사하고 있다(Schimtt 1995, 86-87). 앞서 살펴본 바와 같이 로크 역시 자연상태 개념을 신세계와 연관하여 사용하고 있다. 로크는 "처음에는 전 세계가 아메리카였다."라고 간주하여 자연상태를 신세계에 견주어 설명한다.

단순하게 가정된 국제정치적 자연상태는 전쟁과 폭력이 발생하는 상태로 볼 수도 있지만 좀 더 정확한 규정이 필요하다. 전쟁과 폭력이 어떻게 사용될 것인가를 규정하는 규칙과 규범에 입각해 있다면 완전한 무정부상태로 볼 수 없다. 전쟁의 당사자끼리 각자 주권적 주체로 인정된 상태에서 전쟁을 한다면 많은 것들이 달라지기 때문이다. 오히려 폭력이 어떠한 질서도 없이 발생하는 경우가 자연상태에 가깝다.

국제정치적 자연상태는 첫째, 개인 간이 아닌 집단 간의 관계에서 발생해야 한다. 둘째, 단순한 폭력의 교환, 전쟁이 아니라 폭력 사용의 주체, 정당한 폭력 사용, 폭력 사용 이후의 처리 등 다양한 측면에 대해 어떠한 합의도 없이 무작위로 폭력이 발생하는 상황을 일컫는다. 셋째, 폭력의 발생 이후 상대방의 소멸은 물론이고 상대방의 완전한 복속과 자의적 지배에 종속시킨다면 그 상태 역시 자연상태라 보아야 한다. 두 집단이 어떠한 동정과 공감의 배경 없이 상대편을 복속시키고, 그 구성원을 피지배의 상황에 놓이게 한다면 자연상태라고 할 수 있다. 예를 들어 이민족과의 전쟁 이후 상대편을 노예로 삼는 행위 등이다. 시간이 지나면 노예의 권한과 주인과 노예 간의 규범이 생길 수 있지만 그전까지는 자연상태로 볼 수 있다. 넷째, 이 과정에서 하나의, 혹은 소수의 집단이 광대한 권력을 행사하여 어떠한 규범 없이 상대방을 종속시킬 수 있다면 이는 자연상태적 지배관계가 될 것이다. 결국 주권 국가들 간의 국제의 세계에서 자연상태는 제국의 상황인데, 그 제국 역시 일관된 체계와 정체성에 기반하기보다는 다른 국가들의 반대를 무릅쓰고 기존의 규범을 무시한 지배일 경우 그러한 제국적 지배 상황이 자연상태라고 할 수 있다.

예로서 어떠한 상황을 상정할 수 있는가? 첫째, 서양의 경우 로마제국 말기 이민족이 서유럽 지역에 침입하여 기존의 로마제국을 정복하였을 경우 일정 기간 동안 자연상태가 창출되었다고 볼 수 있다. 이민족들은 이미 로마제국을 위해 용병으로 복역하는 등 교류가 있기는 하였지만, 전면적 침략 이후 유럽은 이민족의 지배하에 들어갔다. 물론 로마 민족과 기존의 인명이 모두 살상된 것은 아니며 폭력과 전쟁은 자의적 지배를 위한 정도로만 사용되었다. 개인들 간의 자연사태처럼 상대방을 완전히 살해하는 것이 쉽지도 않고 필요하지도 않기 때문이다.

그러나 자의적 지배와 비규범적, 비정형적 제국의 성립이라는 점에서 자연상태라고 할 수 있고, 이는 상당기간 지속되었다.

둘째, 1492년 콜럼버스의 아메리카 신대륙 발견 이후 유럽 민족과 아메리카 민족 간의 폭력교환을 예로 들 수 있다. 스페인의 정복자들은 아메리카 문명을 파괴하고 아메리카인들을 살해하였다. 이후 병원균의 전파로 아메리카 인디언의 90% 이상이 살상되었다고 알려져 있다. 이 과정에서 유럽인들은 비유럽 아메리카인들에 대한 어떠한 규범적 태도도 취하지 않았다. 시간이 지나면서 자연법 논쟁과 아메리카 인들의 자연권에 대한 논의가 발생하기는 하였지만 그때까지 유럽과 아메리카인들 간의 폭력교환은 자연상태라고 할 수 있다. 유럽인들은 그러한 폭력을 합리화하기 위해 아메리카인들의 상황 자체가 자연상태라고 하는 논의를 전개한 바 있다. 홉스, 로크 등 정치철학자들은 유럽의 지배를 합리화하기 위해서든 혹은 자연상태의 상상적 모델을 만들어 내기 위해서든 아메리카 인디언들의 상황을 자연상태라고 규정하였지만, 아메리카 인디언들 자체는 자신들의 상황에 맞는 거버넌스를 이미 이루고 있었다. 따라서 기존에 한 지역, 한 권역 내에서 통용되던 폭력과 지배의 규범이 더 이상 닿지 않고 적용되지 않는 상황에서 자연상태적 충돌이 있었다고 볼 수 있다. 그 결과는 완전한 복속과 자의적 지배다.

셋째, 이러한 권역 간 충돌과 지배는 시간이 지나면서 서구제국의 팽창과 더불어 많은 경우 발생하였다. 아프리카와 중동, 아시아 지역에 대한 서구 제국주의 팽창은 비규범적인 폭력과 전쟁을 낳았고 이후 식민지 지배로 연결되었다. 유럽 국가들과 아메리카 인디언의 조우 시 이들 간에는 상호 인정 과정이 결여된 채 권력, 이해 관계가 우선시되었으므로 가장 순수한 자연상태적 충돌로 볼 수 있다. 유럽 국가들과 아프리카, 아시아의 만남도 하나의 계기가 될 수 있다. 그러나 아시아는 자체적인 조직원리를 가지고 있었으므로 치외법권 등 단계적, 규범적 침략의 과정이 있었다. 유럽과 비유럽의 만남이 비유럽의 수준에 따라 달리 조정되고 다른 정도의 자연상태를 가지게 되는 점에 주목해야 한다. 가장 사회적 자연상태가 만들어진 것은 유럽과 미국의 만남이었다고 볼 수 있다. 미국 자체가 유럽인들에 의해 만들어지기도 하였지만 독립 이후 미국은 먼로 독트린 등을 통해 아메리카에 대한 제국적 지배권을 확립하고 있었고 스스로의 표준으로 유럽과 조우하였다. 특히 1차 세계대전에 참전하면서 스스로의 국제정치규범을 가지고 우위에서 유럽의 국제정치를 변화시켰다.

식민지 지배의 경우 피식민 집단의 인권과 기존의 거버넌스는 완전히 무시되기 일쑤였고 이는 자의적 지배로 이어진다. 이러한 비규범적 조우 상황이 자연상태라고 할 수 있다. 아시아의 경우 1840년 아편전쟁 이후 서구의 침략이 가속화되고 결국 전쟁과 침략에 의해 기존의 아시아 전통질서가 완전히 파괴되었다. 중국은 반식민의 상황으로 떨어졌고 많은 아시아 국가들은 영국, 프랑스, 네덜란드의 식민지가 되거나 늦게 제국주의 대열에 합류한 미국의 무역 대상국이 되었다. 특이한 점은 일본이 스스로 서구식 제국주의로 탈바꿈하여 한국을 식민지배하고 중국과 동남아시아 국가들을 침략하였다는 것이다. 이 과정에서 기존의 전통 질서는 무너졌고 폭력사용과 전쟁 수행, 지배의 방식은 자의적으로 진행되었다. 규범이 없는 상황에서 아시아 권력 내의 아시아 국가에 의한 서구적 제국주의 지배는 아시아 질서를 파괴한 큰 원동력 중의 하나였다.

이후 많은 비서구 국가들은 독립하여 1945년 이래 주권국가로 자리 잡지만 여전히 제국주의 침략과 기존 거버넌스 붕괴로 인한 폭력 행사라는 자연상태의 기억을 가지고 있다. 더욱 중요한 점은 그러한 자연상태가 3세계인들의 동의에 기반한 정당한 사회상태로 완전히 변환되었는가 하는 점이다. 탈식민(post-colonial)의 문제의식이라고도 할 수 있다. 현재 유일하고 정당한 국제법적 사회상태는 주권국가체제인데 이러한 주권국가체제가 얼마나 공고하게 자리 잡고 있는가 하는 점이다. 만약 불완전한 3세계 주권국가들의 약점과 갈등 상황을 서구 강대국들이 활용한다는 우려가 있는 한 진정한 사회상태가 만들어지기 어렵기 때문이다.

결국 현실주의가 논하는 바대로 국제정치에서 권력 요소는 매우 중요하나 이는 자연상태에서 비롯되는 것이 아니라 자연상태가 만들어지는 기초부터 더 근본적으로 권력요소가 작동한다는 점에서 그러하다. 3세계 국제정치에서 무정부상태가 만들어지고 왜곡되는 과정에서 권력정치가 지역 내외부적으로 작동한다. 국내-국제 유추를 사용하면 지역 간 정치가 들어설 여지가 매우 작다. 각 권역들 간에 어떠한 교류와 전파가 이루어졌는지 이론화의 공간이 남아 있지 않기 때문이다. 자유주의, 구성주의 역시 무정부상태를 논하지만 사실 이론 패러다임들이 자연상태를 외재적으로 상정하고 있고 역사사회학적 추적을 하지 않고 있으므로 이들 간의 이론적 대항관계는 명확한 대립점을 벗어나 있다.

영국 국제사회학파의 공헌과 한계

영국 국제사회학파는 미국 이론들과는 달리 국내-국제 유추에 다각적인 논의를 보여 준다. 우선 규범적 차원에서 국내-국제 유추의 다양한 가능성을 보여 준다. 수가나미는 국내질서를 만들어 내는 데 유용한 방법, 특히 제도적 장치가 국제정치에서 질서를 창출하는 데 모범이 된다는 견해를 규범적 국내-국제 유추 논리의 핵심으로 본다(Suganami 1989, 1). 이러한 규범적 전망이 성립하려면 국내질서와 국제질서를 비교하는 분석적 시각이 우선해야 한다는 점에서 유추의 규범적 전망은 분석적 논리를 내재할 수밖에 없다. 유추를 가장 직설적으로 주장하는 측은 국제법 학자들로 국내법이 국내질서를 창출하였듯이 국제법을 완비하면 국제질서 역시 법 규범 위에 정립될 수 있다는 것이다. 그리하면 평화와 안정이 보장되고 전쟁과 폭력을 막을 수 있다는 논리다.

수가나미는 이를 법적 접근법으로 명명하면서, 그 대척점에 있는 소위 외교적 접근법을 설명하고 있다. 국제정치 논리는 국내와는 근본적으로 다르기 때문에 국제적 차원으로 변형된 국내법의 논리로 질서가 창출될 수 없다는 견해다. 오히려 무정부상태 속에서도 자연상태를 극복하고 사회상태가 가능하다는 논리를 내세울 수 있는데 이러한 접근법이 바로 외교적 접근법이다. 수가나미는 그밖에도 민주주의적 연합주의(democratic confederalism), 연방주의(federalism), 복지국제주의(welfare internationalism), 범세계시민주의(cosmopolitanism) 등을 다른 사상의 형태로 제시하고, 국가를 우회하여 직접 개인의 권리와 복지에 기반한 국제주의나 범세계시민주의 역시 다른 형태로 국내-국제 유추를 사용하고 있다고 설명하고 있다(Suganami 1989, 165-194).

여기서 주목할 접근법은 외교적 접근법이다. 영국 국제사회학파 이론을 본격적으로 정립한 불의 경우 국제정치가 무정부상태라는 점을 전제로 하면서도 국가들 간의 질서가 성립될 수 있으며, 국가들 간의 사회성이 가능하다는 바를 논증하고자 했다. 불은 단순한 국내-국제 유추를 비판하면서 무정부상태라는 조직원리 속에서 국가들이 국내와 같은 정부상태로 돌입해야 질서를 갖게 되는 것이 아니라 국제의 공간에서 스스로 질서를 창출하고 유지하는 메커니즘을 만들어 왔다고 본다(Bull 1977, 46-51).

분석적 차원에서 영국 국제사회학파는 국제정치의 무정부상태를 자연상태적 전쟁상태로 규정하는 것에 신중하다. 예를 들어 불은 국제정치이론의 패러다임을 홉스주의, 칸트주의, 그로티우스주의로 정리하고, 홉스와 칸트를 동시에 비판한다. 우선 홉스의 패러독스로, 홉스는 자연상태를 벗어나고자 하는 비참한 개인들이 적대관계를 청산하고 사회협약을 이룬다고 보는데, 만인의 만인에 대한 투쟁 속에 있는 개인들이 협약을 이룰 기본 신뢰와 합의를 애초에 어떻게 가질 수 있는가를 비판하였다. 만약 국가 간 협약이 폭력에 의해 언제든 부정될 수 있는 현실주의 세계라면 애초에 협약 자체가 불가능할 것이기 때문이다. 칸트의 패러독스는 협약에 의해 세계정부로 나아갈 수 있다는 것인데, 이미 협약이 가능한 애초의 상태가 질서상태이기 때문에 굳이 세계정부가 필요 없다는 점에서 불은 세계정부에 대한 비판적 견해를 보인다(Bull 1977, 262; Bottici 2009, 18).

불은 사회의 기본적 질서의 요소로 안전과 약속을 준수하는 기본적 신뢰, 재산권의 보호를 드는데, 주권국가들 간의 관계에서도 세 가지 기본 질서 요소가 갖추어질 수 있다고 주장한다(Bull 1977, 4-5). 일정한 수준의 상호 작용이 서로 간에 영향을 미쳐 성립하는 국제체제(international system)와 달리 국제사회(international society)는 공통의 이익과 규범, 인식을 공유하면서 근본적이고 구성적인 제도에 기반하는 사회를 만들어 낸다(Bull 1977, 8). 그 속에서 규칙과 원칙을 창출하여 지키면서 질서를 유지해 나간다는 것이다. 불의 논의는 사회계약 없는 사회성을 논한다는 점에서 단순한 국내-국제 유추와 다르다. 사회계약 없는 자연상태의 개체들이 권력정치에 좌우된다는 홉스적 견해와, 불이 정의하는 바 질서는 국가들 간에 성립되기 어렵고 국가를 가로지르는 개인들의 관계 속에서 이루어진다는 칸트주의를 넘어서고자 한 것이다.

불은 근대가 시작되면서 주권국가들이 단위로 자리 잡았다는 것을 존재론적 전제로 삼는다. 중세적 규범이 사라진 근대에서 본격적인 국제사회를 이룬 기점은 베스트팔렌 조약이라고 본다. 국제정치적 근대의 총체적 기점으로 베스트팔렌 조약을 상정하는 섣부른 견해를 지지하는 것은 아니지만 다자주의 조약하에서 주권국가들이 기본적으로 지키는 규범과 규칙을 만들어 냈다는 점에서 베스트팔렌 조약의 의의가 있다는 것이다(Bull 1977, 12-13). 기독교에 기반한 사회성을 벗어나면서 점차 유럽적 국제사회가 창출된다고 보는 불은 20세기에 들어 지구적 국제사회(global international society)가 만들어지는 것으로 국제정치를 개념화한다. 유럽의 국제사회가 긴밀하게 작동했을 때 이를 지탱하는 국제제도들이 존재하였는데, 불은 이를 세력균형, 국제법, 외교, 전쟁, 강대국 정치로 나누어 고찰하고 있다.

불은 『무정부적 사회(*Anarchical Society*)』 이후에 지속적인 작업을 통해 자신의 이론의 역사적 시조로 그로티우스를 들고 있다(Bull et al. 1990). 홉스와 칸트의 사이에서 보인 그로티우스의 견해가 국제사회의 근거를 제시한다고 보는 것이다. 그로티우스의 견해는 불의 비판처럼 인민주권보다 군주주권을 옹호하고 비서구에 대한 차별적 이해를 보이는 등 한계가 있지만, 주권국가들의 기본적 사회성을 논의했다는 점에서 의의가 크다고 본다. 그로티우스는 기독교적 자연법을 탈피하여 합리주의 자연법을 취하는 동시에 국가들 간의 조약에 기초한 실증주의를 동시에 추구한다. 그 속에서 국가들이 기본적인 사회성을 가지고 있다고 보는데, 홉스보다 앞선 그로티우스의 경우 자연상태의 가정과 사회계약론을 취하고 있지 않다. 따라서 사회계약론에 기초하지 않은 사회성, 이를 지탱하는 규범을 찾고자 했다는 점에서 불은 그로티우스의 이론이 국제사회학파의 견해와 일맥상통한다고 본다(Bull 1977, 24-27). 더불어 불은 로크의 이론과의 친화성도 언급하고 있다. 로크에 의하면 자연상태에서도 각 개인은 스스로를 보호할 권리를 가지며, 이는 자연상태에서도 자연법, 규범에 의해 부여되어 있기 때문이다(Bull 1977, 48).

불의 논의는 국내-국제 유추를 비판적으로 조망하고 국제정치 자체의 사회성을 논의한다는 점에서 의미가 있지만, 주권국가의 존재를 상정하고 이론화하기 때문에 존재론적 개체주의의 입장을 완전히 벗어나지 못한다고 할 수 있다. 국제정치의 사회성을 주장하지만 주권국가의 존재론적 우선성을 강조하기 때문에 주권국가가 어떠한 역사적 흐름 속에서 생산되었는지, 그 흐름이 가지고 있는 권력정치적 성격과 맥락을 탈각하고 있는 것이다. 탈맥락적 이론화를 하게 되면 다음의 중요한 질문들, 즉, 유럽 근대 국가들의 주권의 본질은 무엇이었는가, 무정부상태에서 사회를 만들어 가는 과정에서 권력은 어떻게 작용하였는가, 유럽 내 주권국가들 간의 질서와 유럽 밖에 대한 식민지 개척은 어떠한 관계를 맺고 있는가 하는 질문들에 적절히 답을 하지 못한다. 보다 구체적으로 중세의 제국에서 국제의 공간이 어떻게 생겨났고 이 과정에서 어떠한 규범이 실제로 형성되었는지에 대한 경험적 연구가 충분하지 못하다.•

더욱 중요한 것은 유럽 국제사회의 형성이 강대국 중심으로 이루어진다는 것을 당연시하고 있다는 점이다. 불은 개별국가들의 주권 보호와 국제사회 자체의 보존이라는 목적 속에서 후자가 더욱 중요하며 강대국 정치가 이를 중시한다는 점을 강조한다(Bull 1977, 17-18). 강대국은 단순히 힘만 강한 국가가 아니라 국제사회에서 일정한 책임과 권한을 가진 국가로 인정되는 것이 필요하다고 주장함으로써 강대국 개념의 사회적 구성을 논하고 있는 셈이다. 불은 강대국 대외 정책의 범주를 나누면서 지배(dominance), 패권(hegemony), 우세(primacy)를 들고 있는데, 상대적 약소국의 주권을 존중하지 않는 지배, 존중하면서 교섭에 의해 의지를 관철하는 우세, 양자의 중간 범위에 해당하는 패권을 나누어 들고 있다(Bull 1979, 207-209).

이는 다른 말로 국제사회가 위계를 사회적으로 인정하고 구성한다는 것인데, 불은 그 위계가 약소국의 주권을 어느 정도까지 침해할 수 있는지 명확히 밝히지 않고 있다. 불은 18세기 말 폴란드 분할을 예로 들고 있는데 강대국 세력균형을 위해 약소국의 주권이 침해되는 사례를 중심적 세력균형을 위한 불가피한 예로 들고 있다(Bull 1979, 103-104). 과연 근대 유럽 국가들은 제국지향성을 완전히 탈각하고 상호 인정과 존중의 사회를 만들어 내는 데 성공했는가의 문제가 등장한다.

강대국 정치가 제국의 지배로 화하는 것을 막는 것은 유럽 질서의 중요한 부분이었다. 따라서 불은 세력균형의 가장 중요한 목적 중 하나

● 웬트와 같은 구성주의자는 영국국제사회학파와의 친연성을 강조한다. 웬트는 메타이론적 차원, 특히 존재론의 차원에서 주권국가체계가 사회적으로 구성되었다고 보고, 이는 국제사회학파보다 정교한 논리체계를 보이고자 한다. 그러나 실제로 근대주권국가체계가 형성되는 과정에서 어떠한 규범이 작동했는지 역사적 연구가 필요하다. 또한 주권국가라는 개체가 창출되는 구조의 구체적인 모습, 역사적 실체를 밝히지 못하고 있다.

로 한 강대국이 체제 전체를 좌우하는 상황을 들고 있다. 불이 들고 있는 세력균형이 제국의 출현을 막는다는 것은 역설적으로 제국을 지향하는 강대국의 의도를 염두에 둔 것이다. 이러한 사태는 이미 강대국의 지위를 넘어서려는 제국의 존재에 관한 것이다(Bull 1979, 194-195). 근대의 세력이 제국의 등장을 막기 위해 존재한다는 논의는 제국의 지속성에 대한 논의와 통하는 것이다. 불은 동시에 국제사회 기반의 하나로 주권국가들 간의 평등과 상호 인정을 매우 강하게 주장하고 있는데, 이는 논리상 두 개의 이질적 요소가 공존하는 것이다.

유럽의 주변 혹은 비유럽에 대한 국제사회학파의 견해는 더욱 문제가 된다. 강대국 중심의 유럽 국제사회는 주변을 통합하면서 사회성의 논리보다는 권력의 논리를 사용해 왔기 때문이다. 이 과정에서 지난한 정체성의 조정과정과 다차원적 정치과정이 존재하였다는 연구들도 등장하고 있다(Ejdus 2014). 불은 신대륙 발견 이후부터 유럽의 주권체제와 함께해 온 식민지 개척을 유럽 국제사회의 형성과 논리적으로 구분하고 있다. 불은 국제사회의 개념을 논하면서 질서와 규범의 요소가 유럽의 국제사회와 아메리카 신대륙 간에도 존재하였다고 서술하고 있다. 앞서 본 바와 같이 국제정치 자연상태가 존재한다면 이는 공통규범이 부재한 상황에서 신대륙을 약탈한 서구의 침투가 좋은 예가 될 것이다. 그러나 불은 비토리아의 예를 들어 유럽이 신대륙의 인디언과 규범에 기반한 관계를 가지려고 하였다는 것이다(Bull 1977, 28-29). 여기서 집단 간, 국가들 간의 공통 이익과 규범은 부재하였다는 전제하에, 인간 대 인간의 자연법적 규범이 존재하였으며, 이로써 스페인과 인디언 간에 교섭과 협약이 가능하였다는 것이다. 그러나 불이 예로 들고 있는 비토리아의 국제법 견해는 후에 상술하듯이 규범론을 제시한 것이지 실제로 유럽과 아메리카 간에 일어났던 일은 규범에 근거한 것이라고 보기 어렵다. 더욱이 비토리아의 논지가 스페인의 아메리카 정복을 용인하는 방향으로 흘러갔음을 기억해야 한다.

전반적으로 국제사회학파가 유럽과 비유럽의 충돌에 대해 유럽중심적 견해를 가지고 있다는 점을 알 수 있다. 아메리카 대륙 이외에도 유럽 국제사회가 아프리카, 터키, 인도, 동아시아 등 여타 지역으로 확산되는 과정을 국제사회학파는 분석하고 있는데, 완결된 유럽 국제사회가 19세기 이후 비유럽으로 확산되는 것으로 보고 있다(Bull and Watson 1984; Watson 1992, 273-274). 이 과정에서 권역 간 충돌과 정복의 역사가 엄존하는데, 국제사회학파는 국제사회의 확산, 비유럽의 편입이라는 가치중립적 용어로 분석함으로써 국제사회 간 무력과 충돌을 무정부상태적 사회라는 개념 속에서 충분히 다루어 내고 있지 못하다. 유럽 내 강대국 간 사회성이 유럽 약소국가 비유럽에 폭력적으로 침투하면서 비사회적으로 이루어지고 있는지 이론의 일관성을 유지하는 데 어려움을 겪고 있기 때문이다.

이러한 불의 논지는 규범적 논의를 회피하고 실증적 분석에 치중하려는 이론적 입장과도 연결된다. 불은 가치중립적 분석이 존재하기는 어려우나 객관적 분석이 중요하다는 입장을 강조한다. 불은 국제정치의 질서를 논하면서도 동시에 정의의 문제를 다루는데, 정의의 문제가 국제사회의 규범적 논의와 연결되지 못하고 부차적으로만 다루어지고 있다는 점에서 이미 많은 비판의 대상이 된 바 있다(Suganami 2017, 33; Pasha 2017).

결국 영국 국제사회학파는 국내-국제 유추를 극복하려는 이론적 입장을 제시하는 데 의미가 있지만, 보다 구체적인 역사 속 국제정치를 이론화하는 데 좀 더 세밀한 노력이 필요하다. 불 이후 많은 국제사회학파의 이론가들이 강대국 중심주의, 유럽 중심주의, 비유럽에 대한 보다 역사적이고 공정한 이론화 등을 추구하고 있지만, 유럽 국제사회를 장기적 역사와 지구적 차원에서 새롭게 조망하는 연구가 지속되어야 한다(Keene 2002; Keal 2003; Suzuki 2009; Dunne and Reus-Smit 2017).

국제정치를 집단 간 정치관계라고 할 때, 개인 간 정치관계와는 다를 수밖에 없다. 가장 큰 차이점은 질서의 성격이다. 개인 간 정치관계는 정부를 만들어 질서를 확보하는데, 이때의 정부는 개인을 대표하기도 하고 억압하기도 한다. 반면 집단 간 정치관계는 집단 간 합의 혹은 한 집단의 정복에 의한 정부가 수립될 수도 있고, 수립되지 않을 수도 있다. 집단 간 폭력 경쟁이 쉽사리 정복으로 이루어지지 못하고 병립과 공존이 가능한데, 그렇다고 해서 질서가 부재한 것은 아니다.

결국 국제정치 조직원리를 다룰 때, 1) 정부가 있는 질서상태와, 2) 정부가 없는 질서상태, 그리고 3) 질서 자체가 없는 상태로 나누어 볼 수 있다. 이때 질문은 국제정치에서 정부에 준하는 주권적 권력 형태가 존재할 수 있는가, 존재한다면 어떠한 형태인가와, 만약 주권이 개별 단위들에 분산적으로 소유된다면 어떠한 질서가 가능한가, 그리고 질서 자체가 부재한 무질서 상태는 어떠한 모습일 수 있는가 등이다. 국제사회학파가 공헌한 바는 무정부상태임에도 불구하고 질서가 창출된다는 논의를 제기한 것이다.

그러나 사실은 주권국가로 구성된 국제정치가 상위의 정부를 두고 있지 않은 상태 자체가 하나의 질서상태이므로 무정부상태라는 하나의 질서상태가 창출된 것이다. 정부가 없는 상황에서 질서를 만들어 낸 것이 의도된 것이자 계획된 것이기 때문이다. 정부가 없으면서 질서가 존재하도록 만든 상태, 즉 무정부상태이지만 질서상태이자 사회상태가 되도록 애초부터 유기적 전체를 만들고자 한 것이 근대 국제정치라고 볼 수 있다. 정부가 아님에도 불구하고 주권국가들 간의 관계를 관리하는 권력 주체가 어떻게 생겨나고 유지되는지가 보다 본질적인 문제다.

다음의 문제는 그 질서가 과연 어떠한 성격의 것인가, 어떠한 적극적 정의가 가능한가, 장구한 세월 동안 유지된 집단 간 조직원리인 제국의 조직원리와 주권국가 조직원리는 어떻게 다른가, 제국이 아니면서 주권국가들 간의 관계를 관리하는 권력주체는 어떠한 성격을 가지는가, 그리고 완전한 무질서의 상태와 어떻게 다른가 등을 밝히는 일이다.

규범적 차원에서 무정부상태가 정부상태보다 더 바람직한가의 문제 역시 논쟁의 여지가 있다. 인류역사상 정부는 불평등과 억압의 질서에서 출발하여 통상 왕정과 독재를 이어 오다가 자유주의와 민주주의 혁명을 거쳐 오늘날의 정부상태에 도달하였다. 여전히 독재 정부가 존재하는 국가도 있다. 정부상태가 질서상태로 일견 보이지만 억압과 불평등이 횡행하는 질서상태가 무정부상태의 질서보다 나을 것이라고 볼 수 있는가? 더 나아가 억압과 불평등의 질서상태가 무질서상태보다 더 낫다고 볼 수 있는가? 억압의 정도가 덜한 무정부상태와 향후 보다 나은 정부상태로 나아갈 수 있는 무질서상태가 더 낫다고 볼 여지는 없는가? 무정부상태의 어떠한 질서와 정부상태의 질서를 비교하는가가 문제의 핵심이지 무정부상태보다 정부상태가 더 낫다고 일방적으로 결정하기는 어렵다.

무정부상태보다 정부상태가 우월하다는 견해는 사회계약설에 의한 정부상태론에서 비롯된 바가 크다. 자연상태에서 존재했던 개인들의 처지보다 정부상태에서 존재하는 개인들의 처지가 더 낫다는 것인데, 이때의 정부상태는 홉스식 리바이어던 상태일 수도 있고, 로크나 루소의 일반의지에 의한 민주주의 정부상태일 수도 있다. 그러나 정부가 반드시 사회계약에 의해 정치적 진공상태에서 계약에 의해 최초로 수립되는 것이 역사적 경험과 일치하지는 않는 것이기 때문에, 국제정치의 정부상태 역시 실제적 조성과정은 이와 다를 수밖에 없다. 사회계약론에 편중된 정부상태론을 국제정치에 직접 적용하기 어려운 이유이다. 만약 힘에 의한 무정부상태의 질서에서 민주주의적인 지구정부상태로 옮아가려면 단순히 국가들 간의 계약에 의해 가능할 것인가? 아니면 실제 유럽 정치의 역사처럼 혁명을 거쳐 왕정이 무너진 이후 이를 추동하고 정당화하는 철학으로 사회계약설이 자리 잡을 것인가? 설사 국제정치에서 지구민주주의로 이행이 이루어진다 해도 이는 구체적인 역사적 격변에 의한 것일진대, 현재의 국제정치상태를 이상적인 국내정치의 사회계약설과 직접 비교하여 규범적 평가를 내리기는 어렵다.

제3장

고대와 중세 제국 주권의 역사와 이념

제국과 국가는 얼마나 상호 배타적인가

이 장은 유럽에서 근대주권국가체제가 등장하는 배경으로서 근대 이전 특히 중세 유럽 지역 질서의 조직원리를 살펴본다. 유럽 근대의 주권국가체제가 중세와 단절성을 보이는 것도 사실이지만 주권의 개념은 근대 이전부터 존재하고 있었다. 과연 근대 주권국가 체제의 주권 개념은 이전의 중세, 그리고 제국 주권의 논리와 어떠한 연속성과 단절성을 가지는가?

현재 전 지구에 확산된 주권국가체제는 일견 당연한 것처럼 생각할 수 있지만, 복수의 정치체가 법적으로 동등한 지위를 가지고 상호 인정하면서 질서를 만들어 낸 것은 극히 예외적인 일이다. 대부분 정치체들은 자신의 지역에서 보편적이고 절대적인 권력을 지향하였고 이에 대항하는 다른 제국들을 원천적으로 부정하고 대립하였으며, 힘이 부족할 때에도 공존을 약속하기보다는 잠정적 타협을 추구하였다. 고대 이집트, 페르시아, 로마제국 등 모든 제국은 주변을 복속하면서 다른 제국들과 공존을 추구하기보다 전쟁을 벌였고 자신의 권력을 최고이자 보편적 권력으로 주장하였다. 유럽의 중세에서 비잔틴제국과 이슬람제국, 신성로마제국이 각축을 벌였고 제국들은 주권이라 불릴 수 있는 절대 권력을 추구하였지만 주권체들 간의 공식적이고 법적인 승인과 공존을 추구하지 않았다. 유럽의 마지막 중세적 제국이라고 일컬어지는 스페인제국이 30년 전쟁으로 크게 약화된 이후 유럽에서 새로운 제국이 출현하지 않고 오히려 다수의 주권국가가 들어선 것이 오히려 예외적인 일이라고 하겠다.

정치사회의 조직원리를 생각해 볼 때, 제국, 주권국가체제, 그리고 국내체제의 조직원리가 주된 축이다. 미래의 세계정부나 국가 이전의 씨족, 부족 집단을 고려할 수 있지만, 하나의 유기적이고 통합된 정치사회를 상정할 때 이 세 가지 조직원리가 대표적이다. 이 세 정치사회는 확연히 구분되는 것이 사실이지만 그렇다고 질적으로 완전히 다른 조직원리를 가지고 있는 것도 아니다. 정치 사회를 대표하는 하나의 정부가 존재하는가도 중요한 문제이지만, 전체 정치사회에 관한 근본적 결정을 내리는 권력이 단일하게 존재하는지, 존재한다면 어떠한 권력이며, 어디에 존재하는가가 더 근본적인 문제다. 근본적인 결정을 단 하나의 행위자가 항상 내릴 수도 있지만, 여러 행위자가 집합적으로 내릴 수도 있으며, 하나의 지위를 놓고 여러 행위자가 번갈아 그 자리를 차지하며 결정을 내릴 수도 있기 때문이다. 결국 누가 궁극적 권한을 소유하는가의 문제다. 우선 하나의 지속적 정책결정자로서 정부의 유무를 놓고 나누어 볼 수 있다. 제국과 국내정치에서 하나의 정부가 수립되어 있어 결정을 내리는 한편, 국제정치에서는 강대국 혹은 패권국이 중요한 결정에 중대한 영향을 미친다.

고대로부터 제국은 반드시 영토복속을 토대로 하지는 않았다. 근대국가가 영토국가로 자리 잡은 이후 영토의 확장을 핵심으로 한 근대

제국주의와는 달리, 근대 이전에는 오히려 확고한 중심부에 대한 영토적 지배는 굳건히 하면서도 필요 이상의 범위에 대해서는 영향력 확보의 수단을 마련하는 데 만족한다. 항시적으로 완전한 지배를 하지 못한다면 오히려 주변의 지도자에 대한 지배를 통해 주변을 지배하거나 평소에 느슨한 지배를 하다가 결정적인 순간에 강력한 지배력을 행사하는 것이 더 효율적이기 때문이다. 지배는 영토에 기초하되 영토병합을 통해서만 이루어지는 것은 아니다. 제국적 조직원리하에서는 영토적 지배가 아닌 인적 네트워크에 의한 지배, 혹은 간헐적인 직접 개입에 의해 이루어지며, 이때 간헐적인 개입과 이후의 질서 수립이 오히려 예외적인 상태라 할 수 있다.

이 장에서 다루는 조직원리는 주권국가체제로 나아가는 배경이 되는 것으로 근대 초부터 제국들 간의 합의가 이루어져 제국들 간 공존체제가 이루어지는 시기를 연구하기 위함이다. 스페인 이후에 유럽, 더 나아가 전 세계의 주도권을 놓고 프랑스, 네덜란드, 영국 등이 각축을 벌이는데, 과연 이때의 국가들은 제국인가, 주권국가인가? 혹은 제국이자 주권국가인가? 현대 국제정치학 이론은 제국과 주권국가를 상호 배타적인 개념으로 놓고 있지만, 실제 역사를 보면 제국이면서 주권을 소유하고, 하나의 제국이 아닌 다수의 제국이 잠정적 공존을 추구하면서, 새로운 지역에서 확장을 추구한 복잡한 현실이 있었다.

제국적 주권과 권력의 행사방식

국제정치의 차원에서 유럽의 근대가 시작되는 시점과 근대가 만들어지는 기준을 정의하는 것은 매우 중요하다. 어떠한 기준으로 보는가에 따라 근대가 시작되는 시점이 달라질 수밖에 없는데, 핵심은 중세적 제국이 언제 해체되고 근대적 국가주권이 언제 형성되고 어떻게 변화하였는가, 변화의 시점과 조건을 어떻게 보는가의 문제다. 문제는 시점이 다양할 뿐 아니라, 주권의 개념이 시대의 흐름에 따라 같이 변화한다는 것이다. 주권의 규범은 일률적이지 않고 다수 규범들의 종합이다. 또한 어떤 규범들은 시대에 따라 현실 국제정치에 따라 개별적으로 나타나면서 이어지며, 규범이 온전히 내재화되지 않은 채 지속적으로 위반되면서도 지켜야 할 당위로 살아남기도 한다. 슈미트는 주권이야말로 모든 법학 개념 중에 가장 현실적인 개념이라고 보고 보댕에서 출발하지만 16세기 이래 일관된 논리적 발전, 혹은 심화과정을 거쳤다고 볼 수 없다고 한다. 오히려 주권학설사의 여러 단계는 다양한 정치적 권력투쟁을 통해 구획되는 것으로 스스로의 개념성에 내재하는 변증법적 상승을 통해 구획되는 것이 아니라고 볼 수 있다(Schmitt 2015, 30).

근대 유럽의 주권국가 체제의 특수성은 이전 중세체제와 대비에서 규정된다. 주권국가 체제 이전 유럽 지역질서의 조직원리를 어떻게 규정할 것인가는 복잡한 문제이지만 우선 생각해 볼 수 있는 점은 제국이 지구적으로 기본 단위로 광범위하게 존재해 왔다는 점이다. 제국은 시기별로 로마제국, 중국 제국, 페르시아제국, 7세기경부터 시작된 이슬람제국 등 고대의 제국, 유럽 중세에 기독교를 중심으로 나타난 동로마제국과 신성로마제국, 그리고 유럽 근대가 시작되면서 비유럽으로 확장한 근대 제국 등으로 나누어 볼 수 있다. 20세기 소련과 미국을 공식, 혹은 비공식 제국으로 규정하는 경우도 있는데, 이에 대해서는 이후에 살펴보도록 한다.

고대와 중세의 제국은 제국의 중심이 주변부의 내부에 직접 개입하며 통치, 관리하는 제국으로 주변부의 주권을 인정하지 않는다. 근대의 제국은 보다 복잡한 양상을 띠는데, 비서구에 대한 직접 식민통치를 하는 경우가 전형적이지만 유럽 내 약소국, 다른 지역의 발달된 문명국에 대해 주권체제 속에서 영향력을 행사, 강화하는 전략도 포함한다. 국제정치적 근대를 논할 경우 중세 제국과의 단절성을 강조하지만 연속성도 존재하며 구체적으로 어떠한 단절성과 연속성을 가지는지가 중요하다. 중세 제국적 간섭으로부터 영토 국가들이 자율성을 획득하고 결국 주권을 주장하는 과정이 어떻게 전개되었는지를 살펴보아야 한다.

제국은 어떠한 단위이며 어떠한 특징을 가지고 있는가? 제국은 근대 주권국가와 어떠한 점에서 공통점을 가지며 어떠한 점에서 차이를 보이는가? 도일의 일반적 정의를 보면 제국은 "두 정치체 간의 상호작용의 체제로서 지배적인 중심(metropole)이 종속적인 주변의 국내외 정책, 즉 효과적 주권에 대해 정치적 통제를 가하는 체제"라고 정의된다

(Doyle 1986, 12). 특히 다른 정치체의 국내정치에 관여할 수 있을 때, 그리하여 주변의 국내적 주권이 중심에 의해 침해될 수 있을 때 이를 제국적 조직원리라고 볼 수 있다. 중세 유럽은 그러한 점에서 확실히 제국의 조직원리를 가지고 있었다. 동심원적 구조를 가진 정치권력의 핵심으로 신성로마제국과 교황이 유럽의 다양한 단위들을 제도적, 인적 네트워크에 의해 다스렸기 때문이다. 그러나 제국이라고 해서 현대의 국내정치 체제와 같이 고도로 제도화되고 서열화된 장치가 중심과 주변에 걸쳐 있었다고 보아서는 안 된다. 중심은 자신의 이익에 위배되지 않는 한 주변이 스스로 주권적 권한을 행사하게 하는 중첩적 주권구조를 통상 가지고 있었기 때문이다.

제국의 권력구조를 중앙집권적, 일원적 조직으로 보지 않고, 중심과 주변 간의 네트워크로 보다 정교하게 정의하는 시각도 존재한다. 근대 초 제국의 중심이 다양한 차원의 주변 권력들을 연계하고 중개하는 역할(brokerage)을 하였다는 것이다(Nexon 2009). 제국의 중심은 모든 사안에 대해 결정권을 발휘하기보다는 중심을 우회하는 주변들 간의 연결을 막고 권력의 흐름을 관리하는 데에 초점을 맞춘다는 점에서 근대 주권국가와는 차이가 있다.

제국은 인류 역사에서 경제의 발전과 정치의 변화에 의해 새로운 형태로 진화하는 체제이기도 하다. 네그리와 하트는 탈근대의 제국이 근대의 제국주의와 다른 특성을 보이며 진화해 왔다고 간주하는데, 탈근대 제국의 특성으로 네트워크를 든다. 미국이라는 제국에서 보다 진화된 제국의 형태를 찾는 이들은 유럽의 근대 제국주의가 배타적 주권을 기초로 제국 외부로 제국의 권력이 확장되는 운동을 추구한 반면, 탈근대 제국은 외부 없는 지구 전체를 포괄하는 내재적이면서 자기생산적인 네트워크라고 정의한다. 억압적이기보다는 민주적이고, 팽창적이기보다는 자기포괄적이며, 제국 내 생산과 지배를 효율화하기 위해 다중의 삶을 총체적으로 지배한다는 것으로, 이론적으로는 푸코와 같은 탈근대이론에 기반하고 있다(Negri and Hardt 2000).

따라서 다음과 같이 좀 더 상세하게 규정할 필요가 있다. 첫째, 모든 제국은 이념적으로 상상할 수 있는 정치 공간 전체를 다스리는 보편성과 확장성을 전제로 하고 있다. 이러한 점에서 고대 제국도 근대적 의미의 주권 개념을 가지고 있었다. 궁극적이며, 최고이고, 독립적이고, 배타적이며, 분리불가능한 권력이라는 개념을 소유하고 있었던 것이다. 최종적인 결정을 내리고 정치공동체의 법을 부여하는 명령권으로서의 주권 개념은 고대 제국에 현존하고 있었다. 그러나 현실적으로 하나의 제국은 다른 정치단위 특히 다른 제국과 공존할 수밖에 없는데, 이 경우 공식적으로 정치공간을 분할하지 않고 잠정적 타협하에 공존, 경쟁, 모방, 혁신의 관계를 가진다. 또한 본격적인 전쟁을 통해 자신의 보편성을 실현하고자 한다. 이론적으로 제국들 간 공식적이고 안정된 관계는 성립하지 않는다.

둘째, 대외적 팽창성이 중요한 특징이라면, 대내적으로는 다양한 이질적 집단을 포괄하여 다스릴 수밖에 없다는 것이 중요한 특징이다. 워낙 많은 영토와 인민들을 포괄하기 때문에 제국은 필연적으로 내부에 이질성을 포함하게 된다. 제국은 내부의 이질성과 다양성을 동질화하기보다는 이질성을 유지하면서 유연하게 대처하는 전략을 세워야 한다. 때로는 제국의 중심에 동질화하도록 노력하지만, 때로는 이질적 문화와 생활양식을 보존하게 하면서 제국을 유지한다. 제국에게 중요한 것은 동질화가 아니라 충성이며, 이질성의 인정이야말로 질서 유지, 징

세, 군대 충원 등에 더 유리하게 작용하는 통치전략일 수 있다. 로마제국은 처음에는 다양한 이질성을 포괄하였지만 점차 동질화의 방향으로 나아가고 나중에는 일원적 기독교 제국으로 재편된다. 이질성을 포괄한 가장 확고한 예는 몽골제국으로 다양한 유라시아, 중국적 자원을 조화시키면서 활용하였다(Burbank and Cooper 2010, 12-13). 이는 주권국가체제가 결국 동질적 주권국가로 지구의 모든 단위들을 재편하기에 이른 것과 대비되는 특징이다.

셋째, 제국의 유지를 위해 지역적 협력자의 존재는 매우 중요하며 이를 통해 다양성을 보존하면서도 충성을 유도할 수 있다. 제국은 주변으로부터 무조건 반대에 봉착한다고 보기 쉽지만 주변의 협력자들은 자신의 개별적 이익을 위해 협력한다. 주변의 억압받는 계층들은 자신을 억압하는 국가와 지배층에 반발하여 이들이 정의하는 국가 차원의 이익을 공유하지 않을 때 개인적, 혹은 다른 집단적 이익을 위해 외부의 제국과 협력하기를 선택할 수 있다. 나폴레옹의 민주주의가 제국적 팽창으로 전파되었음에도 유럽의 많은 인민들은 억압적 왕정에 대항하여 오히려 나폴레옹의 지배를 환영하기도 하였다. 따라서 언제 국익보다 개인, 혹은 집단의 이익을 선호하여 다른 제국에 협력, 혹은 병합되기를 원하는가, 특히 억압받는 계층 상당수가 외부의 영향력을 선호할 때는 언제인가를 살펴보는 것이 중요하다.

20세기에도 이러한 경향이 보이는데, 소련과 미국이 명백한 제국이 아니었음에도 불구하고 유럽의 제국주의 지배를 받던 식민지의 많은 인민들은 소련과 미국의 지원하에 독립운동을 전개하였으며, 공산주의와 자유민주주의의 이념하에 새로운 국가를 건설하고자 하였다. 실제로 2차 세계대전 이후 많은 국가들은 미소 양국의 도움으로 독립하고 이들의 영향력을 호의적으로 수용하기도 하였다. 자발적 제국 수용의 조건과 상황을 면밀하게 살펴볼 필요가 있다.

넷째, 제국은 내포된 영토와 인민들 간의 위계를 설정하여 다양한 구성원들을 운용하며, 국민국가처럼 동질적이고 평등한 국민의 개념을 유지하지 않는다(Burbank and Cooper 2010, 8). 또한 명백한 영토성에 기반하여 통치의 대상을 규정하지도 않는다. 제국은 영토, 인민, 지역 협력자들을 대하는 방법에서 상향식 다양성 허용과 하향식 지배, 영토의 통합정도 등 다양한 분야에서 매우 유동적이고 유연하다.

중요한 논점은 제국이 내부 구성 단위들에게 어느 정도의 자율성, 혹은 주권을 부여하는가의 문제다. 형식적으로는 제국이 온전하고 분리불가능한 주권을 소유하지만 사실상의 통치에서 각 구성 단위들은 상당한 자율권을 소유할 수 있고, 주권적 권한의 일부를 행사할 수도 있다. 분할되고(shared), 다층화되고(layered), 중첩된(overlapping) 주권이다. 제국의 주권은 근대 주권국가과 주권의 기본 개념에서 일치하지만 실제 운용에서는 다른 모습을 띠었던 것이다.

예를 보면, 나폴레옹은 제국 건설기에 상당한 왕국의 왕과 제후들에게 주권적 권력을 넘겨주었다. 유럽제국들은 동인도 회사, 동아프리카 회사 등 다양한 사적 행위자들에게 주권적 권리를 행사하도록 허용하였다. 어떤 경우 19, 20세기 영국과 프랑스 등 여러 유럽 제국들은 보호령을 창설하면서 모로코, 튀니지, 동아프리카 연안 지역, 베트남의 지역 권력자로부터 통치권의 전부 또는 일부를 행사하도록, 즉 주권을 행사하도록 권한을 양도받았다. 이러한 다양한 형태는 나중에 식민지들이 독립할 때 어떠한 형태로 독립하는가를 결정하기도 하였다. 주권을 많이 행사한 단위일수록 덜 폭력적으로 식민본국에서 독립할 수 있었다.

결국 제국은 다양한 통치전략을 구사하는데, 핵심적인 내용은 정치적 유연성이라 할 수 있다. 제국은 사실 매우 다양하고 가변적인 정치 형태를 띠고 통합과 이질성을 놓고 서로 다른 길을 갈 수 있다. 주변 정치단위가 제국 중심의 정치적 성격을 모방, 동질화하도록 반드시 강제하지도 않는다. 반면 왕국, 도시국가, 부족, 국민국가는 변화하는 세계에 대해 덜 유연하다고 보아야 한다(Burbank and Cooper 2010, 16-17).

다섯째, 제국은 이질적 구성집단을 다스리기 위해 다양한 기제를 사용한다. 통치권력을 정당화하는 다양한 문화적, 상징적 기제를 사용하기도 하는데, 이는 종교와 연관되기도 하고 때로는 정치철학과 연결되기도 한다. 비잔틴, 이슬람, 스페인 및 19세기 유럽 제국들은 모두 종교를 바탕으로 하고 있었는데, 식민지를 보는 관점에서 종교 내 이견이 나타나기도 하였다. 아메리카 인디언을 보는 스페인 내 갈등과 이견이 대표적이다. 이 과정에서 제국은 식민지를 어떻게 인식하는지, 식민지의 인민들에게 어떠한 정치적 지위를 부여해야 하는지를 놓고 갈등하는 모습을 보였고, 제국을 구상하는 정치적 상상력이 증진하게 된다(Burbank and Cooper 2010, 16).

제국은 영토에 기반하지 않고 인적 연결에 의해 확장을 꾀할 수도 있다. 러기가 논의하는 바처럼 정치권력과 영토성은 가변적 관계를 가진다. 정치권력이 물리적 기반을 필요로 하기 때문에 영토에 기반하는 것은 당연한 일이지만, 영토에 의해 정치권력 자체가 정의되는 것은 특수한 일이라고 보아야 한다. 영토가 항상 일정하게 고정되어 있어야 한다는 것도 특수한 것이며, 그러한 영토가 경계에 의해 상호 배타적으로 소유되고 유지되어야 한다는 것도 특수한 일이다. 영토에 기반하되 인적 관계에 의해 정치권력이 정의되고, 영토의 경계가 유동적이며, 공유되거나 소유되지 않는 영토가 있는 정치권력도 있을 수 있다. 중세의 경우 부분적으로 영토성에 기반하되, 왕과 봉신 간의 인적 관계도 작동하였고, 왕조 간 연계도 중요한 수단이었다. 다양한 원리가 같이 작동하는 이질적 질서(heteronomy)였던 것이다. 근대 초 스페인 역시 카를 5세가 신성로마제국 황제를 겸하면서 다양한 왕조적 인적관계를 통해 국력을 향상시켜 나가는 노력을 하였던 사실도 상기할 수 있다(Ruggie 1993, 149).

제국의 네트워크 파워를 강조할 수도 있다. 넥슨은 소위 관계적 제도주의(relational institutionalism)라는 이론하에 제국이 자신 내부의 다양한 단위들보다 우위에 있으면서 이들을 네트워크화하는 핵심 브로커의 역할을 한다고 본다. 제국은 중앙의 핵심 권력자인 왕과 주변, 그리고 중앙과 지방 인민을 연결하는 지방 단위의 권력자들, 그리고 일반 인민으로 이루어져 있는데, 소위 바퀴살 모양의 네트워크를 통해 이들을 매개하는 데에서 힘을 발휘한다는 것이다. 이들 간의 수평적 연결을 방지하고 모든 연결을 중앙이 통제함으로써 소위 위치권력을 발휘한다는 것으로 제국이 힘이 자원권력에 기반한 것이라기보다는 다양한 요소들을 통제하는 힘에서 나온다고 본다(Nexon 2009, 101-102).

결국 제국은 자신이 통치하는 공간의 조직원리를 만들어 내고, 관리하고, 변형하는 힘을 가진 존재다. 또한 제국은 중심과 주변의 위계 속에서 전체의 권력구조를 조직해 내는 힘을 가진 존재이며, 이러한 힘은 행위적 권력, 제도적 권력, 구조적 권력과 구별되는 보다 근본적, 헌정적 힘이다. 조직원리와 관련된 힘이므로 조직원리 권력이라고 부를 수 있다.

유럽 주권 개념의 제국적 뿌리: 고대 그리스 도시국가와 로마제국

비단 유럽뿐 아니라 인류역사상 세계의 거의 모든 지역에서 제국이라는 단위는 매우 보편적 단위였다. 온전한 정치체를 이루지 못했던 고대의 국가 이전 단위들이 점차 주권을 가진 단위로 자리 잡으면서 동시에 제국의 성격을 띠게 된다. 힌슬리는 정치집단이 온전한 통합적 조직원리를 가지기 위해서 많은 조건이 충족되어야 하고, 오랜 역사를 거쳐야 했다는 사실을 지적하고 있다. 국가가 주권의 내적 조직원리로 조직되고 구성되기 위해서는 분절성을 극복해야 한다. 힌슬리는 분절국가(segmentary state)라는 개념을 사용하고 있는데, 통치권을 가진 주권의 주체 이외에 다른 주체들이 여전히 많은 권력을 발휘하는 국가가 분절국가다. 분절국가도 부분적으로 주권 개념을 가질 수는 있다. 행정조직이 중앙집권성을 띠기 시작하고, 군주들이 주권적 태도를 가질 수는 있기 때문이다(Hinsley 1986, 18).

고대 그리스 도시국가의 예를 보면 부족국가에서 발전된 많은 소집단들이 힘을 발휘하고 있었는데, 힌슬리는 이들이 온전한 주권국가는 아니라고 주장한다. 아리스토텔레스는 인간이 정치적 존재라고 규정했지만 일반적인 정치체와 주권적 정치체를 구별하지 못했다고 본다. 그리스 도시국가는 혈연관계 및 부족 관계에 의해 여전히 지배되고 있었기 때문이다(Hinsley 1986, 27-28). 고대 그리스가 근대적 주권개념에 입각한 정치체였는지를 둘러싼 논쟁은 현재까지 지속되고 있다. 플라톤의 저작을 비롯한 저작들에서 도시국가들의 조직원리가 논의되는 것과 함께 고고학적 발굴에 의해 도시국가들의 실제 모습도 함께 논의되고 있다.

베렌트 역시 고대 그리스의 도시국가들이 근대적 주권 개념에 근거한 정치체로 보기 어렵다는 견해를 보인다. 홉스에 의해 완성된 근대 주권 개념에 근거한 국가는 자신의 영토와 국민에 대해 독립적이고 절대적인 법을 제공하는 주체가 존재하는 정치체로, 이를 유지할 정치적, 규율적 힘을 가진 존재다. 폭력의 정당한 독점체라는 베버의 견해처럼 사적 폭력을 허용하지 않고 주권에 의해 부여된 법적 권한이 온전하게 유지되는 것이 근대적 주권개념의 핵심이다. 그러나 고대 그리스 국가는 사적 폭력이 존재하는 가운데 명확한 입법, 행정, 사법의 중심 기관이 존재하지 않았다는 것이다. 정치공동체의 의견을 수렴하여 입법권을 행사하는 주체가 존재했다기보다는 전통적 자연법, 관습법에 기초한 규범이 정치체를 통제하는 핵심원리였고, 정치는 이를 준수하는 데 필요한 규범적 논의의 장이었다는 것이다. 민주주의의 온상으로 불리었던 아테네를 비롯한 도시국가들은 개인들의 존재를 인정하고 이들의 이기적, 정치적 욕망을 하나로 묶는 정치과정에 기초하기보다는 전통적 규범을 둘러싼 개인들의 도덕적 관념과 논쟁으로 규율되었다. 법의 행사 과정도 개인들의 역량과 공동체에 대한 호소 등 근대적 과정과는 거리가 멀었다고 본다. 독재자의 존재나 플라톤이 제시한 철인왕의 경우처럼 통치의 주권적 주체로 보이는 논의가 있었던 것은 사실이나 정치체 내 개인들의 의사를 결집한 주권적 주체로 온전히 자리매김하지 않았다는 것이다. 그러한 점에서 베렌트는 고대 그리스 도시국가가 부족은 넘어섰기는 하나 여전히 국가에 이르지 못한 정치공동체(non-tribal stateless community)라고 정의하며 이러한 점에서 힌슬리가 그리스 도시국가를 부족기반으로 본 것과는 부분적인 차별점이 있다(Berent 2000).

이러한 논의는 고대 그리스 정치철학의 문제와도 연결된다. 과연 홉스적 의미의 정치과정, 즉 규범으로부터 해방된 개인의 이익에 근거한 정치과정에 대한 인식이 존재했고 이에 기반한 민주주의이론이 발전하였는가? 이와 관련하여 홉스는 아리스토텔레스가 올바른 정치권력의 개념을 가지지 못했다고 보았다. 아리스토텔레스가 논한 바, 인간이 본래적으로 정치적 동물로 정치 속에서 인간의 행복을 실현할 수 있다고 보며, 이를 법으로 규율해야 한다고 보는 견해는 정치철학을 충분히 파고들지 못했다는 것이다. 법은 결국 인간 개인들의 욕망과 권력의 산물이고 정치 질서는 자연상태 인간들의 투쟁 속에서 만들어진다는 현실을 충분히 파악하지 못했다고 본다. 이에 대한 반론으로 존슨은 이러한 견해가 아리스토텔레스의 저작 방식 때문에 일견 타당해 보여도 홉스의 생각보다 아리스토텔레스의 생각이 홉스적 정치권력, 주권개념에 더 접근해 있다고 주장하기도 하였다(Johnson 1985).

이러한 논의들이 주는 함의는 크다. 주권의 개념은 한 정치체의 궁극적이며 최고의 권위에 대한 인식으로 모든 정치체들이 어느 정도 그러한 인식을 가지고 있었지만 근대적 개념의 주권이 이러한 보편적 인식에 비해 얼마나 독특하고 창의적인 것인가 하는 점이 중요하다. 또한 주권을 가진 정치체가 제국을 이루어 갈 때와 그렇지 않을 때, 중심과 주변의 관계 및 중심의 규율방식 또한 달라지기 때문이다. 근대 국제정치는 근대적 주권 개념을 소유한 국가들이 팽창하면서 식민지를 소유하고 약소국에 대한 지배권을 행사한 조직원리로 주권, 국가, 제국이 함께 직조되어 나타났다.

유럽의 경우 로마제국에 와서야 하나의 정치체가 주권적 조직원리에 의해 비로소 통치되기 시작했다고 보는 것이 정확하다. 로마가 공화정일 때에는 다양한 정치공동체들의 규범이 존재하였고, 로마가 하나의 단일한 통치체로서 절대적인 주권의 소재지를 논하기에 어려운 상황이었다. 그러나 기원전 27년 아우구스투스가 황제의 자리에 오르고 기원후 1세기에 이르러 제국의 체제가 갖추어지면서 제국의 황제는 제국 이상의 종교적 권위, 존재하는 다양한 법률, 관습으로부터 제약받지 않는 절대적 권한을 소유하게 된다는 인식이 정립되었다. 힌슬리는 이 시기를 주권개념이 생겨나는 시기로 본다(Hinsley 1986, 41). 물론 시대가 흘러 이후 로마에서는 인민의 권한, 정치공동체의 규범 등에 대한 논의가 여전히 존재하여 황제의 주권과 대립함으로써 주권의 개념이 취약해지는 상황을 맞이하기도 한다(Hinsley 1986, 43).

로마제국은 유럽에 국한해서 볼 때 역사상 가장 광범위한 제국을 유지한 경우였다는 점에서 흥미를 끈다. 이전에도 지중해 연안, 유럽과 북아프리카 지역에는 많은 제국들이 있었지만 로마는 오랜 기간 유럽 전역을 지배한 제국이었다. 제국을 뜻하는 임페리움(imperium)은 처벌의 권한, 시민을 군대에 징발하는 권한, 전투에서 명령을 내리는 권한의 뜻이었다가 점차 공화국 내 집정관(consul)의 권한을 뜻하게 되고 이후 생사여탈권 및 전투를 하도록 만드는 권력으로 이해되었다. 공화국 체제로 제국을 건설한 로마의 경우 임페리움은 개인의 과도한 권한을 방지하기 위해 노력했다는 점에서 절대권력과는 거리가 멀다고 보아야 한다. 시간이 흐르면서 로마의 시민들은 처벌되고 사형에 처하게 되는 상황을 피할 수 있는 권리를 가지게 되었다(Burbank and Cooper 2010, 28).

로마는 기원전 241년에 프라이토르(praetor), 즉 총독직을 만들어 로마가 점령한 지역을 다스리는 직책을 만들었다. 로마는 처음에는 로마 주변, 이탈리아 전역, 더 나아가 유럽 전역을 정복하고 다스리게 되는데, 이때 각 지역별로 다른 정책을 사용하게 된다. 핵심은 로마 시민의 권리를 어디까지 줄 수 있는가 하는 점이었다. 이탈리아 내 로마에 가까운 지역의 자유신분 남성은 로마의 시민이 될 수 있었고 엘리트들은 로마의 귀족이 될 수 있었다. 이후 로마가 이탈리아 너머, 라틴족 이외의 영토를 점령하게 되면서 각 지역별로 통치자들에게 일정한 내적 자율성을 부여하며 조약을 맺어 다스리게 되었다(Burbank and Cooper 2010, 29).

로마가 무력으로 정복한 지역을 다스리는 방법은 대략 세 가지로 분류할 수 있는데 첫째, 라틴 지역 근처의 영토를 합병하여 제한된 시민권을 부여하며 점차 병합하는 방법, 둘째, 비라틴 도시와 종족에게 제한된 자치를 허용하여 통치하는 방법, 셋째, 국경 지역 중심으로 라틴족의 식민지를 건설하는 방법 등이다. 로마 통치하의 지역들은 로마의 시민권을 원하였고 이를 둘러싼 대립이 지속되었다. 기원전 91년에서 88년 사이에는 이탈리아 내 로마의 동맹들이 완전한 시민권을 요구하며 난을 일으키기도 하였다(Burbank and Cooper 2010, 29). 이후 모든 라틴족에게 시민권을 부여하기로 하였고, 기원후 212년에는 비로마인들에게도 자유신분의 남성이면 시민권을 부여하게 된다. 로마제국이 약화되면서 통합을 위한 수단으로 시민권의 범위가 확대되는 것인데, 시민권이 제국 유지의 수단이었다는 것을 알 수 있다(Burbank and Cooper 2010, 30-39; Ando 2016).

로마는 한편으로는 정복에 의해 영토가 넓어졌지만 중요한 것은 이를 효과적으로 다스리며 제국을 유지하는 것이다. 로마는 주변 지역에 행정장관(magistrate)을 임명하여 다스렸는데, 총독이 사르디니아, 시칠리아, 스페인, 아프리카(카르타고 지역), 마케도니아 지역을 다스리는 직책이었다면 바다 건너 더 먼 지역은 행정장관들이 다스리게 되었다. 로마는 관료적 행정조직을 창출하여 다스리지 않고 총독 개인이 소수의 자문관과 함께 다스리는 제도를 택하였는데, 이 때문에 "관료제 없는 정부(government without bureaucracy)"라고 불리기도 하였다(Burbank and Cooper 2010, 30). 이러한 최소주의적 접근을 통해 로마 정부는 조세 징수, 군대 충원, 인프라 유지 등의 임무를 수행하는 데 집중하였다. 로마는 점차 법률을 강화하여 법에 의한 지배를 중시하였는데, 로마인들은 로마시민법에 의해, 그리고 비로마인들은 각자가 가지고 있는 법에 의해 사안을 해결하도록 하는 소위 법률적 다원주의의 입장을 취하였다. 로마인들과 비로마인들 간에 문제가 생기면 이를 해결할 법률이 새롭게 필요하게 되었고 이것이 국가 간의 법률, 혹은 국제법의 시초가 된다. 국제법이 국가들 간에 만들어진 것이 아니라 제국을 유지하는 과정에서 중심과 주변을 관장하기 위해 만들어지기 시작하였다는 점에 주목할 필요가 있다.

로마는 인민주권을 강조하고 의회를 통한 통치를 실현하였고 이는 공화제하의 제국을 건설하고 확장하는 핵심 정치철학이었다. 제국과 공화정이 양립가능하다는 점은 일찍이 로마로부터 생겨난 것이다. 로마가 제정으로 가면서 유럽 역사상 본격적인 주권의 의미가 정착되는 것은 잘 알려진 바와 같이 카이사르가 암살되고 후계로 지명된 옥타비아누스가 집권하면서부터이다. 옥타비아누스는 시저(Imperator Caesar Divi Filus),

아우구스투스(Augustus), 제1시민(princeps) 등의 지위를 가지게 되는데, 황제는 왕들의 왕이라는 지위를 가지게 된다. 아우구스투스는 처음에 제1시민의 지위를 강조하며 황제의 권한을 지나치게 강조하지 않으려 했다. 사실상 모든 군의 수장이며 로마가 정복한 지방까지의 지배권이 확고한 이상 굳이 이러한 황제권, 제국의 황제적 주권을 강조할 필요는 없었다.

500년간의 공화정 이후에 탄생한 황제는 모든 공무에서 최후의 발언권을 가지고, 로마 시민에 반하는 법적 행동을 막을 수 있고, 입법을 위해 사안을 로마시민들의 투표에 부치는 권한을 가졌다(Burbank and Cooper 2010, 32). 이후 황제에 오른 티베리우스(Tiberius)는 전쟁선포권, 의회의 수장권, 로마의 행정권을 소유하게 된다. 그리고 모든 법적 제한으로부터 면제되는 권한도 가지게 된다. 로마 황제는 스스로 처분하고 사용할 수 있는 막대한 재정기반과 군대를 소유하게 되고 의회와 인민을 넘어설 수 있는 주변의 권력층도 만들게 된다. 이러한 제정적 주권이 후에 많은 부작용을 일으킨 것은 잘 알려져 있다. 제권을 둘러싼 많은 경쟁이 발발하고, 이는 군사력을 사용한 내전으로 이어졌다. 235년에서 285년까지 50년에 이르는 기간 동안 26명의 황제가 있었지만 오직 한 명만이 자연사하였다(Burbank and Cooper 2010, 34).

제국의 기반은 막강한 군사력과 이를 뒷받침하는 경제력이다. 로마는 대략 전성기에 40만의 상비군을 유지한 것으로 기록된다. 로마는 아우구스티누스 황제 시기 약 100만 명의 인구를 가지고 있었고 이를 위해 매년 20만 톤의 밀을 생산해야 하는 상황이었다. 로마 거주자 중 약 1/4은 시민이고 나머지는 가족, 노예, 외국인 등이었다. 로마의 경제를 유지하기 위해 주변지역에 해당하는 아프리카, 시칠리아, 사르디니아, 이집트 등은 로마의 곡물창고 역할을 해야 했다. 동부 유럽과 스페인 등 역시 세금을 내고 로마제국 유지에 공헌했다. 주변 지역에서는 지방 지배층이 노예 농장을 유지하면서 곡물을 생산하고 제국과 관계를 유지하였다. 그러나 로마 치하에서 주변 지역은 대체로 경제와 문화가 이전보다 나아진 것으로 평가할 수 있다(Burbank and Cooper 2010, 35).

로마의 문화는 주변의 문화를 받아들여 종합하는 특성을 가지고 있었다. 그리스로부터 도시건설과 인프라 건설의 기술을 배웠고 다른 기술도 받아들였다. 법률은 로마가 발전시킨 로마 문명의 일부인데, 로마 시대에는 체계적으로 정리된 상황이 아니었고 오히려 6세기 동로마제국의 유스티니아누스 황제가 하나의 법전으로 통일하였다고 보아야 한다. 로마는 인간의 이성에 대한 신뢰를 가지고 있었고 법은 이러한 이성에 기반하여 분쟁을 해결하는 수단으로 발전하였다. 정당한 정치집단 간의 국제법적 기초에 대한 믿음도 따라서 발전하였다(Burbank and Cooper 2010, 36).

종교의 영역에서도 로마는 다신교를 유지하며 주변의 많은 종교들을 흡수하고 공인하였다. 그러나 기독교가 출현하여 단일신론을 주장하면서 문제는 복잡해졌다. 로마는 결국 콘스탄티누스 황제 시기 기독교를 공인할 뿐 아니라 기독교를 제국종교로 인정하면서 다른 종교들을 배제한다. 이는 약화되는 제국을 하나의 종교로 통일하고, 그간 발전해 온 기독교의 조직을 활용하려는 정치적 목적과 연결되었지만 결국 다양한 종교를 받아들여 통합을 추구하였던 로마의 특성을 약화시키는 결과를 초래하였다(Burbank and Cooper 2010, 40).

로마는 결국 약화되어 324년 비잔티움으로 수도를 옮겨 콘스탄티노플로 명명하지만 주변에 대한 통제력 약화는 불가피하였다. 제국을 떠받칠 군사력과 경제적 기반, 조세징수의 능력이 사라진 상황에서 제국은 유지되기 어려웠던 것이다(Burbank and Cooper 2010, 40-41).

유럽 주권 개념의 신학적 뿌리:
초월적 권력의 세속화

로마가 제정으로 변신하면서 주권의 개념이 정착된 것은 주권의 제국적 뿌리를 보여 준다. 동시에 주권 개념이 종교적 뿌리와 맞닿아 있다는 논의에도 주목할 필요가 있다. 유럽에서 주권의 개념이 본격적으로 발전하던 시기는 고대 그리스, 특히 마케도니아의 알렉산더 대왕 시기 이후와 고대 로마제국의 시기인데 이 시기 동안 지중해의 제국들은 동쪽의 이집트제국, 페르시아제국 등과 밀접한 관계를 유지하였다는 점에 주목할 필요가 있다. 그리스와 로마가 애초에 모두 민주정과 공화정을 강조하여 황제에 대한 종교적 숭배와 권한부여가 상대적으로 약했던 데 반해 동방 제국들은 초월적 종교의 권위를 담지하는 주체로서 황제를 개념화하였다. 이집트, 페르시아 등 제국들은 초월적 권위를 직접 대변하는 황제의 개념을 가지고 있었는데, 이러한 개념이 그리스와 로마, 특히 고대 로마제국에 전파되었다는 것이다. 로마가 제정으로 변화한 이후 본격적인 황제 숭배가 일어나고 황제는 초월적 신의 권능을 직접 대변하는 존재로 여겨졌다는 것이다(Giudice 2011). 결국 유럽 주권의 개념은 한편으로는 인민의 뜻을 간접적으로 대변하는 대의적 존재이자, 다른 한편으로는 초월적 권능을 직접 대변하는 초월적 존재라는 개념의 복합성에 그 특징이 있다는 것이다. 이러한 논의는 주권의 개념이 신학적 개념의 세속화된 형태라는 슈미트의 견해와도 상통한다.

흥미로운 점은 이러한 주권 개념의 이중성이 근대의 주권 개념에 지속되고 있다는 지적이다. 보댕과 홉스 모두 주권자인 국왕이 한편으로는 인민의 뜻을 합리적으로 대변하거나, 안전을 위한 인민들의 계약에 의해 대의자로서 등장한 존재이지만, 다른 한편으로는 신의 권능을 직접 대변하는 존재이기도 하다고 상정하였다. 주권자인 국왕은 단순히 존재하는 다수의 인민들의 뜻을 대변하는 것이 아니라 인민들의 뜻이 보편적 전체, 혹은 루소의 개념을 빌리자면 일반의지가 되도록 이를 창출하는 존재라는 것이다. 국왕의 대의는 생산적이고 창조적 개념이 된다. 여기서 인민들의 일반의지는 그 자체로 이미 존재하는 것이 아니라 새롭게 창출되는 것인데, 존재하지 않는 그 신성한 일반의지가 주권의 핵심으로 이는 고대 주권 개념의 초월성이 세속화된 형태라고 볼 수 있다. 즉, 세속화된 초월성으로서의 주권 개념이다. 세속화되었지만 탈신성화되지는 않은, 하나의 이상으로서의 초월적 일반의지라는 개념이 존재해야만 인민들의 뜻을 대변하는 민주주의가 지속될 수 있다는 것인데, 이러한 인식구조는 고대의 주권개념에서 비롯되었다는 것이다. 현실에서도 이러한 흔적을 찾아볼 수 있는데, 일례로 근대 프랑스의 국왕은 소위 "두 개의 몸"을 가진 존재로 한편으로는 죽음을 피할 수 없는 물리적 몸을 가지지만, 다른 한편으로는 신의 거룩한 뜻을 직접 대변하는 제도적인 의미의 몸을 소유한 존재이기도 하다는 것이다. 특히 후자의 인식이 중요한데, 국왕이 개인의 인신을 넘어 초월적 상징으로 존재한다는 담론이 주권의 개념과 관련하여 존재하였다는 것이다. 인민민주주의의 시대로 넘어오면서 국왕의 신성한 몸은 곧 인민들의 일반의지의 존재, 혹은 신성성으로 대체되었고, 이는 주권개념을 성립시키는 신학적 뿌리라고 볼 수 있다(Giudice 2011; 함재학 2016a).

주권 개념이 신학적, 종교적 뿌리를 가지고 있다는 논의의 다른 한 축은 로마 제정 주권 개념과 기독교와의 관계다. 이 논의에서는 제정 전환의 시기가 기독교의 발흥과 일치한다는 점이 또한 중요하다. 예수의 사후 제자들이 기독교를 전파하는 시기는 곧 로마가 제국으로 자리잡는 시기였다. 기독교는 애초에 로마의 다른 많은 지방종교들 중 하나였고 로마의 황제적, 공식적 권위와 충돌하기보다는 다른 종교들과 충돌할 가능성이 더 컸다. 로마 정부 역시 기독교가 다른 종교와 충돌하여 정치적 불안정을 야기할 때까지 굳이 기독교를 탄압할 필요성을 느끼지 못하였다. 그러나 기독교의 세가 점차 확장되고 단일신교의 교리에 따라 하늘과 지상에서 유일한 신의 주권적 권위만을 인정하는 교리를 주장함에 따라 상황이 일변하였다. 기독교는 지상의 권위의 뿌리는 유일신이며 로마의 황제는 신의 권위를 대신하여 지상을 통치할 뿐이라는 견해를 피력하였다. 로마 황제의 자기정초적 정치권위가 도전받게 됨에 따라 정부는 기독교를 탄압하고 이 과정에서 많은 순교자가 출현하였다. 그러나 기독교도들은 철저한 비저항으로 맞섰고 정부의 탄압이 심해질수록 순교자의 교리는 강화되고 신의 주권론은 확산되었다. 탄압이 기독교의 무기가 된 것이다.

결국 콘스탄티누스 황제는 313년 기독교를 공인하고 이후 스스로 기독교 황제가 되었다. 로마제국은 과대팽창되었고 정치는 혼란에 빠져 제국의 통치가 어려워진 시기에 기독교를 통해 제국을 추스르려는 황제의 노력이 있었다. 로빈은 로마 제정의 주권적 권위와 기독교의 단일신의 신적 주권 간의 갈등이 로마 제정의 주권론을 확립하는 중요한 계기였다고 본다. 동시에 기독교가 고도의 조직을 갖춘 이론적 공동체가 된 배경에 로마의 탄압과 로마제국 조직의 모범이 존재하였다는 것이다. 로마가 제정으로 전환하는 시기, 그리고 예수의 사후 직후 로마와 기독교는 서로를 거울 이미지로 경쟁하며 닮아 갔고 이 과정에서 주권의 개념이 형성되고 정교화되었다는 것이다. 정치 영역에서 로마의 황제적 주권론이, 사회 영역에서 기독교의 신학적 주권론이 발전하면서 경쟁했고 주권론은 애초부터 제국적 뿌리와 신학적 뿌리를 동시에 가지게 되었다고 본다.

이때부터 정치에서 종교가 후퇴하는 1648년의 베스트팔렌 조약에 이르기까지 성속의 대립, 양검론의 이론, 교회와 황제 간의 주권 다툼은 지속되었고, 역설적이지만 단일한 주권론의 이론은 두 개의 양립하는 권위의 경쟁과 대립으로 점철되게 된다. 세속 정치적으로는 절대적인 정치 권력을 견제하고 균형을 도모하는 사회세력이 기독교의 뿌리에서 비롯되고 멀리는 근대 권력분립의 원형이 된다고도 볼 수 있다(Lovin 2016).

서로마제국의 멸망 이래 주권에 대한 개념은 더욱 복잡하게 발전한다. 서로마제국 이래 하나의 강력한 제국이 유럽 전역을 다스리지 못하게 되면서 이후의 제국들은 보편적 명분에 비해 제한적 권력만을 행사하게 된다. 유럽의 중세를 서유럽 중심으로 보는 경향이 강하지만, 사실은 서유럽의 신성로마제국, 동로마제국, 그리고 이슬람제국 간의 경합으로 볼 필요가 있으며 각자 주권을 주장하는 제국들 간의 경쟁과 협력의 시대가 펼쳐진다.

세 제국은 모두 같은 신을 섬기고 있었고, 오늘날 문명충돌론과는 달리 비슷한 문화적 유산을 가지고 상호 모방과 혁신 경쟁을 하고 있었다. 로마제국의 멸망 이후, 동로마제국이 가장 빨리 발전하여 6세기에 유럽 상당 부분에 영토 확장을 하였고, 이후 마호메트(Mahomet, 570-632)가 등장하여 7세기 이후 매우 빠른 발전과 확장을 이룩하였다. 오늘날의 스페인에서 인도에 걸친 광대한 제국을 이전 로마제국보다 더 빠른 속도로 건설한 것이다. 서유럽의 경우 가장 늦게, 그리고 가장 분권적으로 제국을 이루게 된다. 이러한 사실은 첫째, 로마제국 붕괴 이후 유럽 전역을 오랫동안 다스린 제국이 형성되지 못했다는 점, 둘째, 제국 간 관계가 제국 내 상황을 결정하는 데 많은 역할을 하였다는 점, 셋째, 주권국가 체제의 요람이 된 서유럽은 다른 제국들에 비해 성속의 갈등과 황제와 주변 왕국, 귀족들 간의 경쟁이 치열하였기 때문에 가장 약한 제국이었다는 점, 넷째, 그리하여 서유럽 중세 제국의 약화 이후 많은 제국들이 다수로 생겨 경쟁하는 구도가 생기기 시작하였다는 점 등을 들 수 있다.

유럽에서 서로마제국과 동로마제국은 과거 로마제국의 계승자 지위를 놓고 치열하게 경쟁하였고 이는 제국 내부의 구성에도 영향을 미쳤다. 동로마제국은 324년 로마로부터 콘스탄티노플로 천도 이후 1453년 오토만제국에 멸망하기까지 1,000년 이상 유지되어 온 제국이다. 스스로 로마제국의 온전한 후계자로 자부하였고 전성기였던 6세기 로마로부터 지중해 동부, 아프리카 북부에 이르는 광대한 영역을 장악하기도 하였다. 기독교를 국교로 하여 단일신교와 제국을 병합한 제국의 모델을 제시하기도 하였다. 동로마제국 혹은 비잔틴제국은 6세기 유스티니아누스 황제 재임기(527-565)에 극성기를 맞이하였다. 534년 로마법을 성문화하였고 다양한 민족과 언어를 통합하여 제국의 기반을 닦았다. 동로마제국은 수도에서만 72개의 언어가 사용되었다고 보며, 로마처럼 도시중심부들의 네트워크로 이루어진 제국이었다. 약 900개가량의 도시가 있었고 라틴어와 그리스어를 기본으로 하면서 농촌으로부터 잉여농작물을 제공받아 도시의 활력을 유지하였다. 각 지역은 자신의 고유성을 어느 정도 유지한 채 제국에 속해 있어서 다양한 요소들을 아우르는 제국이었다. 종교적으로 유일신교인 기독교를 숭배하였기 때문에 다신교를 억압하였지만 기독교를 해석하는 다양한 종파들을 허용하면서 이들 간의 경쟁이 상황을 복잡하게 만들기도 하였다(Burbank and Cooper 2010, 64).

동로마제국 황제는 서로마제국과는 달리 황제가 신의 대리인이라는 직위를 가지고 있었기 때문에 정교가 일치된 제국이었다. 동로마제국은 로마의 주요 제도들, 즉 군대와 조세 제도 등을 보존하면서 조세에 의해 관료와 군대를 유지하는 중앙집권적 체제를 유지하였다. 7세기 이후 페르시아와의 경합, 이슬람제국의 침략 등을 겪으면서 군대 중심의 제국 개편이 중요하게 되었고 귀족의 군사력에 의존하는 서유럽 모델과 조세에 의거한 중앙집권적 과거 로마 모델을 절충하면서 제국을 유지해 나갔다. 1071년 셀주크터키의 침입 이후 동로마제국은 급격히 약화되었고 유럽인들의 십자군전쟁 역시 동로마제국에게 어려움을 안겨주었다. 1204년 십자군이 콘스탄티노플을 약탈한 사건은 같은 기독교인들 간의 충돌을 명확히 보여 준 사건이었다. 이후 동로마제국은 급속히 약화되어 도시국가 정도의 명맥을 유지하였지만 제국의 다양성, 행정적 유연성, 의식의 장대함 등이 제국의 또 하나의 모델을 보여 준다고 하겠다(Burbank and Cooper 2010, 67-70).

이슬람제국은 마호메트가 하나의 신 아래 정치공동체이자 종교공동체를 창설함으로써 빠르게 성장해 나갔다. 6세기 중반 이래 동로마제국이 약화되자 이슬람제국은 광대한 영토를 개척하였고, 이 과정에서 주변의 많은 다양한 민족들을 포괄하게 되었다. 애초에는 동질성이 매우 높은 정치공동체로 시작하였지만 영역이 광대해지면서 다양한 구성원을 다스리는 제국통치기법을 개발하게 되었다. 과거 무역로를 따라 이어진 산만한 정치공동체였던 아랍의 민족들이 하나의 제국으로 통합되었고, 이슬람제국은 서유럽과는 달리 군사력을 가진 지방 귀족들을 허용하지 않았고 중앙집권적인 체제를 만들어 갔다. 마호메트 사후 계승자라는 뜻을 가진 칼리프들이 등장하였고 이 과정에서 승계를 둘러싼 갈등이 나타나 영역의 광대화와 더불어 이슬람제국을 분열시키는 계기로 작동하였다. 그러나 조세 수취와 군사력 징발에서 중앙집권적인 제국을 유지해 나가는 데 비교적 성공하였고 여러 왕조들이 이어져 나갔다.

이슬람제국은 영토 안의 다양한 종교들을 승인하였고, 이슬람교도보다는 높은 세금을 받음으로써 이들을 지배하였다. 유대교와 기독교도들은 다신교들에 비해 높은 지위를 유지할 수 있었다. 영토 확장과 더불어 비이슬람 지역으로까지 제국이 확장되면서 많은 문제들이 발생하게 된다. 페르시아가 정복되어 시아파의 영토로 바뀌었고 11세기가 되면 셀주크터키족도 이슬람화되고 스스로 제국의 목표를 추구하게 된다. 결국 분권적인 지방체제를 만들게 되는데, 동로마제국보다는 덜 제도화된 형태를 띠게 되고 중간 협력자 층으로 외부의 집단이나 개인에 의존할 수밖에 없게 된다. 한때 동질성이 높고 결속력이 높았던 이슬람제국이 비아랍 군인들, 예를 들어 페르시아의 여러 집단, 쿠르드족, 터키어를 사용하는 유라시아 민족들에 의존하게 된다. 서유럽처럼 귀족

층을 만들어 내지는 않았지만 중앙의 통치력은 약화되었다(Burbank and Cooper 2010, 76-77).

이슬람제국은 유럽의 지식 문화를 적극적으로 수용하였고 이슬람 세계에 보존된 서구의 고전들이 나중에 라틴어로 번역되어 근대 인문주의의 바탕이 된 것은 잘 알려진 사실이다. 이슬람제국은 그 다양성과 함께 유연한 문화 및 제국 통치 기법으로 확산될 수 있었고 하나의 이슬람제국이 아닌 다양한 집단으로 이후에도 강력한 세력으로 남게 된다(Burbank and Cooper 2010, 80).

중세 유럽 주권론의 변화

중세 유럽의 성립

로마제국이 콘스탄티노플로 천도한 이후 서유럽은 게르만족을 비롯한 주변 이민족의 치하로 들어간다. 기존의 중앙집권적 체제는 무너지고 각 지방을 중심으로 한 귀족 세력의 지배가 이루어지고 경제와 군사는 지방 귀족 중심의 분권적 형태를 띤다. 중세 유럽의 기독교 공간질서는 민족이동으로 인한 육지취득으로부터 생겨났다. 유랑부족들은 로마제국의 토지를 분할받았고 게르만 부족들의 육지취득은 병합이 아닌 승인된 법제도의 형식, 즉, 군사적 주둔, 혹은 환대(hospitalitas)의 형식에 의했다. 육지를 취득한 게르만족들과 로마의 원소유자들 간의 분할과 공존에서 새로운 국민들과 정치공동체가 출현하여 중세 유럽의 새로운 질서가 마련된다(Schmitt 1995, 33-34). 또한 광범위한 상업 네트워크는 무너지고 국지적으로 나누어진 경제형태를 띠게 된다. 8세기 프랑크족의 세력이 커지면서 메로빙거 왕조를 창시한 클로비스 이후 샤를 마르텔(Charles Martel) 등은 제국의 기틀을 다져 나가기 시작한다. 클로비스 치하에서 프랑크족의 엘리트 집단은 기독교로 개종하고 마르텔은 중앙집권적 체제를 정비한다. 이들은 732년 스페인지역까지 진격한 이슬람 세력을 격퇴시키기도 하면서 점차 힘을 길렀고 마르텔의 아들 피핀은 왕위에 오르면서 제국이라고 칭하게 된다.

피핀의 아들 샤를마뉴 대제는 768년 왕위에 오르고 800년 로마의 교황 레오 3세에 의해 로마제국의 황제로 추대되면서 카롤링거 왕조가 성립한다. 동로마제국에서 이미 기독교제국을 이룩하고 있는 상황에서 교황은 스스로의 권위를 강화할 필요성에서 롬바르드족을 샤를마뉴 대제가 격퇴시킨 것에 대한 보답 등으로 샤를마뉴 대제와의 관계를 강화한 것이다(Burbank and Cooper 2010, 84).

샤를마뉴 대제의 제국은 라인란트지역에 기반하고 있어 로마제국과는 지리적으로 관계가 적고 수도 역시 자신의 세력을 강화하기 위해 지속적으로 이동하는 형태를 띠었다. 샤를마뉴 대제의 힘은 군사력에서 나왔는데, 중앙집권적 군사력을 갖추지 못한 제국은 스스로 경제적 기반인 장원에서 조세를 얻고 기사를 유지한 지방 귀족들의 군사력에 의존할 수밖에 없었다. 이미 800년 이전 서유럽의 변화가 강고하게 자리 잡은 상황이었다. 샤를마뉴 대제는 자신의 통치기반인 지방의 협력자들을 끊임없이 감시하고 이들에게 영향력을 행사해야 했는데, 250명의 백작(count)을 임명하여 이러한 임무를 수행하도록 했다. 이러한 상황 속에서 충성의 다양한 위계들이 성립되었고 계약에 의한 상호 견제와 협력의 관계가 이룩되었다. 또한 로마와의 연계를 갖게 되면서 주교 집단의 조직력도 활용할 수 있게 되었다. 이들 주교 집단의 네트워크는 약 600개에 이르는 수도원에 의해 강화되었다(Burbank and Cooper 2010, 84).

서로마제국의 영토 안에서 로마 교황은 이민족 황제인 샤를마뉴 대제를 기독교 황제로 공인하면서 교황의 권위를 다져 나가려고 하였다. 교황과 황제 간에 이익의 결합이 이루어진 것이다.

샤를마뉴 대제가 816년에 죽은 이후 제국은 3분 되고 독일지역을 통치하던 오토 왕은 962년 신성로마제국을 성립시킨다. 다양한 형태의 독일 왕들이 여러 영지들을 실제로 통치하고 있었기 때문에 신성로마제국은 이들의 조합의 성격을 띠었는데, 귀족과 지역 통치자들은 큰 힘을 발휘하였다. 1438년부터 선제후들의 선거에 의해 황제가 선출되고 1519년에 선출된 카를 5세가 교황에 의해 제관된 최후의 황제였다. 느슨한 혼성 협력체로서의 신성로마제국이 1806년 나폴레옹에 의해 멸망되기까지 서유럽은 하나의 제국에 의해 통치되지 못하였다(Burbank and Cooper 2010, 87).

중세를 통해 신성로마제국 내 교황과 황제의 권한이 경쟁하며 진행되었고 교황과 황제 간의 권력 분할은 중세를 또 다른 분할국가로 특징짓게 만든 주요 원인이다. 교황과 황제는 모두 신정정치의 원리에 의해 자신의 권력을 이론적으로 정당화하고자 했다. 교황은 하느님의 주권을 속세에서 행사하는 베드로 교회의 수호자로 주권을 정당화하였다. 황제 역시 교황을 거치지 않고 하느님의 주권을 속세에서 행사하는 권력이라는 논리를 강화하고자 했다. 전반적으로 서로마제국은 신성로마제국으로 이어졌지만 하나의 강력하고 중앙집권적인 제국을 이룩하지 못했다. 로마제국과 같은 강력한 중앙집권적 제국은 다시 출현하지 못했고 왕국의 왕들과 제국의 황제 간의 계약을 통해 제국이 유지되었다.

기독교 공동체는 황제의 권력(Imperium)과 교황의 권력(Sacerdotium) 속에서 질서를 보유했고, 황제와 교황은 통일의 유지자였으며, 적그리스도의 출현을 막는 억지자였다. 서유럽과 중부 유럽에서 황제와 교황은 대립적이었다기보다는 단순히 구별된 두 질서를 유지하였고, 교회와 제국의 관계는 이후 교회와 국가와의 관계와는 근본적으로 다른 것이었다. 국가는 신·구교 간의 대립을 극복하고 중립화를 통해 성립된 존재이기 때문이다. 황제의 권한은 근대국가의 왕권과는 다른 차원의 개념으로 "국왕들 위에 있는 왕정도 아니고, 관위들 중의 관위도 아니며, 국왕 권력의 신장이나 나중에 있었던 것과 같은 왕조 권력의 일부도 아니고, 왕정의 위신과는 전적으로 다른 영역으로부터 유래한 하나의 위임이다"(Schmitt 1995, 39-40).

슈미트는 중세의 황제정을 이후의 강력한 권력적 황제정, 특히 나폴레옹의 황제정과 비교하고 있는데, 후자는 전자와 전혀 다른 의미를 가지고 있다고 본다. 중세의 황제정은 "왕국과 자족적인 국가"와는 달리 "단순히 초월적이며, 자족적인 공동사회 사이의 평화와 정의를 실현하는, 그리고 그러한 근거에서 보다 상위에 있고 보다 포괄적인, 특별한 종류의 통일체"이기 때문이다(Schimitt 1995, 41).

카롤링거 왕조가 동로마제국 및 이슬람제국과 협력적 관계를 맺고자 노력한 사실도 주목할 필요가 있다. 샤를마뉴 대제는 비잔틴제국과 혼인을 통해 관계를 강화하고자 하기도 하였고 이슬람제국과 협력관계를 도모하기도 하였다. 동로마제국과는 11세기 이후 적대관계가 불가피하게 되었고 1204년 콘스탄티노플 약탈에서 보이듯 십자군전쟁을 계기로 관계가 극히 악화되었다(Burbank and Cooper 2010, 86). 유럽인들은 비기독교적인 이교도 민족의 토지를 선교대상지역으로 보고 교황의 위임으로 선교를 위한 기독교 군주에게 할당될 수 있다고 간주하였다. 이슬람의 토지는 십자군에 의해 정복, 병합될 수 있는 적지였고 이때의 전쟁은 정당한 원인을 가진 정전이자, 교황의 승인을 얻으면 성전이 될 수 있었다(Schmitt 1995, 34). 반면 기독교 군주들 간의 전쟁은 본질적으로 제한전이었다. 이들은 기독교 공동체의 통일성을 훼손하지 않고 권리 실현을 위한 수단이었다. 중세 유럽에서 포괄적 국제법적 통일체는 기독교 공동체(Respublica Christiana)와 기독교 인민(Populus Christianus)으로 구성되었다고 본 것이다.

서유럽의 카롤링거 왕조, 이후의 신성로마제국은 동시대의 동로마제국이나 이슬람제국에 비해 가장 취약한 제국이었고 가장 뒤늦게 성립되었다. 강력한 지방통치자들을 제국의 중앙집권적 힘 아래 복속시키지 못하였고 이들 지방세력은 후에 각자 제국을 칭하여 근대 초 제국주권의 시대로 들어가는 역사적 배경이 된다. 근대 유럽의 주권국가 뿌리가 서유럽의 약한, 혹은 중앙집권에 실패한 제국체제에 있다는 사실을 유념할 필요가 있다.

흥미롭게도 세 제국 모두 단일신교를 주장하였지만 단일신교와 제국의 결합은 단일 제국을 출현시키지 못하였다. 세 개의 제국이 같은 신을 숭배하는 단일신교를 취하여 서로 경쟁하였고 내부적으로도 종교 내 교파들의 갈등, 성과 속의 갈등으로 불안한 제국을 유지한 것이다 (Burbank and Cooper 2010, 90).

중세의 주권론

중세 유럽의 정치권력을 둘러싼 논쟁의 축은 첫째, 교황의 권한과 황제의 권한 간의 관계, 둘째, 정부와 법률에 대한 하향식 이론과 상향식 이론, 셋째, 토미즘(Thomism)으로 대표되는 주지(主知)주의와 오캄(Ockham)에 의해 주창된 유명론(唯名論) 및 주의(主意)주의의 대립이다.

울만은 중세에 정부와 법률에 대한 두 개의 이론이 공존하였다고 보는데, 이는 하향식 이론과 상향식 이론이다. 연대상 앞서는 이론으로 상향식 이론을 들 수 있는데, 권력이 기원이 인민, 공동체에 있다는 이론으로 게르만족의 통치방식에서 비롯된 것이다. 권력의 원칙은 인민이며 인민이 전쟁의 지휘관, 공작, 군주, 지도자를 선거하며 피선된 지도자는 부여받은 권력만을 행사한다는 이론이다. 인민은 인민의 뜻에 어긋나는 통치를 하는 지도자에 대해 저항하며, 폐위시킬 수 있다는 인식을 가지고 있었다(Morrall and Ullmann 2016, 178-179). 이러한 점에서 중세 정치사상은 근대의 개념인 주권, 민주정치, 정치적 권위, 정치적 의무, 의무감, 적법한 명령과 정의 등 많은 개념의 원천이라고 본다(Morrall and Ullmann 2016, 173).

대척점에 있는 하향식 이론은 권력의 원천이 신 자체로 간주된 지고의 존재에 있다고 보는 견해다. 그리스도 이념이 확산되면서 5세기 성 아우구스티누스는 신이 군주를 매개로 인류에게 법률을 선포한 것으로 보며, 권력은 신으로부터만 유래하고 위임된다고 본다. 신은 지상의 대리자를 임명하였고 인민은 위로부터 주어진 권력 이외에 다른 권력을 소유할 수 없다는 것이다(Morrall and Ullmann 2016, 173). 중세 정치사상은 이 두 정부, 두 시각 사이의 갈등의 역사라고 볼 수 있다. 중세의 전형적 시대 동안 게르만족은 기독교의 압도적 영향하에 라틴-로마의 외양을 갖춘 기독교 교리에 내재된 하향식 이론을 수용하였다. 그러나 13세기 말에 이르면서 상향식 정부론이 다시 등장하고 하향식 이론이 약화되기 시작한다.

중세의 정치사상이 하향식으로 유지된 것은 11세기에 이르기까지 교육받은 평신도 집단이 존재하지 않았고 군주와 황제의 관리와 서기는 성직자에서 충원된 데에 기인한 바도 크다. 정치이론을 규명하는 전문적 저술이 있다기보다는 교황, 군주, 황제가 행하는 정부행위 자체가 정치이념이었으며, 정부의 정치적 견해는 주로 법률을 통해 표명되었다. 법률은 중세적 정의를 구현하는 가장 중요한 전범이었고 인간의 행위는 기독교의 원칙에 따라 그 규범에 의해서만 전체적으로 판단되었다. 성직자와 평신도도 엄격한 구별하에 있었고 교회는 양자 간의 관계를 규율하는 판단기준이었다. 평신도를 대표하는 군주는 성직자의 우두머리인 교권에 종속되는 속권의 대표에 불과하였다.

상향식 이론과 하향식 이론의 대립은 중세 말에 다시 중요한 대립 축으로 등장한다. 이보다 더욱 강력하게 존재한 것은 교권과 속권의 대립이었다. 중세 전반기에 교황의 수장적 기능과 황제의 군주적 기능이 공존하였는데, 본질적으로는 차이가 없으며 철저하게 신중심주의 입장에서 교황의 수장제적 위상을 중시하였다. 즉 교황은 그리스도가 성 베드로에게 부여한 권한과 기능의 법률적 후계자이기 때문에 교황은 이와 동일한 권한을 행사하는 것이다(조찬래 2014). 여기서 교회는 주권을 가진 존재로 부각되는데, 교회수장제 개념에서 교권은 당시의 제권개념이나 후대의 군주권 개념과 다르지 않다. 교회는 자체의 고유한 법률에 근거해서 존재하는 것도, 다른 어떤 기관으로부터 독립된 자율적 공동체로 존재하는 것이 아니라 교회의 건설자에게 전적으로 의존하는 것이기 때문이다. 모든 기능은 교황으로부터 유래한 것으로 보고, 교황은 누구에게도 판단의 대상이 될 수도 없으며 누구로부터도 판단받지 않는다고 간주되었다(Morrall and Ullmann 2016, 192-197).

이후 근대적 주권 개념은 국가에 근거하지만 중세의 주권 개념은 영토개념이 아닌 인신적 개념이다. 통치자는 최상위자로 어떠한 적법한 재판으로부터도 영향을 받지 않고 교황의 지배를 받는 사람들은 통치자의 신민들이다. 신민은 교황의 직책과는 무관하며 교황에게 어떠한 기능도 부여할 수 없는 존재다. 중세 주권개념은 구약성서에 특별히 근거하고 있다고 간주되며 통치자, 군주의 지위가 주권개념을 포함하는 용어로 설명된다. 인민 위에 통치자, 신민들 위에 군림하는 통치자라는 언급이 사용되기 때문이다. 주권자인 교황은 교황절대주의에 기초한 권력을 가지고 있으며 이 땅의 누구에게도 책임지지 않는 고유한 위상을 가진 자다(조찬래 2015; Morrall and Ullmann 2016, 198).

한편 같은 하향식 이론이라 하여도 로마제국 말기에 형성된 주권개념은 교황청 정부이론과 반대되는 황제 중심이론으로 발전한 바 있다. 황제는 사제적 기능을 가지며 지상에는 한 명의 군주만이 그리스도에 의해 임명된다는 것이다. 그리스도와 로마의 제권을 결합시킨 이론으로 콘스탄티누스 황제에서 시작되어 4세기 유세비우스 대에 제국 이데올로기로 천명된 바 있다. 황제는 교리의 반포자이며 과세, 통치조직의 편성, 군사적 명령, 평화조약과 전쟁의 선포 등 모든 권한을 행사하였다. 이러한 황제의 준 신적 지위는 동로마 황제에게 주로 계승되었다(Morrall and Ullmann 2016, 201-203).

중세를 통해 교황주권주의와 황제제권주의 간의 충돌은 지속된다. 천여 년에 걸친 역사 속에서 양자의 타협은 불가능하다는 것이 증명되었다. 그러나 양자 모두에서 발전한 개념들은 근대의 정치사상과 관련된 기초 개념들과 사상을 발전시킨 초석이 된다. 8세기 중엽까지 프랑크족과 교황청 간의 관계가 부재하다가 피핀에 이르러 양자의 연결이 생긴다. 동로마제국의 영향력에서 독립하고자 했던 교황청은 피핀과 샤를마뉴의 현실적 권력에 힘입어 교황령 국가를 확립하고 안전을 보장받았다. 745년 피핀은 교황이 주관한 도유식에 의해 신의 은총에 의한 군주로 인정받게 된다. 즉 신은 베드로의 후계자인 교황을 통해 피핀을 로마교회의 특별보호자로 삼는다는 의미였다. 이후 프랑크 왕국의 샤를마뉴는 로마인의 황제이자 신의 인정을 받아 보편적 통치권을 추구하는 제국의 황제가 된다. 물론 동로마제국을 인식하여 전 로마를 대표하기보다는 서유럽의 대표로서 라틴-그리스도 공화국의 황제가 되는 것이 현실적인 의미였고 신정적 하향적 시각의 중요성을 흡수했다. 결국 프랑크족의 군주가 로마인의 황제로 군림하게 되며 로마인의 유일하고 합법적인 황제이자, 서유럽의 황제라는 교황청의 견해가 현실화된 것이다(차용구 2002; Morrall and Ullmann 2016, 238-245).

교회는 황제의 속권을 다양한 형태로 구속하고자 하였다. 9세기 후반 교황 니콜라스 1세는 유럽이 기독교 신앙으로 결합된 유기체이기 때문에 교회법이 군주법에 마땅히 우선되어야 하고 세속법은 보조적 성격을 가진 것에 불과하다고 주장하였다. 군주가 교황의 사법권을 벗어난다거나 기독교 사회의 목적에 반하는 법률을 제정할 경우 불복종의 권한이 있는 것으로 보았다. 교황은 주권자이기 때문에 교황의 교소는 최종적인 것이며 전능한 신의 권위에 기초하는 계도로 간주되었다. 아드리아누스 2세는 또한 제국의 안정을 위해 교황은 군주를 포함하는 모든 기독교인들에게 기독교 사회로부터 추방을 명할 수 있다고 주장했다. 1076년 교황 그레고리우스 7세가 신성로마제국 하인리히 4세의 황제권을 정직하고 4년 후 폐위시킨 것이 가장 상징적인 사건이었다(조찬래 2015; Morrall and Ullmann 2016, 256-257).

그러나 군주들 역시 자신의 권한을 확대하려는 노력을 기울이지 않은 것은 아니다. 11세기에 이르기까지 군주의 권위를 주장한 이론서가 사실상 전무하였지만 파문당한 하인리히 4세만 하더라도 자신이 신의 기름부음을 받은 자이기 때문에 교회의 사법권으로부터 면제된다는 점을 거듭 강조하며 교권에 항의한 바 있다. 군주가 신민에 대해 완전한 주권적 권한을 가진다는 신정적 군주론은 영국의 헨리 2세(1154-1189)나 프랑스 루이 9세(1226-1270)에 의해 주창된 바 있다. 군주의 통치는 어떠한 인정법 및 인정제도의 의해 규제되지 않으며 무제한적 군주권을 가지고 법률제정자의 역할을 할 수 있다는 것이다. 하인리히 4세는 교권과 속권의 이원론을 주장하였는데, 세속사에 대한 자율적 권력을 주장하여 교황의 주권이 분할되어야 한다는 것이었다. 이원적 군주정부론 이후 그리스도에 관한 이원적 대리직 개념으로 발전하여 교황이 황제를 훈계할 수는 있지만 황제나 제국을 교황의 법률과 사법권에 복속시킬 수는 없다는 견해로 발전하였다. 법률적으로도 평신도를 위한 법률로서의 로마법과 성직자를 위한 법률로서의 교회법을 분리하여 이원적 법률체계를 주장하였다. 12세기와 13세기에 제국진영을 대표했던 호헨슈타우펜 왕가는 독일군주에게 로마 황제권을 공식적으로 부여하고 신성로마제국 황제로 피선된 자는 교황의 어떠한 예비심사와 재가 없이 신성로마제국 황제가 되도록 규정하게 된다(Morrall and Ullmann 2016, 328-341).

황제에 대항하여 군주 통치권을 강화하려는 움직임에서 제후와의 관계는 매우 중요하였다. 군주 통치권에서 중요한 사실은 중세의 군주권이 봉건적 왕권 개념을 동시에 가지고 있었다는 것이다. 왕국의 법률이 군주가 제정한 것이 아니라 군주와 제후가 함께 제정한 것이며, 군주의 권한은 봉건계약의 상대방인 제후에 의해 규제된다는 이념이 항상 작동하였던 것이다. 군주라 하더라도 일방적으로 법률을 무시할 수 없으며 법률 아래 있다는 견해는 이후의 입헌적 발전의 토대를 제공하였고 로마법과도 연결되게 된다. 영국, 독일, 프랑스 지역에서 각각 다른 정도로 봉건적 왕권 개념이 표현되기는 하였지만 영국에서 매우 강하게 나타났고, 프랑스에서도 이러한 견해는 존재하였다(안상준 2005; 홍용진 2012).

군주의 권한을 강조하는 새로운 기운은 교황에 대한 군주의 독립성 강화에 도움이 되었다. 군주는 다른 제후에 비해 우월한 주권자이며 "군주는 자신의 왕국에서 황제"라는 관념이 13세기 프랑스에서 여러 차례 표명된 바가 있다는 것이다. 모든 주권적 권리의 총체가 로마 황제에게 있었던 것처럼 로마법적 언어로 군주의 주권개념이 표현된 것이다(Morrall and Ullmann 2016, 356-357).

13세기 이전까지 독립적이며 자족적인 자율적 시민공동체의 개념이 법률에 입각한 국가가 개념과 연결되지 않았기 때문에 왕국과 제국은 전체 기독교도 공동체의 일부에 불과하였다. 구체적인 주권집단으로서 시민공동체의 대표라는 정치개념은 13세기에 이르러 본격적으로 발전하기 시작하였다(Morrall and Ullmann 2016, 183). 특히 아리스토텔레스의 사상이 유럽에 수용되면서 '있는 그대로의 인간'을 보게 되고, 국가는 최고의 시민공동체라는 견해가 전파되었다. 국가는 자연적 본성적 산물로서 자연법칙이 작용한 결과물이지 어떤 동의나 계약, 협약의 산물이 아니며 인간의 모든 본성적 결사체들의 절정이라는 견해다. 인간이 가진 자연적 의지와 이성의 산물이 법률이며 자연이 요구하는 바가 선이고 국가는 이러한 최상의 선을 목표로 한다는 것이다. 이러한 견해에 따르면 하향식 정부제도는 비본성적 조직에 의해 형성된 원리와 규범이고, 상향식 정부 제도야말로 본성적 의지와 욕구의 다양성에서 유래된 것이며, 현세와 결부된 체제로서 현세적 삶이 목표가 되는 것이다(Morrall and Ullmann 2016, 371-374).

13세기에 이르면서 황제는 로마법에서 논한 로마제국 황제의 주권적 권력논의를 차용하여 교황의 권한에 대항하고자 하였다. 그러나 황제의 권한이 주권개념으로 발전하기에는 많은 제한이 있었던 것도 사실이다. 주권개념으로 황제의 권한을 합리화할 경우 자신이 통치하는 일반 인민과 각 지역의 왕들 역시 주권을 주장할 수 있었기 때문이다. 로마는 황제에 의해 다스려지는 제국이기도 하였지만, 인민들의 힘에 기반한 공화국이기도 하였다. 중세의 황제 역시 신정적 원리가 아닌 로마법에 기반한 주권 논리를 내세울 경우 교황에는 효과적으로 대항할 수 있지만 유일한 권력의 소유자라는 사실을 인민과 왕들에 대해 또다시 증명해야 하는 어려움에 봉착할 수밖에 없었기 때문이다. 바르톨루스(1314-57)의 경우 황제와 왕들 간의 경합을 법적으로 합리화하기 위해, 황제는 전체를 다스리지만 부분을 다스리지는 않는다는 교묘한 논리를 고안해 내기도 하였다(Hinsley 1986, 82).

결국 서양 중세의 경우 보편왕국에서 가장 중요한 것은 신이 부여한 덕목이 개인, 도시, 지역사회, 개별 왕국, 황제의 보편왕국, 기독교 보편왕국에 이르기까지 조화롭게 분배되는 것이다. 이 경우 정치체 내부에 존재하고, 어느 한 권위에 최고의 형태로 온전히 독점되는 권한을 상정하는 것은 어려웠던 것이다. 결국 추상적이며 연합적인 위계(federative hierarchy)가 중세 조직원리의 특징이었다(Larkins 2010, 95-98).•

• 라킨스에 따르면 hierarchy라는 용어는 라틴어 *hierarchia*에서 유래하였다. 그리고 이는 또다시 그리스어 *hierarkhēs*에서 유래하였는데, 이는 신성함을 뜻하는 sacred, *hieros*와 질서를 뜻하는 rule, 즉, *-arkhēs*에서 유래하였다. 위계에 대한 중세적 이해는 5, 6세기 잘 알려져 있지 않은 그리스 철학자인 Pseudo-Dionysius the Areopagite에 의해 정립되었다. 그의 *De coelesti hierachia*(On the Celestial Hierarchy)와 *De ecclesiastica hierarchia*(On the Ecclesiastical Hierarchy)가 12, 13세기에 번역되고 계속 인용되면서 중세적 사고에 영향을 미쳤다고 본다. Larkins(2010), 54쪽 참조.

중세 중후반기에 접어들면서 신의 주권에 대한 논의 역시 새로운 모습을 띠었다. 기독교의 논리와 고대 그리스 정치철학이 연결되면서 신학과 합리주의 정치철학이 연결되기 시작한 것이다. 토마스 아퀴나스는 아리스토텔레스의 철학과 중세 신학을 결합하여 중세의 정치철학의 새로운 장을 열었다. 아퀴나스는 인간의 원죄에도 불구하고 신의 섭리를 부분적으로 이해할 수 있다는 주지주의 입장을 취하였다. 인간이 이성으로 이해할 수 있는 바와 신의 계시에 의해 이해할 수 있는 바는 조화될 수 있으며 인간에 대해 가지고 있는 신의 무한한 사랑을 믿어 신이 내려 준 인간의 이성에 대한 믿음을 유지한다. 동시에 신에 대해서도 합리적 견해를 취하여 신은 자신이 창조한 질서, 인간에 대한 사랑에 어긋한 행동을 하지 않으며, "신이 스스로 창조한 우주의 질서를 거스르고 비합리적인 행동을 하는 것은 신의 '주권성'과 오히려 배치되는 것"이라고 본다(함재학 2016a, 184). 이는 신의 주권에 대한 새로운 해석이며 신이 자유의지에 의해 주권을 행사하기보다 우주의 법칙에 맞는 한에서 의지를 행사한다는 해석이다. 근대에 이르러 주권을 법칙 정립적 행위로 보는가, 아니면 명령권으로 보는가와 관련된 중요한 문제다.

정치철학의 측면에서 아퀴나스와 그 일파는 신이 부여한 권한을 교황과 황제가 나누어 가지고 있으며 이는 보편왕국을 다스리는 법률적(*de jure*) 권한이라고 정의하였다. 그러나 교황과 황제가 인민의 뜻과 어긋나는 통치와 전쟁개시 행위를 할 때에는 인민이 이에 반발하는 권한을 가질 수 있다고 보았다. 또한 황제는 전쟁과 같은 비상사태에 대한 결정권한을 가지는 한편, 각 지역의 통치에 대해서는 개별 영토군주가 사실상(*de facto*)의 권한을 가진다고 보았다. 개별군주들은 준자율적(semi-autonomous) 왕국을 다스렸던 것이다. 이와 같이 보편 기독교 왕국내 교황, 황제, 군주들 간의 권한배분을 신의 뜻, 이에 따른 자연법에 따라 구분함으로써 적절히 배분되도록 하였다. 동시에 개별 군주가 다스리는 영토 안에서 귀족과 인민의 뜻 역시 중요하다는 점을 인정하였다. 군주가 인민의 뜻에 어긋나는 통치를 할 경우 인민이 이에 불복종할 권리를 인정하였기 때문이다. 결국 아퀴나스는 왕정, 귀족정, 민주정 간의 균형을 정치체의 중요한 덕목으로 생각한 것이다. 정치체가 하나의 실체로서 그 자체로 존중되어야 한다고 생각하였다는 점에서는 주권의 개념에 근접한 것이었으나 정치체의 존재가 신으로부터 파생된다고 생각하였다는 점에서, 그리고 그러한 정치체의 최종 권한이 정치체 자체에 내재하여 있다는 생각을 하지 못했다는 점에서 근대적 정치철학과는 구분된다.

아퀴나스는 국가란 인간 본성의 소산이며 자연의 법칙을 따른 것이기 때문에 국가는 가장 완전한 인간적 결사체라고 보았다. 국가가 본성적 제도라고 언명하는 것은 국가와 교회 간의 개념상의 간격을 벌리는 것으로 큰 의미를 가지는 것이었다. 또한 아퀴나스는 확대된 개념의 인간으로 시민을 제창하여 시민의 재탄생을 가능하게 하였다. 군주의 권한도 국가의 법률에 의해 규제를 받아야 한다는 정치적 정부(*regimen politicum*) 개념을 도입하였고 이는 상향식 정부론, 민주정에 대한 견해와 결부되는 것이었다(Morrall and Ullmann 2016, 382-393).

인간의 이성에 기초한 정부론, 상향적, 민주적 정치론의 대두는 각 지역의 영토군주들의 권한을 강화하는 추세와 결합되게 된다. 인민의 뜻을 실현하는 정부는 자신이 통치하는 지역 내에서 온전한 정치질서를 만들어야 하기 때문이다. 13세기에 이르면 각 지역의 군주들은 황제로부터 독립된 권한을 소유하고자 하는 주권에 기반한 사고를 시작하였다. 자신이 통치하는 지역 내에서 황제의 간섭 없이 최고의 권위를 가지고자 한 것이다. 이는 존재하는 법을 적용하는 것을 넘어서 스스로 법을 만드는 권한을 가지는 것을 의미한다. 지역 군주가 주권적 사고를 하는 데 장애가 되었던 것은 비단 황제의 전통적 권위에 대한 거부가 익숙하지 않아서만은 아니었다. 황제의 권위를 거부하게 되면 통치의 정당성에 대한 새로운 논리가 필요해지고 이는 인민주권의 의제로 확대되기 때문이다. 지역군주가 주권을 내세우는 순간 자신이 통치하는 지역 내의 인민들의 권한을 정의해야 한다. 이미 귀족과 고위 관료가 행세하고 있는 중세의 지역 정치체 내에서 군주가 주권적 힘을 발휘하기는 쉬운 일이 아니었다. 또한 인민주권의 원리가 강력해지는 것도 부담이었다.

14세기 초 활동한 도미니크회 수도사 존 파리(John of Paris, 1225-1306), 마르실리우스 파두아(Marsilius of Padua, 1275?-1342), 바르톨루스 사소페라토(Bartolus of Sassoferrato, 1313-1357) 등은 국가가 시민의 뜻에 기초한 것이고, 신이 인정정부를 수립하였다는 근거를 부정하고, 시민의 동의에 의한 정부를 구성할 것을 주장한 인민대표론의 주자들이었다(조찬래 2014). 이러한 흐름은 교회에도 영향을 미쳐 교회의 주권이 교황이 아닌 신도집단 전체의 대의기구, 즉 공의회에 있다는 주장이 힘을 얻어 갔다. 공의회주의는 교회수장제를 통제할 목적으로 등장하여 교회의 대분열 시기에 성장하고 발전하였다. 모든 문제의 근원이 무제한적이고 주권적인 교회수장제라는 인식이 확산되면서 교회의 대분열을 종식시킨 콘스탄츠 공의회(1414-1418)의 교서에서 이러한 주장이 법제화되었다. 즉 신앙문제에서 공의회가 내린 결정에 대한 복속은 신분과 지위를 막론하고 모든 사람, 특히 교황도 구속한다고 규정하고, 교황의 사법적 축소도 명시하였다(Morrall and Ullmann 2016, 440). 이러한 변화는 마르실리우스와 바르톨루스의 이론, 교회법 학자들의 법인체 이론의 결합으로 이루어졌다.

상향식 정부론과 인민주권론의 등장은 영토를 기반으로 한 국가 주권의 사상과 연결되기 시작한다. 군주는 자신의 왕국에서 유일한 주권체이며 로마법의 언어에 따르면 황제는 최고의 상위 권위체다. 프랑스, 시칠리아 등에서 강화되기 시작한 영토군주의 주권론은 이 지역의 법률학자들에 의해 13세기 초반부터 표명되었고 이들은 황제의 권위도 영토상의 한계 이내에 국한되어야 한다는 주장을 폈다. 군주는 황제의 신민이 아니기 때문에 군주는 황제에 대해 대역죄를 범할 수 없다는 논리이며 군주의 판결과 법률이 최종적인 것이라는 논리다. 시칠리아의 군주 로베르토와 신성로마제국 황제 하인리히 7세의 충돌로 황제가 불복종한 군주 로베르토를 반역죄로 기소하는 사건이 발생하게 되는데, 이에 대한 1313년의 교황령 "사목자의 배려"는 군주의 손을 들어 주었다. 이에 따르면 공권력의 행사는 영토에 제한되는 것으로 교황 클레멘스 5세의 이 교서는 영토주권에 대한 최초의 법률적 표명이었다(Morrall and Ullmann 2016, 407-411).

이렇게 중세보편권위가 약화될 때 개별군주들은 우선 자신의 영토에서 황제와 교황의 권위를 부정하는 단계를 거쳤다. 이후에는 교황과 황제의 권위 자체를 부정하려는 태도를 보였고, 종교개혁 이후에는 본격적으로 교황의 권위를 부정하려 하였다. 다음 단계는 개별 군주가 스스로 황제가 되고자 하는 동시에 교황도 좌지우지하려는 단계가 도래하였다. 아비뇽 유수는 교황에 대해 군주가 도전한 예다. 황권과 관련한 예를 들자면 15세기 초부터 프랑스의 군주들, 스페인의 강력한 군주들, 그리고 헝가리의 군주 역시 신성로마제국 황제가 되거나 스스로 유럽의 황제가 되고자 하였다. 프랑스의 군주치고 이후 400년 동안 스스로 황제가 되려는 꿈을 포기한 적이 없다고 힌슬리는 논하고 있다. 나폴리의 군주 역시 15세기에 스스로 비잔틴제국의 황제가 되고자 하였다. 결국 황제의 권한이 약화되면서 제국의 꿈이 우선 등장한 것이다. 다수의 군주들 간의 주권적 공존이 정착되기에 많은 시간이 필요하였던 것이다(Hinsley 1986, 177).

이러한 상황은 개별 군주 국가의 내부 사정과 연관되어 있다. 교황과 황제의 실질적 힘이 약화되었어도 보편권위의 인정이 있을 때 개별 군주들은 서로 전쟁을 치를 때 국내적으로 정당성을 획득할 수 있었다. 인민들로부터 조세를 거두어들이거나 전쟁에 내몰아 전쟁을 치를 때 보편권위의 인정이 있으면 훨씬 편했던 것이다. 더 나아가 스스로 황제의 위치를 가지게 되면 통치는 더욱 쉬워졌다(Hinsley 1986, 175).

여기서 중요한 점은 개별 군주들이 교황과 황제의 권위로부터 독립하는 것과, 개별 군주들 간의 관계가 완전히 무정부상태가 되는 것은 별개라는 것이다. 군주들은 오랜 중세를 통과하면서 유럽이 하나의 정치적, 종교적 단일체라는 인식에 오래 익숙해져 있었기 때문에, 교황과 황제의 권위로부터 독립된다는 것과 군주들 간에 개별 주권에 기초한 무정부상태를 창출한다는 것은 별개의 문제로 느껴졌다. 중세적 보편권위가 사라져도 군주들 간의 집합적 관계를 유지하거나 변형시켜서 창출해야 한다고 생각하였다는 것이다. 초기 근대에서 유럽의 신생 제국들이 자신을 중심으로 다시 유럽 제국을 건설하려 한다든가, 혹은 지식인을 중심으로 유럽의 초국가적 연방을 설립하려는 시도는 이러한 유산의 영향을 받은 것이다.

이러한 생각은 국제정치철학 혹은 국제법 사상에 강하게 반영되어 있다. 한편으로는 자연법 사상에 의존하여 유럽 군주들 간의 자연적 유대를 강조하고자 하였다. 이 과정에서 13세기 토마스 아퀴나스의 논의는 큰 지침이 되었는데, 이를 따라 많은 사상가들은 보편 권위는 사라져도 군주들 간의 관계를 관장할 수 있는 국제법의 법정과 같은 기관이 필요하다는 생각을 하고 있었다. 특히 중세 유럽이 단일한 정치적 유대를 유지하는 데 '이슬람 세계'라는 타자는 큰 역할을 하였다. 지속적인 십자군전쟁과 정전의 이념 속에서 기독교는 이슬람에 대해 하나의 정체성을 유지할 수 있었고 중세의 보편권위는 법적 우위뿐 아니라 위급상황에서 실질적 권한을 행사하였다(Hinsley 1986, 171).

중세의 전성기 이후 진행된 토미즘(Thomism)과 합리주의 기독교 주권론에 대한 반발은 중세 후기 오캄(William of Ockham)에 의해 제기된다. 인간이 자신의 이성으로 어느 정도 신의 의지를 읽어 낼 수는 있더라도 궁극적으로 신의 의지를 인식하는 것은 불가능하다는 것이다. 신은 인간이 이해할 수 없는 방식으로 행동하며 때로는 신의 사랑, 신이 정립한 법칙에도 어긋나는 것처럼 보이는 행동을 할 수도 있다는 것이다. 신의 권능과 자유는 신이 정립한 법 자체에 구속되지 않으며, 신의 명령은 최고의 명령으로 인간은 절대적 복종만 할 수 있다고 본다. 이성과 신의 권능 간의 이원론은 그릇된 것이며 모든 것이 신에게 귀속된다는 일원론과 주의주의(主意主義)가 신의 주권에 대한 또 다른 해석으로 제기된 것이다(이재경 2008). 이 역시 근대 이후 주권을 이해하는 방식과 관련하여 매우 중요하다. 주권은 곧 명령권이자 입법권으로서 법을 제정하는 절대적 권한으로 자신이 정립한 법 자체에 구속되지 않는 권한으로 인식하는 흐름이 자리 잡게 되기 때문이다. 이 경우 주권은 법 안에 있지만, 동시에 법 밖에 존재하는 이중적 모습을 띠게 된다.

유럽의 지역질서를 결정하는 단위는 제국과 근대국가였고, 제국은 근대 국가 이전의 고대 및 중세의 제국과, 근대 국가 형성 이후 근대 국가이면서 제국이었던 제국주의 국가로 나뉜다. 그렇게 보면 근대 국제정치의 조직원리를 논하면서 비교 가능한 대상으로 제국의 조직원리와 국내의 조직원리를 생각해 볼 수 있다. 근대 이전의 제국은 자신이 우주의 중심이며 절대적, 보편적이며 분리불가능한 최고의 권력을 가지고 있다는 생각을 가지고 있었다. 제정으로 전환된 기원후 로마제국은 유럽에서 온전한 주권개념을 보여 준 본격적 정치공동체였다. 다른 제국들의 주권성을 인정하지 않는 점에서 근대 주권과는 다른 개념이지만 근대 주권국가들은 로마제국의 주권 개념을 상당 부분 계승한 것으로 본다.

중세로 넘어오면서 신성로마제국과 비잔틴제국, 이슬람제국은 모두 주권 개념에 걸맞은 궁극적이고 최고의 권위 개념을 가지고 있었고 이는 모두 제국적, 신학적 뿌리를 가지고 있었다. 이들 중 신성로마제국이 온전한 주권을 실현시키기에 분열적 정치환경에 처해 있었고, 교황과 황제 간의 대립과 경쟁이 지속되었다. 기독교 신의 주권 개념에 영향을 받아 개념적으로는 매우 강한 주권 담론을 유지했지만 실제로는 주권을 온전히 담지한 주체가 성립되지 못한 채 교황과 황제의 대립, 하향식 정치 개념과 상향식 정치 개념 간의 대립, 주지주의와 주의주의 간의 대립 등 주권 개념은 많은 변화를 겪었다.

근대로 이행하면서 제국이 붕괴되고 종교혁명으로 하나의 종교가 유지될 수 없었던 상황은 근대 국가 주권 개념이 출현하는 중요한 배경이 되었다. 더 이상 황제의 주권으로 영토군주들을 통제할 수 없었고, 종교의 단일성이 깨어진 상황에서 교황은 황제는 물론 영토군주들을 제어할 수 없게 되었다. 영토군주들은 자신의 영토 안의 종교를 결정할 수 있는 권한을 가지게 되고, 황제의 개입과 간섭에서 자유롭게 영토 내에서 최고의 정치권력을 유지할 수 있었다. 스스로 영토 내 인민들의 의사를 대의하면서 신과의 직접적 관계 속에서 초월적 대변자로 자리매김하였다. 복수의 영토군주들이 모두 주권을 주장하면서 예전에는 없었던 다수의 주권자의 존재, 그리고 이들 간의 승인이라는 현상이 나타났지만 주권의 개념 자체는 고대와 중세를 거치면서 성립된 내용을 계승하여 연속성이 존재한다고 본다. 이제 국가들은 스스로 주권자임을 선언하고 다른 주권자들과의 관계 설정, 그리고 비유럽의 단위들 간의 관계 설정에 몰입하게 된다.

제4장

주권국가의 탄생과 근대 국제정치의 시작

국제정치적 근대는 언제 탄생했는가

유럽에서 중세적 제국과 기독교의 이념이 쇠락하고 영토국가가 중심이 되는 "국제"정치의 시대가 열린다. 근대 국제정치의 개시 시점을 설정하는 일은 매우 중요한 일이면서도 쉬운 일이 아니다. 무엇보다 주권의 개념과 국제정치의 조직원리 개념과 밀접하게 연관되어 있기 때문이다. 어떤 국제정치학자들은 중세의 신성로마제국이 약화되고 이로부터 독립적 지위를 내세우는 다양한 정치체들의 흥기에 주목했다. 신성로마제국에 맞서는 다른 제국, 영토군주, 도시국가, 도시연합, 제후국 등 다양한 성격의 단위들이 경쟁했다. 중세는 종교적 일체성에 따라 하나의 세계로 인식되어 왔기 때문에 가톨릭 세력의 약화도 중요한 기준이며, 강력한 군사력과 정치력을 가진 영토 군주의 등장도 중요하다.• 교황과 주교단의 갈등이 강화된 1414년의 콘스탄츠 공의회, 1517년 마틴 루터의 종교개혁의 서막, 아라곤의 페르디난도와 카스티야의 이사벨라의 결혼으로 1469년 공동왕국이 성립되는 시점 등 모두 중요한 사건들

• 근대의 시작 시점에 대한 논쟁에 대해서는 선재성(2011), 김준석(2018a) 참조.

이다.

30년 전쟁(1618-1648)을 마감한 베스트팔렌 조약이 체결되고 신성로마제국의 지위가 다른 영토국가의 지위와 동등해지며 다른 영토국가들 간 평등성이 확보되는 시점이 근대의 시작이라고 보기도 한다. 이러한 관점이 그간 국제정치학 이론에서 지배적이었던 것도 사실이다. 그러나 이후에도 근대 국가 간 유럽 제패를 향한 경쟁은 계속되므로 상호 공존의 규범과 다자주의적 협력의 원칙이 확립되는 19세기 초 협조체제를 주권국가의 확립시점으로 볼 수도 있다.

지구적 차원에서는 유럽의 주권국가 체제가 비유럽을 규정하기 시작하는 시점이 중요한 변화다. 유럽의 해외 팽창과 관련해서 주목해야 할 시점은 포르투갈이 북아프리카부터 해외 식민지 개척에 열의를 보이고, 1452년 교황 니콜라스 5세가 포르투갈의 알폰소 5세에게 노예제를 허용한 칙서 "둠 디베르사스(Dum Diversas)"가 부여된 시점이다. 그로부터 1945년에 이르기까지 약 500년간 유럽의 강대국들은 비서구에서 식민지를 소유한 제국으로 남았고, 그 제국은 다양한 근거에서 정당성을 찾아왔다.

유럽 지역의 국제정치 조직원리는 분석적으로 몇 단계를 거친다. 첫 번째 단계는 중세의 제국 주권 개념에서 완전히 탈피하는 단계다. 통일된 기독교의 이념과 초영토적인 왕조적, 인적 관계에 기반하여 범유럽적 제국을 건설하려는 노력은 스페인이 마지막이고 이는 결국 실패하게 된다. 왕조를 이루는 결혼, 정복, 상속 등의 기제가 여전히 유지되면서 왕조적-주권적 복합국가(composite state), 혹은 복합제국(composite empire)들이 16세기까지 주된 형태로 자리 잡는다. 그러다 점차 영토에 기초한 정치체에 대한 사고가 생겨나게 되고 주어진 영토 내에서 최고의 주권적 권위를 성립하는 단계로 나타난다. 마키아벨리, 보댕, 홉스에 걸친 대내적 주권 확립의 사상적 기반이 마련되는 기간이다.

둘째 단계는 대외적으로 독립되고 대내적으로 최고의 권위가 인정되는 주권국가 성립단계다. 그러나 주권국가가 성립되었다고 해서 주권국가들의 제국 지향, 범유럽적 제국주권 달성의 의도가 사라진 것은 아니다. 30년 전쟁 이후 오히려 영토주권국가를 단위로 다른 국가들에 대해 우위를 점하고 결국 새로운 제국을 달성하려는 욕구가 생겨난다. 이는 새롭게 영토를 확장하는 다양한 전쟁, 그리고 식민지를 개척하여 국력을 극대화시키려는 확장으로 나타난다. 이를 조정하여 유럽 내에서 안정을 찾고, 규범에 의한 국제정치적 정상상태를 조성하려는 노력이 일어나게 되는데, 한편으로는 근대 국제법 학자들이 출현하고, 다른 한편으로는 유럽의 초국가적 연방을 창설하려는 지적인 노력이 진행된다. 그로티우스, 푸펜도르프, 볼프, 바텔 등 국제법 학자들은 주권의 개념, 전쟁, 정복 등에 대한 규범을 정립하여 상대방을 정당한 적으로 규정하고 공존의 길을 찾는다. 그러나 이러한 규범이 현실에 반드시 적용되는 것은 아니며 현실에서의 근대적 유럽 제국 주권을 향한 노력이 그치는 것도 아니다.

셋째, 국내적 주권이 점차 왕의 절대적 주권개념에서 인민의 주권개념으로 이행하게 되는데, 이는 국내적 사건이지만 점차 국제적 함의를 같이 지니게 된다. 주권이 왕조적 주권을 거쳐 영토적 주권을 이루고 인민, 혹은 국민 주권의 단계로 나아간다. 로크, 루소 등 계몽주의 인민주권 사상가들은 국가가 인민들의 뜻을 대변하고 일반의지를 실현하는 데 사명이 있다고 본다. 유럽에서 근대적 제국 주권을 가지려는 국가들은 이제 단순히 영토 정복과 전쟁으로 제국을 유지할 수 있는 것이 아니고 정복한 국가의 국민들을 인민주권의 원칙에 따라 온전히 대변할 수 있을 때 제국을 유지할 수 있게 된 것이다. 나폴레옹은 제국주권의 꿈과 민주주의의 혁명적 원칙을 결합하여 제국을 건설하였으나 다른 국가들의 반대로 결국 실패한다. 나폴레옹의 도전은 비단 한 국가의 도전과 실패라기보다는, 유럽의 세력배분구조에서 한 국가가 제국적 힘을 달성하는 것이 사실상 매우 어렵다는 것을 반증한 지역 전체적 함의를 가진 사례다. 또한 7년 전쟁 이후 대부분의 식민지를 상실한 프랑스가 국력 축적의 기반을 상실하고, 추가적 식민지 개척이 점차 어려운 상황에서 유럽 내 영토확장을 꾀한 사건이기도 하다.

결국 중세의 제국 질서가 약화되면서 초기 근대 유럽에서 주권을 획득한 단위는 제국-국가의 혼성적 단위라고 할 수 있다. 주권국가는 유럽 내에서 보편제국의 목표를 추구하면서 지리상의 발견 이후 비유럽 지구 전역으로 확장해 나가는 단위였다. 많은 단위들이 국가라는 정치체로 재정비되었지만, 1) 여전히 다른 성격의 단위들이 공존하면서 경쟁하고 있었고, 2) 국가 내부에도 다양한 행위자들이 현재 국가의 일에 해당하는 많은 일들을 하고 있었고(Koenigsberger 1978; Koenigsberger 2007; Elliott 1992; Gustafsson 1998),• 3) 국가들 간에는 여전히 상호 정복과 영향력 행사의 제국적 논리가 작동하고 있었다. 신성로마제국과 프랑스와 같은 나라가 공존하면서, 양자는 서로를 정복하기 위한 제국적 야망을 가지고 있었고, 아메리카, 아프리카, 아시아로 팽창해 나가면서 국가 이외

• 근대 초 절대왕정이 자신의 영토를 일원적으로 관장했다는 이미지와는 달리 각 지역의 대의기관의 동의에 의해 다스릴 수 있었다는 견해로, Koenigsberger는 복합국가(composite state), Elliot는 복합왕정(composite monarchy), Gustafsson는 역암국가(conglomerate state) 등의 개념을 사용하고 있다.

의 단위들인 동인도 회사와 같은 사적 단위들이 국가와 협력하면서 힘을 떨치고 있었다.

보편적 제국을 추구한다고 해서 반드시 다른 단위들을 말살하는 일원적 지배를 추구하는 것은 아니다. 다른 국가들의 부분적 주권을 인정하는 힘의 중심이라고 보아야 하고, 이러한 점에서 유럽 내 제국을 추구한다고 해서 다른 단위들의 완전한 복속을 추진할 필요는 없다는 것이다. 다른 국가들의 온전한 주권과 주권적 평등을 인정하는 것은 제국 간 관계에서 독특한 것으로 유럽의 경우 보편제국의 가능성을 온전히 포기할 때 이루어진다. 그러나 이러한 제국은 결국 2차 세계대전 당시 히틀러의 독일까지 이어져 오기 때문에 제국의 목적과 근대국가의 목적은 같은 현상의 양면이라고 보아야 한다. 제국, 도시국가, 도시연합과 같은 국가 이외의 다른 단위들이 형식적으로는 사라졌지만 국가가 언제든 제국의 목표를 추구하는 제국성을 내장하고 있었다는 점에서 국가와 제국을 온전히 분리하기는 어려운 일이다.

베스트팔렌 조약 이전의 유럽

중세는 정신적 영역을 관장하는 교회와 보편적 세속권력을 표방하는 신성로마제국이 양립하면서 때로는 협조관계를, 때로는 경쟁과 반목관계를 유지한 시기였다. 유럽 대륙은 물론 전 세계가 원리상 하나의 제국이고 제국의 황제는 신의 권력을 교회를 매개로 부여받아 통치하는 것이므로 세속의 주권은 분리될 수 없었다. 신의 주권이 세속에 실현될 때 교회와 황제의 역할에 대한 해석의 싸움, 그리고 권력의 싸움이 존재하였지만 원리상 주권의 개념은 확고한 것이었다. 그러나 중세 후기에 접어들면서 교회의 내부 조직, 교황의 권한에 대한 문제제기가 일어나고, 신성로마제국 황제의 권력도 약화되었으며, 교회와 신성로마제국 간의 불화도 불거져 중세를 지탱한 축들이 모두 약화되고 있었다. 교황의 권위에 도전하는 공의회의 역할이 커지고 교황의 권위를 세속권력이 이용하려는 시도도 나타나 교황의 유수와 같은 사건도 발생하였다. 신성로마제국의 황제는 대공위시대를 거쳐 유럽에 대한 정치적 장악력이 약화되어 있었다. 특히 신성로마제국은 중세의 전 시기 동안 강력한 중앙집권제국으로 존재하였다기보다는 제국 내 다수의 제후들의 지지를 받아 존재한 허약한 제국이었기에 중세 말의 제권 약화는 더욱 두드러졌다. 약화된 교황의 권위가 이념적으로 필요하기는 하였지만 황제에게 제국의 운영은 스스로 권력기반을 다져 이룩해야 할 사업으로 점차 변모되고 있었다.

영국과 프랑스는 100년 전쟁을 치루는 동안 점차 군주를 중심으로 강력한 중앙집권체제를 마련해 가고 있었고 이는 다른 정치모델에 비해 효율적인 것으로 서서히 판명되었다. 영토군주의 주권이 교황과 황제로부터 실질적으로 독립해 가는 움직임이 두드러진 것이다. 스페인의 합스부르크 왕가는 신성로마제국의 황제직을 맡으면서 기존의 제국의 힘에 더해 강력한 중앙집권 제국을 이룩하려는 새로운 움직임을 보이게 된다. 카를 5세는 1519년에 신성로마제국의 황제로 즉위하여 근대에 맞는 제국을 건설하려 하였고, 스페인은 최후의 중세 제국이자 최초의 근대 제국의 위상을 가지게 된다고 할 수 있다.

1517년 마틴 루터의 95개조 반박문은 유럽 정치 국면에 대격변의 쐐기를 박은 사건이었다. 루터는 인간의 구원에 대한 교회의 역할을 반박하고 교황의 월권행위를 비판하였으며 개인의 구원은 성경을 통해 신으로부터 직접 얻어질 수 있다고 주장했다. 이후 프로테스탄트라고 불리게 되는 신교는 루터를 필두로 칼뱅과 쯔빙글리 등 종교개혁의 선구자들에 의해 더욱 발전하게 된다. 종교개혁은 교황과 교회의 권위를 심각하게 약화시켰을 뿐 아니라 독일 내 황제의 권한에 불만을 품고 있던 많은 제후들이 신교를 채택하여 독자적 권한을 추구하는 움직임으로 이어졌다. 루터의 반박문 이후 농민전쟁, 제후들의 반란, 그리고 슈말칼덴 동맹을 결성한 신교 연합과 카를 5세가 이끄는 합스부르크 왕가 주도의 구교 세력 간의 전쟁이 발생하게 된다. 전쟁은 구교 세력의 승리로 끝났지만 1555년 아우구스부르크 화약으로 각 지역은 제후의 종교에 따라 종교의 자유를 누릴 수 있게 되었다. 루터교 교도 군주들과 도시들은 가톨릭 교도 군주들과 완전히 평등한 권리를 갖게 되었고 각자의 영토 내에서 주민들의 종교를 결정할수 있는 권리도 정착되었다. 그러나 이는 기본적으로 독일내부 문제였고, 종교적 내전의 결과로 발생한 것이다(Nussbaum 2013, 126). 여전히 지방 내 개인들은 제후의 종교를 따라야 하였고, 루터파 이외에 호전적인 칼뱅파는 종교의 자유를 얻지 못하였으므로 아우구스부르크 화약은 여전히 새로운 종교분쟁의 불씨를 안고 있었다.

신성로마제국, 즉 현재의 독일 지역 내의 격변과 별개로 유럽의 많은 왕조들도 종교개혁에 휘말리게 된다. 영국은 헨리 8세가 로마 교황청과 결별하고 국교회를 수립한 이후 구교와 신교 간에 격렬한 종교 분쟁에 휘말리게 된다. 1534년 승계법에 영국은 군주가 왕권을 상속할 권리가 있으며, 왕이 곧 황제라는 점을 명확히 하였다. 힌슬리에 따르면 이러한 군주의 제국적 권리가 여전히 중세적 언어로 실현되고 있지만, 군주의 권력이 교회, 황제, 관습법을 벗어나 독립적이 되었다는 점에서 과거와 단절된다고 본다. 이러한 변화는 종교혁명과 밀접한 관련을 가지는 것은 물론이다. 종교혁명으로 기독교 세계의 단일성이 붕괴되면서 군주는 자신이 통치하는 공동체와 일체가 되었고, 이 과정에서 군주와 피치자의 이해관계가 일치하게 된 것이다. 영국은 구교의 유럽 교회에 반해 공동체를 지키는 수호자가 되었고, 자신의 권리를 신과의 직접적 관계 속에서 합리화하였다. 이 과정에서 군주와 영국민 모두가 주권적 독자성을 가진다는 이론이 확립되게 된 것이다(Hinsely 1986, 119). 헨리 8세 이후 신교에 대해 메리 여왕의 유혈 탄압이 진행된 이후 엘리자베스 여왕의 종교 관용 정책으로 종교문제가 해결되는데, 그때까지 상당 시간이 소요된다.

프랑스 역시 1562년부터 1629년에 걸쳐 아홉 차례의 종교 분쟁을 겪게 되고 이후에도 신구교 간의 갈등은 국가 분열의 씨앗으로 남는다. 프랑스는 구교 국가로서 새롭게 등장한 신교 세력, 즉 위그노에 대한 탄압이 이어지고 1572년 바르톨로메오 학살과 같은 처절한 분쟁이 발생한다. 이후 앙리 4세의 관용정책으로 종교분쟁이 잠잠해지는데, 17세기까지 프랑스는 종교대립으로 내부적 혼란을 겪어야 했다. 프랑스는 카페 왕조를 거쳐 발로와 왕조에 이르기까지 스페인과 비슷한 형태의 복합국가로서 제국을 건설해 왔는데, 종교개혁의 영향을 받아 제국적 통합성은 심하게 훼손된다. 이 과정에서 신교를 지원하는 타국의 신교도들의 영향력이 개입하게 되고 프랑스는 이후 국가이익을 위해 신교도를 지원하는 정책으로 돌아서기도 한다. 프랑스는 강대국으로 일찌감치 부상할 수 있었음에도 불구하고 내부의 종교 분쟁으로 심각한 취약성을 안게 된다. 프랑스는 다른 왕국에 비해 종교적인 기반이 비교적 강한 나라로 "하나의 종교, 하나의 법, 하나의 국왕"이라는 기치를 준수하려고 노력하였다(Nexon 2009, 241). 따라서 종교적 통합성이라는 이념적 요인이 해결되어야 비로소 온전한 통합적 주권영토국가로 변환할 수 있었다. 이 역시 상당한 시간이 걸리는 작업으로 종교개혁으로 내부 분열을 겪은 프랑스는 이후 더욱 중앙집권적 절대국가로 발전하기 위해 노력하게 된다(Nexon 2009, 264).

종교분쟁은 그 자체로 이념적 측면이 강하지만 신성로마제국의 정치력이 약화되면서 이로부터 독립하려는 영토군주들의 열망이 합쳐진 것이다. 구교의 수호자인 스페인제국의 유럽 내 세력 확산에 대해 주변국이 경계하고 있었고 네덜란드, 스위스 등 기존에 제국 내 편입되어 있던 세력들은 독립을 추구하였다. 이들 국가들이 중세 때부터 민족의식이나 단일 국가 이념이 있었던 것은 아니나, 11, 12세기를 거치면서 점차 독립적인 정치단위로 인식하기 시작하였고 신성로마제국에 대항하여 독립적 권한을 가지려는 주권지향의 노력이 출현하였다고 볼 수 있다.

루터의 95개조 반박문이 게시된 1517년이나 카를 5세가 황제에 즉위하는 1519년부터 약 1세기를 거치면서 치열한 종교전쟁과 신성로마제국에 대한 유럽 내 강대국들의 반발이 진행되었고 이는 결국 1618년 30년 전쟁의 발발로 이어진다. 종교개혁의 의의 중 하나는 근대 초 황제나 새롭게 등장하는 영토군주가 자신의 세력 밑에 있는 인민들을 통제할 수 있었지만 점차 교파화(confessionalization)되는 종교의 흐름 속에서 정치적 경계를 넘어서는 종교적 연대가 이루어지기 시작하였다는 것이다. 오늘날의 용어로 하면 초국가적 네트워크가 형성되듯이 황제나 군주의 권력망을 가로지르는 인민들 간의 종교 교파적 네트워크가 형성되어 신성로마제국의 보편적 권력은 물론, 영토 군주의 중앙집권적 권력과 긴장관계를 이루게 된 것이다.

스페인의 가톨릭 황제 카를 5세는 합스부르크 왕가의 수장으로 네 명의 조부모로부터 물려받은 영토, 즉, 카스티야, 아라곤, 카탈루냐, 네덜란드, 버건디 일부와 이탈리아, 오스트리아를 지배하게 되었다. 10여 년 후 보헤미아, 크로아티아, 헝가리를 더했고, 1519년에는 신성로마제국 황제의 지위도 가지게 된다. 이로써 독일, 스위스, 네덜란드, 이탈리아 지역에 제국적 통치의 권한을 가지게 된다. 카를 5세는 가톨릭 교회에 대한 지배권을 확보하고 있어 교회의 실질적 지배자이자 가톨릭 군대의 명령권자의 지위를 가지고 있었다(Philpott 2001, 80). 스페인 국왕의 지위는 근대적 의미에서 제국적 주권자의 위치라 보기는 어려웠다. 스페인 국토 내에서는 주권의 위치를 가지고 있었지만, 네덜란드는 이미 독립적 정치권을 추구하고 있었고, 독일 지역 내부에서는 황제 이하 다양한 형태의 왕, 제후, 귀족들이 다층적인 권한을 행사하고 있었다. 카를 5세는 황제, 국왕, 합스부르크 왕가의 수장, 가톨릭의 종교적 수장 등 다양한 권위를 가지고 있었지만 여전히 중세적 의미를 온전히 벗어나지 못하였고 이러한 혼란이 정리되는 것은 1648년이라고 할 수 있다(Philpott 2001, 81).

이 시기 동안 서유럽에서는 수 개의 주요 왕조들이 근대적 절대국가로 점차 변형하고 있었다. 장자상속제가 정착되면서 왕조의 수가 점차 감소하게 되는데, 1300년경에는 약 13개의 주요 왕조가 존재하다가 1500년경에는 그 수가 8개로 줄어든다. 왕조들도 흩어진 채 존재하기보다 제국의 형태를 갖추면서 중세와 근대의 중간 단계인 복합국가로 나아갔다고 볼 수 있다. 왕조적 연속성에 기초하여 왕조-제국의 복합국가 혹은 복합제국이 주변을 아우르면서 느슨한 통합체를 이루어 나간 시기다(Nexon 2009, 85). 1555년 카를 5세가 퇴위하고 펠리페 2세가 등장할 당시 이미 각 영토군주들은 주권을 주장하기 시작하였고 스페인 국왕의 권위는 유럽 황제의 권위를 가질 수 없게 되었다. 보편제국의 권위가 아니라 스페인의 제국주의에 불과한 상황으로 추락한 것이다(Philpott 2001, 81). 근대 초 스페인의 가톨릭 신학자이자 법학자였던 비토리아는 신성로마제국 황제의 지배권과 독립된 스페인과 프랑스의 지배권이 이미 존재하고 있었다는 인식을 보이고 있다. 동시에 황제와 교황이 전 세계에 대한 지배권을 가질 수 없다는 논증도 펼치고 있다. 이미 근대에 들어서서 아퀴나스의 견해를 적극 수용하여 중세까지의 논리를 전복하고 있음을 알 수 있다(Vitoria 1992, 254).

근대 초인 16세기부터 온전한 절대왕조 국가가 정립될 때까지 이 행기 유럽 단위들의 성격은 매우 흥미로운 주제다. 이때의 유럽 단위들은 중세적 제국의 성격을 가지면서 동시에 보편 단일 제국으로부터는 독립성과 내적 완결성을 추구한다. 다른 제국들과의 관계에서 공존보다는 여전히 세력확장과 정복을 추구한다는 점에서 상호인정에 기반한 주권국가라고 보기 어렵다. 즉, 중세적 제국은 쇠퇴하였지만 이후 등장한 주권국가는 여전히 제국적이며 동시에 주권적이었다. 다른 국가들에 대한 직접적 지배를 여전히 추구하였고 전쟁을 주된 수단으로 삼았으며, 주권적 평등은 강대국들이 평등하게 제국을 추진할 수 있는 평등이었다. 상호 승인은 제국의 자격을 승인하는 것이었고, 제국의 꿈을 명시적으로 상호 포기하고 공존의 사실을 승인하는 것은 19세기, 특히 나폴레옹전쟁의 전후 처리인 1815년의 비엔나 회의에 이르러서이다. 신법과 자연법의 영향이 어느 정도 지속되다가 실정법에 기초한 규범이 만들어지고 유럽을 연방으로 통합하려는 지식인들의 시도도 생겨났다. 그러나 나폴레옹에 의해 근대적 제국이 시도되고 또한 실패하기까지 명시적으로 유럽 주권국가들의 제국적 성격이 약화되지는 않는다.

이와 관련한 연구들은 시사하는 바가 크다. 우선 중세 제국 주권이 약화되고 분할되면서 다양한 단위들이 경쟁하였다고 보고 이를 어떻게 규정할 것인가의 문제가 있다. 어떠한 단위들이 존재하였고 어떠한 단위가 결국 승리하게 되는가, 근대 유럽의 기본 주권단위로 영토국가가 최종 정립되게 된 이유와 힘은 무엇이었는가의 질문이다. 스프루트(Spruyt)는 영토국가, 도시국가, 도시연맹 등이 경쟁하였다고 본다. 이들 간 경쟁에서 영토국가가 성공하는데, 역사적 경로는 필연적이라기보다는 당시의 다양한 상황과 상호작용하면서 역사적으로 결정된 것으로 본다. 즉, 필연적이라기보다는 상황적이었다는 것이다. 주된 원인은 경제적인 요인으로 영토국가가 경쟁에서 승리하는 데 자원동원을 가장 효율적으로 할 수 있었다는 점을 지적한다(Spruyt 1994).

한편, 넥슨은 스프루트를 비판적으로 수용하면서 영토국가, 도시제국, 도시연맹, 그리고 기존의 제국 등이 경쟁한 것으로 보완한다. 스프루트가 경쟁 단위들 간의 주된 결정요인으로 상정한 경제중심시각을 비판하면서 군사기술 혁신으로 비롯된 전쟁의 요소, 그리고 종교개혁으로 유발된 관념적 요소를 함께 고려해야 한다는 논점을 제시한다. 우선 베스트팔렌 이전 근대 초 유럽 단위의 성격을 살펴볼 필요가 있다. 이탈리아의 도시국가는 사실 하나의 고립된 정치단위였다기보다는 주변의 소도시와 농촌지역을 지배하고 있었기 때문에 도시제국이라고 명명하는 것이 옳다고 본다. 또한 교황권도 여전히 중요한 정치적 역할을 수행하였다. 넥슨의 강조점은 기존의 제국이 영토국가로 변형되는 과정인데, 제국은 상당한 지속력을 가지고 근대 이행기에 다양한 형태로 존재하였다고 주장한다. 소위 복합국가(composite state)의 형태로 이질적인 영토와 인구를 연결하는 정치적 구성물이었는데, 영토적 병합뿐 아니라 결혼 등의 인적 관계, 상속, 계약을 통한 법적 관계 등으로 제국의 범위를 만들어 나갔다는 것이다. 이는 신성로마제국도 그러했고 근대 초의 스페인제국도 마찬가지였다는 것이다. 스페인제국은 아라곤, 카탈루냐, 카스티야 왕국을 합쳐 제국의 형태를 갖추었고 이후 유럽 각 지역에 대한 영토적 팽창과 더불어 식민지 개척으로 복합국가를 만들어 갔다. 결국 왕조에 기반한 복합국가로서 제국이 상당한 생명력을 가지고 지속했고 영토적 배타성에 기초한 주권국가의 출현은 오랜 시간에 걸쳐 점차 이루어졌다는 것이다(Nexon 2009, 82). 스페인은 물론 프랑스 역시 복합국가의 성격을 가지고 있었고, 중부와 동부 유럽에 해당하는 신성로마제국과 폴란드 등은 근대 영토주권의 성격보다는 혼성적 국가로서 제국의 성격을 오래 간직하였다고 본다.

반면 16세기 말이 되면 기존의 도시제국, 도시연맹 등은 군사, 경제적 환경 변화 속에서 살아남기 어렵게 된다. 경제 규모가 커지고 군사혁신이 일어나면서 상당한 크기와 행정적 효율성을 갖춘 단위들이 우위를 점하게 되는데, 도시제국, 도시연맹은 그러지 못하였다는 것이다. 이탈리아의 많은 도시제국들은 프랑스와 신성로마제국 사이의 경쟁에서 살아남지 못하고 한자동맹 역시 새롭게 등장하는 상업의 흐름 속에서 기존의 제국들에 편입되게 된다. 스위스 연맹과 네덜란드 정도가 예외로서 스스로 방어력을 키우면서 주권국가로 이행하는 과정을 밟게 된다.

넥슨은 복합국가가 제국적 성격을 유지했고 이 과정에서 다른 단위들에 대해 우위를 계속 점할 수 있었기 때문에 근대의 기본 단위로 변화할 수 있었다고 본다. 근대 초 모든 단위들은 실질적 주권성을 가지고 있었지만 형식적으로는 제국에 속하고 있었고 제국이 가진 형식적 주권은 제국을 우위에 두었다는 것이다. 제국은 새로 등장하는 다양한 단위들의 우위에 있으면서 이들을 네트워크화하는 브로커의 역할을 할 수 있었다는 점을 강조한다. 소위 관계적 제도주의(relational institutionalism)라고 부르는 넥슨의 시각이다. 근대 이행기에 우위를 점한 단위는 영토적 주권국가가 아니라 왕조적 혼합국가로서의 제국이었다는 것이다.

넥슨이 논의하는 복합국가는 중앙의 핵심 권력자인 국왕과 주변,

그리고 중앙과 지방 인민을 연결하는 지방 단위의 권력자들, 그리고 일반 인민으로 구성되어 있다. 더불어 지방 단위의 권력자들을 보완, 대체하는 계급도 더불어 상정하고 있다(Nexon 2009, 101-102). 이러한 복합국가의 특징은 중앙의 왕이 각 지역을 매개하는 핵심 브로커의 역할을 하며 제국 내 다양한 지역들 간의 수평적 연결은 부재하다는 사실이다. 따라서 지방의 권력자들은 왕을 통하지 않으면 상호연결되지 않기 때문에 연결망의 구조 속에서 왕은 상당한 권력을 보유하게 된다. 하나의 중앙과 다양한 주변 지역들이 연결되는 것을 제국형태라고 본다면 이러한 형태가 깨어지게 되는 것이 근대 초 유럽의 상황이다. 한편으로는 왕권이 강화되면서 동시에 제국이 붕괴되는 두 개의 힘이 동시에 작동한다. 군사기술의 발전으로 봉건 귀족의 군사력이 약화되고 중앙의 국왕 중심의 대규모 군대가 효율성을 발휘하는 한편, 근대 초 가격혁명을 기점으로 왕의 관리하는 재정체제가 여러 경제행위자들의 중요한 기점이 된다.

중세 유럽의 제국이 종교적 이데올로기에 의해 유지되어 왔다는 것은 주지의 사실이다. 그러던 것이 1510년대 루터의 종교개혁 이후 큰 변화를 겪게 된다. 스페인제국의 경우 카를 5세 스스로가 가톨릭 교회의 개혁의 필요성을 인정하고 있었으나 점진적 개혁을 원하고 있었고, 종교개혁으로 인한 구·신교 간의 갈등이 제국의 붕괴로 이어지는 것은 물론 원하지 않았다. 그러나 종교개혁이 진행되면서 새로운 현상이 나타나게 되는데, 제국 내 지역 간, 각 지역 내 계급 간, 그리고 제국들 간의 교파연맹이 발생하게 되었다는 것이다. 제국의 일체성이 훼손되는 중요한 과정으로 단지 물질적 이해관계로만 설명되지 않는 새로운 정치적 동맹이 결성되게 된다. 이러한 과정은 유럽 근대 초 제국의 약화,

이후 근대 주권국가의 형성을 설명하는 데 중요한 계기가 된다. 스페인제국의 경우 이에 속한 다양한 영토 내에서 신교 집단들이 반란을 일으키게 되고 결국 1555년 아우구스부르크 화약을 기점으로 신구교 간 화해가 이루어진다. 동시에 카를 5세가 퇴위하고 이어서 펠리페 2세가 스페인제국을 이어받게 된다. 그러나 네덜란드의 독립전쟁으로 스페인제국은 지속적으로 약화된다. 이 과정에서 종교는 정치적 분기점을 형성하는 데 중요한 기폭제가 된다. 기존의 복합국가로서 제국은 유지되지만 점차 영토에 기초한 정치단위가 형성되는 기점이 되는 것이다. 완전한 영토주권국가로의 변환은 더 긴 기간에 걸친 이행이었지만 종교개혁은 큰 변화를 일으키는 사건이 된다.

30년 전쟁은 신교의 자유를 둘러싼 신성로마제국 내의 분쟁이었지만 결국 신구교의 대립을 둘러싼 국제전의 모습을 띠다가 결국 스페인의 합스부르크 왕가와 프랑스의 부르봉 왕가 간의 근대적 패권 다툼으로 변화된다. 프랑스는 자국의 이익을 위해 황제의 권한을 비판하며 이에 도전하기 시작하였고, 이후 부르봉 왕가와 합스부르크 왕가의 싸움은 지속된다. 스페인의 강력한 지배력이 유지되는 가운데 프랑스는 가톨릭과 위그노의 싸움에서 국내적으로 심각한 종교, 정치 갈등을 겪었고 전반적으로 수세적인 외교정책을 추구할 수밖에 없었다. 루이 13세의 재상이었던 리셜리외 추기경은 여전히 국내적으로 국왕의 권위가 온전한 주권의 권위를 가지지 못하고 있다고 보고, 국내 정치 기반의 마련에 큰 힘을 쏟고 있었다. 대외적으로 리셜리외는 30년 전쟁에 참가하여 프랑스를 보호할 수 있는 국제환경을 만드는 데 힘을 쏟았다. 1642년 30년 전쟁이 진행되는 중에 사망한 리셜리외의 목적은 아직 유럽을 제패하기보다는 합스부르크 왕가를 약화시키고 균형을 이루는 데에 놓여져 있었다. 구교도 국가인 프랑스였지만 30년 전쟁에 신교도와 함께 전쟁에 임해 스페인을 격퇴시켰다. 국가이성(raison d'état)에 의한 국익이 가장 중요한 기준이었고 종교는 부차적인 목표였다.

이 전쟁을 거치면서 근대 국제정치를 규정하는 많은 특징들이 등장하게 되고, 결국 전쟁을 종결한 베스트팔렌 조약이 체결된다. 1648년 5월 15일 스페인과 네덜란드가 뮌스터 시청에서 과거 80년간의 투쟁을 마무리하는 조약을 맺고, 같은 해 8월 6일 오스나브뤼크(Osnabrück)에서 신성로마제국 황제 페르디난트 3세와 스웨덴이 평화조약을 체결한다. 10월 24일 황제 대표단과 루이 14세가 또한 평화조약을 체결하여 유럽은 국제체제의 새로운 조직원리를 만드는 데 큰 발걸음을 내딛게 된다. 이 과정에 16개국의 유럽 국가와 66개의 제국의 주들, 그리고 27개의 이익집단이 총 109개의 대표단을 보내 협상에 임했고 협상기간도 1643년에서 1649년에 이르기까지 장기간에 걸쳐 지속되었다(Philpott 2001, 82).

30년 전쟁과 베스트팔렌 조약의 의의

30년 전쟁은 신성로마제국을 비롯한 유럽의 강대국들이 다수 참여한 전쟁이었고 전쟁 기간도 길었으며 전쟁에 참여한 동기도 다양하였다. 영국, 폴란드, 러시아, 터키를 제외한 유럽 모든 국가들이 참여하여 이후 지역질서의 보편적이고 다자주의적인 질서를 수립한 입법조약으로서 베스트팔렌 조약의 내용을 창출하였고, 유럽 전체의 지역질서가 근본적으로 변화하였다는 인식이 자리 잡은 것도 사실이다. 중세 전체를 통해 항상 실질적인 강력한 제국은 아니었을지언정 보편제국의 권위를 가지고 있던 신성로마제국이 현격히 약화되어 다른 강대국들에 대해 우월적 지위를 행사하지 못하게 되었고 제국 내부의 거버넌스도 상당한 변화를 겪게 되었다. 이후 강대국들은 신성로마제국에 다양한 방법으로 간섭하여 자국의 이익을 극대화하고 동부유럽의 상황을 유리하게 이끌고자 하였다.

30년 전쟁은 유럽 최대의 종교전쟁이자 절정이었고 사실상 마지막 종교전쟁이 되었다. 100여 년 간 지속된 종교전쟁이 원칙적으로 마감되고 각 교파 간 상호 인정이 자리 잡은 것이 큰 변화다. 국가별로 교파주의가 남아 국가 건설에 장애가 되기도 했지만 종교전쟁이 일국, 유럽 지역 전체에서 주된 갈등 요인으로 자리 잡는 일은 사라졌다.

이러한 변화가 유럽의 지역질서를 어느 정도 근본적으로 바꾸어 놓은 것인가는 지속적으로 제기되어 온 질문이다. 베스트팔렌 조약은 뮌스터, 오스나브뤼크에서 동시에 3년 이상 계속 교섭이 이어졌고, 영국을 제외한 대부분의 유럽국가들이 참가한 유럽 전체의 조약이었다. 이후의 평화를 규정한 평화조약으로 루터교, 칼뱅교에 대한 최초의 국제적 승인을 가져왔으며, 다수 국가 간의 조약에 포함됨으로써 종교에 관한 처리는 이후 국제법의 의제가 되었다(Nussbaum 2013, 217-219). 국제정치학과 국제법학, 그리고 역사학 등 국제정치적 근대를 연구하는 학문 분과들은 1648년의 베스트팔렌 조약이 기존의 국제정치 조직원리를 근본적으로 바꾸어 놓은 기점이라는 점에 대부분 동의하고 있었다. 그러나 30년 전쟁과 17세기 유럽 상황에 대한 다양한 연구가 심화되면서 베스트팔렌의 의미에 대한 복잡한 질문이 제기되고 있다. 과연 1647년의 유럽과 1649년의 세계는 근본적으로 바뀐 것인가? 그렇다면 어떠한 점에서 그렇게 바뀐 것인가? 신성로마제국 내의 영방국가들은 주권적 지위에 버금가는 자율성을 누리게 되고 신성로마제국은 사실상 형해화되어 독일 지역 내에서 국가주권의 원리가 자리 잡게 된 것인가? 기존의 봉토 개념에 입각한 인적 네트워크 중심의 봉건제가 소멸하고 명확한 영토적 경계에 기반하여 영토국가가 유럽 질서의 기준으로 자리 잡게 되었는가? 상호 배타적 영토개념과 더불어 동맹체결권, 주권적 평등의 원리가 새롭게 등장하고 주권국가들 간의 국제정치가 유럽 전역에서 자리 잡게 되었는가? 베스트팔렌 조약이 베스트팔렌 체제를 정립시키고 국제정치적 근대가 도래하는 상황에서 비유럽에 대한 유럽의 영향은 어떠했는가? 베스트팔렌 기점설에 대한 비판은 국제정치학 분야뿐 아니라 국제법, 사회학, 역사학 분야에서 지속적으로 제기되고 있으며, 이제는 베스트팔렌 기점설의 의미가 상당 부분 쇠퇴하였다.

전반적으로 베스트팔렌 조약이 얼마나 혁명적이고 구성적이었는가, 즉 베스트팔렌 조약을 기점으로 국제정치적 근대가 시작되었다는 논제를 당시의 상황과 조약문에 비추어 세밀하게 볼 필요가 있다. 문제는 전후 변화의 내용과 형태를 따져 보아야 하는데, 이에 대해서 다양한 견해가 있는 것은 당연한 일이다. 베스트팔렌 조약이 근대 질서의 기점이라는 국제정치학, 국제법학, 역사학의 견해는 잘 알려져 있다. 이러한 견해가 자리 잡은 배경은 다양하나 우선 독일사의 관점을 들 수 있다. 독일은 1871년 프러시아의 비스마르크 재상이 주도하는 통일을 이루기 전까지 다양한 정치집단의 집합체였다. 19세기 후반과 20세기 독일 사학계는 프러시아 통일의 의미를 강조하기 위해 통일 이전 독일의 분열상을 강조하는 사학이 주류를 이루었다. 특히 신성로마제국이 30년 전쟁을 계기로 약화되고 거의 의미 없는 정치체로 형해화되었으며 독일의 영방국가들은 주권국가에 버금가는 독립성을 누리고 있었다는 것이다. 1806년 나폴레옹이라는 외세에 의해 해체된 이후에도 독일 지역은 오스트리아와의 경합, 독일 지역 내의 분열로 통일과 거리가 멀었고 이러한 상황을 해결한 것이 프러시아라는 것이다. 프러시아 주도의 통일을 강조하고 의미를 극대화하는 프러시아 중심주의를 위해 신성로마제국의 허약성을 당연시하는 시각이 존재했던 것이다.

다른 이유로는 베스트팔렌 조약을 이루는 뮌스터 조약과 오스나브뤼크 조약의 조약문을 현대적 관점에서 해석하는 현재주의의 문제와 당시의 역사적 맥락을 충분히 파악하지 못한 문제다. 과연 조약문에 명시된 영토와 동맹, 주권 등의 개념이 현재와 같은 개념인지, 신성로마 제국 내 영방의 자율성에 대한 규정들이 당시의 맥락에서 충분히 규명되었는지 등의 문제가 존재한다. 베스트팔렌 조약이 근대 시작의 기점이 되려면 이전에는 존재하지 않았던 현상들이 이후에 새롭게 등장해야 하고, 이후에 등장한 현상들이 이전과 유사한 점이 상대적으로 적어야 한다. 만약 이전에 존재했던 낡은 중세적 현상들이 베스트팔렌 조약에서 재강조되거나 조정된 것에 불과한 것이거나, 혹은 이후에 등장한 새로운 근대적 현상들이 이미 베스트팔렌 조약 이전에 존재하고 있었다면 베스트팔렌 기점설의 의미가 퇴색된다.

반성 없이 신화적 담론이 되풀이되는 언어적 현상으로 보기도 한다. 볼락은 국제법에서 통용되고 있는 베스트팔렌 신화와 주권개념을 언어연구의 차원에서 접근하고 있다. 언어, 특히 단어와 신화가 현실을 설명하는 표상과 지시의 역할을 하기도 하지만, 현실을 창조하고 변화하는 적극적 역할을 하기도 한다는 점을 강조하고 있다. 주권이라는 단어는 근대 국제관계를 반영하는 측면도 있지만 국제관계 자체를 창조하고 만들어 가기도 한다고 본다. 이를 탈근대 해체이론, 해석학, 영국 캠브리지 학파 등의 방법론을 차용하여 설명하고 있다. 주권이라는 단어가 시대별로 다른 의미로 사용되며 단어의 사용자가 의도한 바 역시 시대별로 다르다고 가정하면서, 베스트팔렌 조약 체결 당시 주권의 의미는 오늘날 생각하는 것과 다르다는 것이다. 또한 베스트팔렌 기점설을 신화로 받아들여 국제법이 현재와 같은 모습으로 창조되어 온 과정 자체를 언어적으로 연구하는 것이 중요한 논제라는 점을 강조하고 있다(Beaulac 2004).

첫 번째로 논의해야 할 점은 제국과 주권국가 간의 차이이다. 국제정치적 근대는 제국의 소멸과 주권국가 간 관계의 존재가 핵심이다. 제국은 사라지고 주권국가가 등장하는 것이다. 베스트팔렌 조약을 기점으로 과연 제국이 사라졌는가? 신성로마제국이 1806년까지 존재한 것은 사실이며 문제는 제국의 성격이다. 과연 형해화된 허울뿐인 제국이며 영방국가들이 주권적 권한을 행사한 것인지의 문제와 연결된다.

이에 대해서는 상반된 평가가 존재한다. 예를 들어 필포트는 영토 요소를 들어 베스트팔렌 기점설을 지지한다. 조약의 대부분이 영토조항이었던 만큼, 영토에 기반한 새로운 정치권력이 보편화되었다는 것이다. 협상에 참여한 모든 단위들은 법적으로 동등한 국가 주권의 지위를 보장받았고, 중세제국의 간섭은 완전히 사라지게 되었다고 본다. 또한 모든 국가들은 자신의 영토 내에서 종교를 선택할 자유를 보장받아 1555년의 아우구스부르크 화약의 정신이 완전히 보장되게 되었다. 신성로마제국을 구성하고 있던 영방들은 종교선택의 자유와 동맹체결의 자유를 명문화하게 되었다(오스나브뤼크 조약 8조 2항).• 물론 이들 동맹이 제국의 이해와 어긋남이 없어야 하지만 개별 영방들의 외교정책상 독

• 오스나브뤼크 조약의 8조 2항은 다음과 같다: They shall enjoy without contradiction the right of suffrage in all deliberations affecting the affairs of the Empire, especially with respect to interpreting the laws, declaring war, imposing taxes, raising levies and quartering soldiers, building for the public use new fortresses in the lands of the estates, and reinforcing old garrisons, making peace and alliances, and treating other such affairs. None of these or similar things shall be done or afterward approved except with the freely given advice and consent of all the Imperial estates: First of all, each Imperial estate shall freely and forever enjoy the right of making alliances with other estates or with foreigners for its own preservation and security, always provided that such alliances not be made against the emperor, the Empire, the public peace, or this treaty. And in every case, they must be made without any prejudice to the oath that binds each of them to the emperor and the Empire.

립성을 보장하게 되었다는 것이다(Philpott 2001, 85).

넥슨은 30년 전쟁 이전에 주된 유럽정치 행위자였던 왕조 중심의 복합국가, 복합제국이 베스트팔렌 조약으로 퇴색하지 않았다고 본다. 여전히 왕조의 이익을 강조하는 대외전략이 진행되었고 심지어 나폴레옹전쟁이 종식되는 19세기 초반까지 왕조적 정체성이 유지되었다고 본다(Nexon 2009, 218).

오시앤더는 베스트팔렌 조약 체결 이전과 이후 신성로마제국이 완전히 달라졌다는 점을 부정한다. 황제의 권한은 여전히 유지되었고 30년 전쟁 이후 제국 내 군주들의 독립성(autonomous)이 강화되었을지는 몰라도 주권적으로 되었다고 보기는 어렵다는 것(not sovereign)이다(Osiander 2001, 270; Nussbaum 2103, 61). 베스트팔렌 조약 협상에 참여한 유럽의 외교관들은 제국의 "새로운 헌법을 만든다는 생각보다는 중세로부터 존재해 왔던 황제와 영방, 선제후와 다른 제후들 간의 복잡다단한 균형을 재확립"하는 데 관심이 더 컸다는 것이다(Gotthard 2014, 307).

사실 군주들의 동맹체결권은 30년 전쟁 이전에도 있었고, 그렇다고 조약 이후 제국 밖의 국가들이 제국 내 군주들을 주권국가로 간주하였다고 보기도 어렵다. 신교의 제후들은 전쟁 이전 이미 영국, 프랑스 등과 동맹을 모색하여 자신의 권위를 강화하려 하였고, 그렇다고 전쟁 이후의 동맹 체결권이 완전한 것도 아니다. 신성로마제국 영방의 제후들은 제국의 이익에 반하는 동맹을 맺을 수 없다는 제한 속에 있었다. 또한 제국은 여전히 제국의회를 통해 조세권 등 다양한 권한을 영방 제후에게 행사할 수 있었다.

오시앤더는 또한 선제후들이 황제를 선출할 수 있는 선출권은 있었지만 여전히 황제의 권한에 속박되어 있었고, 신성로마제국은 완전한 중앙집권도, 그렇다고 군주들의 주권적 권한이 보장된 주권국가들의 연합도 아니었다고 본다. 오히려 지금의 국제정치학 용어로 하나의 레짐이었다고 보는 것이 더 적절하다는 것이다. 주권은 공유되고 있었고 다층적인 권력 체계 속에서 제국이 유지되었다고 본다. 그러한 점에서 오히려 20세기 후반의 유럽연합이 신성로마제국과 비슷한 조직원리를 가지고 있다고도 언급하고 있다(Osiander 2001, 283).

영토조항에 관해서도 스위스의 독립과 프랑스의 알자스 취득에 관한 구체적 사실 등을 살펴보아야 한다. 스위스는 베스트팔렌 조약을 통해 독립하지만 영토적 주권국가로 독립한 것이 아니라 형식상 신성로마제국의 봉토를 받아 독립적 정치권력을 유지하는 것으로 규정되어 있다. 프랑스는 알자스를 제국으로부터 양도받은 것으로 되어 있는데, 프랑스는 신성로마제국 내에서 정치적 영향력을 확보하기 위해 일부 지역을 신성로마제국 봉토로 보유하기를 희망하였다. 이에 대해 오스트리아는 신성로마제국에 대한 프랑스의 내정 간섭을 막기 위해 영토의 완전한 할양을 주장했고 프랑스가 수용하게 된다. 스웨덴 역시 발트해 연안의 포메른 지역을 자국 영토로 편입시키지 않고 신성로마제국 황제의 봉신 자격으로 획득하였다(김준석 2018a, 209). 이와 같이 베스트팔렌 조약으로 상호 배타적인 영토경계가 온전히 정착된 것은 아니며 주권국가체제로 이행하는 과정에서 다양한 정치적 이해에 따라 복잡한 사정이 발생하였다.

신성로마제국 이외의 다른 정치 단위들의 성격을 생각해 보아야 한다. 프랑스를 예로 들어 보면 프랑스가 영토에 기반하게 되고 신성로마제국으로부터 완전히 독립적 정치체로 등장하며 대외적 최고성을 주장한 것은 옳다고 볼 수 있다. 그러나 프랑스의 전쟁 개입은 자국의 영향력을 확대하고 유럽에 대한 팽창을 도모한 것이었으므로 여전히 대외적으로 제국적 외교정책을 추진하고 있다. 30년 전쟁 중에 등장한 루이 14세는 종전 이후 보다 적극적인 팽창정책을 추진하였고 제국적 야망을 감추지 않았다. 제국의 성격이 영토에 기반하고 다른 제국을 인정하지 않으면서 대결구도를 형성한 것은 맞지만 오늘날 생각하는 상호인정에 기반하고 타국의 주권과 내정불간섭을 존중하는 국가체제와는 여전히 거리가 있다.

그런 점에서 베스트팔렌 조약이 국제정치이론의 신화화된 논의처럼 중세의 끝, 근대의 시작이라고 명확히 구분하는 기점이 되기는 어렵다. 중세적 단일제국이 사라지고 다수의 주권적 제국이 영토성에 기반하여 정립된 혁명성이 있는 반면, 이후에도 제국들은 서로에 대한 정복과 확장을 추구하면서 온전한 상호인정과 공존을 약속하지는 않았다. 역시 가장 중요한 논점은 이때의 단위 성격은 여전히 제국적 성격과 국가적 성격을 함께 가지고 있었다는 것이다. 상대방을 정당한 적으로 상정하고, 어느 범위까지가 강대국인지에 대한 합의가 이루어지며, 유럽의 주변과 3세계에 대한 공동관리가 다자적으로 자리 잡는 것은 1815년이라고 하겠다.

둘째, 베스트팔렌 이후 과연 근대국제정치의 조직원리라고 할 수 있는 무정부상태가 도래하였는가 하는 점이다. 유럽이라는 전체적 관점, 지역질서에 대한 규범적 동의가 무너지고 국가 이익을 최우선으로 하는 자연상태가 도래한 것으로 보아야 하는가? 이에 대해 오시앤더는 흥미로운 논지를 보인다. 즉, 19세기 이전까지 유럽 전체의 국제정치 조직원리가 신성로마제국의 조직원리와 오히려 비슷하였다는 것이다. 30년 전쟁에 참여한 많은 국가들이 합스부르크 왕가의 보편적 왕조에 대항하여 전쟁에 참여하였고, 제국이 자국의 독립을 해칠 것을 두려워해서 전쟁을 치렀다는 것이 일반적 견해다.

그러나 오시앤더는 30년 전쟁이 발발한 것은 오히려 합스부르크 왕가가 약했기 때문에, 주변 국가들이 두려움에서라기보다는 자국의 강대국 지위를 확고히 하기 위해 더 나아가 전쟁에서 자국의 국익을 향상시키기 위해 참여하였다는 것이다. 30년 전쟁이 강력한 보편제국과 이로부터 자신을 수호하려는 특수한 주권국가 간의 전쟁이 아니라 유럽의 주도권을 쥐고자 하는 많은 단위들 간의 투쟁이었다는 것이다. 더욱이 합스부르크에 대항했던 프랑스, 스웨덴, 덴마크, 네덜란드 등은 유럽을 이루는 전체의 일원이라는 인식도 가지고 있었고, 완전히 개별적인 주권국가라고 생각하지도 않았다는 것이다. 오히려 신성로마제국이 약소한 하나의 단위이고, 아직 완전히 주권국가적이지 않은 다른 주변 왕조들이 주도권을 놓고 경쟁을 벌였다고 보는 것이 더 역사적 사실에 부합한다는 것이다. 유럽 국가들은 아직 완전한 영토성과 국민성을 가지지 못했고 유럽이라는 지역 단위의 정체성을 보존하고 있었으며, 주권국가의 규범을 내면화하지 못하고 있었다는 것이다. 그러한 점에서 베스트팔렌 조약은 신성로마제국 문제를 유럽화하는 결과를 가져왔고, 조약 협상에 참여한 유럽의 외교관들은 유럽 전체의 세력균형에 대한 관념을 이미 소유하고 있었다고 본다. 30년 전쟁은 다양한 전장을 가지고 있었기 때문에 통합된 유럽 전쟁이었다고 보기는 어려웠음에도 불구하고 참가국들은 이를 하나의 전쟁으로 관념하고 있었다(Duchhardt 2014, 310-311).

따라서 오시앤더는 진정한 주권국가가 성립된 것이 19세기 이후, 특히 산업혁명의 결과가 충분히 발현된 이후라고 본다. 산업혁명으로 각 국가는 자신의 영토와 국민을 장악할 수 있는 온전한 행정권력을 가질 수 있었기 때문에, 영토 내 배타적인 최고의 권위는 그 이후에나 가능했다는 것이다.

이상의 논의들은 시사하는 바가 무척 많지만 부족한 것도 사실이다. 무엇보다 조직원리의 변화에 대한 시기별, 성격별 정의와 내용이 부족하다는 것이다. 근대로의 이행이 하나의 중요한 사건에 의해 온전히 이루어지지 못한 것이 사실이고 장기간에 걸쳐 서서히 진행된 것이라면 진행단계에 따른 보다 명확한 논의가 필요하다. 중세 후기 과거의 조직원리가 해체되기 시작하면서 19세기 이전까지 유럽의 조직원리가 어떻게 변화하는지 명확히 개념화하지 못하고 있다. 오시앤더의 논의를 예로 들면 신성로마제국의 논의에서 제국이 완전한 중앙집권이기 어렵고 오히려 중층적이고 나누어진 주권의 레짐이라는 점이 시사하는 바가 많지만, 이러한 레짐으로 유럽 전체를 설명하는 것은 비유적이기는 하나 완전히 개념화한 것은 아니다. 특히 합스부르크 왕가 이외의 다른 단위들이 주권국가인지, 제국인지, 혹은 다른 어떤 단위인지, 그리고 그러한 단위들 간의 조직원리를 어떻게 개념화할지, 그런 단위들이 존속한 이유가 무엇인지 등을 밝혀야 하기 때문이다. 신성로마제국 이외의 다른 단위들이 산업혁명 이전 완전한 주권국가가 아니었다면 정확한 실체가 무엇인지를 개념화하는 것이 필요하다.

앞서 논의된 넥슨도 베스트팔렌 조약이 주권국가 수립에 중요한 분기점이 되는 것은 사실이지만 베스트팔렌 기점설에서 상정하는 바와 같이 왕조적 제국, 혹은 복합 국가가 베스트팔렌 조약으로 영토에 기반한 주권국가로 변형되었다고 보는 것은 정확하지 못한 관찰이라고 본다. 30년 전쟁을 통해 이전까지 진행되어 온 다양한 역사의 흐름들, 즉,

종교의 분파에 따라 정치권력이 나누어지고, 영토에 기반한 종교의 선택이 강화되며, 군주의 힘이 강화되는 경향이 공식적으로 인정된 것은 사실이지만 이로 인해 국제정치의 조직원리가 주권국가 기반으로 완전히 이행하였다고 보기는 어렵다는 것이다. 복합국가로서 유럽의 강대국들은 왕조적 제국의 정체성을 유지하였기 때문에 온전히 영토적 주권국가로 변환하였다고 보기는 어렵다는 것이다. 스페인은 스페인 왕위계승전쟁 이후 루이 14세의 손자인 펠리페 5세가 집권하면서 급속히 약화되어 제국의 위상을 상실하는 한편, 프랑스는 강력한 패권을 추구하는 제국이 되었지만 여전히 종교에 기반한 전쟁과 내부 갈등은 진행되었다(Nexon 2009, 270-271). 30년 전쟁 이후 대부분 종교전쟁으로서의 전쟁은 사라져 갔지만 종교가 국내외 정치에서 변수로 작동한 것은 사실이다. 신성로마제국의 개별 군주들이 동맹체결권을 명시적으로 인정받은 것은 사실이지만 이러한 정책적 실천의 흐름은 이미 30년 전쟁 이전부터 존재하기 시작하였고, 베스트팔렌 조약 이후에도 개별 군주들은 신성로마제국 황제의 권한을 존중하며 제국의 이익에 반하는 동맹 체결을 한 경우는 별로 없었다. 중요한 결정은 여전히 제국의 틀 속에서 결정되며 이러한 복합국가의 성격은 제국의 멸망기까지 지속되었다고 본다(Nexon 2009, 278-279).

결국 30년 전쟁은 국제정치적 근대가 출현하는 긴 과정에 존재하였던, 중요하지만 하나의 사건으로 의미를 축소 규정해야 한다. 30년 전쟁 이후 신성로마제국 내 종교갈등이 해소되고 제국의 중심과 영방국가들 간의 권위 분배가 새롭게 정의된 것은 사실이지만 제국이 사라지거나 무력화되거나 영방국가들이 주권적, 혹은 준주권적 지위를 온전히 보유하게 된 것은 사실과 다르다. 신성로마제국이 유럽, 더 나아가 세계를 관장하는 보편제국의 성격을 잃게 된 것은 큰 의미를 가진다. 종교개혁으로 교회의 매개적 의미가 심각히 훼손되고 교회의 지원을 받아 온 신성로마제국의 세속적 권한은 이념적으로 축소되었다. 더욱이 덴마크, 스웨덴, 프랑스 등 신성로마제국과 스페인을 세속적 세력균형에서 제어하고자 했던 세력들이 자리 잡고 스스로 제국의 꿈을 펼치게 됨으로써 유럽 내 복수의 제국이 존재하게 되었다. 이들이 서로의 존재를 인정하였다는 것은 큰 변화이지만 30년 전쟁 직후의 조직원리가 온전한 근대적 무정부상태가 된 것도 아니다. 모든 제국들이 유럽의 새로운 로마제국이 되고자 하는 꿈을 꾸었고 서로의 존재에 대한 지속적이고 법적인 승인을 한 것도 아니며, 영토와 민족에 기반한 다른 정치단위들의 주권을 인정한 것도 아니다. 예를 들어 18세기 초반 폴란드는 프랑스보다 더 넓은 영토를 가진 국가였지만 18세기 말 폴란드는 3국 분할로 국가 자체가 사라지게 된다. 신성로마제국의 보편권위가 무너지고 다수의 제국이 혼재하였지만 이 과정이 무정부상태인 것은 아니다.

근대 국제정치의 기반이 되는 영토성이 확립되는 것도 긴 과정이었고, 베스트팔렌 조약 이전부터 시작된 변화였다. 지리학자인 새크는 물리적 거리나 공간은 물리적 개념인 데 반해 영토성은 사회적으로 구성된 개념이라는 점을 지적한다(Sack 1983, 56-57). 즉, 인간사회의 영토성이란 영향력과 통제력을 위한 전략 개념이라는 것이다(Sack 1983, 55). 인간의 영토성이란 일정한 지리 영역에 대해 통제력을 강화하기 위해 인간들, 사물들, 관계들의 행동과 상호행동에 영향을 미치고 통제력을 가하는 시도를 의미한다.

그렇게 정의된 영토성은 개인 혹은 집단에 의해 전략적으로 선택될 수 있고 소유권, 주권, 지배권 등 다양한 개념과 연결될 수 있다. 사물과 사람에 대해 차별적인 접근을 설정함으로써 전략적 성과를 달성하려 하는 것이다. 영토성을 통한 통제는 영토, 혹은 공간 안에 존재하는 사물이나 사람들을 통제하는 것과 다른 것이라는 점이 중요하다(Sack 1983, 56). 새크는 영토를 통한 전략은 방어적일 수 있고, 차별적 접근을 통한 전략이며, 고정되거나 변동하는 지역일 수도 있다고 본다. 이때 영향력을 행사는 행위자가 그 영토 안에 존재하지 않아도 된다. 영토성은 비영토성 안에 내장되어 있으며, 비영토성은 영토성을 지지하기 위해 필요하다.

영토성은 단순한 영토와는 달리 영향력과 통제력을 가하기 위해 만들어진 대상이며, 영토화의 정도도 다를 수 있다. 즉, 접근의 차별성의 정도가 다를 수 있다. 영토성은 법적인 권리로 정의될 수도 있고 문화적 규범에 따라 설정될 수도 있다. 영토성은 그 자체가 물적 대상이라기보다는 하나의 관계라고 보아야 한다. 또한 영토성은 그 자체가 위계를 만들거나 위계 안에서 성립되는 경우가 많다. 예를 들어 개인의 공간에서, 사회의 공간, 그리고 국가나 다른 제도처럼 위계적 영토성이 중첩되어 존재할 수 있는 것이다.

영토성이 가지는 경향성을 살펴보면 영토성은 추상적 공간 개념에 따라 차별화된 개념이고 쉽게 소통되는 경계 개념에 기반하고 있고 통제를 할 수 있는 가장 효과적인 전략이다. 영토성에 의해 권력이 만들어지면 그 권력은 물신화의 수단이 되어 공간 자체가 쉽게 권력으로 이해되고 행사될 수 있다. 또한 권력관계가 비인격적이 되어 영토성은 일반적이고 중립적인 의미를 띠게 된다(Sack 1983, 58-59).

유럽의 경우 15세기 후반부터 점차적으로 배타적 영토에 기초한 지배의 개념과 전략이 생겨나게 된다. 영토를 기반으로 한 기본 정치단위의 조직도 중요한 변화다. 과거와 달리 영토에 기초한 정치권력이 보장된 것은 유럽의 지역질서에서 큰 변화다. 인간의 정치질서가 선험적으로 영토에 결박되어 있을 것이라는 인식은 문화적, 사회적 표상이며, 근대 정치질서의 영토성은 시대적으로나 공간적으로 특수한 인식이라는 것이다. 유목민의 경우 영토에 결박된 정치질서를 가지고 있지 않았으며 유동적 공간질서 속에서 정치적 삶을 영위하였다.

라킨스는 유럽의 중세를 종교로부터 파생된 권위가 중첩적으로 존재하며 영토질서도 중첩적이었던 모델로 설명한다. 중세의 정치질서는 기독교에 모델에 따라 신 중심의 동심원질서를 모델로 비유적으로 설립되었고 엄밀한 위계질서에 따라 사고되었다. 신의 공간과 인간의 공간, 그 사이의 교회의 공간이 엄격하게 위계적 질서를 이루고 있었고 정치적 권위는 이들 공간이 중첩적으로 교차되면서 구성되었다는 것이다(Larkins 2010). 러기(Ruggie)가 논하는 바와 같이 이질적 질서(heteronomy)가 만들어졌다고 볼 수 있다. 그러던 것이 변화하여 과학이 종교를 점차 대체하기 시작하고, 근대 유럽의 동질적 질서(homonomy), 그리고 균일한 영토의 구분이 르네상스와 같이 시작되었다고 본다. 근대 초입의 인간 중심적 질서에서 자연에 대한 과학적 인식과 인간의 정치적 공간에 대한 일원적 인식이 합쳐지면서 근대 주권국가 질서의 공간적 기초를 놓았다는 것이다. 따라서 영토성이란 선험적으로 보편적인 정치질서의 기초를 이루는 것이 아니라 시대와 지역에 따라 유동적일 수밖에 없다는 것이다. 정치철학의 맥락에서 라킨스는 마키아벨리의 사고가 중세 정치질서의 영토적 특성을 붕괴시킨 결정적 역할을 하였다고 본다(Ruggie 1993).

흥미로운 점은 근대에 들어 정치질서를 규정하는 새로운 공간질서가 시각적으로 재정립되었다는 점이다. 이는 회화와 지도제작에서 명확히 드러난다고 본다. 원근법의 도입과 인간의 시각의 주권성이 확립되면서 이제 시각적 공간은 인간 중심의 공간으로 새롭게 재탄생되었다는 것이다. 인간이, 특히 정치적 지도자의 초상은 배경의 자연적 공간과 일체화되어 주권적 지위를 차지한다. 또한 프톨레마이오스의 위도와 경도 시스템을 1406년에 새롭게 발견하여 제작한 근대적 지도가 르네상스 시대에 만들어지면서 영토의 독립성, 영토 경계의 확실한 표식, 그리고 구체적인 지형을 표시한 실제적 지도 등이 형성되었다는 것이다. 이러한 모든 것이 새로운 영토성의 형성과 관련이 있다고 본다 (Larkins 2010, 163-164).

이러한 의미에서 스페인은 다양한 영토를 포괄하는 중세적 복합국가의 성격을 가지고 있었지만, 다른 한편 근대적 영토성의 효시와 같은 역할을 하였다. 스페인은 자국의 영토에서 무어인을 축출하고 유대인을 내쫓는 한편, 국가의 통합을 이루어 냈고 새로 발견한 아메리카 식민지의 영토 경계를 확정하는 작업을 동시에 진행하였다. 이 과정에서 로마 교황청과 황제의 지위에 대한 스페인의 힘을 확장하는 데에도 힘썼다.

30년 전쟁보다 100년 앞서 시작된 종교개혁은 제국으로부터 영토국가로 이행해 가는 과정에서 중요한 역할을 담당하였다. 종교개혁이 없었더라도 유럽의 조직원리는 주권국가로 이행했을 가능성이 크지만 시점과 형태에서 종교의 영향력이 컸다는 점을 부인하기는 어렵다는 것이 넥슨의 결론이다. 온전한 영토적 주권국가가 이루어지려면 종교의 영향이 정치에서 배제되어 세속화된 정치가 안착되어 제국을 넘나드는 종교적 네트워크 및 비국가 행위자들의 네트워크가 통제되어야 하며, 영토를 기준으로 종교가 뿌리를 내려 내부 갈등이나 국가 간 전쟁의 가능성이 감소되어야 한다. 또한 제국의 중심이 주변을 연결하는 브로커로서의 역할이 약화되고 국가 자체가 하나의 통합된 정치체로 상호 연결되어야 한다. 종교혁명으로 왕조적 제국을 유지하던 복합국가 내 중심의 권한과 위치권력이 약화되고 세속화를 거치면서 영토를 단위로 한 근대주권국가가 점차 형성되게 된 것이다(Nexon 2009, 287-288).

따라서 온전한 주권국가가 성립되는 것은 좀 더 시간이 걸리는데, 18세기 계몽주의를 거치고 영토 내 인민들의 정체성이 세속적인 국민의 정체성으로 뿌리를 내리며, 중앙권력이 영토 내 인민 전체의 의사를 대변하는 정체가 형성되어야 한다(Nexon 2009, 281). 제국은 분절적이고 혼성적인 내부 권력의 집합으로서 중앙이 지방의 인민들의 의사까지 온전하고 통일적으로 대변하는 구조를 결여하고 있다. 따라서 영토와 국민을 구성부분으로 하는 주권국가가 수립되는 것은 민주주의와 연결되어 있다.

마지막으로 베스트팔렌 조약을 근대의 기점으로 보는 것은 비유럽의 역할을 배제하는 담론이다. 베스트팔렌 조약이 근대주권국가체제를 만든 중요한 변화였음에는 틀림이 없지만 유럽에 국한된 조약이었고 근대의 기원이 유럽이라는 편향된 인식을 정초한 것도 사실이다. 이후에 다루겠지만 영토성의 원칙은 비유럽에 대한 유럽의 팽창과도 밀접한 관련을 가지고 있다. 라킨스는 아메리카 대륙의 발견이 중세적이면서 동시에 근대적인 동기에 의해 이루어졌다고 보는데, 기독교의 확장이라는 선교의 중세적 이념과 순수한 상업적, 근대적 동기가 함께 작동했다는 설명이다. 교황 알렉산데르 6세는 스페인과 포르투갈 식민지 경쟁의 중재자로서 한편으로는 신성한 권력을 행사했지만 결국 아메리카의 영토화를 정립한 결과를 가져왔다. 1494년의 토르데시야스 조약은 카보베르데 제도를 기준으로 직선을 그어 동쪽을 포르투갈이 서쪽은 스페인이 관리한다는 결정을 내렸다. 이러한 결정은 실로 많은 함의를 가진 것이었는데, 지구라는 공간을 동질적 권력공간으로 사고하고 명확한 영토와 국경의 개념을 정립하였으며, 아메리카에 살고 있는 원주민이 아닌 유럽의 시각에서 신대륙의 정치공간을 온전히 정리, 표상, 관리하게 되었다는 것이다. 스페인은 근대주권국가로서 영토 확장하는 방편으로 식민지를 사고하였고, 콜럼버스에게 신대륙을 다스리는 총독, 관리자, 상업적 이익의 취득자 지위를 부여한 것이다.

이는 아시아에도 많은 영향을 주게 되는데, 스페인의 아메리카 대륙 발견이 결국 아시아를 겨냥한 것이었기 때문이다. 마르코 폴로 이후 막대한 경제적 이익이 있다고 여겨진 아시아를 상업적 이익의 대상으로 보고 이를 분할하려는 의도를 가지고 있었기 때문이다. 또한 그곳에 사는 사람들의 견해보다 자신들의 정치적 이익으로 세계를 새롭게 분할하려는 사고를 애초부터 가지고 있었다는 점을 알 수 있다(Larkins 2010, 186-194).

유럽에서 발원한 국제정치적 근대가 애초부터 비유럽에 대한 확장을 기초로 한 것이었다면 유럽 강대국들 간의 유럽 패권 다툼이 중심이 된 사건인 30년 전쟁을 이행점으로 삼기에 한계가 있다.

베스트팔렌 조약 이후 지속되는 제국성

베스트팔렌 조약 이후 18세기를 어떻게 시기 구분하는가를 둘러싸고 다양한 논의들이 등장해 왔다. 1648년부터 1815년까지 긴 18세기를 상정하는 경우와 스페인 왕위계승전쟁이 발생하는 1701년부터 프랑스혁명이 일어나는 1789년까지의 짧은 18세기를 상정하기도 한다. 근대로 넘어가는 전환점을 두고도 1648년을 상정하기도 하지만 계몽주의가 활발히 펼쳐지고, 백과전서가 출판되며, 특히 프랑스와 영국의 각축에서 영국이 승리하는 1750년대를 중요한 전환점으로 보기도 한다. 개념사의 대가인 코젤렉(Reinhart Koselleck) 역시 1750년부터 1850년까지의 기간을 소위 "말안장의 시대"로 보고 중요한 전환점을 상정한다. 이처럼 18세기는 근대로 이행을 둘러싼 다양한 사건이 발생하였고, 기준에 따라 다수의 전환점을 상정할 수 있다.

우선 30년 전쟁 이후 서유럽 국가들 간의 위계에는 큰 변화가 생겨났다. 신성로마제국이 약화된 반면 루이 14세의 프랑스가 가장 우세한 위치에 올라섰다. 스페인은 1641년에 포르투갈을 상실하였고, 네덜란드와 별도의 뮌스터 조약을 체결하여 네덜란드의 독립을 수락하게 된다. 영국은 전쟁에 참여하지 않은 이점으로 국력을 모아 해군력을 강화시킬 수 있었다. 이를 바탕으로 식민지 건설에 박차를 가하고 경제적, 재정적 힘을 기를 수 있었다. 네덜란드는 영국과 유사한 발전을 이룩했는데, 영국과의 두 차례 해전(1652-54, 1664-67)을 치르면서 영국이 더 강하다는 것이 증명되었지만 네덜란드도 해군력을 신장하였으며, 경제, 문화적 성장을 지속하고 식민지를 넓혔다(Nussbaum 2013, 220).

전후 각 국가들은 국력 축적을 위해 국내정치적 중앙집권화의 완성, 절대왕정의 유지를 위한 문화적, 사상적 기반 마련, 군사력 극대화를 위한 재정-군사 국가의 정립, 경제생산성 강화, 식민지 경쟁 승리, 중상주의 전략 강화 등의 방책을 시행한다. 17세기 후반 기후가 안정되고 네덜란드 등지에서 시작된 농업 생산성 향상이 영국 등으로 전파되고, 영국에서 중앙은행이 창설되어 금융개혁이 일어나며, 프랑스에서는 중앙집권적 관료체제가 발전하고, 식민지 팽창이 본격화되는 등 경쟁을 위한 정치적, 경제적 기반이 다져졌다. 이 과정에서 영국은 다른 국가들에 비해 경제력 향상과 금융체제 완비, 전쟁 수행을 위한 재정제도 완비, 식민지 개척 등에서 점차 앞서 나가기 시작한다.

국가주권의 관점에서 보면 전후 유럽 전체의 현실에서 주권의 정치적 상황이 고르게 자리 잡은 것은 아니다. 서유럽 일부 강대국가에서 왕권신수설에 기반한 주권의 사상이 이해되고 실현되기 시작했지만 동유럽의 많은 국가들은 19세기에 이르기까지 여전히 종족적, 혈연적 연대감(kinship)에 기초한 분절적 국가를 유지해 왔다. 러시아의 경우가 그랬고 18세기 말 분할되는 폴란드를 위시한 동유럽 국가들이 그러했다.

앞에서 논한 신성로마제국 역시 온전한 의미에서 근대적 주권국가의 지위를 온전히 갖지 못하였다. 신성로마제국이 통치하는 독일지역에서 개별 지역의 군주들은 자신의 권리를 주장하기는 했지만 근대적 의미에서 내부적 통합을 이룬 하나의 정치체라는 사고 자체를 하기에 어려웠다. 황제는 독특한 권한을 가지고 있고, 지역군주들은 나름대로의 권한을 가지고 있었으므로 여전히 분절적 정치체였고 군주들의 선거로 황제가 선출되는 선거 왕정이 유지되었다. 신성로마제국은 여전히 일정한 권한을 가진 황제, 그리고 제국 내 두 강대국인 오스트리아와 신흥 프러시아, 기타 다양한 제후국과 도시 등이 다수 존재하였다. 오스트리아 합스부르크 왕조는 제국 내 30% 이상의 영토를 차지하고 있었고, 체코, 슬로바키아, 헝가리 및 발칸지역을 아우르는 강대한 영방국가였다. 터키와의 전쟁을 통해 제국 외의 영토를 차지하기도 하였고 러시아, 프러시아와 협상을 통해 18세기 말 폴란드를 분할, 할양받기도 하였다. 오스트리아 왕위계승전쟁에서 프러시아에게 슐레지엔을 빼앗기기 전, 오스트리아는 제국 내 36% 정도의 영토를 차지하고 있었고, 이후에도 31% 정도의 영토를 차지하고 있었다.

프러시아는 프리드리히 2세의 강력한 리더십 아래에 17세기의 약체를 극복하고 18세기 강대국의 반열에 등장하기 시작했다. 제국 내 19%에 달하는 영토를 차지했으며 오스트리아와의 각축을 통해 향후 제국의 주도권을 둘러싼 경쟁을 벌일 수 있었다. 19세기 독일통일의 주역이 되는 프러시아는 제국의 영토 또한 넓혀 발틱해 주변의 북부 영토와 분할된 폴란드의 영토를 차지하여 강대국의 위상을 다지게 된다. 신성로마제국은 내부의 각축에도 불구하고 전체적인 제국적 내부 거버넌스를 유지해 왔고 개별 영방국가들이 제국 내 주도권, 그리고 대외적 이익을 위해 활발하게 전쟁과 외교에 참여하는 양상을 보였다. 또한 유럽의 국제정치 체제 속에서 세력균형의 중요한 행위자였다. 통일을 위한 결정적 힘이 결여된 상황에서 혼성적 단위의 존재는 당시의 국제정치상황과 세력균형의 관점에서 유용하였기 때문이라고도 볼 수 있다(Kim 2005; 용채영 2016).

힌슬리는 나폴레옹이 신성로마제국을 점령하고 결국 해체하기까지 독일에서는 주권개념 자체가 이해되거나 정착되지 못했다고 본다(Hinsley 1986, 137). 이에 반해 훨씬 더 약소하면서도 연방의 형태를 가지고 있던 네덜란드는 공화정의 전통을 가지고 있었기 때문에 인민주권과 혼합정부의 사상에 좀 더 익숙했다고 본다. 예를 들어 그로티우스는 보댕의 주권체 개념을 적극 수용하고 군주주권과 인민주권의 관계를 해결하려고 노력했다. 그는 군주의 권한을 정확히 정의하여 군주가 주권을 행사하는 것이 당연하지만 인민주권을 부분적으로 받아들이면서 인민을 보호하는 것이 군주의 의무라고 주장하였다(Hinsley 1986, 139).

18세기는 하나의 국제정치체제가 통일적으로 작동하였다기보다는 지역별 전쟁들이 치뤄지며 변화되는 시기였다. 베스트팔렌 조약은 유럽 국제정치 조직원리 변화에 큰 역할을 했지만 평화를 가져온 것은 아니었다. 30년 전쟁 기간 중에 시작된 프랑스와 스페인의 전쟁도 11년을 더 끌었고 결국 1659년 피레네 조약을 통해 완결된다. 1643년 5세의 나이로 등극한 루이 14세는 마자랭 사후 친정을 추구하여 유럽 최강대국을 향해 일련의 공세를 펼친다. 9년 전쟁(1688-1697)에 이어 스페인 왕위계승전쟁에 이르기까지 세력확장을 추구하고 이에 대해 영국은 신성로마제국과 함께 대항한다. 루이 14세의 전쟁이 치러지는 과정에서 동유럽을 둘러싼 국제체제가 성립되는데, 이와 별도로 북부에서는 러시아와 스웨덴 간에 각축도 펼쳐진다.

18세기는 절대왕정 국가들 간의 각축이었기 때문에 영토에 기반한 영토국가이었지만 국민국가는 아니었다. 여전히 왕조들 간의 계승과 결혼 네트워크를 둘러싼 세력 조직이 중요하였고 전쟁의 상당부분은 국가 상층부의 이익에 따라 결정되었다. 스페인, 오스트리아, 폴란드 등 왕위의 계승을 둘러싼 전쟁이 다수였던 것은 절대왕정 국가, 혹은 앙시앵 레짐(Ancien Régime)의 성격에서 유래한 것이다. 루이 14세는 영국의 왕위계승을 둘러싼 갈등을 이용하여 세력확장을 꾀했다는 점에서 프랑스의 팽창정책도 이와 유관하다. 베스트팔렌 조약 이후 신구교의 갈등이 폭력화되는 것은 줄어들었지만 여전히 교파 간 갈등이 중요한 정치 갈등으로 남아 있던 것도 사실이다.

국제정치의 차원에서 18세기의 중요성은 베스트팔렌 조약 이후 과연 국제정치적 근대가 어떠한 측면에서 발전하고 더욱 공고하게 자리 잡게 되었는가의 문제와 연관된다. 과연 보편제국은 사라지고 다수의 국민국가가 자리 잡게 되었는가? 주권국가에 대한 영토적 존중, 내정불간섭, 주권 평등의 원칙이 어떻게, 어떠한 순서로 정착되는가? 이들 간의 작동논리로 세력균형은 어떻게 유지되는가? 절대왕정이라는 레짐의 성격은 국제정치에 어떤 영향을 미쳤는가? 패권 경쟁에서 프랑스와 영국의 대립, 러시아의 강대국화, 프러시아의 등장, 오스트리아와 프러시아의 각축, 신성로마제국의 유지 등 강대국 정치는 어떠한 중요성을 가지는가?

슈뢰더나 글뤽, 도일과 같은 학자들은 18세기 유럽 강대국들이었던 영국, 프랑스, 오스트리아, 프러시아, 러시아 등이 기본적으로 현상유지세력으로 균형에 의한 안정이라는 견해와 의지를 가지고 외교정책을 해 나간 것으로 본다. 김준석은 1714년 위트레흐트 조약이 세력균형을 정착시켰고 근대 국제정치의 본격적인 모습을 보였다는 힌슬리와 도일의 논의를 비판하고 있다. 이미 이전부터 세력균형적 사고가 존재하였다는 점을 강조하는 것이다(김준석 2018a, 321-324).

테쉬케는 브레너의 사회적 소유관계를 중시하는 마르크스주의 시각에 기반하고 있지만, 18세기까지 유럽 국가들은 여전히 봉건적 소유관계에 기반한 영토 확장의 동기에 의해 움직이고 있었다고 주장한다. 절대주의 왕정 국가들은 군주정이라는 내적 주권을 공고히 하고 효율적이며 중앙집권적인 관료체제를 가지고 있었지만 여전히 봉건적 소유관계 위에 기초하고 있었기 때문에 경제 외적 수단, 혼인, 계승, 특히 지정학적 확장과 정복을 통한 대외정책을 추진하였다는 것이다. 자본주의 생산관계가 자리 잡기 전에 초기 근대에 해당하는 왕정 국가들은 보편적 제국을 추진하였으며 이 과정에서 보상과 분할의 원칙에 따라 약소국가들의 주권을 보호하고자 하는 열망이 없었다고 본다. 영토는 비배타적이었고 행정은 완전히 통합되지 않았고, 지리적으로 유동적인 상황 속에서, 국가들은 엄격한 위계 속에 자신의 지위를 상승하고자 하는 욕구에 의해 움직였다는 것이다(Teschke 2003, 224-233).

이러한 관점에서 18세기는 왕조 간 관계이며, 각 왕조의 목적인 "보편왕조"로서 어떠한 절대왕정도 의식적으로 유럽의 균형을 원하지 않았다고 본다. 어떠한 단일 왕정도 보편 제국의 권력을 행사할 수 없었기 때문에 상호 견제 속에서 약소국을 희생양 삼아 팽창을 추구하였다는 것이다. 결국 이들 왕조국가의 외교정책은 균형(balancing)전략이 아닌 압도(outweighing)전략이었고 진정한 의미의 국제정치적 근대의 성립은 19세기를 기다려야 하였다(Teschke 2003, 234).

1689년부터 1815년까지 영국과 프랑스는 유럽 대륙의 패권과 식민지 주도권을 놓고 쟁탈전을 벌였으며 이는 제2차 백년전쟁으로 불릴

만한 것이었다. 스페인 왕위계승전쟁(1701-1714)은 스페인의 왕위계승자로 루이 14세의 손자 펠리페가 지명되자 프랑스의 세력확장을 견제하려는 영국, 네덜란드, 오스트리아가 연합하여 프랑스를 상대로 벌인 전쟁이었다. 부르봉 왕가의 세력확장에 더해 신대륙 무역의 지배권을 둘러싼 갈등도 존재하였다. 이 전쟁을 계기로 루이 14세의 전쟁은 서서히 막을 내리고 영국과의 경쟁에서 뒤처지게 된다.

이 과정에서 강대국 간 세력균형이 작동하기 시작하고 스페인 왕위계승전쟁을 마감한 위트레흐트 조약(1713)에서는 세력균형의 원칙이 명시되기에 이른다. 이 조약을 통해 프랑스 왕이 스페인 왕위에 대한 권리를, 스페인 왕은 프랑스 왕위에 대한 권리를 상호 포기한 것이 핵심이다. 이 조약에는 영국, 네덜란드도 서명국이었고, 다수의 양자조약으로 이루어졌다. 영국은 지브롤터의 획득과 같은 상업적, 정치적 이득도 얻었다. 위트레흐트 조약은 세력균형이 상호 친선과 영구적 평화를 위한 가장 좋고 확실한 기초라고 선언하고 패권국가 존재에 대한 반대를 명확히 하였다(Nussbaum 2013, 221). 이 과정에서 강대국들 간의 국력을 정확히 평가하려는 카우니츠와 같은 정치공학적 접근도 나타난다.

여기서 구별해야 할 점은 근대 주권국가가 정립되고 상호 승인과 생존권의 인정 이후에 국력의 크기를 놓고 세력균형을 추구하는 안정된 방식과 여전히 강대국의 제국화를 우려하여 유럽 전체를 아우르는 보편제국의 출현을 막으려는 방식 간의 차이다. 18세기 세력균형은 흔히 세력균형의 정형화된 시기로 보지만 사실 프랑스, 러시아, 그리고 오스트리아, 프러시아 등 강대국들은 유럽 내 보편패권의 꿈을 저버리지 않았고, 영국은 유럽 대륙에 대한 개입, 그리고 지구적 식민지 개척 등을 여전히 추구하였다. 따라서 이때의 세력균형은 보편제국의 지위를 둘러싼 경쟁과 방어적 관점에서 이를 막으려는 세력균형이 동시에 작동한 것으로 볼 수 있다.

오스트리아 왕위계승전쟁(1740-1748)은 슐레지엔 영유권을 둘러싸고 오스트리아와 프러시아가 대립할 때 영국과 프랑스가 개입하여 확대된 전쟁이다. 프랑스는 프러시아의 편을 들어 오랜 숙적인 오스트리아의 합스부르크 왕가에 대해 승리를 거두었다. 그러나 명확한 세력균형의 변화를 가져오지 못한 채 미완의 전쟁으로 새로운 전쟁을 불러오게 된다.

7년 전쟁(1756-1763)이야말로 18세기의 세계전쟁이라 할 만한 전쟁으로 오스트리아는 숙적이던 프랑스와 연대하여 프러시아에 복수를 시도하는데, 세력균형의 사고가 불러온 외교혁명이라 할 만하였다. 프랑스-오스트리아 연대에 러시아, 스페인도 가담하였다. 프러시아는 인구와 국력의 열세를 만회하고자 영국과 연합하여 대항하였고 프리드리히 대왕의 주도하에 전쟁을 승리로 이끌어 슐레지엔 영유를 확인하게 된다.

18세기 유럽 내 최대 전쟁이던 7년 전쟁은 유럽에 국한된 전쟁이 아니었다. 북미와 중미, 인도 등지에서 식민지 개척을 둘러싼 프랑스와 영국의 경쟁과 대립이 이미 존재하였고 특히 북미에서는 7년 전쟁 발발 2년 전부터 소위 프렌치 인디언 전쟁이라 하여 양국의 전쟁이 이미 시작된 바였다. 전쟁 결과 프랑스는 유럽에서의 패전에 더하여 북미 대륙과 인도 식민지 개척에서 영국의 패권을 인정하게 되고 이후 프랑스는 패권경쟁에서 후퇴하게 된다. 더불어 프러시아는 오스트리아와 독일의 패권을 다투는 강자로 등장하고 러시아 역시 유럽의 판세를 좌우할 수 있는 강대국의 지위를 인정받게 된다(Wilson 2008; Thompson 2008; 김대륜 2012; 김경근 2005; 이영석 2005).

스페인 왕위계승전쟁과 오스트리아 왕위계승전쟁, 7년 전쟁 등이 모두 강대국 간의 팽팽한 균형을 유지하는 가운데 전쟁이 치러졌고 전후 조약도 그러한 균형을 안정적으로 관리하기 위해 이루어졌다고 본다. 스페인 왕위계승전쟁을 마무리한 1713년 위트레흐트 조약이야말로 세력균형을 공식적으로 인정하고 이를 유럽체제의 한 축으로 삼기 시작한 조약이라는 견해가 지배적이었다. 그렇게 보면 1789년 프랑스혁명 이후 방어적인 프랑스혁명전쟁이 점차 나폴레옹이 이끄는 제국적 팽창 전쟁으로 변화하여 18세기 유럽의 전반적 상황을 역전시킨 것으로 분석할 수 있다.

더불어 유럽 주변에 대한 유럽 강대국들 간의 영토 분할과 해외 식민지에 대한 조정과정이 강대국의 세력계산에 덧붙여지면서 제국들 간의 다자적 경쟁과 협력의 틀이 잡혀지게 된다. 18세기의 국제정치는 확고히 자리 잡게 된 국가이성의 사상에 기반하여 자국의 이익을 극대화하는 현실주의 전략이 규범으로 자리 잡고 이 과정에서 세력균형의 원칙에 대부분의 유럽 왕조들이 동조하면서 진행된다. 하나의 제국이 출현하여 유럽을 관리하는 것보다 다수의 국가들이 자국의 이익을 추구하면서 전체의 안정을 도모하는 것이 더 바람직하다는 인식이 자리 잡게 된 것이다. 더불어 유럽 자체가 하나의 단위이며 국가들의 공동체라는 인식 또한 존속되었다. 세력균형이라는 이익의 정치와 유럽 국가 공동체라는 규범의 정치가 보완적으로 작용하면서 제국의 출현을 방지하는 역동적 기간이었다(Schroeder 1994, 6-11).

이러한 점들을 생각해 볼 때 18세기를 온전한 주권국가체제 규범의 정착과정이라고 볼 수 있을까? 국제법 학자들은 강대국들 간의 전쟁을 규제하기 위한 많은 노력을 기울이고, 일부 강대국들의 내부 정치체제가 민주화되면서 전쟁이 규범에 따라 행해질 가능성이 높아진 것은 사실이다. 그러나 여전히 제국의 꿈은 18세기를 지배하였고 제국을 탈각한 국가의 성립, 규범적인 국제의 성립은 확고하지 않았다.

이에 대해 소프카의 분석은 시사하는 바가 크다(Sofka 2001). 첫째, 1713년부터 1815년까지의 18세기에서 유럽의 강대국들은 현상유지세력이 아니라 현상변경세력으로 패권전략, 혹은 우세(primacy)전략을 추진하였다는 것이다. 사실상 제국 전략이다. 강대국들은 다른 강대국들과의 공존 속에 균형을 추구한 것이 아니라 다른 국가들을 정복하고 병합하고 무력화하고 분열시키고 분할하는 등 공격적 전략을 추진하였다는 것이다. 그 대상은 강대국 서로 간의 본토 영토이기도 했고 유럽 내 영향권 영토이기도 했으며 아메리카를 비롯한 식민지 영토이기도 하였다는 것이다. 이에 대한 반론도 존재하는데, 김준석은 루이 14세가 보편왕국, 혹은 전 유럽의 지배를 지향하였다기보다는 프랑스의 안전, 특히 절대 안보를 추구했다고 본다. 다만 주변 국가들에게 보편왕국 수립 의도로 비추어졌고 체제전복적으로 인식되었다는 것이다(김준석 2018a, 242).

둘째, 우세전략을 추진한 국가들 간에 세력균형은 18세기 국제정치 현상의 결과였지 원인이 아니었다는 것이다. 세력균형의 관념 혹은 규범은 근대 국가들 간의 경합의 결과로 등장한 것이 아니고 시기적으로 이미 국가 출현 이전부터 정치집단 간 작동원리로서 유럽에 존재하고 있었다. 유럽의 행위자들이 다수 국가들의 안정된 주권규범을 내재화한 상태에서 공존과 안정에 대한 규범적 목적의식을 가지고 외교정책과 전쟁을 추진한 것은 아니라는 점이다. 오히려 우세전략들이 부딪히면서 서로 돌파구를 찾을 수 없을 때 균형상태가 도래하였고, 이는 국민국가들 간의 선험적 행동강령이라기보다는 제국의 출현을 막기 위한 현실적 결론이었고 그 가운데 이미 존재하던 세력균형의 개념이 원용된 것이다. 18세기를 제국과 구별되는 국가들의 체제로 보고, 국가들 간의 행동 경향 혹은 체제적 특성으로 세력균형을 개념화하는 것은 국가들의 내재적 제국성을 외면하는 결과를 가져올 수 있다.

18세기가 세력균형의 원칙이 작동한 기간이었다고 보는 슈뢰더 역시 세력균형의 설명력이 충분하지는 않다고 본다. 우선 국가들이 균형의 개념 자체에 명확히 합의할 수 없었다. 언제가 균형을 이룬 것인지, 언제가 제국의 출현을 막을 수 있는 상황이 도래한 것인지 판단이 쉽지 않았던 것이다. 루이 14세가 추구했던 프랑스의 우세전략이 7년 전쟁으로 완전히 쇠퇴하였지만, 1763년부터 나폴레옹전쟁이 발발하는 1892년까지 유럽의 상황이 온전한 평화상태를 창출했다고 보기는 어려웠다. 프랑스의 약화가 두드러졌지만 나폴레옹의 등장으로 또 다른 팽창정책이 예고되어 있었고, 영국의 세력이 강화되기는 했지만 미국 독립전쟁으로 식민지에서 영국의 힘은 타격을 입었다. 유럽 대륙 내에서 유력한 동맹을 유지하지 못한 영국은 대륙 내 패권을 추구하기가 용이하지 않았다. 프러시아는 전쟁 이후 방어적 태세로 돌아섰고, 오스트리아는 전쟁으로 국력이 소진하였다. 러시아만이 터키와의 전쟁, 이후 폴란드 분할 등으로 18세기 강자의 지위를 준비하고 있었다. 이 과정은 세력균형의 안정기로 볼 수도 있고, 세력 불균형의 상태로도 볼 수 있는 양가적 상황이어서, 주권국가들 간의 세력균형이 온전히 작동하였다고 보기는 어렵다(Schroeder 1994, 6).

셋째, 그럼에도 불구하고 세력균형이 출현한 것은 외교정책 및 전쟁의 목적과 수단 간의 극심한 불균형 때문이라는 것이다. 강대국들은 상대방을 정복하고 병합하고 분할하려는 노력을 하였지만 막대한 비용이 들어 불만스러움에도 불구하고 불만의 균형을 이룩하였다는 것이다. 용병을 사용하고 군비를 증강하는 데 많은 비용이 들었으며 이를 조달하는 것은 모든 국가들에게 큰 부담이 되었기 때문에 특히 유럽 내에서 정복전쟁을 치른다는 것은 상상하기 어려웠다는 것이다. 더욱이 이러한 상황을 악화시킨 것은 중상주의적 가정 때문이었는데, 국가들은 경제관계에서 제로섬 게임의 가정에 입각해 있었고 우위를 점하기 위한 정책에 여념이 없었다고 본다.

넷째, 나폴레옹이 추진한 보편제국전략은 18세기의 전반적 상황으로부터 일탈한 것이 아니라 오히려 그 연장선상에서 보아야 한다는 것이다. 나폴레옹은 프랑스혁명을 발판으로 등장하여 막대한 전비를 감당할 수 있는 민족주의 이념, 조세 제도 등을 만들어 낼 수 있었고 제국전략을 현실화할 수 있었다. 그전의 유럽제국들도 전략적 목적에서는 다른 바가 없었으나 자원이 부족했었기 때문에 단지 "좌절한 나폴레옹들"로 보아야 한다는 것이다.

소프카는 이러한 상황을 유럽 대륙 내부와 식민지에서 영국과 프랑스의 대결에서 찾는 한편, 동유럽과 북유럽을 위시한 오스트리아, 프러시아, 러시아의 각축에서 또 하나의 사례를 본다. 영국과 프랑스는 이미 17세기부터 치열한 패권전쟁을 치르고 있었고 스페인 왕위계승전쟁 이후 협력적 관계를 추구하였지만 1730년대에 그쳤기 때문에 전체적으로는 치열한 우세전략의 대결을 보였다고 본다. 각 전쟁에서 균형에 이르는 조약을 이루었다고 해서 팽창과 우세전략을 포기한 것은 아니다. 오히려 위트레흐트 조약과 엑스라샤펠 조약, 7년 전쟁을 마감한 파리 조약 이후에도 지속적인 공세를 추구하였는데, 특히 식민지에서의 경쟁과 도발은 지속되었다고 본다. 오스트리아와 프러시아의 각축에도 관여하여 한편으로는 이들을 통해 자국의 영향력을 확대하려고 하고 1760년대 이후 본격적으로 강대국화한 러시아, 특히 예카테리나 대제의 팽창전략을 막기 위해 노력하기도 하였다. 전반적으로 영불 간의 관계는 세력균형을 도모하기 위한 현상유지적 전략이 아니라 유럽 본토, 동유럽, 그리고 아메리카와 인도 등지에서 치열한 공방전을 벌인 관계였다고 본다.

다른 한 축은 동유럽으로 오스트리아 왕위계승전쟁으로 마리아 테레사는 슐레지엔을 프러시아에 빼앗겼고 이후에도 이를 수복하기 위해 많은 노력을 한다. 프러시아는 오스트리아와 독일의 주도권을 놓고 각축하였는데, 결국 그 목적은 상대방을 분열시키고 결국 정복하기 위한 전략이었다는 것이다. 오스트리아 역시 왕위계승전쟁의 피해를 만회하기 위해 프러시아를 완전히 정복하는 목적을 가슴에 품고 있었다고 본다. 그러한 정복전쟁이 규범적으로 용납되는 상황이었던 것이다. 러시아의 예카테리나 대제는 한편으로는 오토만제국과 전쟁을 통해 크림반도, 흑해 해협, 발칸을 도모하였고, 다른 한편으로는 스웨덴을 공격하여 발트해에서 주도권을 잡으려 하였다. 모두 강력한 공세적 우세전략으로 제국의 본질에 가깝다. 7년 전쟁 이후 프러시아와 오스트리아는 모두 러시아를 자국에 가깝게 유인하기 위해 많은 노력을 기울였고 1773년에 폴란드 분할을 제안한다. 러시아는 오토만제국과 전쟁하면서 프러시아, 오스트리아를 상대할 수 없었기 때문에 폴란드의 1/3을 분할하는 유리하지 않은 합의에 서명하게 되고 결국 폴란드는 강대국 간 전략의 희생양이 된다. 이후에도 러시아는 동부, 북부 유럽에서 강력한 팽창정책을 추진하게 되고 이를 막기 위한 다른 국가들의 균형전략이 나타난다(Sofka 2001; Maurseth 1964; Black 1983; Schroeder 1994, 11-19).

1776년 독립한 미국 역시 강력한 자유주의 전통을 체현한 나라임에도 불구하고 여전히 제국적 정체성을 가지고 있었다는 점은 시사점이 있다. 미국은 영국으로부터의 독립, 왕정에 반대하는 공화정의 수립이라는 혁명적 이념에 기초하여 건국하였다. 또한 국가의 지위에 버금가는 주권적 권한을 가지고 출발한 개별 주들을 연방제로 통합하여 중앙집권과 국제관계의 중간에 위치한 소위 "필라델피아 체제"를 이룩하였다. 그러나 동시에 19세기 군사력에 기반한 영토팽창과 원주민 인디언에 대한 복속 정책을 추구함으로써 소위 "명백한 숙명(manifest destiny)"에 기반한 제국적 정체성도 만들어 나갔다. 먼로 독트린이 시사하듯이, 유럽과의 관계에서 미국은 자신의 독특한 제국적 위상을 강조하였으며 이는 이후 미국 외교정책의 중요한 자원이 된다(Cha 2015, 759).

이상의 논의들을 좀 더 발전시켜 볼 필요가 있다. 첫째, 세력균형은 18세기 유럽에서 나타난 현상이었음에 틀림없지만 세력균형에 대한 의지나 규범이 의지가 아니라 결과로 나타났다는 사실이다. 소프카는 패권, 우세 등의 용어를 사용하지만 사실상 유럽 국가들은 국가이면서 동시에 제국이었고 제국이 아닌 유럽의 국가들은 제국의 팽창정책의 대상이 되는 데 불과하였다. 파커의 논의처럼 때로는 이들 약소국들에게 주권을 부여하여 영토의 완전성을 상호 보장하여 서로 간의 이익을 도모하기도 하였지만 본질상 정복과 주권 부여는 강대국의 방책의 하나라는 점에서 다를 바 없다. 세력균형의 주체는 제국이었으며, 제국 간 세력균형은 보편제국이 될 수 없었던 이들 간의 팽팽한 소강상태를 보여 주는 것이다(Parker 2013).

유럽의 강대국들은 우선 유럽의 주변부, 즉 동유럽에 대한 분할과 영향권 경쟁을 벌이면서 직접적인 경쟁을 유예한다. 왕위계승을 통해서, 영토 분할을 통해서 다양한 방법으로 유예의 방법이 작동한다. 독일의 경우 19세기 중반 강대국으로 부상하면서 해외 식민지 개척에 대해서는 다른 강대국과의 경쟁, 중세 제국을 부활시키려는 위신에 기반하여 제국 건설을 논의한다. 그러나 실리의 면에서는 동부유럽에 대한 영향력 확대를 더 중시하였다(Vick 2011, 10). 독일은 이 시기 해외식민지 개척보다 동부와 동남부 유럽, 특히 슬라브족이 거주하는 유럽의 주변에 대한 식민지화가 더 중요한 국가적 과제였다. 함대건설과 아시아, 아프리카로의 해외 팽창은 이 시기 독일의 주요 관심사가 아니었던 것이다. 1880년대 이후 독일이 비로소 해외 식민지 개척에 뛰어들고 더 나아가 전간기 나치의 인종주의에 기초한 팽창을 하기까지 독일 식민지 개척사에서 단절을 볼 수 있다(Vick 2011, 14-5).

이러한 맥락에서 독일과 폴란드의 관계는 매우 흥미로운데 앞서 논의한 바대로 프러시아는 이미 18세기 후반 폴란드를 러시아, 오스트리아와 함께 분할, 점령한 바 있고, 독일은 폴란드를 식민지의 개념으로 19세기 전반을 통해 인식하고 있었다는 것이다. 비스마르크는 해외 식민지를 개척하는 대신 "역내 식민지화(inner colonialization)" 정책을 추구하였다. 그러나 1차 세계대전 이후 독일은 자국 영토의 13%를 상실하였을 뿐 아니라 모든 식민지를 상실하였다. 그리고 상당 부분의 영토는 폴란드에 귀속되었다. 1차 세계대전 이후 독일인들은 폴란드에 의한 독일 개입이라는 "역식민화의 우려(anxiety of reverse colonialization)"를 가지게 되었고 이는 나치의 폴란드 침공으로 이어지는 단초를 제공한다(Kopp 2011, 39-40). 이와 같이 제국성이 역내에서 여전히 팽배했고 이로 인한 경쟁과 우려가 외교정책의 주요 동기로 작용하였음을 알 수 있다.

둘째, 소프카의 논의가 비유럽 전반을 적극적으로 다루고 있지 않지만, 유럽제국들 간의 각축, 그리고 그 각축 속에 빚어지는 안정과 타협은 비유럽의 모든 이익을 대상으로 종합적으로 고려되고 있다는 것이다. 또한 유럽에서 얻지 못한 불만족한 결과를 식민지에서 만회하기 위해 도발을 하기도 한다는 것이다. 식민지의 존재는 제국 간 세력균형을 유지시키는 강력한 도구였다는 것이다.•

18세기 후반에 이르면 러시아와 프러시아가 유럽 국제정치의 중앙으로 진출하면서 기존의 강대국들과 함께 강대국의 국가주권을 형성하는 과정에 이른다. 나폴레옹은 이러한 유럽 공법 질서에 도전한 강력한 경우다. 나폴레옹전쟁은 국가들의 주권을 넘어 제국을 건설하려는 노력의 마지막 장과 같은 과정이다. 나폴레옹은 결국 실패하고 주권국가들 간의 질서는 더 이상 의심의 여지없이 자리 잡게 된다. 비엔나 회의를 통해 공법적 질서가 정립되었고 이 과정에서 유럽 국가들의 승인이 없는 유럽의 육지취득이 인정되지 않았다는 점을 주목할 필요가 있다(Hinsley 1986, 180). 그러한 점에서 유럽협조체제는 국가들의 권리와 영토 경계, 강대국 정치 등 여러 면에서 국가주권의 원칙을 안착시킨 출발점이 된다(Hinsley 1986, 207). 또한 이를 기점으로 유럽 국가들은 주권의 원칙을 다른 3세계 지역에도 적용시키기에 이른다. 이전에는 각 지역의 질서에 맞추어 교역과 외교관계를 맺었지만 점차 주권 원칙에 의해 비유럽 지역과의 관계를 변화시킨 것이다. 일본, 터키, 아프리카, 뉴질랜드 등 서구 제국의 힘이 닿는 모든 지역에서 유럽은 국가주권의 원칙을 제시하며 자기중심의 관계를 맺어 간다(Hinsley 1986, 205-206).

• 보다 전통적인 해석에 대해서는 Maurseth(1964) 참조. 18세기 유럽 세력균형을 엿볼 수 있는 자료와 특히 당시 행위자들의 인식에 대해서는 Black(1983) 참조.

이 장에서 논의된 주요 내용을 요약해 보면 다음과 같다. 첫째, 유럽의 고대와 중세가 근대와 확연히 다른 조직원리에 기초하고 있었다는 것은 사실이다. 하나의 제국 원리에 의해 다른 정치체들은 제국과 중첩적인 정치관계를 맺고 있었다. 그러나 13세기 이후 유럽 중세에서 교권이 약화되고 제권에 도전하는 많은 왕국들의 움직임이 이미 생겨나기 시작하였다. 국내적으로도 종교혁명 이전부터 중세 기독교 질서에 도전하여 하향식 교권질서가 금이 가기 시작하였다. 왕국들은 자신이 통치하는 영토에 기반하여 배타적 권한을 주장하였다. 이러한 근대로의 이행이 30년 전쟁과 더불어 완결된 것으로 보기 어렵다. 이후에도 신성로마제국은 제국의 형태로 온존하였고, 이미 주권국가로 탈바꿈한 스페인, 프랑스, 영국 등 앞선 국가들의 주권적 세력균형과 유기적으로 결합되어 있었다. 주권의 자격을 갖춘 단위체들이 주권국가질서를 영위하는 동안 그렇지 못한 국가들은 유럽 내부에서도 비주권체로 공존하면서 동등한 자격을 갖추지 못하였다. 18세기 폴란드의 분할은 주권국가 자격을 갖추지 못한 정치체에 대해 주권국가들의 합의에 의해 이루어진 것이다. 19세기 초 나폴레옹제국이 분해되고 유럽의 대부분이 주권국가질서를 표준으로 삼을 때까지 탈중세 이행은 장기간에 걸쳐 점진적으로 이루어졌다.

둘째, 중세로부터 근대가 탄생했기 때문에 양자는 밀접한 관련을 맺고 있다는 것이다. 중세가 완전히 종식되고 새로운 근대 질서가 나타났다고 보기 어렵다. 근대의 새로운 주권단위들은 동시에 중세의 단위들이었으며, 중세의 제국 안에서 자신의 권위를 확장시키면서 새로운 단위로 등장한 것이다. 근대 초 하나의 제국 안에 격절된 여러 지역의 영토들이 공존하면서 구성단위들의 의사와 이해관계가 제국의 정책

결정에 반영되는 복합제국, 복합왕조가 존재하였고, 이들은 근대 영토국가로 서서히 변모하였다. 변모할 당시 비단 영토국가뿐 아니라 도시국가, 한자동맹과 같은 교역도시 네트워크 등 근대의 주축이 될 다양한 경쟁적 후보군이 존재하고 있었다. 중세 안에서 새로운 질서를 만들어 나타났기 때문에 교황과 황제와, 그리고 다른 새로운 단위들과의 타협과 협상, 그리고 전쟁 속에서 근대적 주권단위들이 주권적 권한을 확보하였다. 전쟁이 국가를 만들었다는 틸리의 명제가 틀린 것은 아니지만 여기서 전쟁은 무정부상태 속 만인에 대한 만인의 투쟁이라기보다는 탈중세의 흐름 속에 많은 단위들이 정교한 상호 조정을 통해 이루어 냈다고 보는 것이 더 정확하다. 이 과정에서 국제법이 탄생하고 권력정치와 함께 규범정치도 나타났다. 소위 무정부상태 속 국가 간 관계 역시 상호 이해 속에 형성된 것이다.

셋째, 주권국가는 제국성을 여전히 간직하고 있다는 것이다. 제국과 주권국가의 경계는 모호하다. 제국은 제국 밖의 정치공간과 권위를 인정하지 않는 보편적 단위인 반면, 주권국가는 다른 주권국가들의 존재 자격을 인정하고 상호 인정하는 정치단위다. 뒤에서 좀 더 살펴보겠지만 주권국가는 애초부터 타자를 인정하였다기보다는 스스로 제국이 되려는 노력이 좌절되었을 때 상호 조정의 과정과 포기의 균형 속에서 엄격한 기준에 따라 다른 제국을 주권국가로 인정한다. 제국들 간의 공통 기준에 따른 조정과정이 근대주권국가 체제였던 것이다. 주권체의 자격을 인정받지 못한 단위들은 주권국가들의 정당한 정복의 대상이었는데, 그 대상의 종류는 완전한 주권체로부터 동심원적으로 퍼져 매우 다양한 양상을 보인다. 애초에는 제국들 간에도 이러한 상호부정과 정복이 존재하였지만 최초의 타협으로부터 상호 간의 제국성이 동결된 것이다. 제국성이 동결된 최초의 조약은 힘의 균형 때문이기도 했고, 자본주의적 확대 가능성이 무력 정복의 비효율성을 부각시킨 때문이기도 하였으며, 비주권체에 대한 확장으로 서로의 제국성이 조정될 수 있다는 전망이 이 서로 간에 양해되었기 때문이기도 하다. 특히 마지막의 요소는 주권국가가 여전히 제국일 수 있다는 점에서 중요하다. 주권국가들 간에는 상호 인정이 작동하였지만 주권체와 비주권체 사이에는 여전히 정복과 식민지화, 확장이 규범으로 존재하였기 때문이다. 주권체와 비주권체 간 온전한 의미의 무정부상태가 존재하였고, 반면 주권체들 간에는 비주권체의 정복을 둘러싼 규범의 정치가 작동하였다. 따라서 주권국가체제는 제국성과 유기적으로 결합되어 있었다는 점에서 내장된 제국성을 가지고 있었고, 근대 유럽 국가의 본질은 식민지국가였다.

제5장

주권의 정치사상과 국제법 이론

베스트팔렌 조약 이후 주권국가 체제의 정립 과정

주권국가 성립 시기 사상적 질문들

주권국가의 출현은 대외적으로 중세 교회와 신성로마제국으로부터 영토에 기반한 하나의 정치체가 스스로 최고의 권위를 행사하게 되었다는 것을 의미한다. 종교개혁 이후 한 영토의 군주가 종교선택의 자유를 가지게 되고 신과의 직접적 관계를 통해 세속 권한을 수여받았다는 생각은 중세 보편질서를 붕괴시키는 사고였다. 주권국가가 출현하면서 국가 내부적으로는 완전하면서도 통합적인 질서가 만들어지고, 대외적으로는 독립된 다수의 주권국가가 생겨났으며, 이들 간의 관계는 새롭게 정립되어야 할 것이었다(Elshtain 2008, 91). 개별 국가들이 주권을 소유하고 주권적 사고를 일반화하면서 자신들이 최종적인 결정권을 행사하게 되었다는 사고는 다른 주권체들과 갈등을 일으킬 수 있는 요소였다.

국가 내부뿐 아니라 국가들 간의 국제관계에서 과연 문제를 해결할 수 있는 궁극적 권한을 누가 가질 수 있다는 것인가? 힘에 의해 국제관계에서 최종적 권한을 행사할 새로운 제국이 출현해야 하는가, 아니면 당시의 국제법 학자들처럼 합리성과 사회성에 기초하여 공존의 새로운 기틀을 마련할 수 있는가? 절대적이고 최종적이며 독립적 권한을 행사하는 주권국가들이 복수로 존재하면서 서로를 용인한다는 것이 과연 주권적 사고 자체와 양립하는가?

이 장은 국가 주권이 유럽의 지역정치 현실에서 자리를 잡아 가면서 정치사상과 국제법 이론, 사상가들이 주권의 이론과 규범을 어떻게 정립해 나갔는가를 살펴본다. 주권과 관련된 많은 규범들은 20세기에 국제법에 명시되어 있지만 규범의 형성과정은 그 모습이 사뭇 다르다. 주권의 최고성, 독립성, 국내관할권의 인정과 영토보존, 내정불간섭, 주권평등 등 다수의 규범들은 일시에 정립된 것이 아니며 각각 시점의 차이를 두고 점진적으로 정착되었다.

주권과 관련된 규범은 한편으로는 주권국가의 권능을 확실히 하는 규범이기도 하지만, 주권국가가 복수로 존재하면서 한 주권국가의 권능을 제한하는 규범이기도 하다. 주권이 최종적 권한을 의미하는데, 복수의 주권체가 존재하면서 주권을 제한해야 하는 이중적이고 상충되는 상황이 발생하는 것이다. 과연 주권은 명확히 설정된 자신의 영토에 국한될 수 있는가? 영토에 기반한 정치권력이 설정된다 하여 자신의 영토를 한계지우는 것이 자연스러운 일인가? 주권적 사고가 다른 국가의 주권을 인정하면서 다수의 주권 간에 상호 승인과 공존을 상정하는 것이 주권의 개념과 양립될 수 있는가? 분리불가능한 주권의 개념이 영토를 넘어 세속 보편에 적용되는 것이 자연스러운 것이라면 영토에 근거한 다수의 국가들 간의 복수 주권의 실재는 일시적이고 잠정적인 것이거나, 세력의 부족에 근거한 불가피한 인정에 불과한 것이 아닌가? 주권을 주장하는 정치적 실체는 결국 보편제국의 주권을 주장해야 되는 것이 아닌가? 로마제국과 기독교 이념을 하나로 합쳐 존재하였던 신성로마제국처럼 근대의 주권국가 역시 로마와 세속 전체를 지향하는 것이 주권의 개념과 합치하는 것이 아닌가?

16세기 이래 정치사상가들과 국제법 사상가들은 이러한 질문을 안고 고심했다. 한편으로는 주권을 완성하고 불가침의 것으로 만들어 가면서도 다른 한편으로는 동등한 다른 주권을 인정하고 이들과 새로운 관계정립을 꾀할 수밖에 없었기 때문이다. 이 과정에서 주권을 현실에서 만들어 가고 행사한 행위자들과 이를 이론화하고 규범적으로 발전, 혹은 통제하려고 했던 사상가들 간에는 어떠한 관계가 존재하였는가? 국제법은 사실 주권을 제한하는 주권사상과 상충되는 내용으로 출발하였다. 근대 초 보편제국의 힘이 약화되면서 새롭게 등장한 주권 군주들은 어떠한 권한을 행사할 수 있었으며 이들 군주들, 주권국가들 간의 관계는 어떻게 변화하였는가? 중세를 관장했던 신법과 교회법이라는 보편적이고 초국가적인 규범이 쇠퇴하면서 주권국가들 간의 관계는 어떠한 모습을 띠었고 어떠한 주제가 가장 중요하게 부각되었는가? 주권은 한편으로는 중세보편제국과 새롭게 등장하는 영토주권국가 간의 관계를 규정하는 핵심 요소이자 다른 한편으로는 한 국가 내에 최종 권한을 행사하는 주체에 관한 문제다. 즉 주권을 소유한 새로운 개체의 탄생과 주권을 행사하는 국내의 최종 주권자의 문제가 겹쳐 있다.

또한 주권국가들 간의 평등이라는 개념은 과연 성립가능한가? 국가들의 법적 인격성을 인정하여 법적 평등을 상정하면서도 실제로 국력의 차이에 따라 서열을 정하기도 하는 상충된 견해들을 어떻게 보아야 할 것인가? 주권 국가들 간 규범을 만들어 영토적 완전성을 보장하고자 하였는데, 그렇다면 다른 국가를 복속시키려는 정복 전쟁은 정당한 전쟁이 아닌가? 정당한 전쟁의 조건과 한계를 어떻게 규정할 수 있는가?

국가들 간의 관계를 새롭게 정립하려는 사상의 기초는 무엇이었으며, 이는 그 시대의 현실 및 에피스테메와 어떠한 연관을 가지고 있었는가?

이 장은 16세기 초부터 나폴레옹전쟁이 끝나는 시기까지 유럽 주권국가체제의 성립을 이론화한 정치사상과 국제법 사상의 흐름을 살펴보고, 주권의 규범이 어떠한 사상적 배경하에서 어떻게 발전해 왔는지를 분석해 본다.

근대 이전 주권 사상과 국제법 사상

독립된 정치집단 간의 관계는 정치사상과 국제법 사상의 흐름에서 유사 이래 중요한 문제였다. 고대 제국들은 다른 집단과의 관계 설정에 부심하고 전쟁과 교섭을 통해 이를 이루어 갔다. 전쟁 이후 전후처리, 평시 외교, 통상, 중재, 중립, 해적 등 다양한 주제가 근대 이전부터 정치집단 간 관계에서 등장하였다. 그러나 주권을 가진 국가들 간의 관계가 본격적으로 논의되기 시작한 것은 유럽의 경우 17세기에 들어서이다. 30년 전쟁 전후로 대내외적으로 온전한 주권국가가 성립되었다는 것은 한편으로는 배타적 국내관할권을 가진 주권국가가 출현하여 그 권리가 인정되기 시작하였으나 다른 한편으로는 주권국가들 간의 관계를 규율할 수 있는 규범이 취약해졌다는 의미가 된다. 과거 유럽 기독교 공동체가 하나의 정치체였을 때에는 이를 다스리는 신법, 자연법이 있었지만 공동체가 붕괴되면서 신법, 자연법을 대체할 새로운 실정적 국제법이 필요하게 되었다. 즉, 유럽 기독교 공동체의 법이 약화되고 이를 대체할 수단으로 국제법이 등장한 것인데, 무에서 창출된 것은 아니고 이전의 고대, 중세적 기반이 대체재를 만드는 토양을 제공해 주었다. 따라서 내용상으로도 많은 연속성이 있다고 보아야 한다.

근대 국제법이 정착되기 이전에도 유럽은 물론 중동, 아시아 등 여러 지역에 평화조약, 전쟁에 관한 규정, 동맹, 국제연합과 같은 정치조약 등이 많이 존재한 것은 사실이다. 문제는 근대의 관점에서 법적 주체로서 주권을 가진 국가의 개념, 권리가 명확히 정의되지 않고, 이들 간의 법적 성격의 전쟁법규를 발견하기는 어렵다는 점이다. 서구의 경우 고대 그리스 국가들 간에는 많은 규칙들과 조약이 존재했고 특히 전쟁과 통상 관련 많은 조약이 존재하였다. 그러나 이들은 대체로 종교적인 것들이었고 국가들이 독립성이 있음에도 불구하고 사실상 국내집단 간의 규칙의 성격이 두드러졌다. 그리스 도시국가체제는 국가들의 집단이라기보다는 인종적, 문화적 통일성의 표현이었고, 정치적 분열을 극복하려는 민족적 감정의 표현이었다고 볼 수 있다(Nussbaum 2013, 38).

로마의 법체계는 사법과 공법 모두의 분야에서 후세에 많은 유산을 남겼다. 비잔틴 황제 유스티니아누스(527-565)가 편집한 『로마법대전(*Corpus juris civilis*)』은 로마사법(private law)을 집대성하였다. 여기에는 동시에 국제법과 관련된 내용도 수록되어 있다. 로마법이 국제법의 역사에서 중요한 것은 겐스 겐티움(gens gentium) 때문인데 가이우스라는 법학자는 『로마법대전』의 첫 부분인 법학제요(Institutes)에서 만민법을 자연이성에 의해 모든 인류 사이에 확립된 법이며 모든 민족(gens)에 의해 준수되는 법으로 간주한 부분이 나온다. 겐스 겐티움은 후세에 흔히 국제법으로 번역하기도 하지만 사실은 국제사법으로 보는 것이 적당하다. 애초에 로마시민에게만 적용되던 시민법이었던 유스 키빌레(jus civile)가 중시되었지만 로마의 팽창과 더불어 외국인들이 더 많이 개입되면서 과거의 시민법과 다른 만민법인 겐스 겐티움이 정착되었다. 제정로마는 외국을 전멸시키기보다는 그들의 제국에 추가시키려 하였고 야만인들을 인종적으로 많이 차별하지 않았다. 따라서 국제협약의 필요성을 크게 느끼지 않았고 만민법은 보편적 규범의 측면이 더 강하였다(Nussbaum 2013, 41). 겐스 겐티움은 로마시민과 외국인들 간의 관계뿐 아니라 로마 시민 간의 분쟁에도 확대 적용되었다. 현대의 국제법이 독립국가들 간의 관계를 규율하는 것으로 17세기부터 유스 인테르 겐테스(jus inter gentes)와 구별되기 시작한 것이라면 만민법은 로마의 국내법이고 실질적으로는 사법으로 보는 것이 타당하다(Nussbaum 2013, 44-45).

로마는 정전이론을 정초하여 국제법의 역사에 기여하였고 만민법과 자연법도 중요한 법체계로 정립하였다. 만민법은 당시 제국을 관장하는 실제적 보편법을 의미하고 자연법은 자연이성으로 정당한 규범적 관점의 법을 의미하였는데, 양자는 구별되는 개념이다. 예를 들어 노예제도는 만민법의 제도로 보편적으로 인정된 제도였지만 인간의 자연이성의 규범에서 보면 비난받을 제도이므로 자연법에는 부합하지 않는다고 볼 수 있다(Nussbaum 2013, 46). 제국의 조직원리하에서도 보편적으로 적용되는 현실과 규범적 법규 간에 모순과 긴장이 존재하였다.

중세에도 세속질서에 관한 법체계가 발전하였다. 교회가 수세기 동안 발전시킨 종합적인 법체계는 교회법(cannon law)인데 이는 근대의 기준에서 보면 국내법도 아니고 국제법도 아닌 초국가적 법이라 할 수 있다. 교회법은 처음에는 영적, 도덕적 문제를 다룬 것으로 교회의 영역에 관한 것이었지만 교회의 권한이 황제의 통치권을 압도하면서 간접적으로는 세속 권력의 고유한 영역까지 확대되었다. 교회는 국제관계영역에서 규칙을 제정할 수 있었고, 오늘날 국제법의 규칙보다 더 강력한 힘을 가지고 있었다(Nussbaum 2013, 52). 주권은 신의 권능과 이를 세

속에서 실현하는 교회에만 적용되는 개념이었지 세속의 황제나 영토군주에 적용될 수 없는 초월적 개념이었다.

중세의 교회법은 폭력의 사용과 전쟁에 관한 이론을 발전시켰다. 중세의 전쟁은 근대와 같은 주권국가들 간의 전쟁이라기보다는 사적 결투와 여러 차원의 전쟁을 포함하고 있었다. 교황은 신성한 임무를 근거로 모든 기독교인에 대한 최고의 중재권을 주장하여 세속 문제에 대한 법적 지위를 차지하였다. 대표적인 것이 1494년 토르데시야스 조약이었다고 할 수 있다(Nussbaum 2013, 55). 신성로마제국의 황제법이 있었지만 성과는 미약하였고 더욱이 봉건제하에서 봉건법 역시 황제의 권한을 제약하는 요소로 작용하였다.

이러한 상황에서 정전에 관한 로마의 이론을 신학적으로 부활시킨 것이 중세의 가장 큰 공헌이었다고 할 수 있다. 아우구스티누스가 로마의 정전론을 기독교에 입각하여 정립한 이후 아퀴나스는 전쟁을 수행하는 것이 항상 죄인가에 대해 논구하였다. 중세에는 기본적으로 전쟁의 일방만이 정당하다고 생각하였는데, 정당한 전쟁에 관해 다음의 예외를 인정하였다. 아퀴나스는 첫째, 군주가 전쟁을 허락한 경우, 둘째, 정당한 원인이 있는 경우, 즉, 상대방이 어떤 죄를 범하였기 때문에 공격받는 것이 당연한 경우, 셋째, 교전국이 선을 증진시키거나 악을 피하고자 하는 의도, 즉 올바른 의도를 가지고 있는 경우에 전쟁이 허용된다고 논하였다. 지금의 관점에서 군주의 허락은 정당한 전쟁보다는 전쟁 자체를 개시하는 전제조건으로 볼 수 있다. 중세의 전쟁론은 국가들 간의 전쟁이 아닌 공적, 사적 무력 충돌을 포함하는 모든 조직단체 간의 폭력에 관한 것이었지만 근대 국제법 사상에 많은 영향을 준 것은 사실이다(Nussbaum 2013, 81-84).

정전론과 더불어 중세의 기여는 자연법 사상에서도 볼 수 있다. 중세의 교부들은 자연을 신의 계시로 상정하고, 자연법을 인간의 법보다 상위에 위치하는 신법(divine law)으로 간주하여 기독교 신학에 통합시켰다. 제2장에서 살펴본 바와도 같이 아퀴나스는 영원법을 자연법과 구별하였고, 자연법은 신의 의지에 따라서 인간이성이 영원법에 불완전하게 참가한 것으로 개념화하였다. 따라서 자연법은 법적 개념이라기보다는 도덕적 규범과 법적 규범을 모두 포함하는 개념이었으며 이는 근대 초 국제법 사상의 토대였던 자연법에 많은 영향을 미쳤다(Nussbaum 2013, 85).

근대 이행기의 새로운 문제의식

중세의 법규들은 주권국가들의 형성과 더불어 변화에 직면하게 된다. 영국, 프랑스, 카스티야, 아라곤, 포르투갈, 스웨덴, 베네치아 등을 포함하는 신성로마제국 밖의 국가들 사이에서 국제관계라고 할 수 있는 새로운 현상이 발생하고 국제법에 해당하는 법규가 필요하게 되었다. 초국가적 교회법이 제국 내의 단위들을 다스리던 시대에서 점차 독립적이 되어 가는 영토국가들 간의 관계를 규범적으로 통제하는 새로운 사상이 필요하게 되었다. 제국 내의 군주들과 도시들은 그들끼리 조약을 체결했지만 점차 제국의 힘이 약화되자 외부의 통치자들과 협정도 체결하게 된다(Nussbaum 2013, 61).

신대륙의 발견과 함께 근대의 또 다른 근원이 생겨나는데, 아메리카 발견의 법적 영향은 국제적이라기보다는 초국가적인 영역에서 일어났다. 기독교인과 비기독교인의 관계, 비기독교인의 법적 주체로서의 자격과 권리에 관한 본격적인 질문이 생겨난 것이다. 비기독교 세계에 대한 기독교의 권리를 종교의 관점에서 주장할 시기에 교황이 관장한 토르데시야스 조약과 같은 중재 조약들은 처음에는 힘을 발휘하였지만

16세기가 지나면서 새로운 영토에 대한 교황의 개입권은 인정되지 않게 된다. 유럽인들은 점차 세속적 기반에 근거한 기준을 찾게 되고 로마법을 본격적으로 도입하여 이용하는데, 여기서 차용한 발견, 점유 등의 개념이 비서구에 대한 침략의 무기로 사용된다. 이에 대해서는 5장에서 논의하도록 한다(Nussbaum 2013, 128-129).

주권국가질서는 기독교 보편관점에서 보면 신의 명령에서 벗어나는 것으로 세속화를 동반한다. 주권국가 질서는 종교적 관점에서 보면 부정적으로 여겨질 수밖에 없었던 것이다(Hinsley 1986, 182). 유럽에서 법률의 지배에 대한 인식은 자연에 대한 인식과 밀접한 관련을 가지는데, 자연은 신의 은총에 의해 정복되어야 했고, 다음에는 모방의 모델로 기여하였고, 근대에 들어와서는 신앙이나 은총이 아니라 자연과학이라는 새로운 지적 영역에 의해 정복되는 것이다(Morrall and Ullmann 2016, 451).

스페인은 신성로마제국의 주축으로 교황의 권위를 인정하고 신교국가들을 탄압하여 중세적 질서를 온존시키려 했지만 점차 불가능하게 된다. 프랑스가 1535년 터키와 체결한 케피튤레이션(capitulation)은 중요한 변화다. 이로써 터키와 서방의 법적 관계가 성립되었고, 체류, 통상, 항행의 자유 등이 논의되고 조약을 통해 합의되었다. 실제는 체결국 군주들의 공동의 적인 신성로마제국 황제이자 스페인의 왕인 카를 5세에 대항하기 위해 체결된 것이었는데, 이는 교황의 금지령과 기독교 세계의 여론에 위반되는 것으로 중세의 틀이 서서히 붕괴됨을 보여 주는 사건이다. 프랑스는 스페인이나 오스트리아와는 달리 교황의 의지를 거부하는 방향으로 움직이기 시작한 것이다(Nussbaum 2013, 130).

근대 국제법은 근대적 주권국가체제의 정상상태, 혹은 공존과 안정의 상태를 만드는 데 필요한 일이었다. 이를 위해서는 중세적 사고,

즉 도덕신학적 교회적 논증, 자연법적 도덕적 정당한 전쟁원인의 논의들을 분리시켜야 한다. 스페인의 신학적 국제법은 이러한 노력의 효시를 이루는데, 1611년 수아레스(Francisco Suárez, 1548-1617)의 저작이나, 16세기 초 비토리아(Francisco de Vitoria)의 저작들은 여전히 중세적인 기독교 보편왕국의 규범에 기대고 있었다. 신학적 사고체계로부터 법률적, 국가적 사고체계로의 이행이 핵심인데, 비토리아는 여전히 기독교 중세에 소속되어 있고, 근대 국가 간 국제법적 사고를 하고 있지 않다는 것이다. 중세와 스페인의 스콜라 학자들은 주권 개념을 가질 수 없었다. 그러한 점에서 비토리아는 신학자이지만 국제법학자로 볼 수 없다. 국가의 개념은 17세기나 이후까지 명확치 못하였고, 레푸브리카(repubilca), 키비타스(civitas) 등은 군주와 구별되는 시민, 혹은 군주에 대립되는 시민들을 지칭하였다(Nussbaum 2013, 143). 근대의 국제정치는 주권국가들 간의 공존과 상호 간의 안정을 파괴하면서 등장하는 것이 아니라 이를 유지하면서도 최고의 권력을 획득하는 일로 바뀌게 된다. 근대 국제법을 정초한 국제법학자들의 고민은 새롭게 등장한 주권국가의 독립적 행동을 과연 규율할 수 있는가 하는 문제로 주권의 사상과는 긴장관계를 이룰 수밖에 없었다.

마키아벨리

주권을 둘러싼 사상은 주권 정립의 사상과, 주권국가의 권리를 인정하면서도 복수의 주권체들 간의 관계를 규범적으로 통제하려는 사상으로 대별된다. 마키아벨리와 보댕, 그리고 홉스가 전자에 치중한 경우라면, 그로티우스, 볼프, 바텔 등의 국제법 학자들은 후자를 대변한다. 근대 초기에 중세제국의 제한을 탈피해서 개별 정치단위의 주권성을 본격적으로 제시한 인물은 마키아벨리다. 신성로마제국으로부터 점차 독립적이 되어 가고 있던 이탈리아 도시국가체제에서 마키아벨리는 정치체의 최종권한이 정치체 내부에 존재한다고 생각했고, 그러한 권한이 군주에게 온전히 부여되어 인민의 간섭과 불복종으로부터 자유롭다고 생각하였다.

마키아벨리에 이르면 모든 정치적 사건이 신의 뜻과 영원한 법칙에 따라 해석되고 그 위치가 종교의 위계 속에서 결정되던 중세와는 달리, 정치적 사건은 인간의 시간과 영토 속에서 의미를 부여받게 된다. 포츄나(fortuna)의 개념은 사건의 의미가 필연적이고 종교적 의미를 내재한 것이 아니라 인간 중심의 예측 불가능한 사건이라는 점을 나타내고 있다. 비르투(virtu) 역시 신의 임재가 아니라 인간의 능력으로 사건의 질서와 흐름을 헤쳐 나간다는 의미를 담고 있는 개념이다. 이러한 개념들은 공간화되어 정치공간은 인간 중심의 흐름이 되고 신과 종교의 위계적 공간질서를 벗어나게 된 것이다(Larkins 2010, 186-194).

정치사상적으로 정치체의 이익이 그 자체로 신성하여 국가이성을 위해 폭력과 사기까지 용납될 수 있다는 생각은 마키아벨리로부터 비롯되었다. 마키아벨리는 군주가 도덕적, 신학적, 관습적 권위로부터 해방되어 국가이익을 추구해야 한다고 생각하였고, 군주를 이러한 질곡에서 해방시켰다. 국가 이상의 권위를 인정하면서 개별 국가의 이익을 도모할 수 없다는 생각은 낯설고 혁명적인 생각이었으며 주권론의 기초가 된다. 마키아벨리는 이탈리아 도시국가 차원에서 사고했으므로 정치체의 통합성을 상상하기가 더 수월하였고, 정치체의 이익과 개별 이익, 군주와 공동체의 이익이 일치될 수 있다는 생각으로 나아갔다. 군주의 자유는 동시에 피치자의 권리에 대한 질문을 동시에 불러일으킨다. 군주가 주권을 가진다면 피치자 역시 권리를 가질 수 있다는 생각이 가능하기 때문이다. 마키아벨리는 이에 대비하기 위해 군주정, 귀족정, 민주정의 관계를 탐구하고 로마제국의 통치형태를 연구하였다(Hinsley 1986, 110-112).

마키아벨리가 시도한 바 군주를 기존의 중세적 질곡으로부터 해방시키려는 것은 필요한 시도였지만 하나의 완결된 정치단위로서 정치체(body politic)를 명확히 하는 노력을 충분히 기울이지 않았다. 주권단위로서 정치체의 본질을 밝히지 못한 채 군주의 자유와 전략에만 치중한 나머지 부도덕한 절대주의의 옹호자가 되었다는 것이 마키아벨리를 비판하는 보댕 주장의 핵심이다.

보댕

주권은 분리될 수 없는, 최종적 결정권한이다. 신성로마제국이 세속적인 보편제국으로 자리 잡았다가 약화되고 다른 절대왕정국가들이 등장하게 되면서 제국의 보편주권은 유명무실하게 된다. 프랑스와 같은 유럽의 강대국들은 종교개혁 이후 신에게서 직접 부여받은 신성한 권력으로 지상에서 주권을 주장하게 된다. 프랑스에서는 이미 중세 말부터 "자신의 영토 안에서 왕은 황제다(Rex in regno suo est Imperator regni sui)."라는 주장이 생겨나기 시작했고 발두스(Angelus Baldus de Ubaldis, 1327-1410)는 프랑스에서 시작된 이 이론을 받아들여 이론화하였다(Nussbaum 2013, 88).● 스페인의 힘과 프랑스 내부의 신구교 종교 갈등으로 인해 프랑스의 주권국가 성립 과정은 평탄하지 못하였다. 30년 전쟁을 거치고 국내 분열이 봉합되어 국력이 뒷받침된 상황에서 프랑스는 17세기 중반 이후 두

● sovereignty라는 단어는, 고대 라틴어 전치사 super와 그 형용사 형태인 superus로부터 형성된 중세 라틴어 superanus가 변형되어 형성되었던 고대 프랑스어 soverain으로부터 기원한다(이근관 2007, 27).

개의 신체론에 근거한 신적이고 절대적인 왕의 신체를 주장하기에 이르렀다.

보댕은 주권 단위로서 정치체를 최초로 사고한 정치철학자다. 정치의 단위가 하나의 인격체로 완결되어 영토적 단위의 군주, 귀족, 개인을 포괄되게 된 것이다. 이러한 사고는 중세의 보편단일 제국으로부터 개별 제국을 주권을 가진 정치체로 독립시키는 결과를 가져온다. 보댕에 의하면 "주권은 한 도시의 지위를 결정하는 진정한 기초이며 기준이고, 법관과 법률, 명령의 기초다. 또한 주권은 가족과 단체, 조합과 개별적인 모든 것들을 국가라는 하나의 본체로 결합하고 연결"한다(Bodin 2013, 64). 주권은 "주권 이외에도 공통되고 공공적인 그 무엇이 반드시 있어야" 하는데, "공공적인 것이 없다면 국가가 아니기 때문"이라는 것이다(Bodin 2013, 65). 여기서 국가의 "법률은 공적이고 공통적인 것이며, 오직 최고 권력에 근거한다"고 본다(Bodin 2013, 69).

보댕의 논의에서 중요한 점은 보댕이 국가의 존재론적 원천을 가족으로부터 이끌어 내고 있다는 것이다. 보댕은 "국가란 많은 가정들과 가정에 공통된 사항들에 대한, 주권의 의한 정당한 통치이며, 가정은 많은 사항들과 가정에 고유한 것들에 대한, 가장에 대한 복종을 통한, 정당한 통치"라고 주장하면서 가정과 부권에 대한 논의에서 출발하고 있다(Bodin 2013, 67). 보댕은 "국가의 기둥인 가족의 기초가 잘못 세워지면 국가는 아무 가치가 없다"고 하며(Bodin 2013, 99), "부권은 신법과 자연법이 부여한 권한"이라고 본다(Bodin 2013, 95). 즉 가족 단위를 중심으로 출발하여 하나의 정치체(body politic)로서의 일체성을 강조하는 이론을 제시하는 데 보댕이 노력하였음을 알 수 있다.

이러한 국가가 성립되는 데 물리력과 폭력은 중요한 요소로 작용한다. 보댕은 "가장이 집안을 나와 … 공공의 일을 다루기 위해 … 주인 대신에 시민이라고 불리게 되면, 시민은 다른 사람에 대해 주권을 갖는 자유민이 된다. … 이후 물리력, 폭력, 야망, 탐욕, 복수 등으로 사람들이 서로 무장하여 대립하고 전쟁과 전투가 일어나 어떤 사람들에게는 승리를 가져다주고 어떤 사람은 노예로 만들었다. … 자연스러운 이성과 빛은, 물리력과 폭력이 국가의 원천이며 기원이라는 것을 우리에게 믿게 한다."라고 표현하고 있다(Bodin 2013, 156-157).

주권적 정치체가 성립되고 나서 비로소 주권이 누구에게 있는가, 주권의 소재지가 어디인가를 질문할 수 있게 된다. 그리고 두 질문은 별개의 것이다. 보댕은 주권의 소재지가 어디인가에 따라 군주정, 귀족정, 민주정으로 나뉜다는 사실을 잘 알고 있었지만, 이보다 더 중요한 것은 중세적이고 파편적이고 분절된 단위에서 근대적인 자기완결적, 주권적 단위가 탄생하는 것이 더 중요하다는 점을 잘 인식하고 있었다. 정치체가 주권적인가의 문제와 정부의 형태가 군주정, 귀족정, 민주정인가는 각각 다른 두 개의 문제인데, 보댕이 군주정의 주권체를 선호한 것은 명확하다. 무정부상태보다 군주정이 가장 안정되었다고 보았기 때문이다. 보댕 이후의 철학자들이 보댕의 철학을 절대주의 왕정을 옹호하기 위해 사용하였지만, 보댕의 철학이 절대주의를 옹호한 것인가 하는 것은 별개의 문제다(Hinsley 1986, 125). 힌슬리는 영국의 필머(Robert Filmer), 독일의 호른(Johann Friedrich Horn), 프랑스의 페넬롱(François Fenelon) 등이 대표적으로 절대주의 왕권을 옹호하였다고 본다(Hinsley 1986, 134).

보댕은 종교개혁 이후 구교와 신교의 다툼, 중세 황제의 권위에 프랑스 왕권이 도전하는 상황에 접하여 프랑스라는 주권체를 새로운 단위로 정립하고자 했다. 특히 신구교 간 종교전쟁으로 프랑스 국내정치가 내전으로 치닫는 때, 군주가 주권자로서 대외적으로 독립되고 내부적으로 최고의 권위를 가져야 한다는 생각을 제시하였다. 보댕의 철학은 이후 급속도로 전파되어 유럽 전체에 확산되었다. 보댕의 저작은 영어 등 주요 언어로 번역되었고 라틴어 번역으로도 출간되었다. 보댕은 군주가 신으로부터 직접적인 주권을 이양받아 국가를 통치할 수 있는 권한을 소유한다고 보았다. 절대군주가 유일한 주권의 소유자인 것이다.

보댕은 주권은 "절대적이고 영원한, 국가의 권력"이라고 정의한다. 개별인들뿐 아니라 국가의 일을 담당하는 모든 사람들에 대한 권력이며 최고의, 영원한 권력이다. 군주가 다른 사람에게 주는 권리, 권력, 권위와 관계없이 주권자의 인격은 언제나 존재하며 군주는 자기가 항상 가지고 있는 만큼의 주권을 준다. 군주는 구류, 경합, 소환에 의해 명령을 할 수 있고 군주의 권력은 나누어지지 않는다. 관리를 임명한다고 해서 군주의 주권이나 인격, 권리가 결코 없어지지 않는다는 것이다(Bodin 2013, 246-247).

또한 주권의 권력은 백성이나 영주가 재산, 인격, 국가운영을 맡기기 위해 아무런 조건 없이 주권자에게 최고의 권력을 주었다 해도 책임과 조건을 붙여서 줄 수 없다. 책임과 조건을 붙여 군주에게 준 주권은 주권이나 절대권력으로 볼 수 없기 때문이다. 주권은 절대적이고 최고여야 하는데, 이 권력은 신법과 자연법이 명령하는 것 이외에는 아무런 조건도 갖지 않기 때문이다(Bodin 2013, 256-257).

군주와 법의 관계에 대해 보댕은 "군주는 법률의 권력으로부터 처벌받지 않는다고 법은 말한다"고 적고 있다(Bodin 2013, 261). 또한 "군주는 자신의 칙령 이상으로 국제법을 지킬 필요가 없다. 국제법이 불공평하다면 군주는 자기 왕국에서 자기의 칙령을 통해 국제법을 위반할 수 있으며, 자신의 백성들에게 국제법 준수를 금지시킬 수 있다"(Bodin 2013, 308).

이러한 논의를 정리하면서 보댕은 『국가론』 10장에서 주권의 5가지 속성을 정리해서 논하고 있다. 보댕은 주권을 신의 권한에 비유하고 있는데, "신은 무한하며 필요에 의해 보여 주려고 할지라도 무한한 것들이 두 개 있을 수 없기 때문에, 위대한 주권자인 신은 자기와 비슷한 다른 신을 만들 수 없는 것과 마찬가지로, 신의 모습을 한 군주도 자기와 동등한 백성을 만들 수 없고, 군주의 권력도 부정될 수 없다."라고 주장하였다. 보댕은 아리스토텔레스를 포함한 고대 그리스의 여러 철학자들과 로마인들의 논의가 주권을 논의하기에 충분하지 않다고 비판하면서, 법률에 대한 군주의 권한을 논하고 있는데, "법률이라는 낱말은 어느 누구도 예외로 하지 않고 모든 사람에 대한 명령, 모든 권력을 갖는 사람이나 사람들의 정당한 명령을 의미"하지만, "명령은 백성 일반이나 백성 개개인에게 내려지며, 법률을 부과한 사람이나 사람들은 이 명령의 대상에서 제외된다."라고 하였다. 즉 "법률은 일반적인 백성 모두나 일반적인 사항들 모두에 대한 주권자의 명령"인 것이다. 법률적 정상상태를 만들지만 정작 자신은 법률 밖에 있는 예외의 결정자라는 점에서 슈미트가 후에 정식화한 주권자는 예외를 규정하고 결단하는 자라는 논의와 상통한다(Bodin 2013, 393-394).

보다 자세하게 보댕은 주권의 첫 번째 속성은 "일반적인 모두와 개별적인 개인에게 법률을 부여하는 권력"이라고 정의한다. 세속의 모든 법률과 관심의 모든 효력은 주권 군주의 권력에 달려 있다. 여기에는 전쟁 선포, 평화조약 체결, 최종 재판에서 법관들의 판결을 인정하는 일, 최고의 관직 신설과 폐지, 백성들에 대한 과세, 사면 등등이 포함된다(Bodin 2013, 401-405). 두 번째 속성은 전쟁을 선포하고 평화조약을 체결하는 일로 국가의 멸망과 안정에 해당하는 위엄의 가장 중요한 요소이다(Bodin 2013, 406). 세 번째 속성은 주요 행정관리의 임명이며 특히 최고법관들을 임명하는 권한이다(Bodin 2013, 414). 네 번째는 최종재판권으로 법관들은 군주의 명령 없이 군주의 판결을 바꾸거나 고칠 수 없다(Bodin 2013, 418). 다섯 번째는 생명, 재산, 명예, 소집령의 폐기를 위해서 판결을 변경하지 않고 죄인에게 사면을 주는 권리다. 어떤 법관이라도 사면할 수 없고 자신의 판결을 전혀 변경할 수 없는 데 반해 주권자는 이를 행할 수 있다(Bodin 2013, 425).

그러나 보댕 역시 주권 옹호의 사상과 주권 제한의 사상 양면을 보여 준다. 보댕이 과연 모든 권한을 소유한 절대군주의 권한을 옹호했는가는 정치철학의 중요한 논제다. 이를 논구하기 위해서 보댕이 신법, 자연법, 관습이 절대군주의 권한에 어떠한 제약을 가한다고 생각했는지가 중요하다. 보댕은 여전히 이러한 보편적 법적, 관습적 제약이 군주에게 작용한다고 보았다. 군주의 권한이 신으로부터 수여받은 것이고 신은 인민의 행복을 위해 통치하도록 함으로써 군주가 절대권한을 갖는 것은 아니라는 것이다. 보댕이 이야기하고자 했던 것은 군주가 주권체를 통치한다는 점에서 정치체를 독립시켰다는 것이지, 무제한의 권력을 가진다는 것은 아니라는 점이다.

보댕의 표현을 보면 신법과 자연법에는 모든 군주가 복종하며, 신법과 자연법을 위반하는 것은 자신의 권한 속에 있지 않다는 것이다. 군주는 스스로 자기 법을 지킬 것이라고 맹세를 해도 자신의 법에 지배를 받지 않고 자기 스스로에 대한 서약에도 지배를 받지 않는다. 또한 군주는 자신의 법률이나 전임자들의 법률에 지배를 받지 않는다. 그럼에도 불구하고 서약을 했건 안했건 자신이 맺은 정당한 협약이나 자신이 한 약속의 지배는 받는다고 본다. 군주는 자신의 법률이나 전임자들의 법률에 복종하지 않지만, 정의롭고 합리적인 협약, 그리고 백성 전체나 개인들이 관심을 갖는 충고에는 복종한다는 것이다(Bodin 2013, 263-264).

그러나 군주의 주권과 인민의 주권이라는 이중성의 논제에서 보댕은 인민의 주권이라는 사상은 받아들이지 않았다. 이후의 정치철학자들에게 지속적으로 문제가 되는 이중성의 문제에서 보댕은 아직 인민의 주권을 충분히 고려할 시대에 살지 않았다는 것이다. 인민의 주권을 논의하게 되면 실정법과 의회의 권한 등 인민의 의사가 구체적인 제도에 의해 반영되는 상황을 가정해야 하는데, 보댕은 주권자인 절대군주가 실정법으로부터 자유롭다고 사고한 것이다.

그로티우스

보댕 이후의 많은 정치철학자들은 절대군주의 주권과 인민의 주권 간의 관계를 둘러싼 문제를 해결하기 위해 많은 논의를 전개하였다. 알투시우스(Althusius)를 비롯한 뷰캐넌(James Buchanan), 포이넷(John Poynet), 랑게(Hubert Languet), 바우처(David Boucher), 호트만(François Hotman), 칼뱅(Jean Calvin), 카트라이트(Edmond Cartwright), 녹스(John Knox) 등 많은 정치철학자들은 군주의 통치가 인민의 행복을 침해할 경우 인민이 군주에 대한 저항권을 가질 수 있는가의 문제를 놓고 고민하였다. 인민이 주권적 권리를 소유하고 있다는 생각에서 저항권의 사유가 가능하였는데, 과연 절대군주와 인민이 어떻게 주권을 공유할 수 있는가의 문제였다. 그러나 주권 개념의 본질상 주권은 공유되거나 나누어질 수 없고, 다만 정부가 주권의 의사를 어떠한 형태로 받아들여 구체적으로 통치할 수 있는가만이 문제인 것이다. 군주주권과 인민주권은 원칙적으로 타협될 수 없는 것이었다(Hinsley 1986, 132).

영국의 경우 헨리 8세의 통치하에 주권체의 개념이 자리 잡기 시작했다. 국교회의 성립으로 로마교황청으로 독립되고 군주가 종교의 수장이 됨에 따라 중세의 교회 권위로부터 독립하였다. 또한 종교개혁 이후의 종교전쟁을 국가 차원에서 정리함으로써 종교전쟁과 같은 내전도 피할 수 있었다. 오히려 군주주권과 인민주권의 이중성의 문제가 영국 국내정치의 핵심논제였다. 17세기 중반 치열한 내전을 겪으면서 "의회 속의 왕실(Crown-in-Parliament)"이라는 개념이 자리 잡고 이를 어떻게 실현할 것인가가 중요한 문제가 되었을 뿐이다.

중세적 보편규범이 사라진다고 해서 완전한 무정부상태가 도래할 것인가, 아니면 주권의 국내적 제약에 대한 논의처럼 국제 관계에서도 윤리적이고 국제사회의 실제적 제약이 존재하게 될 것인가가 중요한 문제로 부상하였다. 이 점에서 그로티우스는 중요한 전환점을 이루는 인물이다. 국가주권이 자리 잡는 과정에서 치열한 폭력과 전쟁을 경험했고 마키아벨리 등 국가 간 규범을 공격하는 지적 분위기를 경험한 그로티우스는 중세적 보편규범을 부정하고 자연법의 존재를 강조하는 동시에, 국가 간에는 국가들의 의지로 결정된 실정법이 작용해야 한다고 보았다. 로마의 유스 겐티움(jus gentium)은 실정법과 도덕법이 혼재된 개념이므로 국가들의 의지로 만들어진 실정적 유스 겐티움, 즉 의사법(jus gentium voluntarium)이 필요하다고 본 것이다. 또한 조약에 관한 일반이론을 제시한 인물이기도 하다.

그러나 그로티우스는 국가들의 행동이 무조건 자의적일 수는 없다고 생각하였다는 점에서 보댕의 영향을 강하게 받았다. 주권국가들 간의 모임이라 할지라도 강력한 법의 지배하에 국제관계가 놓일 수밖에 없다는 점을 주장하고 증명하는 것이 그로티우스의 목적이었다. 그로티우스의 시대에는 마키아벨리의 논의가 이미 널리 퍼져 있었으며 그로티우스는 국제법에 대한 회의주의를 비판하고 있었다. 그로티우스는 1625년에 저술한 『전쟁과 평화의 법(*De jure belli ac pacis libri tres*)』에서 마키아벨리를 전혀 언급하지 않으면서도 이러한 견해를 비판하고 있다.

그로티우스의 사고에서 실정법이 국제법의 가장 중요한 연원이라고 해서 국가들의 사회를 하나로 묶는 연대가 사라지는 것은 아니다. 그로티우스는 자연법의 기능을 중시하였다. 자연법은 실정법과 구분되는 것으로 국내는 물론 국제의 영역에도 적용되는 것이라고 보았다. 『전쟁과 평화의 법』 프로레고메나(prolegomena)의 유명한 구절에서 그로티우스는 스콜라 학자들과 충돌하지 않으면서 자연법을 신학으로부터 분리시켰다. "비록 신이 없다거나 인간의 문제는 신과 관계가 없다는 최악의 죄를 범하지 않고는 시인할 수 없는 그런 경우"일지라도 자연법은 유효하다고 말하였다(Grotius 2005, 1748; Nussbaum 2013, 204; Hinsley 1986, 187). 여기서 자연법은 신법의 성격을 탈피하고 인간의 사회적 본성에 기초한 세속적 기준을 더욱 중시하고 있다. 물론 기독교 사회의 보존을 중요한 목적으로 여기기는 하지만 자연법의 기초로서는 인간의 이성과 본성에 더욱 기대고 있는 것이다. 그로티우스는 "인간의 본성 자체가 자연법의 어머니이며, 우리가 자원의 부족을 경험하지 않더라도 공동의 사회(societatem mutuam)를 추구하게 마련"이라고 본다. 시민법의 어머니는 합의에서 시작된 의무이며 자연법에서 그 힘이 나오므로 "자연은 시민법의 조모라고 해야 할 것"이라고도 논한다. 그러나 한편으로는 이익 역시 중요한 요소로 "인간들은 이익을 위해 사회를 만들어 감"으로써 살아간다고도 보았다(Grotius 2005, 1749). 국가 간의 관계에서도 개별 국가는 자신의 이익을 위해 행동하지만 국제사회 전체의 이익을 위해 법을 창출하고 지키는데, 이를 국제법이라고 보고 있다(Grotius 2005,

1750). 그리고 그로티우스는 이러한 자연법의 근원을 인간의 사회성(appetitus societatis)으로부터 찾았다(Grotius 2005, 1747).

자연법은 보다 구체적인 법규로 이어지고, 예를 들어 자연법의 중요한 제약으로는 선전포고 없이 전쟁을 해서는 안 된다거나 상대방의 왕을 독살해서는 안 된다거나 노예를 부당하게 다루어서는 안 된다거나, 전쟁 중 포로나 민간인을 살해해서는 안 된다거나 하는 등의 기본 규율이다(Hinsley 1986, 189). 그중에서도 정당한 전쟁에 대한 논의는 그로티우스 국제법의 핵심이자 기초다. 그로티우스는 중세의 신학적 논의를 벗어나 자연법에 기초한 정전론을 정립하고자 하였다. 그로티우스는 주권자에 의한 공적 전쟁의 정당성을 강조하여 전쟁이 국제관계의 중요하고 정당한 수단이라는 점을 인정하고, 상대방의 공격과 상해가 있을 경우 자신을 방어하기 위한 전쟁이 정당하다는 점을 주장한다. 그로티우스는 "인간의 생명이 불가피한 위험에 처하여 전쟁이 발발하거나 공격자를 파괴하거나 할 때 사적 전쟁은 정당하고 합법적"이라고 논의하면서 "정당방위의 권리는 스스로의 보존을 위해 직접적이고 즉각적으로 발생"하며 "자연은 모든 이에게 이러한 권리를 부여"하였다고 본다(Grotius 2005, 397). 이러한 권리는 취득된 것이 아니라 자연이 인간의 정신에 새겨 놓은 본래적인 것이며 자신의 보존을 위해 모든 수단을 동원할 것을 허용한다는 것이다(Grotius 2005, 187).

로마의 만민법 또한 근대 국제법의 중요한 영감이었다. 앞서 논의한 대로 만민법은 엄격한 의미에서 국제법이라고 보기는 어렵다. 수아레스는 그로티우스에 앞서 만민법의 모호성을 최초로 지적한 바 있다. 즉, 만민법은 일면 모든 인민이 상호 간의 관계에서 준수해야 할 법이라는 의미를 가지는 한편, 국가와 왕국들이 그들 내부에서 준수하는 법들로 이들의 유사성과 편의성 때문에 만민법이라 불리기도 한다는 점이다. 수아레스의 시대에 국가와 왕국들보다는 오히려 인민들과 민족들에 관계된 것이라고 느꼈던 것이 분명하며, 진정한 의미의 국제법을 인식하기보다 만민법을 자연법과 민법의 중간적인 것이라고 생각하고 있었다(Nussbaum 2013, 169-170). 그로티우스는 만민법을 명확히 국가 간의 법이라고 규정하고 인간의 사회성과 합리성의 원칙에 따라 국제법을 새롭게 정초하려 했다는 점에서 근대 국제법의 아버지라 할 만하다. 이후 홉스는 용어 면에서 만민법을 국가 간의 법에 대한 유일한 명칭으로 만든 최초의 학자가 된다(Nussbaum 2013, 246).

그로티우스는 보댕을 따라 주권자의 절대적 권한에 대해 명확한 견해를 가지고 있었고, 이들 주권자는 자연법 앞에서 평등하다는 원칙적 입장을 견지하고 있었다. 그러나 국력에 따라 국가들 간의 차등적 위계가 설정되는지에 대해서는 여전히 명확한 견해를 보이고 있지 않다. 그로티우스의 시대에는 주권적 평등이라는 법적 원칙과 실질적 불평등이라는 현실 간의 괴리를 명확히 할 만큼 주권국가 질서가 자리 잡지 못하고 있었다. 오히려 주권국가와 비주권적 정치체들, 예를 들어 해적, 약탈집단, 독재자와 같은 집단의 문제가 더 중요하게 부각되었고 주권국가와 이들 간의 관계가 중요한 주제였다. 그로티우스는 비주권 단체와의 계약이 국제법적으로 합법적 계약인지에 대해서는 의문을 표하였지만 여전히 계약인 이상 기본적인 약속 준수의 원리에 따라 이를 준수해야 한다는 견해를 가지고 있었다. 특히 자연법의 기독교적 함의를 사상함으로써 비기독교도와의 합의도 준수해야 한다는 생각도 새롭게 제시하였다. 그로티우스는 기독교 국가 간의 특별한 관계를 인정하면서도 사라센인들이나 그 밖의 이교도들에 대한 차별을 권유하지 않은 최초의 학자였다. 이교도들과의 조약체결도 반대하지 않은 학자였다(Nussbaum 2013, 206).

그로티우스가 남긴 핵심적 과제는 실정법과 자연법의 관계다. 실정법이 가장 중요한 국제법의 연원이라고 보면서도 여전히 자연법의 도덕률을 강조하고 있기 때문이다. 이는 국제정치의 법률성과 정의 간의 관계이기도 하다. 그로티우스는 법률적 성격을 강조하면서도 보편적 정의가 국제정치에서 실현되어야 한다는 명제를 내세우기도 하였다. 이러한 혼란은 아직 주권국가 질서가 이행기에 있었던 그로티우스의 시대적 상황 때문이라고 보아야 한다. 사실 그로티우스 이후 그의 사상이 정착되기에도 많은 시간이 필요했던 것이 사실이다(Hinsley 1986, 190).

홉스

홉스나 스피노자와 같이 국가는 다른 어떠한 규범에도 제약받지 않는 최고의 권위체라는 소위 "자연주의자(Naturalists)"들 역시 주권이론의 한 축으로 자리 잡고 있었다. 이들은 중세적 신법적 자연법을 부정하고 오직 세속적 차원에서만 자연법의 존재를 다양한 정도로 인정하는 사상가들이었다. 주권국가들의 군주들조차 일정한 제약이 필요하다는 인식이 생겨나고 있는 상황에서 국제정치의 완전한 무정부상태를 논의하기는 어려웠다. 절대군주들이 모든 실정법 위에 있지만 그럼에도 불구하고 군주들의 행동이 완전히 자의적이라기보다 도덕적 규범이나 정치공동체의 정치적 제약에 종속된다고 보았다(Hinsley 1986, 185).

잘 알려진 바대로 홉스의 철학은 주권에 대한 새로운 개념을 세우는 데 기여하였다. 보댕이 유기체적인 관점에서 국가의 존재론적 근원을 가정에서 가져오고 부권의 기원을 신법에서 찾은 것과는 달리, 홉스는 인간은 개인으로 자연상태에서 존재하다가 생명의 보호를 위해 계약을 맺어 국가의 주권에 스스로 종속되었다고 본다. 홉스 역시 군주주권과 인민주권의 이중성 문제로 고민하였지만 인민이 전체로서 존재하는 것이 아니라 자연상태에서 개인으로 존재하고 개인들끼리 계약을 맺어 국가를 탄생시켰다는 점에서 이전의 군주 대 인민의 계약설과 차이가 난다. 계약 과정에서 군주와 국가는 참여자가 아니며 개인들 간 계약이 국가를 창출하였으므로 이를 행사하는 군주의 권한은 그 계약에 제한받지 않는다는 것이다. 사실 군주가 국가의 권한을 행사하는가는 전술적인 부차적 문제이며 중요한 것은 국가가 개인들 간의 종속합의에 의해 만들어졌기 때문에, 국가는 개별 인민의 의지에 종속되지 않는다는 점이다. 이 종속의 계약(covenant of submission)을 통해 군주는 이양 받은 인민의 권한을 자유롭게 행사한다. 이 과정에서 중세적 질곡은 더 이상 문제가 되지 않고 인민과의 관계만 문제가 된다(Hinsley 1986, 142-143). 홉스는 국가가 하나의 인격이라는 견해를 간단히 언급하고 있다. 인격은 자연적 인격과 가상의 인격, 혹은 인위적 인격으로 나뉘는데, 타인의 말과 행위를 대표하는 행위자일 경우 후자로 본다는 견해다. "대표자가 여러 사람으로 이루어져 있다면, 다수의 의견을 그들 모두의 의견으로 여겨야" 한다는 것이다(Hobbes 2016, 169).

홉스는 자연상태에서 인간의 자연권을 정의하고 있는데, "자연권이란 자신의 생명을 유지하기 위해 자기 힘을 뜻대로 사용할 수 있는 각자가 가진 자유이며, 따라서 자신의 판단과 이성에 따라 가장 적합한 수단으로 판단되는 모든 일을 할 수 있는 자유"를 말한다(Hobbes 1986, 135). 그리고 자연법이란 인간의 이성이 발견해 낸 계율, 즉 일반적 원칙으로 자연법에 의해 인간은 그 생명을 파괴하는 행위나 자신의 생명을 유지하는 수단을 박탈하는 행위를 하거나, 또한 생명을 보존하기에 가장 적합하다고 생각되는 행위를 게을리하는 것이 금지된다고 본다(Hobbes 1986, 135).

홉스는 총 19개에 달하는 자연법의 내용을 열거하고 있는데, 그중에서 제1의 자연법에 따르면 "인간의 상태는 모든 사람에 대한 모든 사람의 전쟁상태이기 때문에, 누구나 오직 자신의 이성에 의해 지배당할 뿐이며, 그가 이용할 수 있는 힘 가운데 적으로부터 자신의 생명을 지키는 데 도움이 되지 않는 것은 아무것도 없다"는 것이다. "그런 상태에서 모든 사람은 만물에 대한 권리를 가지며, 심지어는 서로의 몸에 대해서까지도 권리를 가진다. … 모든 사람은 평화를 획득할 가망이 있는 한 그것을 얻기 위해 노력해야 한다. 평화달성이 불가능한 경우에는 전쟁에서 이기기 위한 어떤 수단이라도 바라거나 사용해도 좋다"는 것이다(Hobbes 1986, 135-136). 이러한 홉스의 명제는 자연법이 군주들에게 공유되는 한 소위 자연상태를 다스리는 격률이 된다. 즉 자연상태에서의 권리와 법에 대한 사회적 합의다. 개인들은 이 합의를 명시적으로 인식하고 지킬 수 없는 한계를 가지고 있지만 사회와 국가라는 집단에 기반하고 있는 군주들은 정책결정과정에서 이를 숙고하여 행동할 것이다.

제2의 자연법을 보면 "인간은 평화와 자기방어를 위해 그가 필요하다고 판단하는 한, 또한 다른 사람들도 모두 그럴 경우에는 만물에 대해 이 권리를 기꺼이 포기하고, 자신이 타인에게 허락한 만큼의 자유를 갖는 것으로 만족해야 한다."라고 쓰고 있다(Hobbes 1986, 144-145). 문제는 자연상태에서 자연법으로 안전을 보장할 수 없다는 점이다. 홉스는 "'너희는 남에게서 바라는 대로 남에게 베풀어라.'라고 하는 자연법 자체는 어떤 권력의 위협 없이는 지켜지지 않는다"고 본다(Hobbes 1986, 173). "자연법이 있음에도 … 어떤 권력이 세워져 있지 않으면 또는 세워져 있다 하더라도 우리의 안전을 보장하기에 충분할 정도로 강력하지 않으면, 인간은 모든 타인에 대한 경계심에서 자신의 힘과 기량에 의지"할 수밖에 없다는 것이다(Hobbes 1986, 173).

따라서 개인들은 비참한 전쟁상태로부터 벗어나기 위해 코먼웰스(commonwealth), 즉 국가를 수립하며, 코먼웰스 상호 간에는 이에 대한 인식이 있다. "인격이란 자연적 인격을 넘어서 가상의 인격, 혹은 인위적 인격으로 타인의 말과 행위를 대표하는 것으로 발전"한다. 결국 "코먼웰스란 모든 권력과 힘을 한 사람 또는 하나의 합의체에 부여하는 것"이며(Hobbes 1986, 176), 이 인격을 맡은 사람이 주권자이며 주권적 권력을 지니게 된다(Hobbes 1986, 178).

이러한 논의는 대내적 주권에 관한 논의인데 홉스는 연장선상에서 국제정치에 대해서도 논의를 남기고 있다. 주권자는 그가 가장 좋다고 생각하는 바에 따라 전쟁과 평화를 도모할 권리를 가진다. 언제 공공의 이익이 되는지를 판단하고 그 목적을 위해 거대한 병력을 결집하고 무장하는 방법과 소요예산을 판단한 권리를 가진다. 또한 세금을 걷을 권리를 가진다(Hobbes 1986, 184-185). 결국 주권자의 결정은 전체 국민들의 권리를 위임받은 것이기에 명확한 목적을 가진다. 주권자들 간의 관계 역시 이러한 명확한 목적들 간의 충돌로서, 자연상태적 충돌과는 상당 부분 다르다.

흥미롭게도 홉스는 또한 주권자들 간의 관계를 규율하려는 기본 규범에 대해서도 논의하고 있다. 여러 나라의 군주이며 한편으로는 국민들의 합의에 의해 세운 주권을 지니고 있고, 다른 한편으로는 정복에 의해 즉 사람들이 죽음이나 사슬을 피하기 위해 복종한 결과로 주권을 지닌 자가, 피정복지의 국민들에게 정복자의 이름으로(즉 그들이 정복된 사람들이라는 이유로) 전자의 국민들에게보다 더 많은 것을 요구한다면, 이것은 주권자의 권리를 모르는 행위라고 규정하고 있다. 주권자는 쌍방에 대해 똑같이 적대적이며 그렇지 않으면 그곳에 주권은 전혀 존재하지 않는다는 것이다(Hobbes 1986, 206-207). 이는 이미 홉스의 시대부터 정복에 의한 주권의 확장이 피정복지의 인민들의 자연권을 대의해야 한다는 규범이 존재하였음을 보여 주고 있다. 또한 정복이 의도되고 행해질 수 있음도 역설적으로 보여 주고 있다.

이러한 논의는 홉스의 국제정치 자연상태론과 실제 국제정치에 대한 홉스의 견해 간의 간극을 보여 준다. 결국 홉스의 논의를 재해석해 보면 국제정치가 일종의 자연상태라는 합의 위에서 자연법에 기반한 질서를 만들어 간다는 것으로 볼 수 있다. 여기서 국제정치가 자연상태라는 사실에 대한 합의 자체가 사회적인 것이다. 그렇지 않다면 이후의 자연법 기반 질서 자체가 만들어질 수 없기 때문이다. 홉스는 이를 당위론과 현실론 모두의 측면에서 논의하지만, 국제정치가 합의에 의한 자연상태라는 사실에 반대할 것으로 보기는 어렵다. 모든 논의의 출발점이기 때문이다.

푸펜도르프

그로티우스 이후 국제사회의 관점에서 국가주권을 통제하려 하였던 국제법 학자들이 다수 존재한다. 국제법의 법원을 기준으로 생각해 보면 그로티우스가 자연법과 실정법 간의 균형을 맞추려 하였던 반면, 푸펜도르프(Samuel Freiherr von Pufendorf)로 대변되는 자연주의자들은 자연법을 법원으로 강조하였으며, 오로지 국가들 간의 조약과 관습과 같은 국가들의 자발적 합의를 중시하는 실증주의자들도 존재하였다. 그로티우스 이후의 그로티우스주의자로는 볼프와 바텔, 그리고 휘튼(Henry Wheaton) 등을 들 수 있고, 실증주의는 18세기에 모저(Johann Jakob Moser, 1701-1785)나 폰 마르텐스(Georg Friedrich von Martens, 1756-1821)에 의해 이미 시작되었지만 19세기에 오스틴(John Austin, 1790-1859), 클뤼버(Johann Ludwig Klüber, 1762-1837), 하트만(Adolf Hartmann) 등에 의해 본격적으로 발전하였다고 할 수 있다(Oppenheim 1912, 85-101).

그로티우스가 30년 전쟁의 와중에 국가들 간의 전쟁을 국제법에 의해 통제하려 하였고, 홉스가 내전에 의해 붕괴된 국내 질서를 재건하고자 하였다면, 푸펜도르프는 베스트팔렌 조약 이후 본격적인 근대국가체제가 시작된 이후 국제질서를 사유한 최초의 국제법 학자인 셈이다. 푸펜도르프의 문제의식은 주권국가체제가 자리 잡은 후 어떻게 국가들 간의 관계를 국제법으로 통제할 것인가, 그러한 이론적 기초가 무엇인가 하는 점이었다. 자연주의의 선봉에 섰던 푸펜도르프는 역시 주권국가의 자의성을 제약할 논의가 필요하다고 보고 그로티우스의 자연법 대 실정법의 관계를 도덕과 법으로 환치시킴으로써 이 문제를 계속 논구하였다(Hinsley 1986, 192).

푸펜도르프는 국제법 자체에 대한 연구보다는 자연법에 대한 연구에 집중하였고 국가들 간에 자연법 이외의 법은 존재할 수 없다고 보았다. 홉스와 같이 개인의 이익과 자연상태 가정을 받아들이면서도 자연법의 존재를 통해 국제법의 효력을 강화하고자 하였다는 점에서 그로티우스와 홉스의 종합이 푸펜도르프의 목적이었다고 하겠다. 그로티우스가 인간 본성에 내재된 사회성을 상정했던 것과는 달리, 푸펜도르프는 사회를 향한 자연적 욕구가 인간에게 선천적으로 내재해 있다고 보지는 않는다. 오히려 자연상태의 개인이 안전과 피해 방지 등의 이유로 사회성(*socialitas*)을 필요로 하는 과정이 생겨난다고 본다. 자체적으로 존재하는 자연에 도덕이 내재한다고 보지 않고, 인간의 필요에 의해 도덕이 자연질서에 부과된다고 상정하였다(imposition theory). 푸펜도르프는 자연법이란 "사회성의 법으로 스스로가 인간 사회의 필요한 일원이 되도록 행동하게 만드는 법"이라고 정의한다. 인간은 스스로의 안전을 위해 사회적이 되어야 하며 다른 사람이 자신에게 해를 끼치지 못하도록, 그리고 자신에게 이익이 되도록 행동하여야 하기 때문이다(Pufendorf 1991, 35). 또한 푸펜도르프는 인간이 본래적으로 평등하며 타인을 평등한 존재로 대해야 한다고 주장하는데, 홉스가 개인의 능력 면에서 평등을 논한 것과는 달리 가치와 권리의 측면에서 평등을 강조하고 있다(Pufendorf 1991, 61).

한편 푸펜도르프는 홉스와는 달리 자연상태의 인간이 안전을 위해 사회를 창출한다고 보지 않고, 보다 적극적으로 인간의 안전을 해하는 개인들의 행동을 통제하고 관리하기 위해 사회성이 만들어지고 이로부터 사회상태가 창출된다고 보았다. 홉스 역시 단순한 안전이 아닌 경쟁심과 공명심 등 자연상태에서 개인의 욕구를 언급하기는 하였지만 푸펜도르프는 소극적 필요보다 적극적 필요를 위해 사회성이 생겨난다는 점을 강조하고 있다. 푸펜도르프는 인간을 혼자서 존재하지 못하고 다른 사람의 도움을 받아야만 생존할 수 있는 유약한 존재로 본다. 따라서 안전을 위해 타인의 도움을 필요로 하는데, 문제는 이에서 더 나아가 자연상태에서 인간은 불안의 문제뿐 아니라 지나친 욕망의 문제를 함께 가지고 있다고 상정한다. 인간은 "다른 사람의 재산을 소유하려는 정열, 질투심을 가지고 죄 없는 사람, 친구, 은인 등 다른 사람들을 파멸시키는 데 주저함이 없는" 존재라는 것이다(Pufendorf 1991, 11). 인간은 자신에게 필요한 것 이상을 원하고, 타인을 해하는 강력한 능력을 가지고 있다(Pufendorf 1991, 34-35). 동시에 푸펜도르프는 자연상태가 곧 전쟁상태라는 홉스의 견해를 받아들이지 않는다. 당시 홉스주의자로서 푸펜도르프가 많은 비판에 직면하고 있었고, 실제로 푸펜도르프는 홉스로부터 자신의 이론을 떼어 놓고 그로티우스나 아리스토텔레스의 전통에 서기 위해 많은 노력을 기울인 것으로 알려져 있다. 푸펜도르프를 오늘날 홉스의 계승자로 보는 견해도 있지만(Palladini 2008), 자연상태에서 인간이 다른 인간과 협력적으로 공존할 수 있다는 가능성을 인정하고 있다.

푸펜도르프는 자연상태에서 "인간이 인간을 해치려는 욕망"에 대한 홉스의 견해를 명시적으로 비판하면서 "인간이 서로를 해치는 것에 대한 홉스의 원인에 대해, 이러한 인간들은 매우 특수한 경우이며 모든 인간들 간에 만인에 대한 만인의 전쟁을 상정하기에는 충분하지 않다"고 주장한다. 또한 "공격적이고 악한 개인은 보다 온건한 개인과 섞여 살기 마련"이고 "대부분의 인간은 이러한 문제를 가지고 있지 않거나 약간만 영향을 받는다"고 본다. 신이 아무리 자연상태의 결핍을 의도하였더라도 "정상적인 사람이라면 불신과 의심을 전제로 하여 자신을 해치려는 특별한 의도를 보이지 않는 사람들을 잡아 억압하는" 일은 온당한 가정이 아니라는 것이다(Pufendorf 1994, 145-146).

푸펜도르프는 인간의 의무에 대한 지식이 자연법, 시민법, 도덕신학의 세 분야에서 비롯된다고 보고, 자연법은 국가를 막론하고 모든 사람들이 공유하는 지식, 시민법의 각 국가들이 소유하는 개별적 지식, 그리고 도덕신학은 신이 부여한 도덕적 지식이라고 정의하였다. 시민법은 궁극적으로 자연법의 다기화이기 때문에 자연법의 기초를 가지며, 자연법과 도덕 신학은 내용상 공통점이 있음에도 불구하고, 자연법은 현세를 기초로 한 도덕지식인 반면, 도덕신학은 내세를 상정한 지식이라는 점에서 차이가 난다고 보았다(Pufendorf 1991, 7-9). 푸펜도르프에게 중요한 것은 현세에서 올바른 이성으로 인식가능한 자연법이 어떻게 현세를 지배하는 규범으로 자리 잡게 하는가 하는 점이었다.

푸펜도르프는 사회계약이 비단 자연상태에서 개인들 간의 계약일 뿐 아니라 개인과 군주와의 계약을 포함한다고 보았다. 푸펜도르프는 "인간이 일차적이 소규모 연합(*societas*)에 만족하지 않고, 국가(*civitas*)라는 명칭의 대규모 연합을 형성하기를 원하는지" 탐구할 필요가 있다고 논하면서, 인간은 본성에 의해 사회상태(societas civilis)에 끌리는 것은 아니라고 본다. 인간의 타인의 도움 없이 안전하게 살 수 없는 것은 사실이나, 사회를 형성하면서 가질 수 있는 이익을 중시한다고 본다(Pufendorf 1991, 132). 푸펜도르프는 정치형태를 군주정, 귀족정, 민주정으로 분류하고 귀족정이 가장 안정된 정체라고 생각하였으며, 군주의 절대적 권한을 인정하였다는 점에서 보댕 및 홉스와 일치된 견해를 보인다.

그러나 홉스는 개인과 군주와의 계약 부분을 누락하고 있는데, 이는 왕에 대한 신민의 저항권의 소지 자체를 없애려는 의도가 있었기 때문으로 보인다. 푸펜도르프는 왕에 대한 신민의 저항권을 인정하지는 않았지만 사회계약의 단계에서 왕과 개인들 간의 계약의 존재를 강조한다는 점에서 홉스를 비판적으로 보고 있다(Tully 1991, xxxii). 푸펜도르프는 국가를 하나의 인격으로 보며 자체적인 특별한 권리와 소유물을 가진 존재로 본다는 점에서 홉스보다 더욱 명시적이다. 어떠한 개인이나 다수의 집합도 주권자로부터 이러한 주권적 권력 혹은 정부를 탈취할 수 없다고 본다. 국가는 "복합적인 도덕적 인격체(composite moral person)"이며 국가의 의지는 다수의 동의에 기초하고 있으므로 모든 구성원의 힘과 능력을 사용하여 공통의 목적으로 평화와 안전을 추구한다는 것이다(Pufendorf 1991, 137). 이러한 주권이 개인을 통해 실현되면 군주는 사적 개인이 아니라 공적 개인으로서 국가를 대변한다는 의미에서 프랑스에서 정식화된 동시대 왕의 "두 개의 신체론"과 상통한다.

푸펜도르프가 상정한 왕정은 하나의 이상적 국가였지만, 현실에서는 다양한 형태의 국가가 존재하였다. 푸펜도르프는 왕정이 견고하게 자리 잡은 프랑스와 같은 절대왕조 국가를 정규국가로 보고 신성로마제국과 같이 여러 국가들의 시스템(system of states) 형태를 취하는 국가들을 비정규국가(*respublica irregularis*)로 보아 양자를 구별하고 후자를 비판하는 입장을 취하기도 하였다(Pufendorf 1991, 144; 김준석 2018b).

푸펜도르프는 또한 조약과 같은 실증적 연원을 부정하면서도 인간의 이성에 기반한 국제규범을 탐구함으로써 국가들 간의 행동을 제어하려고 하였다. 흥미로운 점은 푸펜도르프가 국가들의 근본적 평등을 주장하였다는 점이며 국가들 간의 서열에 대한 모든 논의를 거부하였다는 점이다(Nussbaum 2013, 267-268). 국가를 하나의 인격으로 보고 자연법적 원리에서 모든 개인들의 본래적 평등을 주장하였다는 점에서 국가들 간의 평등 관념이 자리 잡기 시작했다는 것은 주목할 만한 일이다.

볼프와 바텔

1740년대 볼프(Christian Wolff)는 과거와 같이 유럽이 하나이며 거대한 국가(civitas maxima)라는 생각을 되살리려 하기도 하였지만 주권국가의 독립성에 대한 생각이 자리를 잡게 되었다. 주권국가들 간의 질서를 위한 국제법의 필요성에 대해 페넬롱, 바텔 등에 의해 다양한 논의가 생겨나기 시작하였는데, 본격적인 창시자는 바텔이었다. 미국독립혁명, 1760년대부터 프랑스혁명까지의 프랑스, 그리고 같은 시기의 영국 모두가 제시한 국제법의 필요를 둘러싸고 다양한 논의를 전개하였다(Hinsley 1986, 201). 바텔은 1758년에 저술한 『국제법(*Le droit des gens*)』에서 모든 국가는 각자의 이익에 의해 국제관계를 해 나가며 완전히 독립적인 국가라고 보고, 유럽은 과거의 하나의 국가가 아니라 독립적인 주권국가들의 모임이라고 선언한다. 그러나 동시에 이들을 하나로 묶는 공통의 이익이 있다고 보고 공통의 규범을 찾고자 하였다. 그로티우스처럼 자연법의 개념을 생각하였지만 이는 더 이상 과거와 같은 자연법이 아니라 모든 국가들의 공통의 권한과 이익을 담는 자연법이었다. 모든 주권국가들은 다른 국가들의 주권을 존중해야 하며, 여기서 주권국가들 간의 동질성과 평등성의 규범이 정착되고 있음을 목격할 수 있다 (Hinsley 1986, 195).

볼프와 바텔은 이전의 그로티우스, 홉스, 푸펜도르프와 같이 자연법의 중요성을 인식하고 자연법이 국가들 간의 관계에 어떠한 규제력을 가지는지를 논구하였지만, 개인에 적용되는 자연법과 국가들에 적용되는 자연법을 보다 확연히 구분하여 국내법과 국제법의 자연법적 연원을 보다 확실하게 인식하였다는 점에서 근대 국제법의 정초를 완성하는 것으로 평가될 수 있다. 볼프는 국제법의 연원이 필연적 자연법, 자발적 자연법, 조약에 의한 실정법, 관습법으로 대별될 수 있다고 보고 체계화된 견해를 보였다. 자연법은 모든 개인과 국가에 적용되는 필연적인 법원으로 주체들의 권리와 의무를 규정한다. 자발적 자연법은 필연적 자연법에서 파생되어 나와 일정한 변화를 거친 것으로 국가들이 암묵적으로 동의한 범주에 속한다. 실정법적 연원이 되는 조약 및 협약과 관습이 자연법과 더불어 존재하는데, 볼프와 바텔은 자연법에 어긋나는 실정법은 지킬 의무가 사라진다는 자연법 중심의 견해를 여전히 견지하고 있다.

바텔은 기본적으로 볼프의 국제법을 이어받았지만 국가들을 규제하는 초국가적 단위를 꿈꾼 볼프와는 달리 보다 현실적으로 국제법에 접근하고 있다. 바텔 역시 국제법의 연원을 크게 자연법과 실정법으로 나누고 자연법의 중요성을 강조한다. 자연에 내재한 이성의 역할을 강조하고 국가는 자연상태에서 개인들이 생존과 행복을 위해 합의한 정치체 (body politic)라고 본다. 모든 국가는 도덕적 주체로서 자연법과 이성에 따라 스스로의 권리와 의무를 인식하고 이를 지켜 나간다고 간주한다. 국가들은 자연상태의 개인과 마찬가지로 자유롭고, 독립적이며, 평등하다.

이 세 가지 원칙은 바텔이 국가의 주권성의 근원으로 삼는 가장 중요한 규범적 덕목이다. 각 국가는 구성원의 안전과 이익, 행복을 극대화하기 위해 구성원의 의사를 대표하여 행동하여야 하며 이를 위해 전쟁과 상업 등 다양한 권리가 생겨난다. 특히 바텔은 볼프보다 더 인민들의 대의적 권리를 강조하고 있다. 군주제에 의한 국가 주권이 보편적이던 때에 바텔은 절대군주라 하더라도 공적, 사적 생활에서 국민의 복지를 위해 행동이 제약되고 신중한 행동을 해야 한다고 논하고 있다. 루이 14세를 예로 들며 가장 절대적인 왕조차도 국가 전체의 이익을 위해 온건한 정치를 해야 한다고 주장하고 있다.

중요한 대목은 바텔이 국가의 주권을 논하는 부분인데, 국가는 자유롭고 독립적이며, 모두 평등하다는 것이 전제로 확립되어 있다. 외부의 간섭으로부터 자유로우며 스스로의 이익을 위해 스스로 결정하는 것이 주권국가라고 정의한다. 여기서 국가들의 법적 평등과 능력상의 불평등에 대한 바텔의 견해가 주목할 만하다. 바텔은 주권을 소유한 국가들 간에 국력 차이가 어쩔 수 없이 발생하며 이에 따라 주권의 행사가 제약될 수도 있다는 점을 애초부터 인정하고 있다. 예를 들어 강대한 나라와 약소한 나라들 간에 동맹이 체결되면 약소한 나라는 강대한 나라에 의존할 수밖에 없지만 그렇다고 약소한 나라의 주권이 무효화되는 것은 아니라는 것이다. 주권국가로 남아 있으면서 강대국에 의존하는 현실을 인정한 것이다. 바텔은 『국제법』 서론에 이와 관련하여 다음과 같이 서술하고 있다: "인간은 본래적으로 평등하다. 권리와 의무에서 완전한 평등이 존재하며 … 자연상태에서 함께 살아온 많은 자유로운 인간들로 만들어진 국가들 간에도 본래적인 평등이 존재하며 자연으로부터 동일한 의무와 권리를 물려받았다. 힘의 강함과 약함은 이러한 점에서 어떠한 차이도 나타내지 않는다. 난장이는 거인과 마찬가지로 인간이며, 작은 나라도 가장 강대한 나라만큼이나 주권국가다"(Vattel 2008, 75, 83).

국가들 간의 주권 평등은 특권 국가의 존재를 인정하지 않는다. 바텔은 "자연이 독립 국가들 간에 완전한 평등을 정립"하였으며 따라서 어떠한 국가들도 "본래적으로 상위의 특권을 주장할 수 없다"고 본다. 어느 한 국가가 "자유와 주권으로부터 특권을 유추해 낸다면, 다른 국가들도 마찬가지로 같은 근원으로부터 같은 주장을 할 수 있다"는 것이다. 바텔은 또한 타국에 대한 부당한 침략, 정복을 불법적인 것으로 규정하고 국경을 준수해야 한다고 강조한다. "우리는 타국의 영토를 침해해서든 안 되고, 존중해야 하며, 다른 주권국의 권리에 위반되는 행동을 해서는 안 된다"는 것이다(Vattel 2008, 308).

그러나 동시에 바텔은 실질적 불평등을 인정하는 현실적 모습을 보인다. 국가들이 본래적으로 특권을 주장할 수는 없지만 힘의 요소는 작용한다고 본다. "힘 있고 팽창적인 국가는 작은 국가보다 보편사회에서 훨씬 더 중요한 비중을 차지한다"고 인정하면서 "작은 국가들은 큰 국가들에 양보하는 것이 온당하고, 의회에서처럼 큰 국가들에게 의례상의 존경을 표할 경우도 있다"고 본다. 그러나 이러한 힘의 차이가 "국가 간 평등을 파괴하는 것은 아니며, 단지 같은 국가들 간의 순위"를 보여 주는 것이라는 타협점을 찾는다(Vattel 2008, 281). 힘의 차이 때문에 불평등 동맹을 맺고 있다고 하더라도 국가들 간의 평등은 여전히 존중된다는 점에서 이러한 구별은 중요하다는 것이다(Vattel 2008, 83).

바텔 당시 유럽의 국가들, 그리고 지구적 차원의 단위에서 온전한 주권국가들의 수는 매우 제한적이었다. 따라서 바텔은 주권국가와 비주권국가를 구별하고, 주권국가들도 유형화하는데, 강대국과 같은 기본적인 주권국가가 있는 반편, 조공을 바치는 증공국, 다른 국가에 칭신하는 제후국, 그리고 국가들 간의 연합을 이루어 만드는 연합국가를 예로 들고 있다. 우선 자국의 안보를 위해 타국의 보호하에 들어간 국가를 논하면서 이는 주권국가의 지위를 가질 수 없다고 본다. 다음으로 바텔은 약한 나라가 다른 국가에 스스로의 독립, 강대국의 간섭 배제를 위해 조공을 바치는 경우가 있는데, 그렇더라도 이들 국가가 주권국가의 지위를 잃는 것은 아니라고 본다. 즉 증공국이자 주권국가인 것이며 양자는 논리적으로 배타적이지 않다는 것이다. 제후국 역시 자국의 이익을 위해 강대국에 칭신하여 제약을 수용하는데, 그렇다고 주권국가의 지위를 잃지 않는다고 보며 신성로마제국, 교황에 칭신하는 나폴리 등을 예로 든다. 여러 주권국가들이 연합하여 하나의 연합국가를 만들어도 여전히 구성단위들인 개개 국가는 주권국가로 남는다는 것이다. 바텔은 연합(confederacy), 연방공화국(federal republic) 등의 개념을 사용하고 있는데, 현재의 개념으로는 연방(confederation)의 개념으로 보아야 할 것이다.

마지막으로 바텔은 식민지를 상정하고 있는 데 자치령(dominion)의 개념을 쓰고 있다. 로마제국을 예로 들어 스스로의 결정권을 잃은 국가는 더 이상 주권국가가 아니게 되며 제국에 종속되는 것으로 본다. 이 경우 주권이 없는 단위가 되는 것으로 식민지가 존재하는 18세기의 현실을 논의한 것으로 보인다. 그러나 이에 대해서는 자세한 논의를 하지 않고 있어, 식민지 점유의 국제법적 근거에 대해서 명확하지 않다고 볼 수 있다. 결국 바텔은 "국제법은 주권국가들의 법이며, 독립적인 국가들은 도덕적 인격으로 그들의 권리와 의무가 국제법의 대상"이라고 한정하고 있다(Vattel 2008, 83-85).

근대 국제법의 규범적 요소들

근대 국제법을 통한 규범적 사고가 발전하는 과정에서 유럽의 권력구성체인 국가가 거대한 인간(magni homines)으로 개념화된 것은 중요하다고 할 수 있다. 왕과 군주들은 국가를 대표하는 거대한 인간으로 표상되고, 국가 자체가 의인화되기도 하였다. 국가가 실재하는 법인으로 상정된 것이다.

이를 통해 전쟁이 상호 간에 지위를 인정하는 인격들 상호 간의 관계가 되기 때문이다. 르네상스 개인주의의 영향하에서 도덕인, 거대한 인간으로 표상된 국가는 공간적인 권력복합체와 대표적인 인격의 결합이다(Schmitt 1995, 157). 17세기 바로크 시대에 이러한 국가인격성이 확립되고 1648년 베스트팔렌 조약을 통해 이러한 구조들이 약간씩 이해되기 시작하였다. 새로운 거대한 인간들은 상호 동권(同權)이며 서로를 평등한 존재로 인정한다. 이러한 관계는 공적인 관계이며 사적인 관계는 국내적 영역, 사적인 영역으로 후퇴한다. 국가 법인 간의 평등성의 원칙은 고대 로마에서부터 중세에 이르기까지 유지된 개인들의 자연법상 평등이라는 공법적 원칙이 국가 간에 확산된 것이다. 유럽에서 국가들이 민족단위로 성립되어 가는 근대 초 국가가 법적 인격성을 가지게 되고 이들 간의 평등 관념이 자리 잡게 된 것이다. 물론 고대 로마와 중세에서도 자연법적 평등과 만민법적 차별이 공존하였다는 점은 인식해야 한다. 노예제는 자연법적으로 옳지 않지만 만민법적으로 용인된 것과 같이, 국가 간의 법적 평등이 존재하지만 실제적 불평등의 관념은 확실히 존재하였다(이근관 2007, 38-39).

이들은 16세기 이래의 전쟁에서 천척관계와 상속권에 의해 결합된 하나의 가족으로 존재하였고, 18세기에도 왕위계승전쟁을 수행하였다(Schmitt 1995, 158-159). 국가를 거대한 인격으로 표상하면서 비유럽의 자연상태와 구별되고 이들 간의 관계를 로마법의 전통과 대비되어 민법적 사회, 민법적 공동체로 파악되기도 하였다. 슈미트는 이러한 국제적인 인격유추(international personal analogy)는 홉스, 로크, 루소, 칸트, 헤겔 등에 공통된 것이었고 주권권 인격으로서의 국가는 동등한 전쟁권의 담지자로 보았다. 근대국제정치는 본질적으로 평등하기 때문에 상위의 입법자와 재판관을 가지지 않는다. 같은 것은 같은 것에 대하여 재판권을 가지지 않는다(Par in parem non habet jurisdictionem)는 원칙이다(Schmitt 1995, 160-161).

주권국가들 간의 평등 원칙이 근대에 정초되기는 했지만 현대에 이르기까지 많은 논란을 남기고 있는 것이 사실이다. 국가들 간의 평등 원칙이 18세기에 들어 논의되기는 하였지만 베스트팔렌 조약이 국가평등의 원칙과 연결되기는 무리라는 주장도 설득력이 있다. 베스트팔렌 조약을 국가평등 원칙과 연결하는 것은 19세기 후반에 이르러서이고, 오히려 17세기, 18세기에는 국가들 간의 서열을 자연스러운 것으로 보는 시각이 뚜렷하였다. 일찍이 보댕도 국가들 간의 서열을 언급하였고 이후의 평화구상도 위계 관념을 가지고 있었다. 예를 들어 1623년 쿠르세(Emeric Crucé)는 『새로운 시대: 또는 일반적 평화를 수립하기 위한 기회와 수단을 대표하는 국가에 관한 논의』에서 국가들 간에 서열을 주었고 프랑스가 가장 위를 차지하고 있었다. 또 다른 예로 앙리 4세의 장관을 역임했던 쉴리 공작(Duke of Sully, 1560-1638)은 소위 위대한 구상(Grand Design)을 제시했는데, 여기서도 위계를 설정하는 모습이 보인다. 유럽 영토를 재분배한 유럽 연방을 제안하면서 유럽에는 15개국이 있다고 보는데, 여섯 개의 세습 군주국(프랑스, 스페인, 영국, 덴마크, 스웨덴, 롬바르디), 여섯 개의 선거 군주국(로마교황, 로마황제, 베네치아의 군주, 헝가리 왕, 보헤미아 왕, 폴란드 왕)과 스위스 공화국, 네덜란드 공화국, 새로 제안된 이탈리아 공화국 등 세 개 공화국을 거명한다. 이들 간의 서열을 주면서 오스트리아와 스페인을 약화시키는 것을 목적으로 하고 있는데, 이들이 프랑스의 적이었기 때문임을 알 수 있다(Nussbaum 2013, 154-155).

오늘날 근대국가체제가 주권평등원칙과 함께 시작되었다는 오해는 1945년 이후의 상황 때문이다. 국제연합의 헌장은 1장에서 7장에 걸쳐 주권평등의 원칙을 규정하고, 1970년 국제연합 총회에서 채택된 우호관계선언에서 구체화되고 있다. 즉 모든 국가는 법적으로 평등하고 완전한 주권에 내재한 권리를 향유하며, 다른 국가의 인격을 존중할 의무를 가지고, 영토적 완전성과 정치적 독립을 소유하며 체제선택의 자유, 그리고 평화의 의무를 지닌다는 것이다(이근관 2007, 25). 그러나 국제연합 자체가 2차 세계대전 승전국들의 합의로 설립되었고 안보리 상임이사국의 특권이 인정된 상황에서 헌장의 주권평등의 원칙과 실제적 국제연합의 결정과정은 본질적인 갈등요소를 가지고 있다.

국제법에서 실증주의는 주권국가의 배타적 경계가 명확해진 이후,

비서구에 대한 서구의 자격을 온전히 규정한 이후 적용되기 시작한 것이다. 자연법의 체계가 실제 국제정치에서 많이 받아들여지지 않은 반면, 실증주의의 시대에는 실제 국제정치행위자와 법적 행위자 간의 관계가 밀접해졌다. 자연법학자들은 주로 외교관이나 국왕의 자문역으로 활동하며 결정적인 영향을 미치지는 못했던 반면, 19세기에 들어 국제법학자들의 견해는 실제 조약과 국제관계에 큰 영향을 미치게 된다.

유럽 공법의 틀이 만들어지면서 가장 구체적인 주제로 자리 잡는 것은 전쟁의 문제다. 종교전쟁 및 내전과 확실히 구분되는 순수한 국가전쟁이 등장하고, 전쟁은 형식으로서의 전쟁이 되었다. 확실한 영역을 토대로 한 국가들 간의 전쟁이며 공통된 유럽의 토지 위에서 유럽의 가족들 간의 전쟁이며, 상대는 정당한 적으로 간주되었다(Schmitt 1995, 153-154). 유럽의 전쟁은 모두가 지켜보는 가운데 힘을 측정하는 도덕인들 간의 전투였다. 적의 개념이 법적으로 공식화되고 적은 파괴되어야 하는 어떤 것이기를 멈춘다. 패자와 평화조약이 가능하며 반도(叛徒)와 구별된다. 중립국들, 제3국의 지위도 이 과정에서 성립되고 공평한 증인으로서 기능한다(Schmitt 1995, 156). 또한 유럽 내 주권국가들 간의 전쟁과, 유럽과 비유럽 간의 전쟁이 확실하게 구별되기 시작하였다.

슈미트는 국제정치가 무법의 상태였다고 결코 보지 않는다. 주권자는 실제로 강력한 구속들, 즉 교회적이고 사회적이며 경제적인 고려들이 존속했고 이를 통해 이 시대의 확고한 노모스가 존재했다는 것이다. 모든 주권자들은 포괄적인 유럽 중심적 공간질서의 구속력을 인식하고 있었고, 공통의 국제법 속에서 정당한 적을 반역자 및 범죄자와 확실히 구별하고 있었다(Schmitt 1995, 162-163). 전쟁은 오직 국가와 국가 간에만 일어나는 것으로 이전의 종교적 당파전쟁이나 내전과 구별되는 것이다. 17세기에 이르러 형식상의 전쟁이 생겨났고, 19세기 말에 이르기까지 200여 년 동안 유럽의 대륙 내에서 어떠한 파괴전도 발생하지 않았다는 것이다(Schmitt 1995, 167).

슈미트에 따르면 국제법적으로 이러한 규범의 정착은 많은 국제법학자들의 노력으로 정착된다. 아얄라, 젠틸리, 그로티우스, 푸펜도르프, 주우치, 빈커스후크, 바텔 등이 모두 전쟁의 국가성을 정착하기 위한 노력을 기울였다. 이 과정에서 18세기의 폴란드 분할은 흥미로운 경우다. 삼국 간의 분할이 국제법적으로 정당한 것인가에 관해 바텔은 폴란드 왕국이 봉건단계를 극복하지 못하고 근대적 유럽 국가에 도달하지 못했다고 본다. 이러한 과정에서 폴란드 왕국은 국가들 사이에 분할될 수 있었다. 폴란드는 자국의 토지 분할에 대해 국가전쟁을 수행할 힘을 가지지 못하였고, 폴란드 문제는 유럽 국가들 간의 공간질서의 문제로 모두가 고려하는 문제로 19세기 전체를 통해 남아 있었다는 것이다(Hinsley 1986, 188). 여기서 유럽의 공법 질서는 상호 간의 승인에 의해 국가로 승인된 주권자들 간의 관계에 한정되고 비록 오늘날의 유럽에 속해 있더라도 주권자의 지위에 오르지 못한 정치체는 국제법의 객체로 남아 동등한 지위를 인정받지 못하였다는 점을 알 수 있다.

이와 같이 유럽의 모든 중요한 전쟁은 모든 구성원들 간의 세력균형에 영향을 미치는 것으로 전쟁 당사자가 아닌 제3국의 경우라도 중립을 지키거나 언제든지 개입할 수 있었다. 공동의 전쟁과 공동의 전쟁이라는 개념 위에 유럽의 세력균형이라는 공동의 공간 질서가 자리 잡았고 이로써 전쟁의 제한이 이루어졌다는 것이다(Hinsley 1986, 191).

주권 관념의 계보학적 배경: 과연 주권은 실제로 존재하는가 아니면 하나의 허상인가

주카는 국가주권의 계보학을 세 가지 원천으로 다룰 수 있다는 논의를 제시한 바 있다. 즉 고대 그리스 모델, 고대 로마제국 모델, 그리고 기독교 모델이다. 그리스는 정치권력이 합리적 규범 위에 정초한다고 보는 한편, 기독교 모델은 초월적 신적 권위에 기초한다고 본다. 반면 로마 모델은 합리성이나 신의 초월성과 무관한 실제 정치과정에서 파생된 것으로 본다. 이러한 세 가지 계보가 근대 이후 서로 엇갈려 나타나면서 국가 주권의 원천을 만들어 낸다고 보는 것이다.

마키아벨리는 기독교 모델을 넘어 최초로 로마 모델을 정초한 근대인이며, 홉스는 로마 모델을 주창했지만 군주의 권위의 기반을 다시 신학에 의존함으로써 로마 모델과 기독교 모델을 융합한 셈이다. 그로티우스는 신학적 주지주의 입장에서 자연법에 기댐으로써 그리스 모델을 근대에 재도입하려고 하였다. 결국 기독교의 신학적 계보가 약화된 가운데 그리스의 합리주의 모델, 혹은 자연법의 힘과 현실주의 정치적인 로마 모델을 어떻게 조합하는가가 근대 국가 주권론의 진화과정이었다는 것이다.

문제는 홉스의 국가주권론이 사회계약설에 기초하여 군주에게 절대적 명령권을 주고 이를 변화시킬 인민의 힘을 온전히 빼앗아 감으로써 이후 국가주권이 상황에 맞게 변화할 수 있는 여지를 남기지 않았다는 점이라고 주카는 지적한다. 오히려 스피노자와 같이 자연에 온전히 내재된 형이상학적 원리를 가정하고 이에 대한 인간의 점진적 인식과 규범적 발전을 통해 국가 주권을 개선해 나가는 자연주의 입장이 더 현실의 변화에 부합하며 규범적으로도 옳다는 입장을 제시한다(Zucca 2015).

주권 개념이 지금과 같이 자리 잡게 된 데에는 현실의 변화가 중요한 요인이지만 당시 유럽의 관념적, 사상적 배경 또한 작용했다. 결과의 논리에 대한 적절성의 논리라고도 볼 수 있다. 이에 대해 천착한 바텔슨은 주권이라는 개념은 근대 정치철학을 구성하는 개념으로 정치철학에 대한 인식과 불가분의 상호 구성관계를 이루어 왔다고 본다. 국제정치학이론이 국가의 주권을 주어진 것으로 보고 주권국가의 속성에서 국제정치의 조직원리로서 무정부상태를 이끌어 내는 논리적 추론과정을 비판하고 해체해야 한다는 것이다. 존재의 문제를 앎의 문제로 바꾸어 탐구하는 푸코류의 계보학적 방법으로, 주권을 하나의 역사적 실체로 보기보다 주권을 인식하고 아는 과정이 어떻게 이루어져 왔는가를 살핀다. 주권에 대한 개념이 변화하는 과정을 보려면 단순히 역사적 배경과 함께 보는 맥락주의적 독해나 역사사회학으로는 충분치 않다는 것이다. 코젤렉 류의 개념사 역시 도움은 되지만 주권을 인식하는 다층적 인식을 모두 보여 주지는 못한다는 것이다. 주권을 개념화하는 데 작동하였던 다양한 층위들의 구조와 주권개념과 다른 개념들의 연관관계를 체계적으로 보게 하는 방법이 필요하고 바텔슨은 이를 계보학에서 찾고 있다(Bartelson 1995, 216-217).

여기서 생각해 볼 문제는 첫째, 국가가 주권을 가진다는 것이 어떠한 의미인가 하는 것으로 기존의 이론들은 국가가 있고 주권이 존재하는 현실적 과정을 탐구하거나 주권의 소재지가 어디인가를 밝히는 데 치중하였다. 주권을 하나의 관찰가능한 권력의 총체로 상정한 것이다. 그러나 주권이라는 것은 실체인가, 관계인가, 국가가 주권적이라 함은 권력관계 속의 단위들이 어떻게 얽혀 있는가, 즉 그 관계의 양상을 의미하는 것인가, 아니면 주권이라고 실체화되고 사물화된 권력의 총체의 소재지를 밝혀야 하는 것인가의 문제가 있다.

둘째, 주권의 국내적 측면과 국제적 측면을 구별할 수 있는가의 문제다. 양자가 다른 논리에 의해 하나씩 만들어지고 별개의 두 과정이 접합되는 것인가, 아니면 양자가 긴밀하게 얽히면서 상호구성되는 것인가? 이를 어떻게 인식하는 것이 진리에 가까운가, 혹은 바텔슨의 이야기처럼 이를 인식하는 과정 자체가 정치적이며, 권력관계를 반영하는 담론체계인가의 문제가 있다. 바텔슨은 양자가 연결되어 있다는 점에서 파라곤의 비유를 사용한다.

결국 근대 국제정치에서 주권국가가 출현하고 무정부상태가 도래했다고 쉽게 이야기하는 배후에는 훨씬 어려운 존재론적, 인식론적 문제가 깔려 있다. 근대 국제정치에서 "국제"라는 관계성이 선재하고 이후에 국가들이 단계적으로 형성된다고 보아야 하지 않는가? 국제정치의 조직원리라고 설정된 무정부상태가 개별 주권국가들의 합으로 존재론적으로 환원가능한가? 국가가 사회적 관계와 맥락에서 분리된 채로 선재하고 이들 간의 관계가 국제를 형성한다고 보는 것은 어불성설 아닌가? 그때 국가는 과연 어떠한 맥락에서 출현한 것인가? 관계가 먼저 오고 단위가 형성된다는 명제의 존재론적 증명이 가능한가? 혹은 관계의 일반적 개념들, 즉 관계 속에서 주권적 관계, 주권적 단위들이 있고 관계가 형성되어야 한다는 당위가 먼저 있고, 이 당위를 채우기 위한 후보자로서 영토국가, 절대왕조, 도시국가, 제국 등이 차례로 경합을 하는 것이 아닌가? 그렇다면 주권적 관계라는 것이 생겨나는 것은 어떠한 역사적 배경에서인가? 중세적 관계에서 근대적 관계가 형성된다는 것은 어떠한 관념하에서 당위로 자리 잡는가? 과연 관계에 대한 당위적 인식이라는 것이 어떠한 기원 속에서 자리 잡게 되는가? 그러한 관계를 먼저 생각하고 퍼트리는 인식, 정치가의 계산, 사상은 어떠한 계보를 가지는가? 인간이 단위에 대한 생각을 넘어, 단위들 간의 관계에 대한 생각을 먼저, 상위로서 한다면 현실에 대한 분석이 아니라 당위에 대한 생각에서 비롯되는 것일 것이다.

이를 위해서는 중세의 정치적 관계에 대한 인식과 사상을 보아야 하며, 그 속에서 그 관계의 당위성, 혹은 불가피성이 어떻게 단위들을 생산해 내었는가, 그리고 그러한 단위들이 어떻게 관계를 변화시켰는가를 보아야 한다. 반면 근대적 관계에 대한 새로운 관념이 어떻게, 누구에 의해 생겨나고, 이후 이에 적합한 단위들이 어떻게 경합 속에 자리를 잡게 되었는가를 밝혀야 한다(Bartelson 1995, 2, 3장).

주권의 정치사상가들은 주권의 단위를 완성하기 위한 사상가였나, 아니면 당위적 관계를 명시적으로 표현하고 이를 주장한 사상가였나의 질문에 대해 주권적 관계성의 사상가였다면, 그리고 그 속에 단위들을 창출하고자 했다면 관계 우선성이 증명되는 셈이다. 질서 개념, 우주의 질서, 만물의 질서, 질서 없음의 질서, 무정부상태라는 질서 속의 주권적 단위 등의 개념이다. 주권적 단위는 그 자체가 주권적이어서 무정부상태를 창출한다고 생각한 것이 아니라, 무정부상태, 혹은 다수의 주권적 관계, 그 속에서 마음 놓고 경쟁할 수 있는 관계의 당위성이 먼저 생겨나고, 이에 맞는 단위들이 만들어진 것이 아닌가 하는 것이다. 즉, 무정부상태의 당위성에 대한 생각이 있고 국가가 만들어진 것이 아닌가, 당위적 관계, 혹은 지향하는 관계에 대한 생각이 얼마나 강하고 어떻게 이루어지는가의 질문이다.

힌슬리가 주권의 정치적 측면을 다루었고, 슈미트가 공간과 관련된 법, 규범 질서를 다루었다면, 바텔슨은 정치적 지식과 담론이라는 관념과 언어의 측면에 집중한다. 푸코의 계보학적 방법론을 채택하여 정치적 지식이 각 시대별로 어떻게 연속성과 단절성을 가지고 형성되고 유지되고 변화했는지에 집중한다. 정치적 지식이 역사적으로 연속적이고 인과적으로 연결되었다고 보기보다는 각 시대별로 단층을 형성하고 불연속적인 형태를 보인다고 본다. 중세와 르네상스가 다르고, 절대왕정의 시대와 본격적인 근대의 시기가 또한 다르다. 정치적 지식은 세계관, 신관, 인간관, 자연관, 시간관에 기초하고 있으며 정치적 공동체, 정치체(body politic), 주권자, 집권자, 인민의 개념 등이 이에 따라 변화한다고 본다.

시대적으로 바텔슨은 중세 후반부터 정치적 지식의 기반이 되는 많은 담론체계가 허물어지기 시작했다고 본다. 중세에는 교황의 '신의 의지'를 받들어 세계를 통치하며 지상의 시간은 덧없는 것이다. 세계는 신에 의해 창조되었고, 영원한 신의 시간에 비해 지상의 시간은 영원하지 않고 무상하다. 그러나 중세 후반 아리스토텔레스의 철학이 유입되면서 시간은 물리적 실체의 운동과 연관을 맺게 되고 지상 나름의 시간의 패턴과 흐름을 가진 것으로 인식되기 시작했다. 시간은 지속되고 순환적일 수 있고, 그 속에서 인간의 운동에 따라 변화하는 것이다. 지상이 신의 세계의 단순한 반영, 신의 피조물로서 피동적 존재가 아니라 인간과 물리적 실체의 움직임에 따라 변화하는 새로운 장으로 인식되기 시작하였다. 이 과정에서 신의 주권이라는 생각이 약화되고 정치는 단순한 하향적 움직임이 아니라 지상의 흐름을 반영하는 상향적 움직임으로 개념화되었다. 국가는 신이 만든 질서 속에서 의미를 가지는 것이 아니라 국가를 이루는 구성요소들을 위해 존재하는 특별한 공동체로 인식되기 시작하였다. 파도바의 마르실리오(1275-1342)가 이러한 생각을 제시한 대표적 사상가다(Bartelson 1995, 92). 더불어 정치체가 하나의 단위로 인식되어 정치체를 다스리는 군주와 별개로 정치체라는 독립된 실체가 존재론적으로 인정되기 시작하였다. 다스림의 행위가 상징, 개념, 의식 속에서 개인화되었던 중세에 비해 자체적인 단위로 인식되었다(Bartelson 1995, 87).

이러한 논의는 중세 후기 철학의 대표적 논쟁이었던 명목론과 보편론, 명목론과 실재론의 대립에서도 나타난다. 오캄의 논의와 같이 보편과 개념은 존재하는 실체가 아니며 오직 개체만이 존재한다는 명목론이 거센 도전을 일으켰고, 보편, 신의 개념을 수호해야 했던 스콜라 철학은 어려움에 직면하였다. 이러한 사상적 흐름은 신의 주권, 교황의 권위, 황제의 정당성을 약화시키고 근대로 이르는 흐름을 강화하였다.

바텔슨은 르네상스 시대가 의미의 혼돈 시대라고 본다. 신의 권위가 무너지고 자연의 물리법칙에 기초한 새로운 질서관이 만들어진다. 기독교 세계에 대해 타자를 이루는 새로운 세계가 서구의 정체성에 심각한 질문을 던졌다. 우선은 이슬람 세계다. 막강한 군사력으로 비잔틴 제국을 무너트리고 발달된 과학문명을 가진 이슬람 세계는 위협적일 뿐 아니라 고대 그리스의 지식을 보전한 문화적 타자이기도 하였다. 신세계의 발견 역시 새로운 타자의 도전을 던졌다. 자연상태로 개념화된 신세계는 기독교 신의 피조물로 보이지 않으면서도 나름의 정치적 세계를 이룬 타자였다(Bartelson 1995, 98).

바텔슨의 논의에서 주목할 점은 각 시대별로 우주, 세계, 정치질서에 대한 기본적 개념이 존재하였는데, 이는 당시의 지식관과도 관련이 있다. 명목론의 논의와도 통하는 바 각 시대별 담론, 에피스테메(épistémè)가 형성되면 이는 사물들의 질서를 보는 관념에 영향을 미치고 결국 주권과 같은 “국제”의 조직원리를 형성하는 데 역할을 한다는 것이다. 명목론을 통해 보편주의를 비판했지만 여전히 비유, 유사성, 본보기(exemplar) 등을 통한 지식의 방식이 지속되었기 때문이다. 인간은 모든 사물들, 각 정치질서들을 일관되게 연결하여 생각하고 조직화하기 때문에 이를 현실의 흐름 속에서 담론의 형태로 만들어 내야 한다. 이 과정에서 논리적 연결이라고 생각되지만 사실은 비유와 개념으로 형성된다는 것이다. 르네상스 시기에 유럽인들은 신의 세계와 구별되는 세속 세계의 독자성을 인식하기 시작하고, 국가에 대한 일반론을 생각해 내기 시작하였다. 지상의 독자적 질서가 가능하다는 전반적이고 추상적인 사고를 하게 된 것이다. 그러나 아직 개별 국가의 등장과 국가 간 관계에 대한 사고가 명확하게 자리 잡은 것은 아니었다.

바텔슨은 소위 고전의 시대라고 명명하는 17세기 초반부터 절대주의 시대의 종말기까지를 다룬다. 이 시기는 베이컨과 데카르트 등 과학적 지식관이 출현한 시기이며, 자연과학이 발달하기 시작한 시기이기도 하다. 더 이상 비유와 유사성, 본보기에 기초한 지식이 과학이라고 생각하지 않았으며, 현실을 표상하는 언어체계 자체를 문제 삼아 어떠한 언어체계가 지식을 표상할 수 있는지 고민하기 시작하였다. 즉 지식과 언어, 사회의 관계를 본격적으로 탐구하기 시작하였다는 것이다. 정치철학적으로는 국가에 대한 일반이론이 아니라 개별국가들에 대한 구체적인 이론이 탄생하였다.

보댕이 선구적으로 논의한 바와 같이 개별 정치체가 하나의 정치적 몸이며, 이는 분리불가능한(indivisibility) 실체라는 생각이 자리 잡게 된 것이다. 바텔슨은 보댕의 논의가 여전히 르네상스 지식관을 반영한다고는 보지만 개별 정치체가 분리불가능한 주권적 실체라는 점을 논의하였다는 점에서 평가하고 있다(Bartelson 1995, 127-128). 이후 개별 국가들은 전체와 구분되는 개별 실체이며, 주권적 실체로서 과거 신의 주권이 국가에 체현된 것으로 인식된다. 이 과정에서 국가이성론이 출현하는데, 각 국가들은 이제 권력과 이익을 가진 개별적 실체로 표상된다. 개별 국가들이 가지고 있는 권력의 크기를 계산하게 되고, 국가의 서열을 논의하게 되며, 강대국의 개념이 등장하고, 개별 국가들의 이익이 중요한 실체로 등장한다. 국가이익은 현대 국제정치학에서는 일반화된 개념이지만 당시의 지식관, 세계관에서 개별 국가들이 독립된 이익을 가지고 있으며, 이러한 이익이 계산가능하고 예측가능하다는 생각은 매우 새로운 생각이었다는 것이다. 이러한 지식관을 바텔슨은 "마테시스(*mathesis*)"라고 명명하고 있다. 또한 개별 국가들의 이익이 조정되는 과정에서 제로섬 게임의 국제관계가 탄생하고, 이를 조정하는 외교라는 행위가 생겨나게 되었다는 것이다. 외교는 국가들 간의 이익을 조정하는 새로운 행위이며, 무엇에 서로 동의할 수 없는지를 동의하는 새로운 행위양식이었다. 또한 외교정책이라는 개념이 새롭게 생겨나고 이를 통해 주권적 실체로서 군주 혹은 국가의 안전을 보호해야 한다는 목적도 파생된다. 국내정치와 대외정책이 구별되고 외교를 통해 국내의 이익을 보장해야 한다는 목표도 나타났다고 본다. 이익과 권력이 계산가능해지면서 비로소 세력균형에 대한 관념이 가능하게 되었는데, 결국 세력균형이 가능하기 위해서는 지식관, 세계관, 주권관, 국가관 등 다양한 지식의 층위, 무엇보다 가장 근본적인 에피스테메의 전환이 필요하였다고 본다(Bartelson 1995, 163). 바텔슨은 로앙(Henri duc de Rohan)과 쿠르티즈(Gatien de Courtilz de Sandras)를 중요한 당시의 이론가로 설명하고 있다. 이러한 분석은 푸코의 계보학이 보여 주는 큰 장점이다. 17세기 국가 간 관계에서 나타난 현상을 현재주의적으로 파악하는 것을 경계하고, 과연 당시의 행위자들과 관찰자들이 어떠한 근본적 인식체계를 가지고 있었는가, 그리고 그러한 인식체계에서 어떻게 주권이라는 개념이 탄생하였는가를 보여 주기 때문이다. 현재 주권국가질서가 보편화된 상황에서는 주권이 보편적 함의를 가지고 있다고 생각하기 쉽지만 사실 주권이라는 개념은 매우 독특한 시간적, 공간적 배경과 그 속에서의 다층적 에피스테메를 기반으로 탄생하였기 때문이다. 독특한 주권이 전파되면서 생기는 새로운 현상은 현실을 많은 부분에서 변화시켰을 것이기 때문에 주권에 대한 계보학적 접근이 의미가 있다고 볼 수 있다.

바텔슨은 18세기 말부터 본격적인 근대의 시대가 시작되었다고 본다. 계몽주의가 심화되고 계몽주의를 비판하는 낭만주의, 역사주의가 발전한 시기이기도 하다. 철학적으로는 과학혁명의 영향을 받은 지식관이 점차 회의의 대상이 되고, 인간의 이성, 언어, 지식이 사회적, 역사적 흐름에 구속된다는 생각이 싹트기 시작하였다. 칸트는 인간의 이성을 의심하기 시작하였고, 선험적 인식과 경험적 인식을 구별하는 가운데 인간의 오성과 이성이 인식을 구성하는 과정에 관심을 기울였다. 인식의 구성적 측면은 언어의 사회적 측면과 연결되어 인간의 인식이 사회적으로 구성되며, 인간이 지식과 역사를 창출하는 주관의 지위를 가지게 되었다. 인간이 중심이 되지만 그만큼 주어진 객관성은 사라지며 인식을 구성하는 환경과 조건이 중요하게 되었다.

르네상스 시대와 고전의 시대에는 역사가 일정한 의미를 가지고 흘렀고 초월적 의미에 규정된 채 예측가능하게 순환된다고 인식되었다. 이제는 인간이 역사의 주체가 되어 일선적으로 흐르며 미래를 예측하는 것은 어려운 일이 되었다. 바텔슨은 비코(Giambattista Vico), 훔볼트(Karl Wilhelm von Humboldt) 등의 역사주의 역사가들을 인용하면서 역사에 대한 인식이 인간중심적, 창조적으로 어떻게 바뀌었는지, 그리고 그러한 역사적 인식이 자신이 속한 민족과 사회에 따라 어떻게 조건지어지는지를 고민한 사실을 드러내고 있다. 정치과정 역시 왕이 주관하는 절대주의 왕조 시대를 넘어 인민들의 일반의지가 반영되는 민주정체가 이루어졌고, 몽테스키외(Charles-Louis de Montesquieu)나 루소가 논하는 바처럼 일반의지는 정치적 과정을 통해 지속적으로 구성되고 변화한다는 인식이 자리 잡았다. 이 과정에서 새로운 정치철학의 인식 대상이 대상으로 새롭게 인식되었는데, 핵심적으로 "국제"라는 사실이 인식되기 시작했다는 것이다.

국제라는 말은 보통 1789년 벤담의 원리(Principle)에서 최초로 사용된 것으로 보는데, 바텔슨은 특정 개인이 사용했다는 점보다는 국제가 정치적 인식의 대상으로 가능하게 되었던 조건에 초점을 맞춘다. 개별 국가들의 총합과 구별되는 국가들 간의 관계의 총합, 체계, 구조로서 국제라는 대상이 구성된 것이 중요하다는 것이다. 국제가 구성되기 위해서는 주체로서 인간의 인식 능력, 일선적 역사관과 시간관, 주권국가들을 이루는 구조에 대한 생각 등이 전제되어야 하는데, 18세기 말에 이르러 비로소 이를 가능하게 하는 인식구조가 만들어졌다는 것이다. 바텔슨은 랑케(Leopold von Ranke)의 1836년 작인 『정치 대담(*Politisches Gespräch*)』을 인용하여 국제가 본격적인 역사의 개념으로 등장한 사실을 강조하고 있다. 랑케의 19세기적 현실에서 17세기의 베스트팔렌 조약이 새로운 의미로 개념화되었고 랑케의 현실을 설명하기 위해 랑케의 과거인 17세기의 역사가 새롭게 개념화되었다는 것이다(Bartelson 1995, 204). 그런 점에서 국제의 인식은 애초부터 현재주의적이었다는 것이다(Bartelson 1995, 207).

더불어 세력균형에 대한 인식도 변화하였는데, 고전시대의 세력균형이 개별 주권국가들이 이익에 따른 수학적 조정과정이었다면 이 시대의 세력균형은 개별국가의 행위보다 체제의 속성과 변화에 초점을 맞추었다는 것이다. 즉 개별 국가들이 전체 국제체제의 존재와 작동방식을 전제하고 이해하여 패권국이 출현하여 균형된 세력관계를 해치지 못하도록 하는 행위방식이 출현하였다고 본다. 몽테스키외, 바텔에서 시작하여 겐츠(Friedrich von Gentz)와 클라우제비츠(Karl von Clausewitz)에 이르는 동안 세력균형은 개별 국가들을 규율하는 규제적 원칙이 되었다는 것이다(Bartelson 1995, 205).

서유럽에서 강력한 제국이 출현하기 어려웠던 사실은 근대 근대 주권국가의 등장과 밀접한 관련이 있다. 하나의 제국이 약화되고 다수의 제국이 등장하면서, 제국 내 세력들 간의 관계 조정이 필요하게 되었고, 제국들 간 관계조정이 곧 제국 주권의 승인, 그리고 이에 따르는 주권규범의 성립으로 이어졌다. 유럽의 제국들은 서로의 국내적 최고성을 인정하면서 상대방의 존재 근거를 부정하는 보편적 제국의 지위를 서로 양보한 것이다. 공존하는 다수의 제국들이 조직원리가 되면서 근대국가로 탈바꿈하게 된다.

주권은 한 국가의 속성을 규정하는 개별적 개념이 아니다. 즉 존재론적 개체론에 기반한 개념이 아니다. 주권은 대외적 차원에서 중세 단일보편제국으로부터의 주권이며, 다른 복수의 주권체들과의 관계 개념이기 때문에 애초부터가 사회적, 관계적 개념이다. 상위 권위체로부터의 독립개념과 다른 근대 주권체와의 관계 역시 시간에 따라 변화했다. 상위 주권체를 물려받아 새로운 제국이 될 것인가, 아니면 상위 주권체를 완전히 해체할 것인가, 아니면 상위 주권체를 서서히 해체하면서 근대 주권체 간의 관계 조정의 완충역할을 부여할 것인가를 둘러싼 변화다. 다른 주권체과의 관계는 새로운 근대 주권체 모두를 통합한 근대 제국을 건설할 것인가, 다른 주권체와 불평등을 전제로 위계적 주권체 사회를 만들 것인가, 법적 평등 원칙하에서 사실적 권력행사 방법을 찾을 것인가를 둘러싼 변화다. 결국 유럽의 근대는 기존 제국의 완만한 해체와 주권 평등 속의 실제적 권력 행사 메커니즘을 찾는 방향으로 귀결된다. 그리고 그 귀결이 일단락된 것이 1815년의 비엔나 체제다.

유럽 전체로 보면 소수의 제국들 간의 타협이었고, 이들 제국은 약한 유럽의 단위들과 비유럽에 대해 제국의 권위를 주장하였다. 또한 강력한 타 제국, 오토만제국과의 관계에서는 유럽 제국들 간의 타협을 적용하지 않았다. 유럽의 제국 간 정치에 유용할 때에만 다른 정치단위의 주권성을 인정하는 주권부여의 국제정치를 추진하게 된다. 국가주권 우선의 원칙과 국제법과 규범에 의해 국제질서를 세우려는 노력 간의 긴

장은 20세기 국제정치의 중요한 축이 된다. 힌슬리는 국제연맹과 같은 시도가 비극적 결말을 맺게 되었고 이를 해결하는 해결책은 요원하다고 보았다. 칸트의 명제처럼 많은 전쟁과 고난을 거쳐 조금씩 높은 목표를 향해 나아갈 수도 있을 것이라는 전망뿐이다(Hinsley 1986, 212-213).

국제법 학자들의 논의와 실제 국제정치 간에는 간극이 존재함을 피할 수 없었다. 18세기에 접어들면서 유럽의 국제정치는 주권국가의 개별적 이익추구 원칙에 따라 점차 변형된다. 기독교 보편규범은 물론 자연주의자들의 규범, 실정법에 의한 약속 모두 실제의 국제정치를 유지하기에는 한계를 보인다. 오히려 18세기 중반에 이르면 세력균형의 원칙이 가장 중요한 규범으로 자리 잡는다. 국가들의 외교행태를 묘사하던 개념에서 규범적 개념으로 변형된 세력균형은 제국과 같이 타국의 이해를 침해하는 거대 권력체의 출현을 방지하는 중요한 규범이자 원칙이 되었다. 1760년대부터 세력균형의 원칙은 유럽의 많은 정부들이 추구하는 공통의 방향타로 자리 잡게 된다(Hinsley 1986, 199-200).

제6장

유럽의 주권국가체제와 비서구 지배

비서구를 포함한 지구적 국제정치를 이론화할 필요성

국제정치적 근대가 1815년에 이르러서 온전히 자리 잡았다는 데 대해서는 별다른 논쟁의 여지가 없다. 근대 조직원리가 시작되는 시점에 대한 논쟁 속에서 가장 늦춰 잡는 시점이 대략 19세기 초이기 때문이다. 이때가 되면 유럽의 5대 강대국, 즉, 영국, 러시아, 프랑스, 프러시아, 오스트리아가 제국을 추구하는 우세전략이 아닌 상호 협력하는 강대국 정치의 틀을 만들어 유럽은 물론 지구의 주요 문제들을 다루어 나가고, 유럽협조체제와 같은 다자체제도 출범시키게 된다. 그 속에서 서로에 대한 인정은 물론 장기적 상호성을 도모하는 협력체제를 만들어 낸다.

그러나 이는 서구 강대국을 중심으로 본 반쪽의 그림이다. 1861년과 1871년에 각각 통일되는 이탈리아와 독일이 새로운 강대국으로 등장하여 유럽 강대국 체제가 약간의 변화를 거치기는 하지만 기본적인 틀이 유지되는 가운데, 유럽 내 약소한 정치체들과 비서구 단위들에 대한 강대국의 지배와 제국주의가 본격화되기 때문이다. 18세기 말 세 차례에 걸친 폴란드 분할을 비롯하여 발칸반도를 둘러싼 서구 강대국들의 각축이 이어지고, 주권국가를 이루려는 발칸반도 국가들의 노력은

19세기 전체를 통해 강대국 정치의 대상이 되어 왜곡된다. 비서구 지역에서 온전히 주권의 지위를 새롭게 부여받은 국가는 터키, 미국, 일본 정도였고 이들 국가는 각각 기존의 서구 강대국과의 전쟁에서 스스로를 강대국으로 증명하거나 동맹의 대상으로 의미 있는 군사력을 가지고 있었음을 보였기 때문에 제국주의의 시대에 주권의 지위를 승인받았다. 스스로 강대국의 국력을 증명하지 못한 국가들은 애초에 조약의 주체로 상정되기는 하였지만 점차 각 지역의 토착적, 전통적 조직원리가 해체되기 무섭게 제국주의 경쟁의 대상으로 추락하였다.

결국 유럽 강대국이 주도한 주권국가체제는 유럽 내 강대국, 약소국 간의 위계적 관계, 주권의 지위를 부여하는 승인의 정치 속에서 차별적으로 이루어지는 체제였다. 1945년 이후 전 지구적으로 주권국가체제가 일반화되기까지 유럽 강대국들이 주도한 주권국가체제는 비서구 국가들 대부분과 유럽의 약소국에게 주권의 지위를 부정하고, 발견, 정복, 선점 등의 논리를 통해 이들을 분할, 병합, 식민지화하는 역사였다. 유럽의 국가형성과정 자체가 식민지 개척과 때를 같이해 왔고 주권국가체제는 비서구에 대한 제국체제와 유기적 전체를 이루고 있었기 때문에 주권의 논리는 승인과 배제를 함께 담고 이는 양면의 조직원리의 축을 이루었다. 19세기에 이르러 기존의 불평등 교역, 노예무역, 식민지 개척 등 구 식민주의가 근대적 제국주의로 변모하면서 서구 국가들은 비서구 정치체들의 주권성을 유럽 강대국의 이익에 맞게 조정해 나간다. 국제법으로 이를 정당화하는 한편, 이념적으로도 문명 기준을 내세워 비서구의 문명적 교화라는 합리화를 시도한다. 국제법이 정비되어 자연법에 기초했던 과거와 달리 법실증주의가 자리 잡고 주권국가들 간의 명시적 조약과 관습법이 법의 핵심 연원으로 인정되는 시대가 되어 승인받지 못한 비유럽 단위들은 자연법에서 상정했던 기본적 권리를 상실하게 된다.

이 장에서는 19세기 초반 이후 유럽 내 국제정치의 변화를 살펴보고 주권의 개념 및 조직원리가 어떻게 변화되는지를 본다. 이러한 변화는 19세기 중후반부터 본격화된 제국주의의 물결과 연결되는데, 유럽이 비유럽에 대해 어떠한 관념을 가지고 정책을 추진했는지 주권개념을 중심으로 이 시대 전후를 살펴본다. 그 속에서 국제법이 당시의 상황에 맞게 주권의 개념, 승인, 조직원리 개념을 어떻게 만들어 가고 강대국의 이익을 정당화하였는지도 살펴본다.

19세기 유럽 주권국가체제의 완성

나폴레옹전쟁이 끝나면서 유럽 강대국들은 더 이상 유럽 내에서 서로를 정복하는 확장적 제국전략을 추진하기 어렵다는 합의에 이른다. 엄청난 비용을 수반할 뿐 아니라 전쟁에 참여하는 동안 지배세력의 국내정치적 기반도 흔들리기 때문이다. 그러나 더욱 중요했던 것은 유럽 내 제국 건설의 꿈이 실현불가능하다는 자각이다. 나폴레옹은 자유주의 확산, 근대화의 가속화 등 새로운 바람을 불러일으킨 해방자로 묘사되기도 하지만 기본적으로는 프랑스의 발전을 위해 유럽 국가들을 식민화한 정책을 추진했다. 프랑스제국에 협력하는 정권들을 유럽에 수립하는 한편 프랑스 경제발전을 위해 통합된 대륙경제를 만들고자 했다는 점에서 본질은 제국주의와 다르지 않았다. 이미 국가주권에 대한 규범이 자리 잡고 자본주의적 지역경제통합이 제국주의에 의해 불가능해진 구조하에서 나폴레옹의 노력은 구조적으로 실패할 수밖에 없는 운명이었다.

슈뢰더는 나폴레옹이 전쟁에서 패하지 않고 제국을 유지했다면 유럽이 어떻게 변화했을까 하는 물음은 의미 없다고 본다. 나폴레옹의 제국이 시대의 변화에 맞게 진화하지 않았기 때문에 제국의 유지는 구조적으로 불가능하였다는 것이다. 유럽의 정치, 경제, 사회문화의 변화에 맞는 선진적 제국을 건설하지 않으면 이는 구조적으로 유지불가능한데, 나폴레옹의 제국은 그런 점에서 히틀러나 20세기 공산주의 소련에 비유되는 것이 오히려 타당하다는 것이다(Schroeder 1994, 391-395; 안두환 2014, 219-222).

나폴레옹의 일탈을 경험하면서 유럽의 강대국들은 제국을 지향하고 다른 유럽 강대국의 주권을 부정하는 과거의 국제정치가 더 이상 불가능하며 스스로를 지키는 데 가장 큰 적임을 인정하게 되었다. 장기적인 상호성에 입각하여 다자주의적 협의하에서 유럽 강대국들은 서로의 주권을 근본적으로 인정하고 필요한 주권규범들, 예를 들어 주권평등, 영토보존, 내정불간섭 등의 규범을 지지하기로 한다. 흥미로운 점은 유럽 협조체제가 프랑스라는 패전국 처리와 더불어 유럽 질서의 관리는 물론 유럽 밖의 질서를 유지해 나가는 다자 협의체를 만들어 냈다는 점이다. 주권의 관점에서 핵심적 요소는 주권국가의 자격과 범위를 엄격히 한정하고 주권의 수여 방식, 혹은 승인, 그리고 주권 국가의 자격이 없는 정치체를 둘러싼 갈등에 관한 규범을 만들어 내어 19세기 국제정치를 관리해 나갔다는 점이다. 이는 18세기의 국제정치에 비해 혁명적 변화로 전쟁의 수나 규모, 피해의 정도가 줄어들었다는 실제적 성과도 있지만 완전히 다른 국제정치를 창출하였다는 점, 그리고 세력균형의 기제 없이도 정치적 평형(political equilibrium)을 만들어 낼 수 있었다는 점 등에서 혁명적이고, "전환적(transformative)"이었다고 슈뢰더는 평가한다(Schroeder 1994, viii, 803).

나폴레옹전쟁이 종식될 즈음 영국의 케슬레이 수상은 피트 재상의 유럽세력균형안에 기초하여 쇼몽조약과 4국동맹에 의해 유럽협조체제의 기틀을 마련한다. 유럽협조체제는 단순히 강대국 간 영토적 조정과 국제정치적 영향권을 설정한 이익의 배분과정에서 출현한 것이 아니었다. 이는 근대 유럽국제정치에서 국가들의 대외적 주권의 규범을 확립하고, 이에 기반한 상호 협력과 이익균형을 제도화한 체제였다. 무엇보다 일국의 패권적 야망을 공동으로 제어하고, 타국의 대내외적 주권을 보존한다는 근대유럽의 국제정치 규범을 명시적으로 확립한 것이 유럽협조체제의 가장 중요한 측면이다. 국가주권에 대한 다자주의적 결의가 없이 성립되었던 잠정적 평화가 결국에는 다시 전쟁으로 회귀할 수밖에 없다는 18세기적 교훈을 유럽협조체제에 실현시킨 것이다. 따라서 유럽협조체제가 세력균형의 원칙에 기반하고 있지만, 그것이 18세기의 세력균형체제와 근본적으로 다른 것이었다. 18세기의 안보가 개별국가의 군비증강과 전쟁정책, 그리고 양자적 혹은 다자적 동맹에 의존한 것이었다면, 19세기는 지역 전체의 집합적 안보라는 새로운 개념에 기반한 지역주의적 다자안보의 틀이 확립된 시기였다. 다자안보 역시 단순히 셋 이상의 행위자들의 집합적 안보가 아닌, 참가국들이 지키기로 약속한 일반화된 원칙에 기반한 다자주의적 안보가 핵심이 되는 것이었다(Ruggie 1992).

협조체제에 의한 유럽의 운용은 유럽 내 약소국들과 동유럽 등 유럽의 변방에 대한 강대국들의 공동처리과정에서 잘 나타난다. 비엔나회의에서 프랑스를 제외한 4대 승전국은 향후 프랑스의 재흥을 막기 위해 주변에 약소국들을 배치하는데, 이 과정에서 신성로마제국은 사라지고 독일연방이 창설된다. 연방의 구성원들은 대외적으로 주권의 지위를 획득한다. 나폴레옹 점령 이전 이탈리아의 국가들은 복구되고, 베니스와 밀라노는 오스트리아의 지배하에 놓인다. 벨기에와 룩셈부르크, 네덜란드는 통합되어 통합왕국이 되고 스위스는 영세중립국이 된다. 오토만제국하의 발칸 유럽 민족국가들도 독립을 시도하며 유럽 강대국은 자국의 이익에 맞춰 이를 지원한다. 유럽의 강대국들은 나폴레옹 이전으로 지정학적 복구를 시도하면서 강대국 세력균형에 맞추어 주변 약소국들의 주권적 지위 여부를 관리하게 된 것이다.

유럽협조체제는 40년간의 평화를 가져왔다. 유럽협조체제는 무엇보다 패권 등장의 방지, 강대국 간 협의와 회의를 통한 분쟁조정, 약소국의 공동관리, 그리고 사회적 목적의 공동추진이라는 원칙을 가지고 운영되었다. 반불동맹의 주역이었던 영국과 오스트리아, 프러시아와 러시아는 프랑스가 다시 패권국가로 재등장하는 것을 막기 위하여 철저한 영토적 장치를 마련하였다. 그리고 이러한 영토적 장치가 효력을 발휘하고, 프랑스의 정권이 패권을 열망하지 않는다는 인식이 확인되었을 때, 프랑스를 유럽강대국체제의 일원으로 복귀시켰다. 유럽협조체제는 또한 유럽 내 중요한 이해관계의 변화를 협의와 회의를 통해 이룩해 내었다. 1829년의 그리스 독립과 1831년의 벨기에 독립은 유럽 내 세력판도를 바꾸는 중요한 사건들이었으나, 이러한 변화가 강대국의 개입을 통해 분쟁으로 변화되지 않고, 평화적으로 관리된 것은 강대국 간 이해관계의 다자주의적 조정이라는 유럽국제체제의 규범이 작동한 결과였다.

유럽협조체제는 세력이 약화되어 발칸반도에 공백을 만들어 내고 있던 오토만제국에 대한 공동관리, 발칸반도의 신흥 독립세력들에 대한 공동의 조정과 관리, 그리고 이탈리아의 분열된 정치단위들에 대한 상호 협조 등의 성과를 이루어 내었다. 19세기 전반기가 민족주의와 자유주의의 새로운 조류에 휩싸이면서 유럽협조체제가 작동하기에 더 이상 불가능한 상황으로 변화하게 된다. 유럽협조체제가 관리할 수 없는 사안들이 생겨나고 정당성을 점차 상실해 나갔기 때문이다.•

유럽협조체제는 1853년 크림전쟁의 발발, 1860년대 독일통일전쟁과 1871년 이후 비스마르크의 동맹체제를 거치면서 상당부분 약화되었다. 19세기 후반부터 1914년 제1차 세계대전이 발발하기까지 유럽의 국제정치는 철저히 세력과 이해에 기반한 세력균형의 원칙과 동맹외교의 틀 속에서 진행되었다. 유럽의 국가들, 특히 독일은 대륙 내에서 패권을 다시 추구하기 시작하였고, 다른 국가들 역시 19세기 말 새롭게 등장한 제국주의적 흐름 속에서 타국과 이해관계를 놓고 첨예하게 대립하였다.

그러나 19세기 후반의 국가 간 안보경쟁과 갈등이 18세기로의 회귀를 의미한다고 보기는 어렵다. 유럽협조체제를 통하여 국가 간 주권의 원칙이 사회화되어, 유럽의 강대국들은 제국단위가 아닌 국가단위의 국제정치를 내면화하였다. 이는 한편으로는 유럽대륙을 정복할 경성권력의 부족이라는 현실에 기반한 것이었으나, 이를 국제규범으로 정립하여 국가들의 외교정책에 기반이 되도록 한 것은 18세기와 명확한 차이를 보이는 것이었다. 19세기 후반 제국을 지향하는 근대국가가 출현하였어도, 이는 근대국제정치의 변이로 인식되었고, 국가주권의 원칙을 회복하기 위한 규범이 훨씬 더 강하게 작동하였다. 이러한 규범의 확립은 1, 2차 세계대전 이후 유럽에서 다자주의 안보제도를 성립시키는 데 훨씬 더 풍부한 토양을 제공하였다.

• 유럽협조체제의 작동과 성과에 관해서는 Kissinger(1957), Langhorne(1986), Holbraad(1970), Elrod(1976), Albrecht-Carrie(1968), 전재성(1999) 등 참조.

비서구에 대한 국제정치학 이론의 관심

유럽과 비유럽은 이미 고대로부터 문명 교류가 있었고, 비유럽 문명들도 유럽에 많은 문명을 전달하기도 하였다. 그러나 1400년대 중반부터 포르투갈을 필두로 유럽 국가들은 점차 비유럽 정복에 나서게 된다. 이후 신대륙 발견과 동인도, 서인도 회사의 공격적 교역을 거쳐 산업혁명 이후에는 세계 전역이 유럽 제국의 지배하에 놓이게 된다. 1878년에 유럽 제국은 1년에 83,000평방 마일씩 획득해서 지구의 67%를 차지하기에 이르렀고, 1914년에 이르면 1년에 240,000평방 마일씩 획득하여 지구 전체의 85%를 식민지, 보호령, 신탁통치, 연방 등의 형태로 소유하게 되었다(박지향 2000, 23).

비유럽이 근대 서구의 팽창정책하에서 막대한 영향을 받았음에도 불구하고 대부분의 현대 국제정치학 이론은 1945년 이전의 상황과 긴 역사의 과정이 1945년 이후 지구적 주권국가체제의 작동에 미친 영향을 연구의 대상으로 삼고 있지 않다. 대부분의 국제정치이론은 현재주의의 관점에서, 승인된 200여 개의 주권국가를 주어진 것으로 보고 법적으로 평등한 개체로 상정하고 이론화한다. 여기에는 해방 이전 3세계 국가들의 경험이 현재에 크게 투영되어 있지 않다는 가정이 깔려 있다.

그러나 냉전 이후 아시아, 중동, 아프리카 등 각 지역에서 근대화 이전의 경험이 다시 중요한 정치적 근거가 되고 있는 상황에서 이 시기는 매우 중요하다. 국가로 인정되지 못한 민족들이 어떻게 배제되었고, 주권국가라는 이질적 정치체의 형태로 전통적 정치단위를 재편하는 한편, 이 과정에서 기존의 제국주의 세력들이 간섭하면서 어떻게 불완전하고 결손을 가진 주권국가가 만들어졌는지, 그리고 그러한 상황이 현재까지 국제정치에 영향을 미치고 있는지를 분석할 필요가 있다. 예외적으로 마르크스주의나 월러스타인(Immanuel Wallerstein)의 세계체제론에서 3세계의 존재가 16세기 근대국제정치체제 출발부터 유기적인 부분으로 서구와 연결되어 있다고 본다.

중동을 시작으로 아프리카, 인도, 아메리카 신대륙, 그리고 아시아에 이르는 유럽 주권국가의 정복 역사는 유럽 주권국가가 팽창적이고 제국적이었음을 보여 주는 사례다. 1815년 이후 유럽의 소수 강대국들 간에는 이들 간 평화와 상호 인정이 이루어졌지만 그 이면에는 유럽 주변에 대한 정복, 그리고 3세계 전체에 대한 팽창과 정복이 존재하였다. 2차 세계대전에 이르기까지 유럽의 강대국들은 주권국가였지만 한 번도 제국적 지위를 스스로 포기한 적이 없다. 1945년 이후 식민지들이 점차 해방되면서 유럽 국가들은 제국적 정체성을 상실하게 되는데, 흥미롭게도 유럽은 동시에 유럽연합을 만들어 주권국가의 지위를 탈각하기 시작한다. 식민지 없는 유럽 강대국들은 유럽연합을 이루어 국가주권의 변화를 꾀하게 된다. 제국적이지 않거나, 지역국가적이지 않은 개별국가로서 유럽국가의 지위, 그리고 엄격한 의미의 주권국가체제가 유럽에서 어느 시점에 존재하였는가 하는 질문이 생기게 된다.

이론적 관점에서 유럽의 근대 주권국가체제하에서 유럽의 약소국, 그리고 비서구 3세계 국가들의 지위가 주권의 개념과 관련하여 어떻게 변화해 왔는지, 강대국과 약소국, 유럽의 국가들과 비유럽 국가들 간에 주권적 지위에서 어떠한 차이가 있는지 등의 문제에 주목할 필요가 있다. 유럽의 근대가 시작되면서 3세계의 지위는 지리상의 발견 이래 유럽 국가들에 의해 어떻게 인식되었는가, 주권의 지위는 어떠한 기준에서 비유럽 세력들에게 부여되었는가, 3세계에 대한 식민지 분할은 유럽 내부에서 세력균형에 어떠한 이슈로 작동하였는가, 3세계를 식민지로 가진 유럽 국가들이 기본적으로 제국이라고 할 때 제국들 간의 국제정치를 주권국가 체제라고 이론화할 수 있는가, 식민지, 반식민지로서 3세계의 경험은 해방 이후 이들의 영토, 국민, 정부 등 주권 요소에 어떠한 영향을 미쳤는가, 서구의 국제법은 제국주의와 식민주의에 대해 어떠한 입장을 가지고 있었으며 주권의 개념과 국제정치 조직원리에 대해 어떠한 이론을 만들어 냈는가 등의 질문이 등장한다.

지금의 국제정치학 이론을 비서구 전회(non-Western turn)의 관점에서 보면 비서구, 3세계 지역이 근대 국제정치에 편입되는 역사적 특수성을 고려하는 이론이 있기도 하고, 2차 세계대전 이후 냉전 상황이라는 현재주의적 관점에서 과거를 탈역사적으로 보는 이론들도 있다. 3세계의 특수성을 인식하는 이론이라 해도 3세계를 서구의 확장의 대상, 혹은 약소한 지역으로 보는 시각이 있는가 하면, 서구와의 관계 속에서 유기적으로 전체를 구성하는 일부분으로 보는 이론도 있다. 이를 나누어 보면 다음과 같다.

[표 1] 국제정치이론과 비서구의 중요성

	서구, 비서구의 단순 조직원리 결합	서구, 비서구의 복합적 연계 고려
서구 중심	신현실주의 신자유주의	
비서구 포함	영국 국제사회학파 구성주의	마르크스주의 탈식민비판이론

신현실주의는 주권국가들의 기능적 미분화를 기초로 국력 불균등 변수에 집중하기 때문에 비서구의 역사적 특수성을 고려한다고 보기 어렵다. 모든 국가들이 역사적 진공상태에서 주권국가로 시작하여 상호작용하는 것으로 본다. 마치 시장이 성립된 것이 시장을 가능하게 하는 정치적 맥락을 내장하고 있는데도 이를 시장이라는 장으로 독립하여 생각하는 경제학 이론과 유사하다(Polanyi 1944).

신자유주의 역시 주권국가의 기능적 미분화 가정을 받아들이지만 부분적으로 시장, 정치체제 등 국가 단위의 변수를 보기 때문에 비서구 국가들의 특수성을 설명할 수 있는 약간의 여지를 보인다. 국제사회학파는 유럽의 자체 완결적 국제사회의 팽창으로 서구-비서구 관계를 설명하기 때문에 기본적으로 비서구는 확장의 객체로 인식되고 있다.

구성주의는 비서구에 대한 명백한 이론화를 발전시키지 못하고 있지만, 비서구 체제의 특수성, 사회적 구성의 역사성 등을 고려할 여지를 가지고 있다. 마르크스주의, 특히 세계체제론은 비서구에 대한 서구의 착취과정, 제국주의를 자본의 확장으로 설명하여 서구, 비서구를 유기적 전체로 보는 존재론적 전체주의의 강점을 가지고 있지만 결합의 논리를 경제로 환원하는 문제를 안고 있다. 탈식민비판이론은 서구 제국주의의 영향이 현재에 미치는 영향을 분석하려 한다는 점에서 가장 복합적인 모습을 보여 주고 있고, 다양한 경향으로 발전하고 있으며, 향후 어떻게 대안적 이론을 제시하며 체계화된 이론으로 나아갈지가 관심사다.

식민지 국가로서 유럽 근대 주권국가

비유럽에 대한 유럽인들의 개념은 상당한 단절성을 보이며 변화해 왔다. 중세 유럽은 세계를 평평한 공간으로 인식했고, 신의 도시와 인간의 도시 간의 확고한 구별, 그리고 인간 세계의 신의 의지에 대한 종속성을 기반으로 사고하였다. 비유럽은 신의 은총이 미치지 못하는 장소인 동시에 신이 창조한 대상이라는 이중성을 가지고 있었다. 이슬람은 기독교가 미치지 못하는 야만의 장소이자 정복과 선교의 지역이었다. 이슬람이 다스리는 중동과 북부 아프리카 역시 이러한 지역이었다.

유럽이 신세계를 발견하자마자 원주민의 권리, 원주민 집단의 정치적 지위, 그리고 육지취득과 해양취득을 둘러싼 논란이 시작되었다. 어떤 의미에서 유럽의 국제법은 신대륙의 발견, 그리고 비서구 원주민을 소위 "문명화"라는 이름하에 유럽의 합법적 지배하에 두려는 목적으로부터 출발하였다고도 볼 수 있다(Angie 2004, 3). 16세기에서 20세기까지 유럽 국제법은 유럽의 기독교 국가들이 전체 대지 질서의 창조자, 유지자로 보았다(Schmitt 1995, 72). 국제법의 역사를 보면 로마 시대에 유스 겐티움(jus gentium)이 존재했지만 전 세계적 의식이 결여되어 있는 로마 중심적 법제였고 지구라는 인식이 성립된 이후에야 오늘날의 국제법이 만들어졌다(Schmitt 1995, 24). 전 세계적 공간 의식이 만들어지기 이전에 다양한 제국들, 즉 아시아 제국, 로마제국, 이집트제국 등이 보편공간 개념을 추구했지만, 이들 간의 관계는 전 세계적 성격을 결여하고 있었다. 세계와 민족에 대한 이들의 개념은 신화적이었고 법적 관계를 추구하기에는 과학적이지 못했다. 이들에게 자기 제국의 밖에 있는 세계는 혼돈의 세계이자 무주(無主)의 공간으로 여겨졌다(Schmitt 1995, 25-26).

유럽 중심의 보편공간 개념은 규범적 유래를 가지며, 슈미트는 근본적인 공간질서의 중요성을 강조하면서 노모스(*nomos*) 개념을 채택하여 사용한다. 역사적으로 유래가 깊은 이 개념은 단순히 입법 개념이 아니라 "한 민족의 정치적 사회적 질서가 공간적으로 가시화"되는 근본이다. "노모스는 대지의 토지를 특정질서 속에서 분할하며 자리 잡게 하는 척도이며, 그와 더불어 주어지는 정치적, 사회적, 종교적 형상이다. 척도와 질서와 형상은 여기서 하나의 공간적인 구체적 통일을 형성한다. 육지취득 속에서, 도시 또는 식민지의 창설 속에서 노모스는 가시화되고, 노모스와 더불어 하나의 부족이나 종사단 또는 하나의 민족이 정주하게 되며, 다시 말해 역사적으로 어떤 장소에 자리를 잡으며 대지의 일부분을 어떤 질서의 힘의 장으로 고양시키게 된다"(Schmitt 1995, 52). 유럽 주권국가 질서의 확장은 주권 요소의 하나인 영토성을 둘러싼 노모스의 확장과정이라고 볼 수 있는 것이다.

근대 국제법의 역사는 비서구에 대한 육지취득의 역사라고 정의할 수 있다. 지리상의 발견 이후 해양취득이 추가되는 점이 특기할 사항이다. 육지취득은 내부적 취득과 외부적 취득으로 나뉘는데, 내부적 취득이 집단 내부의 분할, 점유 및 소유관계의 질서인 데 반해, 외부적 취득은 자유로운 토지에 대한 취득이나 새로운 소유자 및 지배자로 이전되는 경우를 가리킨다(Schmitt 1995, 18-19). 육지취득은 결국 비유럽 영토 취득을 둘러싼 정당한 전쟁의 문제로 이어진다. 비유럽 원주민들이 유럽의 지배권을 인정하지 않을 때 전쟁을 통해 이를 취득하는 것이 적법한 것인가의 이슈가 핵심이었기 때문이다.

슈미트는 지리상 발견 이전의 모든 질서는 해양이 고려되더라도 본질적으로 육지적이었던 것으로 본다. 세계는 애초에 육지적 세계였고, 유럽 민족들이 대지를 전 세계적으로, 전 지구적으로 파악하게 된 것이 지리상 발견의 시대다. 따라서 이와 더불어 대지의 최초 노모스가 등장한 것이다. 이 최초의 노모스는 대륙과 자유해의 공간질서에 관한 것으로 이후 400년 동안 유럽 중심적 국제법, 즉 유럽 공법(jus publicum Europaeum)을 지탱하였다(Schmitt 1995, 23).

근대에 등장하는 공간질서는 중세 유럽 국제법을 종식시켰다. 국가는 중앙집권화되고 황제와 교황, 인접국가에 대해 주권적이며 공간적으로 폐쇄된 국가로서 해외의 육지취득을 위한 무제한의 자유로운 공간이 열리게 된다. 발견(discovery, Entdeckung)과 선점(occupation, Okkupaion)이라는 근대적 개념은 중세에는 완전히 낯선 권원(權原)들이다(Schmitt 1995, 46).

이슬람은 이미 오래된 적이었지만 신세계는 새로운 적이 아니라 "무주의 공간(freier Raum)"으로 등장했고 유럽의 선점과 확장을 위한 자유로운 장으로 등장했다(Schmitt 1995, 73). 새로운 지리학적 관념 위에서 1492년 이후 세계를 국제법적으로 새롭게 분할하게 되는데, 이는 "전 세계적인 경계선 사고(globales Liniendenken)"로 비롯되었다고 슈미트는 논하고 있다. 전 세계가 하나의 단위로 사고되기 시작했고 순수지리적 개념이 아닌 정치적 개념으로 등장한 것이다(Schmitt 1995, 74).

신대륙 발견 직후 1494년 5월 4일 교황 알렉산데르 6세는 경계선을 그었고, 6월 7일 스페인과 포르투갈 사이에 토르데시야스(Tordesillas) 분할 조약이 체결되어 신세계를 양국이 분할하게 된다(Schmitt 1995, 76). 이후 1559년 스페인과 프랑스 사이에 카토 캉브레지 조약을 통해 양국 간 우호선이 설정되기도 한다. 중요한 점은 신세계에서는 유럽의 공법이 작용하지 않고 육지취득을 추구하는 조약체결자 상호 간에 자유롭고 무자비한 폭력행사가 이루어진다는 점이다. 더불어 서반구라는 개념이 등장하여 경계선 안쪽에서 공법이 행해지는 유럽의 공간과 그 밖의 공간이 분리되어 사고되기 시작하였다(Schmitt 1995, 92-93). 슈미트는 16세기부터 20세기까지 유럽 국제법의 구조는 하나의 근본적 과정으로서 신세계 정복이라는 사건을 둘러싸고 형성되었다고 본다.

원주민의 자연권과 이들에 대한 정당한 전쟁의 권리를 둘러싼 논쟁은 16세기부터 치열하게 전개된다. 젠틸리(Alberico Gentili)는 1599년 『전쟁법(*De iure belli*)』을 통해 16세기 후반에서 17세기 초반까지 국제정치와 전쟁에 대한 현실주의적 견해를 대변한다. 터크는 이들을 인문주의라는 이름을 붙여 설명한다. 로마의 키케로(Marcus Cicero), 더 소급하면 그리스의 투키디데스(Thucydides)에서 보이듯이 이들은 자신의 공화국을 보호하기 위한 전쟁을 옹호한다. 더욱이 전쟁이 현실화되지 않았더라도 조국을 위험에서 보호하기 위한 예방전쟁의 정당성을 주장한다. 동시에 다른 국가들 역시 자신의 조국을 보호하기 위한 전쟁의 권리를 인정함으로써 전쟁에 있어 어느 한쪽의 절대적 도덕성을 주장하지는 않는다. 이러한 경향은 사실 기독교 시대에도 지속되었다. 아우구스티누스(Aurelius Augustinus) 역시 기독교의 종교성을 주장하면서도 이러한 인문주의적 전쟁관을 가지고 있었고 양자를 종합하고자 노력하였다. 카롤링거 왕조 때의 소위 중세적 르네상스 시기에도 이러한 전쟁관을 옹호했다.

문제는 이러한 전쟁관이 유럽과 비유럽에도 적용될 수 있는 것인가 하는 점이다. 유럽의 문명, 특히 기독교의 문명을 공유하지 않는 경우 인문주의자들은 비유럽의 인민들에 대한 전쟁의 정당성, 이들과의 조약의 불가능성, 그리고 이들을 노예화하는 것에 대한 정당성 등을 주장하였다. 신대륙 발견 이후 원주민들의 소유권을 인정하지 않고 소위 비문명적 행위에 대한 비판에 기초하여 이들에 대한 전쟁과 노예화를 옹호하였다. 이러한 시각이 자국의 이익에 부합할 때에는 더욱 그러하였는데 16세기 스페인제국을 시작으로 17세기 스페인제국과의 경쟁에 뛰어든 프랑스 역시 그러하였다. 프랑스는 카리브해에서 원주민과의 무역 교두보를 확보하면서 아리스토텔레스(Aristoteles)의 자연적 노예라는 관념을 받아들여 인문주의적 전쟁관을 퍼트렸다. 문명화, 기독교화라는 명분하에 비유럽에 대한 전쟁과 폭력을 정당화하는 이데올로기가 인문주의였다는 것이다(Tuck 1999).

근대 초 인문주의의 반대편에 서 있는 국제정치관은 스콜라주의에서 발견할 수 있다. 터크는 젠틸리와 상반된 견해를 보이는 몰리나(Luis de Molina)의 견해를 소개한다. 1593년에 출판된 『정의와 법에 관하여(*De iustitia et iure*)』에서 몰리나는 전쟁에 대한 매우 엄격한 견해를 소개하는데, 이는 스페인의 도미니크회 전통에 서 있는 것이다. 스페인의 토미스트들이 중심이 된 이 전통은 살라망카 대학교를 중심으로 형성되었고 앞서 논한 비토리아가 대표적인 인물이다. 몰리나는 방어전과 공격전을 구별하고 실제의 공격에 임박한 개인이나 국가는 방어전을 펼 권리가 있다고 주장한다.

반면 폐해를 입힌 상대에 대한 처벌이나 부당하게 빼앗긴 재산에 대한 회복을 위한 공격전은 인정하지만 이외의 경우에서 공격적인 전쟁은 모두 금하고 있다. 또한 공격적 전쟁은 정당한 주권자에 의해서만 행사될 수 있다고 본다. 명예를 위한 전쟁이나 선제공격은 엄격히 금하고 있으며 전쟁이 양쪽 모두 옳을 수는 없다고 본다. 또한 소위 비문명인에 대한 전쟁에서 무고한 희생이 없는 이상 이 역시 정당화될 수 없다고 보며, 이들의 영토를 점거하는 것도 금하고 있다. 이러한 모든 견해는 젠틸리의 인문주의 견해와는 상반된 것이다(Tuck 1999, 51-52). 스콜라주의의 견해는 고대 그리스와 로마에서 기원하기도 했지만 주로 중세의 기독교전통에서 기원한 것으로 본다.

이 학파는 특히 아퀴나스(Thomas Aquinas)의 전통 위에 서 있다. 이들은 특히 각 정치공동체의 독자적 권리를 옹호하고 기독교 세계의 원주민에 대한 공격적 태도를 비판한다. 스페인의 아퀴나스주의자들은 자국의 신세계 정책에 가장 비판적인 집단이었고 신대륙에 대한 교황의 권한도 부정하였다. 소토(Domingo De Soto)가 대표적 인물이었고 원주민에 대한 공격과 불법 영토 취득에 대해 반대하고 있다. 뒤이어 비토리아의 경우 교황이 비기독교인들에 대해 특별한 권리를 주장할 권한은 없으며, 자연법에 어긋난 행동을 원주민들이 한다고 해서 이들에 대한 개입이 정당화되는 것은 아니라고 본다. 다만 원주민들이 그들의 비인도적 행위, 예를 들어 인신공양과 같은 행위를 하는 경우에 이들을 구원하는 것은 허용될 수 있다고 주장한다(Tuck 1999, 72-74).

유럽, 특히 초기에 스페인이 아메리카 인디언들의 영토를 정복하고 강제로 개종시키며, 이를 거부할 경우 이들에 대한 전쟁을 통해 정당한 육지취득을 할 수 있는가는 초기 국제법의 핵심 문제였다. 스페인의 스콜라 학자이자 신학자인 비토리아의 『인디언에 관하여(*De indis*)』는 신세계를 둘러싼 정교한 논의의 시초를 보여 준다. 이 강의는 아메리카 원주민이 유럽인과 마찬가지로 인간이며 교황과 황제의 모든 법적 권원은 완전한 공평성으로서 적당하지 못하고, 정통적이지 않다고 논하고 있다.

비토리아는 성경과 아리스토텔레스의 철학, 아우구스티누스와 아퀴나스의 철학 등을 다양하게 언급하면서 황제와 교황이 신대륙을 비롯한 세계 전체에 지배권을 행사할 수 없다는 점을 논증한다. 지배권에 대한 권원은 자연법, 시민법, 신법의 세 영역인데 비토리아는 인디언들이 공적, 사적 영역에서 이 세 법에 의해 자체적인 지배권을 가지면 스페인의 전쟁을 통한 지배가 정당하지 않다는 점을 집중적으로 논한다. 우선 황제는 보편공간에 대한 지배권을 주장하지만 성경에서 밝혀졌듯이 노아의 시대 이후 각 민족은 고유의 통치 공간을 가지고 통치해 왔기 때문에 황제가 보편적 권력을 행사할 수 없다고 본다. 인디언들은 공적, 사적 영역에서 자체적인 정치질서를 가지고 상위의 최고권위자(overlord)를 가지고 있기 때문에 황제의 권한이 미치지 못한다는 것이다. 이미 유럽 대륙 내에서도 스페인, 프랑스 등 독립적 지배권을 가진 국가들이 존재한다고 보며, 비유럽에서도 마찬가지라는 것이다. 예수의 탄생 이후 세계가 하나로 통일되는 대사건이 나타난 것은 사실이나 예수의 권위는 정신과 영혼의 영역이며 세속의 지배권을 황제가 위임받았다고 볼 수 없다는 주장도 개진된다. 결국 "황제는 세계 전체의 통치자였던 적이 없었다"는 것이다(Vitoria 1992, 258).

교황에 대해서도 마찬가지인데, 교황은 모든 인간에 대한 영적 권위를 가지며 이러한 권위가 세속에까지 보편적으로 확장될 수 있다는 점에 대해 비토리아는 비판적이다. 영적 권력의 목적은 궁극적 행복(ultima felicitas)인 데 반해 국가의 힘의 목적은 사회적 행복(felicitas politica)이며, 사회적 행복에 영향을 미치는 궁극적 행복의 문제라면 교황이 권위를 가질 수 있다. 예를 들어 기독교 군주들 간 분쟁이 발생했을 경우 교황은 이를 중재할 권위를 가지며 심지어 왕을 퇴위시키거나 새로운 제도를 도입할 수도 있다. 그럼에도 불구하고 근본적으로 교황의 권위는 오직 영적인 세계에 한정되어 있고, 현재 기독교를 믿지 않는 이교도의 경우 역시 영적인 부분에 대한 교황의 권위가 있더라도 세속의 지배권을 통제할 수는 없다고 본다. 또한 이교도 스스로가 교황의 이러한 권위를 인정하지 않을 때 이들에 대한 전쟁 선포 역시 정당하지 않다고 본다(Vitoria 1992, 261-264).

인디언들이 기독교를 받아들이지 않기 때문에 유럽의 지배권이 인정될 수 있다는 논의도 거부된다. 비토리아는 인디언들이 기독교를 접할 기회가 없었기 때문에 최초의 조우 이후 이교도에 대한 기독교의 권리는 성립되지 않는다고 본다. 이교도에 대해 지속적이고 합리적이며 진실된 포교의 활동이 진행되어야, 그리고 신에 의해 기적의 행사와 같은 표식이 있은 이후에도 이교도들이 기독교를 거부할 때 이들을 비판할 수 있게 된다. 그러나 심지어 그러한 경우라도 이교도의 지배권 자체가 부정되지 않으며 이들에 대한 전쟁도 정당화될 수는 없다고 본다(Vitoria 1992, 266-269). 비토리아는 또한 아메리카 대륙이 무주지였기 때문에 발견에 의한 점유가 정당하다는 논리도 배격한다. 인디언들이 공적, 사적 지배권을 이미 행사하고 있었다고 보기 때문이다.

이러한 논의는 객관적이며 중립적이어서 유럽 중세적 편견을 극복하는 것처럼 보인다. 당시의 논객이었던 세풀베다(Juan Gines Sepulveda, 1490-1573) 등의 주장, 즉 원주민은 미개인이므로 정복이 정당하다는 주장과 비교해 보면 비토리아의 장점이 두드러진다. 비토리아는 비기독교적인 원주민이라도 기독교도에 의해 권리를 박탈당해서는 안 된다고 주장한다. 교황이나 황제가 이들의 토지를 마음대로 처리해서는 안 되고 이들 왕국의 군주들 역시 통치권력을 가지고 있으며, 원주민들도 토지에 대한 소유권을 가지고 있다는 것이다. 따라서 비토리아는 육지취득의 권리가 오직 간접적으로만 생기며 정전의 논의과정에서 생기는 것이 아니라고 주장한다. 이러한 논의는 당시의 인식과 상반되는 것이었는데, 16세기에서 18세기까지 발견은 진정한 법적 권원으로 인정받고 있었기 때문이다(Schmitt 1995, 94-104).

그러나 비토리아가 서구 중심의 시각을 여전히 지니면서 스페인의 아메리카 정복을 근본적으로 지지하는 모습도 잊어서는 안 된다. 비토리아는 이교도들도 기독교인들과 똑같이 합법적 군주를 가졌으며 그들에 대한 전쟁도 정당한 이유가 있을 때만 허용된다는 주장을 최초로 한 사람으로 국제법의 큰 발전을 가져온 것은 합당한 평가다. 그러나 비토리아는 이교도 군주들이 기독교 선교사들을 입국시킬 의무가 있으며 여행의 자유를 허용해야 한다고 보았다. 또한 스페인인들이 이교도의 땅에서 교역의 자유를 가지며 주인이 없는 곳에서 해양 탐사 및 탄광 채굴과 같은 행동을 할 권리가 있다고 보았다. 이러한 자유로운 경제활동을 인디언들이 제어할 경우 정당한 전쟁의 권리가 생겨난다는 것이다. "유스 겐티움에 의거, 무주의 물건은 첫 번째 취득자의 소유"가 되며, 따라서 "육지의 금이나 바다의 진주, 혹은 강의 기타의 것들은 무주의 경우 국제법에 의해 최초 취득자의 소유"가 된다는 것이다. 또한 유럽인은 자유로운 포교의 활동을 가지며, 이를 방해하거나 이미 개종한 원주민을 다른 원주민이나 원주민 당국이 억압적으로 탄압할 경우 또한 정전의 권리가 생긴다고 분석한다. 대다수가 기독교로 개종하였을 경우 교황은 기독교 군주를 파견할 권리를 가진다고도 보았다. 원주민들 간의 전쟁이 발발하였을 경우 스페인은 한 편의 동맹으로 전쟁에 참여할 권리가 있는 것으로 인정하였다. 또한 인신을 살해하는 의식을 행할 경우 자연법에 어긋나므로 권고와 설득에 이어 개입할 권리를 스페인인에게 주기도 하였다. 비토리아는 자신의 논리 때문에 아메리카 대륙에 대한 스페인의 경제적 이익이 훼손되는 것을 우려하였으며 황제의 수익에 대해서도 결론 부분에서 최대한 보호하려는 단서를 달고 있다(Vitoria 1992, 278-292). 비토리아가 스페인의 무력 개입에 대해 우선 설득과 대화 등을 선제조건으로 내세웠지만 이러한 단서가 실제 침략과정에서 큰 힘을 발휘할 것으로 보기는 매우 어려웠다. 결국 비토리아가 스페인의 정복을 지지하기 위해 이유를 제시하였으며 열렬하게 교권과 교황권의 주장자였다는 점 또한 사실이었다(Nussbaum 2013, 161-162).

슈미트 역시 비토리아의 논의가 신학적, 도덕적으로 유의미한 논의였다고 보지만 여전히 중세 기독교 도덕체계 및 정전론 위에 서 있고 근대적 국제법의 인식을 보여 주기에는 부족하다고 평가한다. 비토리아는 스페인의 수사로서 스페인의 신대륙 정복 자체를 반대한 것이 아니라 아메리카 인디언의 인간적 대우를 도덕적으로 권고하는 것에 집중했다는 것이다. 기독교 전통의 정전론에서 인디언에 대한 무차별은 의미 있지만 비기독교에 대한 선교위임, 이에서 비롯된 정복과 침략전쟁의 정당성 자체를 부정한 것은 아니다. 비토리아에게 "자유로운 통상의 권리와 외국 이주의 권리 또한 기독교의 자유로운 선교와 선교위임을 수행하기 위한 수단"이다. 기독교 전통에서 전쟁은 기독교도 내부의 전쟁과 비기독교도와의 전쟁으로 나누어지며, 후자는 침략을 당했거나 하거나와 관계없이 모두 정당한 전쟁이다. 기독교라는 정신적 권력이 국제법적 권위를 가지며 기독교 군주들은 이를 수호했다. 전쟁의 원인이 정당하다고 인정되는가가 중요한 것으로, 비토리아는 아메리카 인디언을 기독교를 믿는 유럽의 적을 대우하듯이 하도록 주장하고 스페인의 정복을 정전의 차원에서 합리화하려고 했다. 그러나 이러한 권고를 근대 국제법 차원에서 정립하는 데에는 실패했다고 보는 것이 슈미트의 주장이다(Schmitt 1995, 122-126).

식민지 확장과 유럽 영토 인식의 변화

유럽의 식민지 개척 과정이 역으로 유럽 내 주권국가 수립에 영향을 미쳤다는 점도 주목할 필요가 있다. 15세기 이후 유럽인들에게 비유럽과의 관계는 사고의 전환을 가져오는 중요한 계기가 된다. 어떻게 보면 비유럽과의 관계가 유럽 내부의 관계를 재설정하는 가장 중요한 요인이 되었다고 볼 수 있을 정도다. 비유럽으로의 확대는 막 생겨나기 시작한 유럽 주권국가의 영토 확대로 인식되었고, 유럽의 영토화와 비유럽의 영토화가 동시에 진행되었다. 영토성에 대한 유럽인들의 인식 변화가 발생한 것이다.

러기는 영토성에 대한 전반적 논의에서 정치권력과 영토의 관계가 가변적이라는 점을 주장한다. 정치권력이 영토에 기반하는 것은 당연한 일이지만, 영토에 의해 정치권력 자체가 정의되는 것은 특수한 일이고, 또한 영토가 항상 일정하게 고정되어 있어야 한다는 것도 특수한 것이며, 그러한 영토가 경계에 의해 상호 배타적으로 소유되고 유지되어야 한다는 것도 특수한 일이다. 영토에 기반을 두되 인적 관계에 의해 정치권력이 정의되고, 영토의 경계가 유동적이며, 공유되거나 소유되지 않는 영토가 있는 정치권력도 있기 때문이다(Ruggie 1993, 149).

러기는 중세가 그러한 점에서 근대와는 다른 영토성을 가지고 있다고 본다. 근대에 영토에 결박된 정치권력이 출현한 것은 변화하는 물적 요소들, 즉 군사력과 경제력의 발전도 한 몫을 하였고, 각 정치권력들의 전략도 중요하였으며, 무엇보다 일정한 영토에 기반을 둔다는 고정된 관념, 러기의 표현대로 하면 사회적 인식론(social epistemology)이 중요하였다는 것이다(Ruggie 1993, 157: 이혜정 2002).

브랜치(Branch 2012)의 연구는 근대 유럽의 영토성에 대한 인식과 실천이 식민지 개척의 경험에서 유래한다는 점을 지적하고 있다. 중세와 근대 초까지 유럽은 개인의 권위나 법적 권위에 따라 정치공동체의 지리적 영역을 결정하였다. 즉 명백한 선형적 국경 개념에 의거한 고정되고 배타적 영토개념이 없었다는 것이다. 통치자가 다스리는 마을과 지역, 공간 등에 기초한 정치적 권위 개념이 존재하였고, 개인들 간의 계약에 따라 영토가 결정되고 또한 변화되었다고 본다. 반면 아메리카 식민지가 개척되면서 무주의 공간에 대한 점유가 문제시되었고 다른 정치공동체와의 계약이 원천적으로 불가능한 상황에서 제국들 간의 경계개념이 최초로 생겨났다는 것이다. 스페인과 포르투갈 사이의 토르데시야스(1494) 조약이 그 시초이며 이는 실제로 존재하는 정치 공간에 따른 영역구분이 아닌 지도법에 의한 새로운 영역구분이었다. 유럽의 식민통치자들이 프톨레마이오스(Claudios Ptolemaeos)의 위도, 경도 등에 기초한 원추투영도법에 의해 신대륙을 구분하면서 기존 유럽 대륙에서의 구분과는 전혀 다른 구분법이 생겨났다고 본다(Branch 2012, 283). 기존의 정치적 공간이 지리학적 공간으로 새롭게 정의된 것이다.

유럽 대륙 내에서 여전히 중세적 공간, 영토개념이 지속되고 이는

1648년의 베스트팔렌 조약에서도 예외가 아니었다. 영토 구분에서 성, 요새, 마을, 도시 등의 공간개념이 영토구분의 중요한 조약 내용으로 사용되었다(Branch 2012, 286-287). 유럽에서 최초로 선형적 국경개념이 적용된 사례는 18세기 말 폴란드 분할이었다고 본다. 이때 비로소 신대륙에서 사용된 지리적 국경개념이 유럽 내의 피정복지 분할에서 사용된 것이다. 이어 나폴레옹전쟁 시기를 거치면서 봉건적 관습이 사라지고 새로운 배타적 영토개념이 등장하게 된다. 이는 1815년 비엔나 조약에서 본격적으로 적용되어 국가들 간의 영토는 선적 개념으로 완전히 자리 잡게 되는 것이다. 결국 식민지 경험이 유럽 대륙 내의 영토구분에 반영되었고, 이러한 반영이 의도적이라기보다는 의도치 않은 결과이었을지언정, 식민지 개척의 경험이 없었다면 유럽 근대 국가의 영토성이 확립되기 어려웠을 것이라는 결론이다(Branch 2012, 290-292).

이러한 논의에 따르면 비유럽과의 관계 이전 유럽 내 제국의 영토 확장 혹은 통치권 확장은 명확한 영토개념에 근거한 것이라기보다는 다른 정치체의 영토 전반 혹은 통치권에 대한 것이었다. 영토와 통치권이 확장된 이후에도 명확한 경계 개념을 가지기보다는 지속적인 정치적 복속을 중시한 것이다. 제국은 보편성을 주장하지만 영토적 정복을 반드시 수반하지는 않는다. 그러나 영토의 선적 경계가 명확해지면 정치체들 간의 분리가 물리적으로 확연해지고 제국의 통치권 확장이 물리적 경계를 수반하는 만큼 제국적 확장이 그만큼 어려워진다고 할 수 있다. 중첩적인 권위가 사실상 불가능해지고 완전 독립과 완전 복속의 제로섬 게임적 제국이 자리 잡기 때문이다.

이러한 변화는 스페인제국 몰락 이후 유럽에서 왜 새로운 보편제국이 등장하기 어려웠는가를 보여 준다. 역사적으로 대부분의 제국은 주권의 중첩성과 이중적 통치를 허용하는 경향을 띠었다. 명확한 주권적 분리를 토대로 제국을 이루기는 그만큼 어렵기 때문이다. 특히 대의적 정치체제가 등장한 이후 다른 영토의 인민들의 의사를 반영하는 배타적 권위체로 제국이 등장하기는 그만큼 어려워진다. 이후의 제국은 타 영토와 타 인민들의 독립성을 전제로 제국적 영향력 확장을 꾀할 수밖에 없도록 변화된 것이다. 비유럽과의 관계에서 선적 경계에 따른 영토적 구분이 유럽 내에서 이루어지고 이에 따라 근대적 제국이 유럽 내에서 자리 잡기 어렵게 되었다면 역설적으로 유럽-비유럽 관계는 근대 유럽 내 질서에 큰 영향을 미친 셈이 된다.

이론적으로 1492년 혹은 그 이전부터 비유럽과의 접촉과 조우가 "유럽"의 형성, 더 구체적으로는 유럽 지역의 근대적 조직원리에 어떠한 영향을 미쳤는가가 중요한 질문이다. 첫째, 유럽, 유럽인이라는 정체성 형성에서 타자로서의 "동방(the East)"이 중대한 영향을 미쳤다고 볼 수 있다. 정체성은 자체적인 동질성에 기반한 것이기도 하지만 타자의 존재가 정체성의 불가피한 요소이고, 타자가 없으면 정체성 자체가 형성될 수 없는 것이기도 하다(Neumann 1999). 스스로를 문명이라고 인식하는 과정에서 타자는 야만, 혹은 반(半)문명으로 정의되었다. 이 과정에서 터키, 러시아의 존재, 1492년 이후 아메리카 신대륙의 존재는 유럽이라는 집합적 정체성을 형성하는 데 큰 역할을 하였다고 본다.

둘째, 신대륙으로부터 탈취한 경제적 이득이다. 스페인이 근대 최초의 제국으로 발돋움하는 데 신대륙의 재화와 금, 은은 중요한 자원이었고 이를 기반으로 유럽 내 팽창을 시도하여 전쟁 국가, 군사 국가로서 근대국가를 이룰 수 있었다. 네덜란드의 동인도 진출, 프랑스, 영국의 아메리카 식민지 개척과 아시아 진출 모두 스페인에 이어 근대 국제정치를 이룬 경제적 배경이었다. 물론 정확한 경제적 이득의 크기와 이러한 이득이 유럽 열강의 성장과 확장에 기여한 부분을 둘러싸고 지속적 연구가 필요하다. 박지향은 본격적인 산업화 이전인 1780년에서 1790년까지 유럽 총 생산에서 대외 수출이 차지하는 비중이 4% 정도였다고 추산하고, 이 중에 1% 미만이 아시아, 아프리카, 라틴아메리카로 수출되었다고 본다. 또한 1800년에서 1938년까지 유럽 전체 수출의 17%만이 3세계로 향하였고, 이 중에 반 정도가 식민지로 수출되었다고 본다. 결국 유럽 총수출의 9%만이 식민지로 향했다는 것이다. 광물, 석탄, 석유 등의 자원도 3세계에서 수탈되기보다는 선진국 간 교역이 더 큰 비중을 차지했다고도 본다(박지향 2000, 86-90).

셋째, 앞에서 논한 바와 같이 지구적 공간 개념이 확장되면서 영토와 국경에 기반한 정치질서가 공고해졌다. 항해술에 기반한 공간 개념의 변화 및 지도제작술의 발달, 식민지 경계 획정에서 등장한 영토 점유의 개념 등이 유럽 내 정치집단의 분리와 경계 설정에 큰 영향을 미쳤다. 중세 시대에 인적 관계, 계약관계를 중심으로 혼성적으로 조직되어 있던 지역질서가 영토와 영토에 기반한 이익에 기초하여 재조직된 것이다.

넷째, 신대륙과 아시아에 팽창하는 제국의 위상이 정립되면서 식민지 없는 유럽의 약소국들과 강대국이 구별되고, 강대국들 간의 사회적 관계가 성립된다. 유럽 내 약소국, 비유럽과 구별되는 유럽 강대국들은 자신들만 소유하고 있다고 믿은 배타적 문명 개념, 상호 간의 이해관계 조정, 규범의 정립 등을 통해 소위 국제사회를 이루고 식민지 팽창의 조정과 합의, 강대국 상호 간의 주권적 권한 조정 등 주권국가 질서에 핵심적인 상호 제국 관계의 규범을 이루게 되었다. 이들은 주권적 독립의 규범을 중시하면서도 유럽이 하나의 공동체라는 상반된 관념을 기초로 개체적으로는 독립적이지만 전체적으로는 타 지역과 구별되는 공동체적 의식을 동시에 가지고 있었다(Watson 1992, 7-8; Gong 1984). 만약 유럽 강대국이라는 범주의 타자로서 이들 약소 세력이 존재하지 않았다면, 정복을 기초로 한 제국들 간의 공존과 상호 이해의 규범이 성립되기 어려웠을 것이다.

선점을 통한 식민지 확장과 국제법의 역할

20세기의 국제법에서 국가의 영토적 완전성이 인정되는 지리적 영역을 획득하는 국제법에 의한 권원으로 인정되는 기제는 역사적 권원, 선점, 시효, 첨부, 병합, 할양, 정복 등이다. 여기서 정복은 사실상 권원의 자격을 상실하였다(최철영 2014, 320). 그러나 이는 근대 초부터 유럽에서 영토취득의 권원을 둘러싼 역사적 변화와 경쟁의 산물이다.

근대 주권 국가 질서 속에서 황제와 교황의 육지취득에 대한 법적 권원은 소멸되고, 특히 비기독교 군주와 인민의 토지에 대한 육지취득을 위한 승인된 법적 권원으로서 교황의 위임이 종식된다. 국가는 중앙집권화된 입법, 사법, 행정의 체계를 명확히 하고 교회와 종교당파들 사이의 내전을 극복한다. 앞선 장에서 논의한 바와 같이 1555년 아우구스부르크 화약을 통해 영토를 지배하는 자가 종교를 지배한다(cujus regio, ejus religio)는 공식이 성립되고 국가는 다른 정치체에 대해 폐쇄되어 있는 확정된 경계를 가진 공간으로 재정의된다. 중세의 종교적 제국과 황제정에서 출현한 국가는 유스 인테르 겐테스(jus inter gentes)를 만들어 지금까지의 초영토적 구속을 벗어난다. 유스 겐티움은 유스 인테르 겐테스와 구별되고 후자는 기존의 초영토적 구속, 개인적 종류의 봉건족 구속, 신분적, 신앙당파적 교착으로부터 해방된다(Schmitt 1995, 134-136).

16세기 이래 종교 개혁 이후 신학자들은 자연과 이성에 기반한 국제법을 논의하기 시작하였고 로마법은 하나의 전범이 되었다. 선점에 의한 영토 취득과 관련하여 무주지의 개념은 로마법에서 설정된 무주물(res nullius) 개념에서 유추된 것이다. 모두 점유에 의한 사유재산의 자연적 취득에 관한 로마 사법에 근거를 두고 있었다. 로마법은 유스 겐티움에 의해 소유권 획득 방법으로 선점과 관련하여 누구도 소유한 적이 없는 물건(res nullius), 적국의 재산, 포기한 재산 등은 소유권을 점유하는 자에게 인정한다는 법리를 보고 있었다. 이후 유럽의 제국주의 세력은 식민지 개척과정에서 취득한 영유권의 법적 정당성을 경쟁국가에게 요구할 때 무주지의 로마법 용어를 직간접으로 사용하였다(최철영 2014, 321-323).

17, 18세기의 법학자들은 신세계의 토지는 자유롭게 선점할 수 있다고 간주하였다. 선점은 발견으로부터 비롯되는데, 15세기 신대륙 발견 이전에는 발견이 선점을 위한 법적 권원으로 인정받지 못하였다. 그렇게 된 것은 독특한 역사적 배경과 관련 있는 것이다. 발견이 법적 권원을 가지는 것은 유럽과 비유럽 간의 문명적 격차를 유럽인들이 인식하고 주장하면서 시작된 것이다. 비유럽 국가들이 유럽을 발견하여 이를 취득할 수 있는 능력이 사실상 결여되었다고 보면서 유럽 중심적 사고가 발전한 것이다.

슈미트는 이를 "규범주의적 의미에서 정정전도 결코 아니었고, 새롭게 깨어난 서양 합리주의의 업적이었고, 중세 유럽에서 생겨난 정신적이며 과학적인 교양의 작품이었고, 실로 본질적으로 고대 유럽과 아라비아적 지식을 기독교적 유럽의 실천력에 의해 역사적 힘을 갖춘 거대한 실체로 만들어 낸 사고체계의 도움에 의한 것"이었다고 본다(Schmitt 1995, 141). 16세기와 17세기에 법적 권원으로 발전하지 못했던 발견에 관한 사고가 이후 명료해지고 실효적 선점의 배경이 되었다(Schmitt 1995, 142). 슈미트는 유럽의 공간 개념이 전 지구적 공간개념으로 발전하는데, 법학자들의 힘겨운 발전단계가 있었다고 본다. 그로티우스와 푸펜도르프 모두 신학에서 탈피한 근대 국제법의 기초를 놓았지만 신대륙의 육지취득으로써 선점의 개념을 명확하게 하는 데 실패했다고 본다(Schmitt 1995, 149-150).

선점이 육지취득의 법적 권원이 된다는 생각은 두 단계로 나뉜다. 19세기 이전 선점된 식민지는 유럽의 국가영역과 동일시되는 것이 아니라 국가 영역과 구별된 채로 남아 있었다. 유럽의 국가영역과 식민지적 토지의 지위를 부등가로 본 것이다. 그러나 원주민의 자연권을 인정하는 근대의 국제법 전통에서 원주민의 토지 소유권은 계속 문제가 되었다. 비록 기독교도가 아니라도 이들이 조직적 정치집단을 이루고 살아가는 한 소유권을 부정하기 어려운 자연법의 딜레마가 있었던 것이다. 결국 유럽의 주권 개념에 입각하여 주권국가로 인정받지 못한 단위들의 소유권을 부정하고, 이들의 토지에 대한 선점을 인정하는 형태로 바뀌게 된다. 주권을 부여하는 승인의 원칙을 유럽 중심적 기준으로 정하고 이에 따라 소유권을 부정하는 것은 순환논리로 법적 논리하에 육지취득을 합리화하기 위한 방책이었던 것이다. 이 논리는 유럽법학자들의 학회인 국제법학회(Institut de droit international)가 1873년에 설립되고 1884년 베를린 회의에서 아프리카 분할에 대한 원칙을 마련하는 과정에서 정식화되었다. 당시의 국제법학자들은 주권을 부여받지 못한 비서구인들의 토지를 주인 없는 영토(territorium nullius)로 명명하고 선점의 정당한 대상으로 삼았다(Fitzmaurice 2012, 856-857).

결국 그때까지 무주지로 간주된, 유럽 외 토지를 둘러싼 투쟁은 주권을 획득한 국가들 간의 투쟁으로 변화한다. 유럽 공법, 즉 유럽 대륙의 국제법은 유럽의 주권국가 사이의 법이었고 이에 기반하여 그 밖의 대지에서의 노모스를 규정하였다. 국가성(Staatlichkeit)은 모든 지역과 민족에 적용되는 보편적인 것이 아니고 시대와 장소에 구속되어 있었던 것이다.

19세기 말 이후 실효적 선점 개념이 출현하면서 식민지를 국제법적으로 승인된 국가적 구성원의 정부체제와 행정체제로 편입시키는 형태로 변화되었다. 식민지 토지의 지위를 폐지하고 이를 국가적 영역으로 귀속시키는 것이다(Schmitt 1995, 138). 이로부터 점유가 영토주권의 근거가 되려면 실효적이어야 한다는 원칙, 즉 지배자나 실효적 선점이 있어야만 영역취득의 권원으로 인정되게 되었다. 선점행위와 더불어 국가 영유권의 대세적 효력을 확보하기 위한 영유의 의지가 확인되어야 병합의지를 인정하는 것이다. 결국 발견과 선점이라는 시원적 권원(original title), 특정영역의 영토 편입의 영유의사(animus occupandi), 일정 시간 동안 지속적, 평화적, 실제적인 국가주권의 행사로서 실효적 지배가 필수적이다. 발견은 미성숙의 권원으로 결정적인 영유권 창설을 하지 못한다는 원칙이 정착된 것이다(최철영 2014, 324-326). 결국 이 모든 과정에서 국가의 능력을 갖추지 못한 단위를 이 경쟁에서 배제된다. 신세계의 문제는 유럽 전체의 문제가 아니게 되었고, 개별적인 유럽의 육지취득자들 간의 분쟁으로 간주된다(Schmitt 1995, 137).

유럽 공법의 전 세계적 도식은 육지와 자유해의 구별, 유럽 육지와 비유럽 육지의 구별을 바탕으로 이루어진 것이다. 슈미트는 자유해와 다섯 가지의 육지로 세계적 도식을 만드는데, 다섯 가지의 육지란 국가영역, 식민지, 보호령, 유럽의 치외법권이 존재하는 이국의 육지, 자유롭게 선점할 수 있는 육지로 나뉜다. 국가영역이 유럽에 속한 부분이라면, 나머지는 문명의 발달 단계에 의해, 그리고 유럽 국가들의 침략 정도에 의해 나누어지는 공간이다. 문명이 발달했던 이슬람과 아시아는 치외법권 등이 적용되는 지역으로 분류되고 있다(Schmitt 1995, 214; Kayaoğlu 2010). 이에 반해 신세계는 무주의 것으로 유럽 국가들이 자유롭게 선점할 수 있는 영토였고, 식민지 전쟁은 야만스러운 인민들을 상대로 행해지는 것이었다.

유럽 공법 외의 영역에 대해 식민지 토지는 유럽 내부법의 의미에서 어떤 국가에도 소속되지 않는 한 자유롭게 선점될 수 있었다. 문명화되지 않은 지역 추장의 권력은 통치권으로 인정되지 않았고 인민의 토지사용도 소유권이 아니었다. 통치권의 승계가 논리적으로 일관되게 구성되지 않는다고 보았고, 이는 유럽의 토지 취득자들이 토착 군주 및 추장과 계약을 체결하고 구속력 있는 것으로 본 경우에도 적용되었다. 결국 육지취득은 원주민의 소유권을 인정하지 않음으로써 전적으로 육지취득국의 결정에 종속되었다.

식민지가 국제법상 통치권에 관해 무주인 것과 마찬가지로 사적 소유권에 관해서도 식민지의 육지를 무주의 것으로 취급하였다. 토지취득국은 원주민의 토지권을 제거하고 전체 토지의 소유자로 선언하였고 원주민 추장의 권리들을 인수하였으며, 이후 사적인 국가소유권을 창설하였다. 육지취득국은 원주민의 사용권을 존속시킬 수도 있었고 동시에 상급소유권을 창설하였다. 식민지 육지취득은 식민지의 주권국가 독립 시기까지 국제법적으로 국가 상호 간의 문제도 아니었고 순수하게 국가 내부적인 문제도 아니었다. 식민지 토지의 특수성을 설정하였고 이는 당시 국제법 구조의 특징적인 것이며 독특한 공간구조를 나타내는 것이었다(Schmitt 1995, 234-235).

영토에 관한 문제는 전쟁의 문제와도 연결된다. 근대 유럽에서 정당한 적(justus hostis)을 승인하는 능력과 더불어 국제법이 출발한다고도 볼 수 있다(Schmitt 1995, 27). 유럽 국제법은 두 개의 평등한 국가들 간에 배제가 아니라 상호 간의 국제법적 승인을 하고, 이웃의 토지가 무주의 토지가 아니라는 승인을 내포하고 있다(Schmitt 1995, 27). "지리상의 발견 이전 시대의 국가 상호 간 국제법은 전쟁과 평화에 대한 많은 중요한 법구조를 내포하고 있다. 그러나 출발이 그러했음에도 불구하고 대지를 포괄하는 관념이 결핍되어 있다는 점은 극복할 수 없었다.

그러한 국제법은 그것이 사절권, 동맹과 평화조약의 체결, 외국인의 권리와 비호권 등의 형태로 확정된 승인과 관습을 발전시킨 경우에도 여전히 미발달의 것으로 남아 있을 수밖에 없었다. 왜냐하면 국가상호 간 국제법은 전쟁에 대한 확고한 제한, 즉 다른 제국을 정당한 적으로 승인하는 것에까지 쉽게 고양될 수 없었기 때문이다." 이들 간의 전쟁은 파괴전으로 수행되었고, 제국들 간의 공존, "공동의 공간에 속한 독립적 광역들 사이의 공존이라는 생각"이 자리 잡지 못했던 것이다(Schmitt 1995, 30-31).

비서구에 대한 주권적 지위의 인정 문제

콜럼버스의 신대륙 발견은 중세에서 근대로 이행하는 과정에서 발생한 흥미로운 사건이다. 스페인과 포르투갈은 신대륙을 주권적 영토 개념에 근거하여 신대륙을 분할하고자 하였고 이 과정에서 교황은 중재자로 역할을 하였다. 신대륙은 애초에 중세적 개념에 의해 사고되었지만 점차 근대국가의 정복의 대상이 되었다. 중세가 사고한 비유럽의 개념과 근대가 사고한 비유럽의 개념은 확실한 단절성을 보이며, 비유럽의 공간은 주권국가들의 확고한 국경개념에 근거한 정복의 대상이 된 것이다. 신대륙은 중세적, 선교적 동기에 의해 발견이 추동되기도 하였지만 순전히 상업적, 영토 확장의 근대적 동기에 의해 이루어진 것이기도 하다. 이후 비유럽은 유럽 근대 주권국가들의 제국성의 대상이 되었다. 비유럽으로의 확대가 유럽 주권국가들 간의 관계, 특히 서로 간의 인정에 어떠한 영향을 미쳤는지가 중요하다.

비유럽 국가들의 주권적 지위 문제는 결국 승인의 문제로 이어지며, 승인의 주체는 이미 주권을 가진 유럽의 강대국이었다. 국제정치학이 이미 주권을 가진, 승인된 주체들 간의 관계를 분석하지만 승인을 받는 과정은 매우 정치적이었고 국제법은 이 과정에서 강대국의 이익에 봉사하였다. 비유럽 국가들은 19세기 유럽 국제법 체제에서 주권의 지위를 부여받지 못하고 식민지, 반식민지, 보호국 등 열등한 지위에 놓여 있었다. 국제법에서 주권이 제한된 국가는 법적으로 독립되지 못한 국가다. 이러한 국가들은 국제법상의 권리능력과 행위능력이 완전하지 못하다는 점에서 주권국가와 차이를 가질 수밖에 없다.•

앞서 논의된 비토리아 역시 미주 대륙 인디언에 대한 자연법적 동정을 표하였을지는 몰라도 주권을 배제하고 같은 정치공동체로서 승인을 거부함으로써 차별적 인식을 보여 주었다. 유럽 주권국가와 식민지 관계를 정교화하는 과정이 곧 국제법의 과정이 된 것인데, 이 과정에서 비유럽의 문명, 인권, 정치적 권리에 대한 논의가 발전하였다고 본다(Anghie 2004, 8). 결국 국제법은 로마의 유스 겐티움 경우처럼 제국 내에 존재하는 중심과 다양한 주변을 관리하는 법적 필요에서 생산된 것이다.

바텔슨은 국가 간 승인의 철학적, 역사적 기반에 대해 논의하면서 승인은 우선 국가가 되기 위한 자격은 무엇인지, 즉 국가라는 정치체가 다른 정치체와 어떻게 차이가 나는지, 그리고 정치체 스스로가 국가라는 정치체로 어떠한 자기 이미지와 자기 정의를 가지는지, 다른 국가들

• 현대 국제법에서 이러한 국가들은 다양한 형태로 존재하며, 제한된 의미에서 국제법의 주체로 인정받는다고 국제법은 보고 있다. 우선 종속국, 혹은 부용국(vassal state)을 들 수 있다. 종주국에 종속하여 종주국의 국내법으로 국가로서의 지위가 인정될 뿐 외교능력이 제한된 국가다. 이에 반해 피보호국은 보호국과의 국제조약인 보호조약에 의해 또는 관계국 간의 다자조약에 의해 성립한다. 피보호국은 권리능력은 있으나 행위능력이 없는 것으로 인정되고, 그 구체적인 내용은 조약규정에 따라 정해진다(김영석 2017, 113). 마지막으로 연방구성국은 연방국가를 구성하는 일원으로 외교능력이 없다(김영석 2017, 114).

이 자신의 정치체를 국가라고 승인하는지의 조건이 우선이라고 본다. 승인의 대상이 되는 정치체의 성격이 명확해지고 정치체들 간의 상호 승인이 이루어지려면 인식론적 조건이 우선 마련되어야 한다. 바텔슨은 이를 인식적 승인(epistemic recognition)이라고 부른다(Bartelson 2013, 208). 바텔슨은 국가 간 승인을 대체로 세 가지 승인으로 나누어 분석하는데, 정치적 승인, 법적 승인, 도덕적 승인이 그것이다. 정치적 승인은 국가들 간에 어떠한 국가가 주권국가로 승인될 수 있는지의 교섭, 협의, 타협의 과정에 관한 것이다. 기존에 주권국가로 자리 잡은 강대국들이 다른 국가들을 주권국가로 승인하는 과정이 정치적 승인과정이라고 할 수 있다.

법적 승인은 어떠한 법적 기준으로 특정 정치체를 주권국가로 승인하는가에 관한 것으로 기존의 이론은 선언적 효력설(declaratory theory)과 창설적 효력설(constitutive theory)로 나뉜다. 선언적 효과설은 국가의 정치적 존재는 다른 국가의 승인과 관계가 없는 입장이다. 국가의 요소인 영구적 주민, 명확한 영역, 실효적 정부, 타국과 관계를 맺을 수 있는 능력 등 국가 성립요소를 갖추면 다른 국가들의 선언에 관계없이 자동적으로 국가로 성립된다는 견해다(김영석 2017, 133). 이에 반해 창설적 효과설은 국가승인이란 신생국가에 국제법적 주체로서의 자격을 부여하는 행위라고 파악하는 입장으로, 다른 국가에 의해 승인되지 않는 한 국제법적 주체성을 가질 수 없다는 견해다. 승인되지 않은 신생국은 사실상 존재하지만 법률상으로는 존재하지 않는 것이다. 남북한 동시가입을 보면 미국은 북한을 승인하지 않고 있지만 UN에 가입하여 국가로 승인되었다(김영석 2017, 134). 집단적 승인으로 북한의 승인이라고 볼 수 있지만 미국은 이에 개별적으로 찬성하지 않는 묵시적 승인으로 그

효과가 발생하지 않는 관행에 주의할 필요가 있다(김영석 2017, 140).

또한 승인과 외교관계설정은 다른 행위이며, 승인은 무조건, 혹은 조건부로 부여할 수 있고, 명시적 혹은 묵시적으로 부여할 수 있다. 국가가 실효적 지배를 확립한 결과 "정치적 존재"로서의 지위를 유지하는 것은 승인과 관계없다(김영석 2017, 135). 사실상의 승인은 사실상의 정부를 승인하는 것이고 법률상의 승인은 법률상의 정부를 승인하는 것이다. 법률상 승인은 철회할 수 없지만 사실상의 승인은 잠정적인 것으로 철회할 수 있는 것으로 보아야 한다(김영석 2017, 139). 또한 명시적 승인에 대해 묵시적 승인은 승인의 의사를 명시하지 않고 일정한 형태를 통해 승인의 의사를 암시하는 것이다. 예를 들어 신생국의 외교사절 공식 접수, 신생국과 외교사절 교환, 우호통상조약이나 기타 조약 체결 등을 들 수 있다(김영석 2017, 137). 국가의 승인과 별개로 정부의 승인은 어느 정부를 그 국가의 정식의 국제적 대표기관으로 인정하는 것을 말한다. 정부가 전면적으로 교체되어 혁명정부가 확립된 경우가 하나의 사례다. 중공정부와 대만정부의 각축 역시 비슷한 상황이다(김영석 2017, 143).

바텔슨은 국제법에서 논하는 승인들의 구분이 정치적으로 사실상 희미해질 수밖에 없다고 보는데, 국가의 자격이 시대에 따라 바뀌며 그 자격기준이 사회적으로 구성되기 때문에 독자적으로 국가임을 선언한다고 해도 국가의 자격 조건 자체가 사회적 기준을 가지기 때문이라는 것이다. 독자적 선언 자체가 일종의 화행(speech act)이라고 보면 화행의 사회적 맥락이 무시될 수 없다고 보는 것이다(Bartelson 2013, 116). 도덕적 승인은 정치적, 법적 승인보다 더 높은 기준을 요하는 것으로 국가들 간에 공통의 규범, 집합정체성을 가지면서 서로 간에 승인하게 되는 상황을 말한다. 법적으로 승인했더라도 도덕적 승인이 따라오지 않을 수 있고, 도덕적으로는 국가로 승인되어도 정치적 이유 때문에 승인되지 못할 수도 있다.

바텔슨은 역사적으로는 정치적 승인이 이루어지고, 법적 승인으로 국가의 권리가 주어지며, 더 나아가 집합정체성이 형성되면서 상호 간에 도덕적 승인이 형성되는 역사의 발전법칙을 상정하는 것이 가능하다고 본다. 헤겔의 승인의 역사철학이 그랬고, 이에 기반한 웬트의 세계정부 불가피론 역시 비슷하다. 그러나 바텔슨은 이러한 단선론적 진화론을 강하게 비판한다.

무엇보다 유럽과 비유럽의 관계에서 승인은 내포의 과정일 수도 있지만 강력한 배제의 과정이기도 했다. 유럽의 제국들은 서로 간의 승인과정을 거친 이후 다른 국가들을 주권국가의 자격을 갖춘 정치체로 인정하는 과정에서 배제의 정치를 추구하였다는 것이다. 식민지에 대해 국가로 승인하면서도 완전한 주권을 주지 않고 불완전한 주권만을 부여하여 그 국가의 무역, 법적 권리를 제한하는 관행을 추구하기도 하였다(김영석 2017, 122). 승인이 국가 간 평등성을 확보하는 기제로 작용한 것이 아니라 위계를 만들어 가는 기제로 작동한 것이다. 승인은 국가 간 불평등을 만들어 가는 보다 세련된 과정으로 보아야 한다는 주장이다(김영석 2017, 123).

주권의 개념 자체가 비유럽과의 관계에서 성립했다고 보는 국제법학계의 연구들도 나오고 있다(Angie 2004). 15세기 말 이후 남미와 아프리카, 아시아에 식민지를 만들면서 여기에 존재하는 정치공동체들에게 주권을 배제하고 식민지로 만들어 가는 과정이 곧 근대 국제법의 성립과정이라는 것이다. 국제법에 대한 제3세계적 접근(The Third-World approach to international law: TWAIL)도 유럽에서 기원한 국제법을 비판하는 입장을 취한다. 이러한 관점에서 보면 국제법은 국제정치의 현실을 극복하지 못하고 합리화, 정당화하는 기제에 그친다. 유럽이 문명과 비문명을 인위적으로 나누어 비문명에 해당한다고 본 비유럽을 차별적으로 개념화한 것이 유럽 국제법에 뿌리를 내리고 있다는 것이다.

그러나 그러한 국제법이 보편적 성격을 가진 규범을 모두 도외시하고 있다고 보지는 않는다. 주권평등의 원칙과 같은 기본적 규범을 만들고 강대국이라 해도 이러한 규범을 지켜야 하는 제도적 환경을 만들어 내는 것도 사실이다. 또한 약소국의 권익을 향상시키는 데 국제법이 올바른 기능을 하기도 한다. 그럼에도 불구하고 식민지시대는 물론 탈식민지 시대에 유럽의 국제법은 문명적 차이에 기반하고 있다. 특히 자유주의는 보편적 인권의 개념과 대의, 평등, 관용 등과 같은 덕목에도 불구하고 개혁을 향한 강력한 움직임을 가지고 있기 때문에 본래적으로 자기와 타자, 문명과 비문명을 구별하는 속성을 가지고 있다고 본다. 탈식민시대에도 비민주주의 국가에 대한 인도적 개입 등 자유주의에 기반한 개입의 충동이 존재한다는 것이다. 따라서 유럽의 자유주의에 기반한 국제법이 탈식민의 20세기에 들어와서도 여전히 차별적 내용을 가지고 있다는 점을 이러한 접근법이 상기시키고 있다는 것이다 (Chimni 2013, 299-302).

유럽 국가들 내부에 자유주의가 확산되면서 식민지 통치에 대한 고민은 깊어졌다. 자유주의가 모든 인간들의 보편적 정치적 인권에 기반하는 정치철학인데 식민지의 인권과 정치적 권리를 배제하고 무시하였기 때문이다. 자유주의의 대변자인 로크 역시 미주의 인디언에 대한 정치적 권리를 배제하였고, 영국의 자유주의자들은 인도 식민지 개척에 임해 인도인의 정치적 권리를 무시하였다. 특히 존 스튜어트 밀은 영국 동인도 회사에서 일했고, 식민지 개척에 찬성하였으며, 밴담도 마찬가지였다(Mehta 1999, 3-4). 밀은 비유럽인들을 야만 혹은 반(半)문명이라고 생각하였고, 자유주의에 기반한 유럽 문명의 확산이 비유럽인들에게 환영받지 못하는 사실을 이해하지 못하였다(박동천 2010, 30-31). 미국 민주주의에 대한 연구를 한 토크빌 역시 프랑스의 국력 증진을 위해 영국의 길을 따라야 한다고 보았고 노예제에는 반대하였지만 식민지 개척에는 찬성하는 모습을 보였다.

18세기까지 유럽국가들의 식민지 개척은 완전한 찬성의견을 가지지 못하였다. 아담 스미스는 경제이론에 입각하여 식민지 개척이 유리하지 않다고 반대하였고, 영국의 버크 역시 식민지 반대론자였다. 자유주의자들 역시 식민지 개척에 대한 이념적 반대를 가지고 있었는데, 이러한 경향은 19세기 들어와 상당히 약화된다고 본다. 7년 전쟁 이후 영국은 미주의 식민지를 잃고 세계 각지로 식민지를 다변화하는 한편, 프랑스 역시 7년 전쟁에서 패전하고 식민지를 더욱 활발히 개척해야 할 필요성에 접한다. 18세기까지 유럽의 경제력이 중국이나 인도 등 비유럽에 비해 월등히 낫다고 할 수 없었지만 산업혁명을 거치면서 유럽인들 스스로가 문명적 자신감을 가지게 된 것도 제국주의 강화에 영향을 미친다. 비유럽의 문명에 대한 차별의식과 스스로에 대한 우월의식을 가지게 된 것이다. 이러한 현실적 필요와 새로운 이념에 기반하여 유럽은 19세기 활발한 식민지 개척을 하게 된다(Pitts 2005, 2-6). 이 과정에서 국제법은 비유럽 국가들의 주권성에 대한 차별적 인식을 발달시켰고 이는 근대 지구적 국제관계에 중요한 초석이 된다(Anghie 2004, 3-7).

결국 근대 국제관계와 국제법은 그 성립부터 비유럽을 중요한 요소로 포함하고 있었고, 유럽 내 제국들 간의 세력균형, 국가 전략의 일부분이었으며, 비유럽에 대한 주권 승인을 놓고 국제법의 주요 개념들이 만들어지게 된 것이다. 따라서 근대 국제정치를 이론화할 때 유럽을 따로 떼어 놓고 생각하는 것은 역사적으로도 법적으로도 불가능한 일이다.

19세기 국제법의 변화와 휘튼, 오펜하임의 국제법

19세기 유럽 강대국이 주도하는 세계질서의 조직원리는 국제법적 정비 과정을 거친다. 유럽은 확고한 근대 국제정치 주권국가체제를 정립하고 문명개념을 적극 도입하면서 비서구를 지배하기 위한 체제를 정비해 나가기 시작한다(Gong 1984). 나폴레옹전쟁 이후 비엔나 체제가 작동하면서 벨기에와 그리스가 독립을 얻어 주권국가가 된 것에 더해 동구권 국가들도 주권국가로 점차 변화되어 갔다.

1856년 3월 30일의 파리 조약은 크림전쟁을 종료시킨 조약으로 베스트팔렌 조약과 비엔나 조약 이후 가장 중요한 국제법 조약으로 일컬어진다. 터키에 주권을 부여함으로써 유럽 공법의 범위를 비유럽 지역으로 넓힌 듯하지만 사실은 국제법의 유럽적 성격을 확인하는 의미를 가진다고 보아야 한다. 유럽 강대국들 간의 세력권 정치 속에서 터키의 주권이 지정학적으로 이용되었기 때문이다. 터키를 주권국가로 만들어 영토보존을 유지하여 강대국들 간 경쟁을 완화하는 완충지대로 이용하였다. 파리 조약의 또 다른 중요 결정은 주민의 희망에 따라 터키 지배하의 왈라키아와 몰다비아(이후의 루마니아)공국들을 새롭게 조직한 것이다. 이는 민족자결주의 원칙을 최초로 적용한 것으로 평가받는다(Nussbaum 2013, 328-329). 1877년 러시아-터키 전쟁이 종료되면서 베를린 조약이 체결되었는데, 여기서 루마니아, 세르비아, 몬테네그로의 세 국가가 주권을 인정받아 동유럽 주권국가의 새로운 사례가 되었다(Nussbaum 2013, 331).

나폴레옹과 스페인의 전쟁에서 스페인의 부르봉 왕조가 몰락하자 미국의 독립 이후 독립의식이 고양되었던 라틴아메리카 국가들이 대거 독립한 것도 19세기의 중요한 변화다. 미국의 먼로 대통령은 1923년 의회에 보내는 교서에서 유럽국가들의 라틴아메리카 간섭을 반대하는 독트린을 발표했다. 먼로주의는 국제법에 위반되는 것은 아니지만 그렇다고 국제법의 일부로 해석할 수도 없는 국제법적 중립지역에 놓인 사안이었다(Nussbaum 2013, 325-326).

이와 같이 서유럽 강대국이 아닌 동유럽 국가들, 그리고 서유럽의 지배하에 있던 미국을 필두로 남미 국가들이 독립하면서 국가주권에 대한 법적 인식이 더욱 복잡해져 갔다. 또한 이전의 식민주의와 구별되는 본격적인 제국주의가 등장하면서 비서구를 체계적으로 포괄하는 국제법이 필요하게 되었다.

18세기까지 국제법이 자연법 사상에 기초하여 비유럽 국가와 인민들의 자연권을 추상적이고 철학적으로라도 인정하였다면 19세기에는 국제법 실증주의가 더욱 강화된다. 주권국가의 지위를 가진 정치체들의 실제적 합의에 의한 법원이 아니면 인정하지 않는다는 의미다. 실증주의는 주권국가 지위를 얻지 못한 단위들을 배제하는 것으로 비서구에 대한 불평등을 근본부터 내재한 것이다(Kayaoğlu 2010, 13-30). 이러한 생각은 국제법이 과학적 의미의 법이 될 수 없다는 국제법 회의론에 대항하는 실증주의 입장에서 더욱 중요했는데, 자연법처럼 추상적이고 철학적 원리가 아니라 주권국가들 간의 합의된 의사만을 법원으로 인정해야 할 논리적 필요성에서 도출된 것이기도 했다(Anghie 2004, 48-52). 주권의 자격을 갖춘 단위와 그렇지 못한 단위들을 구별해야 할 필요성이 더욱 엄격해졌고 서구 국가들은 문명 기준을 중요한 주권성의 기준으로 제시하기 시작하였다.

이러한 경향이 실증주의에 특히 강했지만, 실증주의에만 국한된 것은 아니며 자연법 계열의 학자들 또한 국가들 간의 불평등을 인정하기도 하였다. 극단적으로는 주권국가들이 증가함에 따라 국가들 간의 법적 평등조차 인정하지 않고 현실에 존재하는 불평등을 국제법에 그대로 반영하자는 견해다. 대표적인 논자로 자연법 계열의 국제법학자 로리머(James Lorimer, 1818-1890)를 들 수 있다. 로리머는 국가의 크기와 물자의 양, 국가 및 국가 내 물자의 내용과 질, 국가의 형태, 국가의 정부 형태 등 네 가지 기준으로 국가의 서열을 명확히 구분하고자 하였고, 유럽 국제정치사상사에서 그 전통을 찾았다(Lorimer 1883, 170, 182: Anand 2008, 55-57). 국가들 간의 불평등은 승인의 문제와 밀접하게 연결되는데, 주권국가로 인정하더라도 주권의 크기에 따라 전체적 승인과 부분적 승인을 나누어 하는 것이다. 이는 주권의 가분성을 인정하는 것으로, 국력의 크기가 다르다는 사실을 인정하고 국가의 질적 측면에서 동등성을 인정하고 승인하는 것이며, 이를 부분적 승인이라고 로리머는 명명하였다(Lorimer 1883, 216). 불완전 주권은 터키, 중국, 일본과 같은 반야만국(semi-barbarous states)과 야만국에 적용된다. 반야만국의 경우 문명국은 그들의 국내법을 인정하지 않고 치외법권을 행사하도록 허용해야 한다고 논의하기도 하였다(Lorimer 1883, 217-218).

결국 비서구 국가들은 서구 국제법의 틀 안에서 주권국가로 승인받지 못하고, 주권국가가 아닌 단위로서 조약 체결과 같은 국제법적 행위를 하지 못하게 되어 법적 권리를 상실하는 순환론적 열세에 처하게 된다. 그러나 문제는 그렇게 단순하지 않았는데, 만약 실증주의 논리에 따라 비서국 비문명국을 국제법의 주체로 승인하지 않으면 19세기 이전 유럽 각국들이 아프리카, 중동, 인도 등 많은 주체들과 맺은 상업조약 등 다양한 조약이 무효에 처할 위기에 봉착하기 때문이다. 실증주의자라 하더라도 과거 조약들을 무효화할 수 없었으므로 이들을 인정해야 할 논리적 곤궁 속에서 비서구 국가들과의 불평등 조약을 합리화해야 하였다.

그 방법으로 비서구 국가들을 문명화의 정도에 따라 다양한 범주로 세분하는 방법을 취한다. 문명화의 정도에 따라 주권성의 정도가 다르다는 논리로 주권 국가 대 비주권 국가의 이분법을 취하지 않는 것이다. 범주 세분화는 각 제국의 현실적 이익과 역사적 상황에 따라 판이했기 때문에 일관된 작업이 사실상 불가능하였고 제국들 간의 이해충돌도 예상되었다. 1884년에서 1885년에 걸쳐 열렸던 베를린 회의는 이러한 문제를 해결하기 위한 제국들 간 식민지 조정회의였다. 콩고분지 영유권 분쟁으로 촉발된 회의였지만 영국, 프랑스, 독일 등 식민 제국들 간의 이익 조정회의였고, 아프리카 인민들은 전혀 역할을 하지 못하였다. 여기서 아프리카 부족들은 주권의 개념을 이해하기에 너무 원시적이라는 실증주의 국제법의 시각이 반영되었다. 결국 회의 과정에서 아프리카는 무주지 개념의 대상으로 정립되고 영토에 대한 법적 효력은 제국들 간의 논의에 따라서만 결정되게 이르렀다. 베를린 회의를 통해 한편으로는 아프리카 식민지 분할의 현실적 과업을 이루고 다른 한편으로는 식민주의에 대한 이론적 합의를 이룬다는 목적을 달성하게 된다. 미국 대표였던 카손(John A. Kasson)은 토착민의 의사를 반영해야 한다는 원칙론을 제시하였지만 유럽 제국들은 피상적 동조만 하였을 뿐 회의의 결과에는 전혀 영향을 미치지 못하였다(Anghie 2004, 90-96).

결국 실증주의 국제법은 주권국가들을 자세한 위계로 분리하는 경향을 정착시켰고, 이를 합리화하는 논리로 문명의 기준을 내세웠으며, 식민화의 정당화로 비서구 인민에 대한 문명화를 내세웠다. 가장 흥미로운 점은 불완전한 주권국가를 국제법상 국가인격으로 분류하는 것인데, 반주권국, 완전하지 않은 주권국, 준주권국 등 다양한 범주를 사용하며, 보다 구체적으로 종주국가에 복속하는 봉신국가, 보호국에 자국의 보호를 맡기는 피보호국 등의 다양한 개념을 열거하고 있다는 것이다. 20세기 후반 모든 국가가 주권국가이거나 아니면 국가의 자격을 획득하지 못하는 양자택일의 과정인 것과는 다른 현상이다.

주권의 일부를 양도하거나 행사하지 못한다는 국제법적인 논의는 주권의 분리가능성(divisibility) 문제와 승인의 문제를 동시에 제기한다. 어느 한 국가의 일부 주권이 양도되거나 행사되지 못한다는 것은 주권의 분리가능성을 인정하는 것이다. 보호령의 경우 19세기 말 유럽 제국들이 흔히 사용했던 전략으로 강대국 정치의 와중에 취약한 국가는 대외적 자주권을 어느 한 강대국에 양도하고 내적 주권만 행사하는 국가를 의미한다. 즉 주권이 분리가능하다는 전제하에 주권국이 자신의 결정하에 주권을 분리하여 양도와 보유의 선을 결정하는 것이다. 그러나 대외, 대내적 주권의 경계는 현실에서 매우 불분명하며 결국 보호령 제도는 한 강대국이 자신이 보호하는 보호령을 다른 강대국의 영향에서 배제하는 수단으로 사용하는 제국주의 전략으로 전락하고 만다. 보호령은 식민지와 실제적 차별 없는 위상으로 떨어지고 비공식 제국의 대상이 되고 만 것이다(Anghie 2004, 87-90).

어느 국가의 일부의 주권성을 승인한다는 것은 승인의 과정을 또한 분류하는 것이다. 이러한 관행과 국제법적 규정은 20세기와는 다른 현상이다. 주권은 보댕 이후 개념적 발전 속에서 통합성과 연속성을 전제로 하고 있었기 때문에 분리불가능에 대한 개념적 집착을 보여 왔다. 이는 정치철학의 문제이기도 했지만 당시의 에피스테메를 지배했던 기하학적 사고방식과 같은 인식적 요인 때문이기도 하였다(Bartelson 2011).

문제는 19세기와 20세기 초 현실에 근거한 국제법적 인식이 20세기 후반에는 주권평등, 주권의 분리불가능성, 승인의 온전성 등에 의해 사라지는데, 과연 현실에서도 불완전한 주권의 현실이 존재하지 않는가 하는 점이다(Krasner 1999). 20세기에도 많은 약소국들이 법적 주권과 형식적 주권평등의 권리를 향유하지만 때로는 이익을 위한 계약 등을 통해, 때로는 강대국의 강제 속에서 피해 최소화를 위해 실질적 주권을 일부 양도하는 경우가 많은데 이러한 현실은 국제법적 개념틀 속에서 온전히 대변되지 못하고 있는 것으로 볼 수 있다.

휘튼

19세기 국제법의 인식을 보여 주는 사례로 휘튼의 국제법을 들 수 있는데, 휘튼은 동아시아의 국제법 인식에 막대한 영향을 준 인물이라는 점에서 각별한 중요성을 지니고 있다. 휘튼의 국제법은 자연법 전통을 완전히 경시하지 않는다는 점에서 자연법과 실증주의의 타협을 중시하는 그로티우스주의 전통에 서 있다고 볼 수 있다. 그럼에도 불구하고 휘튼의 국제법은 19세기 전반기 국제법의 일반 경향을 보여 주는 한편, 중국을 통해 한국, 일본 등에 전파되면서 국제법의 표준으로 작동하였다는 점에서 주목을 끈다. 휘튼의 책은 마틴의 번역으로 아시아에 만국공법으로 소개되어 유명하기도 하고 19세기 전반기 유럽과 미국의 주권관을 잘 보여 주고 있다. 휘튼의 책이 출판된 것은 1836년이지만 이후 후속 학자들의 보완이 이루어지면서 19세기 전체를 통해 휘튼의 논의가 어떻게 발전하는지를 함께 볼 수 있다.•

나폴레옹전쟁이 끝나고 1차 세계대전 이전까지 명시적인 제국의 정복, 병합 노력이 잦아들었지만 유럽과 미국 등 서구 국가들의 다양한 국가 형태를 보면 주권개념이 매우 복잡한 과정을 겪었다. 첫째, 주권국가의 형태가 20세기와는 달리 매우 다양하다. 휘튼은 전형적인 주권국가로서 영국, 프랑스 등 유럽의 정통 강대국을 상정하고 있고, 다양한 주권단위들이 하나의 국가를 이루는 연합국가, 연방국가, 복합국가(composite), 혼합 연방국가(compositive) 등을 상정하고 있다. 비엔나 체제 이후의 독일연방, 스위스연방, 미국 등이 다양한 단위들이 모여서 이룬 국가로 각 시대별로 이러한 국가들의 주권성이 어떻게 변화하는지를 추적하고 있다. 또한 준주권국(semi-sovereign state)을 상정하고 있는데, 매우 흥미로운 부분이다. 유럽 강대국과 오토만제국, 미국 등에 일정부분 종속되고 의존적인 국가들을 준주권국으로 보고 한편으로는 주권의 지위를 유지하면서 다른 한편 주권의 일정 권한을 강대국에게 어떻게 양도하고 있는지를 다루고 있다.

둘째, 주권국가로 정립되는 과정에서 국가들의 승인을 매우 중요하게 부각시키고 있다. 주권국가가 될 수 있는 자격을 사실적으로(*de facto*) 갖춘 경우와 법적으로(*de jure*) 갖춘 경우를 구별하여 실질적으로 주권성을 갖추었더라도 다른 국가들, 특히 강대국의 승인이 없으면 주권국가로 자리 잡을 수 없다는 점을 강조하고 있다. 유럽과 중동, 그리고 아메리카 대륙의 소국들과 도서국들이 강대국들의 합의에 의해 완전한

● 휘튼의 국제법은 1836년에 저술되었고 필라델피아와 런던에서 1, 2판이 출판되었다. 이후 3판이 1846년 필라델피아에서 출판되었다. 같은 해 불어판이 출판되고 1853년 불어 2판이 출판되었다. 이후 1857년 영어로 보스턴에서 W. B. Lawrence의 편집에 의해 증보판이 출판되었고, 1863년 그 두 번째 판이 출판되었다. 1864년에 중국어 번역본이, 1866년 보스턴에서 R. H. Dana에 의해 영어본이 다시 출판되었다. 1878년 A. C. Boyd의 편집 작업에 의한 영어본이 출판되었고 1889년 개정판이 나왔다. 1904년에 J. B. Atlay가 편집한 네 번째 영어본이 출판되었고, 1916년 Coleman Phillipson에 의해 다섯 번째 영어본이 출간되었다.

주권국가가 되기도 하고, 준주권국의 지위에 그치기도 하고, 결국 피지배 식민지 등으로 전락하는 등 다양한 변화가 일어난 시기가 19세기이다. 이 과정에서 강대국들 간의 합의와 타협이 이루어지는 과정을 역사적으로 매우 자세하게 기술하고 있다.

휘튼은 주권국가는 국민, 영토, 정부로 구성되어 있다고 규정하고 비국가 행위자로서 강력한 힘을 발휘했던 영국의 동인도 회사 등을 국제법적 주체에서 제외하고 있다. 또한 민족과 국가도 명시적으로 구별하여 민족과 사인이 아닌 공적 주체로서의 국가가 국제법의 주체라고 명시하고 있다. 주권을 내적 주권과 외적 주권으로 나누어 내적 주권은 각 국가 내 공법에 의한 권력으로 규정하는 반면, 외적 주권은 한 정치적 사회가 다른 사회에 대해 가지는 독립성이라고 상정한다. 휘튼은 한 주권국가가 성립하기 위해 다른 국가들의 승인 불가결함을 강조하는데, 내적 주권 자체는 정치 사회 내부의 과정에 의한 것이지만 법적 주권이 국제적으로 인정되려면 다른 국가들의 승인이 있어야 하고, 이후에만 완전하고 온전한 주권적 지위가 만들어진다고 본다. 이 과정에서 휘튼은 정복에 의한 영토지위의 변경을 명시적으로 다루고 있는데, 19세기 국제정치의 본질상 전쟁과 정복이 중요한 국제정치의 대상이었다는 점을 알 수 있다. 주권적 규범을 논의할 때 19세기 강대국 간 영토보존의 규범이 자리 잡았다고 하지만 사실 18세기에 이어 영토의 변경이 국제법적으로 일어나는 국제정치의 사건이었음을 알 수 있다. 휘튼은 내전에 의해 국가 내 여러 집단이 경쟁하고 이에 대한 외부 국가들의 승인이 어떻게 이루어지는가, 그리고 한 국가가 다른 국가에 병합될 때 새로운 주권적 지위가 어떻게 만들어지는가를 논의하고 있다. 여기서 휘튼이 강조하는 것은 역시 다른 강대국들의 승인이며, 이는 이들 간의 타협에 달려 있다는 점이 명백하다. 휘튼 사후의 편집자들이 휘튼의 견해에 맞게 이후의 사례들을 재구성하고 있다. 즉, 그리스와 벨기에의 독립, 쿠바와 파나마의 독립, 19세기 후반의 루마니아, 세르비아, 몬테네그로, 콩고 등의 독립 등 역시 유럽 강대국의 입장, 비엔나 회의의 규정, 미국의 입장 등이 복합적으로 작용한 것으로 그 역사적 과정을 자세하게 보여 주고 있다(Wheaton 1916, 44-45).

휘튼은 주권국가의 종류를 나누면서 온전한 독립국가가 있고 이들 간에 주권적 평등이라는 규범이 있다는 것을 우선 전제한다. 그리고 어떤 국가의 주권이 다른 국가에 대한 복종을 통해 침해되는 것은 아니라는 것을 규정하고 있다. 조약에 의해 불평등한 차원에서 이루어진 동맹, 보장, 중재, 보호 등이 주권을 제한하지만 주권국가 지위 자체를 부정하는 것은 아니라는 것이다(Wheaton 1916, 51). 이들 국가들은 준주권국 혹은 종속국(dependent state)이라고 명명할 수 있는데, 두 종류로 나뉠 수 있다고 본다. 하나는 국제적 보호령이고 다른 하나는 종주권(suzerainty)하의 봉신국가(vassal states)이다.

휘튼 이후 편집자들의 견해를 함께 따라가 보면 보호령의 예로는 영국 보호하의 이집트와 잔지바르, 프랑스 보호하의 튀니지, 모로코, 안남, 사실상 미국의 보호하에 있던 쿠바 등을 들고 있다. 봉신국가로는 1914년 영국 보호령이 선포되기 이전 오토만제국하의 이집트, 1899년 서구 강대국들에 의해 승인된 오토만제국하의 크레타 등을 들고 있다(Wheaton 1916, 51). 또 다른 흥미로운 보호령의 사례로 오스트리아, 프러시아, 러시아 속의 크라코우(1815-1846), 영국 보호령 이오니아제도(1815-1866) 등을 들고 있다. 크라코우는 1846년 강대국들의 합의에 의해 오스트리아제국에 병합되었다. 보호령으로서의 크로아티아는 자유롭고 독립적인 단위로 주권을 향유하는 것으로 인정되고 있었다(Wheaton 1916, 53). 휘튼은 준주권국들이 복잡한 역사적 과정을 거쳐 주권성이 어느 정도 보호되고 또 침해되는지를 소상하게 밝히고 있는데, 이는 사전적인 법적 기준이라기보다는 사후적인 국제정치적 기준이라고 해야 할 것이다. 이집트가 오토만제국의 보호령이었다가 영국과 오토만제국의 이중 보호하에 속했고 이후 영국의 독자적 보호 아래 들어가는 과정은 약소국의 주권이 제국 정치에 의해 얼마나 좌우되는지를 보여 준다.

봉신국가들 역시 복잡한 주권성을 가지는 것으로 설명하고 있는데, 11세기 이래 교황령의 명목적 봉신국가였던 나폴리왕국이 주권국가로 인정되고 있었다는 점, 그리고 오토만제국과 북아프리카 제국들 간의 관계가 후자의 준주권성을 기초로 이루어지고 있었다는 점 등을 더불어 설명하고 있다(Wheaton 1916, 65).

독일연방, 스위스연방, 미합중국 역시 그 구성단위와 전체 연방 간의 주권성에 대한 논의가 복잡하게 전개되는데, 요약하자면 독일연방은 사실상 주권적 단위인 개별 왕국들 간의 협약에 의해 유지되다가 1871년 프러시아의 비스마르크에 의해 완전히 통일된 것이고, 미국은 이와는 달리 개별 인민들의 민주적 요구에 기초하여 애초부터 연방 헌법에 의해 중앙연방의 지위가 만들어진 것으로 본다. 스위스는 양자의 중간에 속하는 모델로 비엔나 체제 이전에는 개별 캔톤(Canton, 州)이 주권적 독립을 유지하다가 이후 연방국가가 된다.

흥미롭게도 휘튼의 책이 판본을 거듭하면서 한국에 대해 논의하는 문단이 있는데, 여기서 휘튼의 책은 한국이 전통적으로 중국의 봉신국가로 존재하다가 1894년 청일전쟁 이후 봉신국가 지위를 거부하고 1897년 제국을 선언한 것으로 서술한다. 이후 1905년 강대국의 승인하에 일본의 보호령으로 있다가 1910년 완전한 식민지로 전락한 것으로 서술하고 있다. 흥미로운 것은 중국의 봉신국가로 있을 때 한국의 주권적 지위에 대한 언급을 하지 않고 있어 이를 어떻게 인식하고 있는지 알 수 없다는 점이다(Wheaton 1916, 68).

결국 휘튼의 책은 국제법의 관점에서 주권국가들의 지위를 분류하여 서술하고 있지만 국제정치학의 측면에서 보면 유럽과 독립 이후의 미국은 강대국이자 동시에 제국으로 자신의 이익들을 주장하고 서로 조정하는 과정에서 많은 합의를 이루었고 여타 약소국들의 주권적 지위를 좌지우지했음을 알 수 있다. 즉, 주권국가체제라는 것이 애초부터 동등한 주권을 부여한 것이 아니라 제국들 간 정치에 의해 주권개념 자체를 차별적으로 적용한 것을 알 수 있다. 20세기 이전에는 주권성을 명시적으로 여러 범주로 나누어 국가들의 지위를 위계적으로 설정하고, 어떤 집단들은 아예 주권을 인정하지 않아 비주권적 종속국으로 전락시켰기 때문에 제국 간 정치가 주권국가체제의 시원과 구성에 절대적 영향을 발휘하고 있었음을 알 수 있다. 그러한 점에서 제국들의 주권이란 상호 합의에 의해 다른 단위들의 주권성을 결정할 수 있는 주권이고, 다른 약소국가들의 주권이란 제국 간 정치의 정책적 방책들의 하나라는 것을 알 수 있다. 슈미트의 논의처럼 상대를 정당한 적으로 인정하는 주권의 기본 규범이 자리 잡았지만 그 안에는 다양한 역사적 차별화가 존재하였던 것이다.

실증주의 국제법의 흐름과 오펜하임

19세기 국제법이 발전해 나가면서 국제법에서 실증주의의 영향은 더욱 강력해진다. 실증주의를 강조하는 오펜하임은 한편으로는 국제법의 법적 지위를 강조하는 한편, 다른 한편으로는 국제법의 실증주의적 기초를 강화하는 데 주력한다. 국제법이 법으로 자리매김하려면 국가들 간의 공동체가 마련되고 법규에 대한 명확한 인식이 자리 잡으며 국가들의 동의가 필요하다고 본다. 특히 다른 주체가 아닌 주권국가들 간의 동의가 국제법의 법원(source)이라고 보는데, 조약과 같은 명시적 법원이 있는가 하면, 관습과 같은 묵시적 법원이 있다. 명시적 법원에서 보편적인 규칙을 만드는 입법조약(law-making treaties)이 특별히 중요한데, 이는 모든 국가들을 기본적 원칙으로 구속할 수 있기 때문이다. 국제법규를 법전화(codification)하는 것도 실증주의의 중요한 주장이다. 18세기 말 벤담이 주장한 이래 국제법규들을 성문법으로 정리하여 구속력을 증대시키는 방안을 오펜하임도 지지하고 있다.

오펜하임 역시 주권평등과 국가주권의 온전성에 대한 흥미로운 논의를 보이고 있다. 오펜하임은 국가들이 법적 인격을 체현하고 있으므로 이들 간에 법적 평등이 보장된다고 규정한다. 주권국가들 간의 법적 평등이란 강대국, 약소국을 막론하고 같은 투표권을 행사하고 조약과 국제규범을 만드는 데 동등한 권리를 가진다는 것을 의미한다. 그러나 오펜하임은 법적 평등(legal equality)과 정치적 불평등(political inequality)을 명백히 구분하고 있다. 국가들은 자연적인 조건의 차이로 강대국과 약소국으로 분류되는데, 예를 들어 19세기 유럽협조체제의 강대국들, 20세기 초 미국, 일본이 포함된 강대국 집단을 명시하고 있다. 국제사회가 강대국들의 결정에 약소국들은 찬성할 수밖에 없는 구조라는 점을 서술하면서 강대국의 실질적 힘이 이러한 불평등을 만들어 낸다고 본다. 그러나 강대국의 특권이 법적 기반을 가진 것이 아니라는 점을 지적하고 있다. 당시에 일부 국제법학자들이 강대국들의 권력을 국제법적으로 규정하고자 하는 움직임이 있었는데, 예를 들어 수위(primacy) 국가, 지배(overlordship) 국가 등의 개념으로 이를 법규화하고자 했던 것이다. 그러나 오펜하임은 법적 근거를 가진 국가들 간의 불평등은 용인될 수 없다고 보았다.

오펜하임은 국가들 간의 지위가 유럽 국제정치에서 오랜 문제였다는 점을 지적하고 있다. 1815년 비엔나 회의에서도 국가들 간의 서열을 정하고자 하는 움직임이 있었지만 실제적 어려움으로 무산되었다. 이후에도 국가들 간의 서열은 성문법으로 정해지지는 않았지만 관습에 의해 유지되었다고 본다. 제국, 왕국, 강대한 공화국 등 강대국들은 상위 지위를 차지한 반면, 나머지 약소국들은 하위 지위를 차지하고 있다고 본다. 또한 완전한 주권국이 있는가 하면, 반주권국(half-sovereign state), 그리고 타국의 보호를 받는 비주권 비보호국 등이 존재한다는 점을 지적하고 있다(Oppenheim 1912, 168-172). 오펜하임은 단일 국가가 존재하는가 하면 복합(composite)국가를 구분하여 후자의 예로 국가연합과 연방 등을 들고 있다.

보다 흥미로운 점은 반주권국, 혹은 부분주권(part-sovereign)국가의 개념으로 전자는 피보호국, 봉신국가의 사례이며, 후자는 연방국가 내의 단위들이다. 종주(suzerainty)국가와 봉신(vassal)국가의 경우로 이들 국가는 대내적, 대외적으로는 주권을 온전히 소유하고 있지 못하다고 본다. 봉신국가들은 국제사회에서 종주국가에 의해 대변되며 하나의 예로 대영제국 지배하의 인도를 들고 있다. 봉신국가들 내에서도 차이가 존재하는데, 터키를 종주국가로 가진 이집트는 해외 영사파견 등 부분적 대외주권을 행사하기도 한다. 그러나 오펜하임은 반주권적 봉신국가의 지위는 지속되기 어렵다고 보고, 19세기 발칸반도 국가들처럼 독립을 얻거나 혹은 아예 병합되는 처지에 놓인다고 본다. 피보호국(protectorate)은 봉신국가와 구별되는 범주로서 보호국과의 조약에 의해 주권의 일부를 양도한 국가로 설명된다. 피보호국의 국내, 국제적 주권에 대해서는 선험적이고 일률적인 규정이 불가능한데, 이는 각 사례별로 다르기 때문이다. 피보호국을 다른 국가들이 어느 정도 승인하는가가 중요한 문제이며, 피보호국은 사례에 따라 부분적 대외 행위능력, 예를 들어 조약 체결이나 영사파견 등의 행위를 하기도 한다. 오펜하임도 1905년 이후 일본의 보호령이 된 조선의 예를 언급하고 있다(Oppenheim 1912, 132-146).

국제법과 조직원리

이상의 논의들을 고려해 볼 때 핵심적인 질문은 국제법이 국제정치의 조직원리에 어떤 영향을 미치는가 하는 점이다. 국제정치학자들 특히 현실주의 국제정치학자들은 국제정치에 대한 법적 규제를 강력하고 근본적인 것으로 보지 않는 경향이 강하다. 국제정치의 주요 사건들은 강대국들의 권력정치나 세력균형에 좌우되는 것이지 국제법의 법적 규범이 이를 변화시키기 어렵다는 견해를 표방한다.

심슨(Simpson 2013)은 국제법 학자들 내에서도 국제정치에 대한 국제법의 영향력에 대해 회의적 견해가 많다고 본다. 국제정치의 기능적 측면에서 국제법은 국가들의 공동이해를 도모하는 데 도움이 되는 것이 사실이지만 국제정치의 예민한 사안들, 즉 정치적 사안들에 대해서는 영향력을 발휘하기 어렵다는 것이다. 강대국들의 일방주의, 국익 우선주의에 속수무책이며 오히려 이들의 정책을 합리화하는 데 더 주력하기도 한다고 본다.

그럼에도 불구하고 심슨은 국제법이 국제정치를 규제하는 역할뿐 아니라 구성하는 역할에 주목한다. 오히려 각 이슈별로 규제의 역할이 강대국 이익에 부딪혀 좌절되는 경우가 있지만 구성적 부분에서는 일정한 역할을 한다는 것이다. 국제정치의 큰 흐름에 따라 국제정치의 기본 원리, 혹은 조직원리를 분석하고 이를 법적 논리로 정착시킨다고 본다. 국제법은 흔히 16세기 전후 스페인에서 시작되어 그로티우스를 근대 국제법의 아버지로 보지만 그 이전에도 로마의 만민법, 중세의 신법에 근거한 이민족과의 관계 규범이 있었고 이슬람제국들도 이교도와의 관계를 규율하는 법규가 있었다. 따라서 국제법 학자들이 국가들 간, 제국들 간의 관계를 분석하고 정초하고자 하는 시도는 역사가 깊다.

심슨은 16세기 이후의 국제정치를 큰 시기로 나누면서 국제법의 구성적 역할을 규정한다. 우선 1648년 베스트팔렌 조약을 계기로 국제정치는 "제국에서 주권국가로" 변화되었고 근대 국제법은 베스트팔렌 조약의 내용을 구체화하고 이를 향후 국제정치의 기본으로 삼는 역할을 하였다는 것이다. 베스트팔렌 조약 이후에도 1652년 영국-네덜란드 전쟁의 경우처럼 주권국가의 이익이 아닌 추상적 정의를 내세우는 사례가 발견되지만 결국 주권국가들 간의 관계가 중추가 된다. 그로티우스, 푸펜도르프 등 주요 국제법 학자들은 결국 베스트팔렌 조약을 설명하고 이를 조직원리화하는 데 힘썼다는 것이다.

베스트팔렌 조약 이후 1815년의 비엔나 조약까지의 기간은 "주권국가에서 제국으로" 가는 기간이었다고 본다. 강대국들은 지구적 제국으로 발전하였고 국제법은 이를 정당화하거나 촉진하는 역할을 하였다는 것이다. 지금의 관점에서 국제법은 식민지의 독립과 주권국가의 자결권을 가장 중요한 법적 근거로 삼는 것 같지만 이는 현재의 관점이고 과거 국제법은 근대주권국가가 곧 제국으로 활동하는 상황을 법적으로 지원하고 이를 조직원리로 정착시켰던 것이다.

1815년의 비엔나 조약은 "패권에서 협조체제로" 이행하는 기점이 되었고 이후 유럽의 국제체제는 나폴레옹과 같은 혁명적 제국화를 막기 위한 공동 협의체제로 발전하였다고 본다. 그러나 국제법적 관점에서 비엔나 조약은 이후 어떠한 법적 기구와 공식적 협의체제, 지속가능한 강대국 간 협력체제를 결여한 비공식적, 강대국 정치 위주의 협의체에 불과하였다는 것이다. 메테르니히의 집무실에서 강대국들은 중요한 결정을 내렸고, 약소국들은 아무런 결의권 없이 파티와 같은 회의를 즐기는 데 그쳤던 것이 역사다.

1919년의 파리강화조약은 "협조체제에서 연맹으로" 가는 변화였는데, 흥미로운 것은 전간기에 국제법의 기초가 되는 많은 법적 규범들, 예를 들어 전쟁의 불법화와 같은 새로운 규범이 만들어졌지만 실상 국제정치는 국제법의 규범과 반대되는 방향으로 나아갔다는 것이다. 독일은 베르사유 조약을 수정하기 위해 노력했고, 강대국들은 자국의 이익에 따라 행동하였으며, 윌슨(Woodrow Wilson) 대통령은 국제연맹 가입 자체에 실패하게 된다. 국제정치의 법전화와 강대국의 세력균형이 어색하게 공존하는 가운데 국제법에 대한 낙관론, 미국의 어설픈 노력에 대한 비판, 현실주의 국제정치관이 혼재한 기간이었다. 더구나 소련의 볼셰비키 혁명 이후 국제법은 부르주아의 도구라는 인식도 새롭게 생겨나 20세기 국제법의 위상은 복잡한 논쟁 속에 휘말리게 된다.

1945년은 "연맹에서 국제연합으로" 가는 기점이 되는데, 이후 국제법은 기능적 관리체계를 발전시킴과 동시에 현대 국제정치의 중요 규범들, 즉 식민지의 독립, 인권, 주권평등, 내정불간섭 등의 규범을 법전화하는 데 성공한다. 그럼에도 불구하고 강대국들, 특히 미소 양국의 일방주의적 외교정책이 지속되고, 국제법은 국제정치를 규율하기보다 주요 문제에서 소외되는 어려움을 겪은 것도 사실이다.

결국 국제법은 한편으로는 국제정치의 기능적 관리체계를 효율화하는 공헌을 하면서, 다른 한편으로는 강대국 국제정치가 부과한 한계를 넘어서지 못하는 모습을 표출하였다. 조직원리 면에서는 강대국들이 부여한 한계 속에서 각 시대별 국제정치의 조직원리를 정리하고 법제화하였으며 이는 시대별 조직원리의 모습을 보여 준다. 이는 단순히 국제정치의 현실만을 반영하는 것은 아니었다. 반영과 동시에 규범적 차원에서 바람직한 정의와 평화를 위한 대안도 함께 제시하였다. 그러한 점에서 국제법 역시 국제정치의 조직원리 생성과 변화에 일정한 역할을 했다고 인정할 수 있다.

19세기 유럽 내 강대국들 간 주권의 규범이 자리 잡으면서 근대적 국제정치 관념이 의심의 여지 없이 정착된다. 그러나 이들에 의한 유럽 주변 및 비유럽에 대한 지구적 노모스가 자리 잡으면서 국제법과 문명관, 주권 부여의 자격 등이 정비된 것도 사실이다. 국제법에 의하면 고유한 의미의 국가가 되기 위해서는 일정한 영역에 인민들이 거주하고, 그 인민들은 그들의 주권이 있는 정부의 통치하에 있어야 한다. 따라서 국가의 자격 요건으로는 인민(people), 영역(territory), 정부(government), 주권(sovereignty)의 4 요소가 필요하다. 여기서 주권은 국가의 독립성을 의미하며, 국가의 대외문제를 처리할 수 있는 자율적 능력으로서 외교능력을 의미한다(김영석 2017, 111). 기존의 주권국가들이 이를 승인하지 않으면 사실상 주권국가가 되기 어렵다.

비유럽 국가들은 19세기 유럽 국제법 체제에서 주권의 지위를 부여받지 못하고 식민지, 반식민지, 보호국 등 열등한 지위에 놓여 있었다. 국제법에서 주권이 제한된 국가는 법적으로 독립되지 못한 국가다. 이러한 국가들은 국제법상의 권리능력과 행위능력이 완전하지 못하다는 점에서 주권국가와 차이를 가질 수밖에 없다.

주권의 지위, 혹은 승인의 정책이 강대국 국제정치, 혹은 주변 약소국이나 비유럽 국가들에 대한 제국적 정책의 일환이 되는 것은 19세기에 나타난 특징이다. 그리고 국가들의 위계에 따른 주권의 차별적 부여는 근대 국제정치에 근본적 속성이라고 해야 할 것이다. 1853년에 시작된 크림전쟁의 종식에 맞추어 유럽 국가들은 1856년 파리 조약에서 오토만제국을 주권국가로 세운다. 비유럽 국가 중에 주권국가의 지위를 갖게 된 것은 오토만제국이 최초인데, 이는 러시아의 남하를 막기 위해 흑해 중립과 더불어 영국이 주도한 지정학적 전략이었다.

19세기 중후반 영국은 라이벌인 러시아의 남하를 막기 위해 동유럽, 아프가니스탄, 한반도 등에서 다양한 전략을 구사하는데, 1885년의 거문도 사건은 크림전쟁 이후의 파리 조약과 흥미로운 대조를 이룬다. 부동항을 찾던 러시아의 남하를 견제하기 위해 1885년 3월 1일부터 약 2년간 영국은 거문도를 점령한다. 당시 조선은 개항 이후 조선의 영토적 주권을 내세워 영국의 처사를 비난하는데, 영국은 아랑곳하지 않고 조선의 영토적 주권을 훼손하는 전략을 추진한 것이다. 크림 반도와 거문도는 모두 러시아의 남하를 막기 위한 영국의 전략이었지만 한 곳에서는 비유럽 국가에게 새롭게 주권을 부여하고 다른 한 곳에서는 타방의 주권적 영토를 불법 점령한 것이다. 그러나 본질은 강대국 지정학 경쟁이며 이 과정에서 약소국의 주권은 수단적 방책에 불과한 것이었다.

결국 중동을 시작으로 아프리카, 아메리카 신대륙, 그리고 아시아에 이르는 유럽 주권국가의 정복의 역사는 유럽 주권국가가 팽창적이고 스스로 제국적이었음을 보여 주는 사례다. 1815년 이후 유럽의 소수 강대국들 간에는 이들 간 평화와 상호 인정이 이루어졌지만 그 이면에는 유럽 주변에 대한 정복, 그리고 3세계 전체에 대한 팽창과 정복이 존재하였다. 유럽의 강대국들은 주권국가였지만 한 번도 제국적 지위를 포기한 적이 없었다.

이론적으로 다음과 같은 점에 주목해야 한다. 첫째, 유럽 국가들 간의 승인 과정을 보면 이들 국가가 이미 비유럽에 대해 제국이었으므로, 국가 간 승인이지만 동시에 제국 간 승인이라는 점이다. 이 두 과정 사이의 관계를 명확히 해야 한다. 유럽 국가 간 승인이 서로를 비유럽에 대한 제국으로 동시에 승인한 것인지의 문제다.

둘째, 비유럽에 대한 유럽의 제국주의가 유럽 간 승인에 어떠한 영향을 미쳤는지에 관한 것이다. 유럽은 2차 세계대전이 끝날 때까지 주권국가이자 동시에 제국으로 존재하였고 이러한 상황을 상호 승인하였다. 미소의 등장으로 유럽이 식민지를 상실하면서 유럽은 곧 지역연합으로 이행하였다. 따라서 식민지 없는 주권국가로 온전히 존재한 적이 사실상 역사에서 없다고 볼 수 있다.

셋째, 비유럽에 대한 유럽의 승인 과정을 좀 더 이론적으로 명확히 해야 한다는 것이다. 비유럽 국가들은 주권국가로 재정립될 때 유럽 강대국들의 이해관계에 따라 영토, 국민, 정부가 변화되었다. 새로운 국경선이 그어지고, 기존의 민족 경계와 다른 국민의 개념이 자리 잡았으며, 강대국들과 새로운 친소관계 속에서 독립하게 되었다. 따라서 어떠한 종류의 불완전 승인이 어떠한 이유로 이루어졌고, 이러한 과정은 역으로 유럽 제국들 간의 관계에 어떠한 영향을 미쳤는지가 중요하다.

제7장

20세기 제국의 진화와 소련의 제국주의

비서구 국가들의 독립과 새로운 제국의 조건

유럽과 아시아에서 진행된 2차 세계대전이 1945년 종식되면서 대부분의 식민지들이 해방되었다. 1차 세계대전이 종식되었을 때에는 패전국인 독일과 터키의 식민지가 해방되거나 위임통치의 대상이 되었던 것에 비해, 2차 세계대전 이후에는 패전국은 물론 승전국의 식민지들도 해방되었다. 이는 국제정치 조직원리의 심대한 변화를 의미한다. 근대 국제체제가 시작된 이래 소수의 유럽 강대국들만이 주권을 소유하고 있다가 19세기 후반 미국, 일본을 포함한 소수의 제국들과 유럽, 남미의 일부 국가들만 주권을 소유하였고, 대부분의 비서구 국가들은 주권의 지위를 갖지 못하였다. 그러나 2차 세계대전 이후 세계 모든 국가는 주권을 소유하게 되었고 국제법적으로 평등한 주권 개념이 확립되었다.

이러한 변화 뒤에는 미국과 구소련의 힘과 전략이 있었다. 미국과 볼셰비키 혁명 이전 러시아는 모두 유럽 제국들과 같이 제국적 행태를 보였지만 1차 세계대전이 끝나면서 새로운 제국으로 탈바꿈하였다. 미국은 아메리카 원주민에 대한 폭력적 정복과 먼로 독트린을 내세운 중남미 국가들에 대한 영향권 정책, 그리고 지구적으로 소위 자유무역 제국주의(free trade imperialism)를 추구하였다. 300여 년 간 러시아를 통치한 로마노프 왕가 역시 유럽 제국 체제의 일원으로 영토팽창에 주력한 제국이었다. 그러나 1917년 윌슨 미국 대통령의 1차 세계대전 참전과 레닌이 이끄는 러시아의 볼셰비키 혁명 이후 미국과 러시아는 점차 진화된 제국으로 재탄생하였다. 민족자결주의를 앞세우고 비서구 3세계의 독립과 자주를 지지하여 국제정치 조직원리에 심대한 변화를 가하였다. 자유주의를 필두로 한 미국의 제국전략과 사회주의를 앞세운 러시아의 제국전략은 모두 세계 전체를 새롭게 구성하는 변환의 힘을 가진 전략이었다.

제국의 치하에서 식민지 상태로 고통 받던 비서구 인민들은 자유주의, 공산주의의 영향을 받아 민족자결, 인민자결을 외치게 되었고 이는 제국의 이념이 전파되는 동시에 제국의 이념이 비판되는 상황이었다. 제국의 성공에는 제국이 전복되는 실마리를 이미 내포하고 있었다. 애초에 유럽 강대국들의 권리 및 이들 간의 관계를 설정하기 위해 고안되어 배타적으로 작동하였던 주권 개념이 예상치 않게 식민지까지 퍼지게 된 것이다. 마치 헤겔의 주인-노예의 변증법과 같이 노예는 떠밀려든 주인의 의식을 전유하여 스스로 주권국가가 되고자 추구하게 된 것이다.

미국과 소련은 국제정치의 판도 변화에 적응하였고 지구 모든 정치체의 주권적 평등에 기초한 조직원리를 창출하는 데 성공하였다. 자유주의적 국제주의와 사회주의적 국제주의는 구식민지 인민들의 요구를 반영한 형태로 제도적, 정책적 형태를 갖추어 나갔다. 그러나 국제주의는 제국주의의 다른 형태로 귀결되어 갔다. 소련은 초국적 프롤레타리아 연대와 세계공산주의 혁명을 내세웠지만, 소련 공산당의 특수한 우위와 동유럽 국가들의 위성국가화, 소련 통치 모델의 이식, 혁명의 이념을 위한 공산주의 국가들의 제한주권론 등 공산권 내의 위계를 강화하고 소련의 군사적, 정치적, 경제적, 이념적 개입을 공산권의 조직원리로 삼았다.

미국은 자유주의 정치철학에 기초하여 식민지의 해방, UN 등 국제기구와 보편적 규범과 원칙에 기반한 미국 주도의 자유주의적 국제질서 등을 내세웠지만, 중미 국가에 대한 정치적 개입, 자본주의 세계경제에서 미국의 특권적 위치 확보, 동맹과 기지 네트워크를 통한 군사적 영향력 확대, 그리고 무엇보다 주권국가들 간의 합의를 미국이 수정, 결정할 수 있는 근본적 권력의 확보 등 미국 주도 질서를 형성하였다. 냉전기 미소 양국은 상호 간의 경쟁 논리를 내세워 보편적 국제주의를 제국질서로 고착화하는 데 주력하였다. 또한 많은 국가들은 형식적 주권 평등에도 불구하고 실질적 주권의 불평등, 국제적 위계성 강화, 무엇보다 불완전 주권국가의 창출과 온존, 그리고 주권의 불완전성에 대한 강대국의 활용 등이 중요한 과제로 남게 되었다.

냉전 종식 이후 많은 비서구 지역들은 주권국가 체제로의 완전한 이행, 불완전 주권의 완성, 실질적 주권 평등을 위한 노력, 비서구 국가들의 다양성이 보장된 규범과 규칙 확립 등을 주장하게 되었다. 미국은 단극체제하에서 새로운 요구를 수용한 한층 진화된 제국으로 발전해야 하는 과제를 안고 있고, 그 과정에서 새로운 조직원리가 출현해야 할 것이다. 미국이 다음 단계의 제국으로 진화할지는 아직 미지수다.

유럽 구 제국주의의 쇠락과 제국 자격 조건의 변화

19세기 유럽의 구 제국주의가 치열하게 전개되고, 급기야 20세기 두 차례의 세계전쟁이 발발하였다. 식민지 민족들의 해방운동이 격화되면서 유럽의 제국들은 더 이상 과거와 같은 형태로 제국을 유지하기는 불가능해졌다. 주권국가 출현과 관련하여 제국성 실현의 조건이 바뀌게 된 이유는 무엇인가? 첫째, 인민주권과 자유주의의 개념이 확산되면서 제국이나 종속국이나 점차 새로운 국내정치 주권의 개념을 가지게 되었기 때문이다. 자유주의 제국이 자유주의 종속국을 식민지화하기는 이념적으로 점차 어려워졌다. 혹은 자유주의 국가가 비자유주의 국가를 종속시키더라도 같은 유럽 문명권 내에서 곧 자유주의화될 것을 기대할 수 있기 때문에 문명적 반대가 발생한다. 유럽 내 여전히 군주정이 존재하였고 군주정이 식민화 혹은 정복의 대상일 때에는 정복 이후 국민들의 반발이 약할 것으로 기대할 수 있다. 그러나 자유주의의 이념은 빠른 속도로 확산되었기 때문에 이 역시 주요한 변수다.

둘째, 제국 출현을 막는 잠재적 제국들 간의 세력경쟁과 세력균형이 작용하게 된 배경을 들 수 있다. 세력균형의 메커니즘이 고착화되면

제국들 간 견제와 주권국가 규범의 정착이 생긴다. 세력균형은 국가들의 제국성 자체를 말소시키지는 못한다. 다만 서로의 제국성을 견제할 수 있을 뿐이다. 18세기와 19세기에 유럽 강대국들 간에는 세력균형이 형성되어 서로 간의 정복과 복속이 어렵게 된다. 세력균형의 메커니즘이 정복을 불가능하게 하였고, 다른 국가를 정복할 수 있는 제국의 출현을 막았다. 동시에 서로를 정복하는 것이 고비용 저효율의 사업이 되면서 세력균형을 통한 안정의 평형점을 찾아 나갔다. 세력균형이 이루어지려면 첫째, 균형이 모두에게 유리하다는 규범적 합의가 있어야 하고, 둘째, 실제로 세력이 균형을 이루도록 하는 비슷한 국력의, 복수의 정치체가 존재해야 한다. 우월한 제국의 유일한 출현을 막고 복수의 균등한 정치체가 출현하려면 유럽 내의 작은 통합들과 조약들이 이를 뒷받침해야 하는데, 18세기와 19세기 초기 근대를 지난 성숙한 근대에서 유럽 국가들은 이러한 세력균형을 추구하였다.

이 과정에서 유의해야 할 점은 첫째, 균등한 세력들이 출현하고 세력균형의 규범이 만들어진 것이 아니라, 세력균형이 유리하다는 합의 하에 세력들 간의 균등성을 확보하는 방향으로 영토합병이나 동맹이 이루어져 나갔다는 점이다. 세력균형이라는 체제적 목표에 대한 합의가 형성되면서 단위들이 그에 따라 행동한 것이지, 단위들의 국력이 균등하게 배분되면서 자연스럽게 이루어진 것이 아니라는 점이다. 둘째, 식민지의 존재가 유럽 제국들 간의 균형을 가능하게 했다는 점이다. 주권국가들 간의 상호 존중은 제국이어야 가능하고, 식민지의 존재가 필요하였다는 점이다. 상호 정복 이외에 이익이 크고 서로의 손익을 상쇄할 큰 정책 대안이 있어야 하는데, 그것이 식민지 정복이다. 근대 초기에는 유럽 국가들이 상호 정복 및 영토 합병을 추구하였고 그 과정에서 식민지로부터 얻는 경제적 이익이 큰 도움이 되었다. 그러나 점차 식민지 확장 자체가 목적이 되고 유럽 국가들 간의 전쟁이 정리되면서 이들 간의 세력균형은 모두가 바라는 바가 되었다.

셋째, 점차 배타적 영토경계의 개념이 도입되고 일정 영토 내에 국민의 개념이 형성됨으로써 영토와 국민들 간의 병합이 어렵게 된다. 유럽의 각 국가들은 우선 주권을 가진 국가로 정립되고(state building) 영토화 과정을 거친 이후, 국민이 만들어지는(nation building) 일반적 패턴을 보인다. 중세로부터 내려온 전통적 제국 규범이 포기되려면 상호 주권 인정과 영토보전, 내정불간섭 등의 규범이 온전히 자리 잡아야 한다. 주권적 권력의 제도화 과정은 가장 먼저 일어난 일로 국가가 만들어지고 하나의 정치체 내에 하나의 주권이 존재해야 한다는 의식이 제도화되면서 이루어진다. 일단 영토화가 진행되면 일률적 영토 내에서 권력이 획일화되고 영토 내 정치적 의사소통이 활발해져 영토중심으로 권력이 물신화되는 것을 알 수 있다(Sack 1983). 국민화의 경우 영토 안에 속한 다양한 민족들을 하나의 국민으로 동질화하는 것이다. 유럽은 영토국가가 만들어지면서 새로운 국민개념을 창출하여 다양한 민족을 정치적 국민으로 새롭게 만드는 과정을 거쳤다. 이 과정에서 국민주권의 원리가 대두하여 국내주권과 국민의 관계가 새롭게 만들어졌다. 앤더슨(Benedict Anderson)은 민족주의 역시 아메리카에서 최초로 만들어져 오히려 유럽으로 수입된 것으로 보기도 한다. 유럽 자체 내에 근원을 둔다기보다는 유럽과 비유럽 간의 교류가 유럽의 주권국가체제에 얼마나 중요하였는가를 보여 준다(Anderson 2006, 52-55).

넷째, 봉건사회에서 자본주의 사회로 나아가면서 영토병합이 큰 의미가 없으므로 유럽 내 중심-반주변-주변을 형성할 수 있다. 이 과정에서 정치차원의 주권체제가 저비용체제다. 이는 많은 마르크스주의 국제관계이론이 논하고 있는 바이다. 마르크스주의자들은 제국을 중심의 자본의 역학으로 설명한다. 그러나 유럽의 제국들은 상호 간의 세력균형 경쟁에서 승리하기 위해 국가별 국력 축적을 원하였고 식민지 개척에서 발생하는 경제적, 지정학적 이익을 극대화하고자 하였다. 자본주의 국가에서 자본가는 국가의 정치적, 전략적 이익을 공유하기 때문에 제국주의 정책에서 독자적 영향력을 발휘하기 어렵다. 따라서 국제정치의 논리가 작용하는데, 유럽 국가들 간의 국제정치 논리와 이들의 식민지 개척 논리가 결합되어 있다. 식민지 개척에서 얻어지는 이익을 국가이익에 병합하여 유럽 국가들 간의 세력 경쟁에서 승리하고자 하는 것이 2차 세계대전 이전까지 유럽 국가들의 전략적 목표였다고 볼 수 있다.

자유주의와 제국주의의 불편한 결합

자유주의와 인민주권개념의 발전은 유럽의 식민지 팽창 과정에서 중요한 변화요인으로 작동해 왔다. 인민주권론은 근대에 체계화되기 이전부터 이미 기독교 종교사상, 교회의 자연법 사상에 기반하여 서양 정치사에 존재하고 있었다. 근대에 들어와서는 청교도 혁명(1642-1660)과 명예혁명(1688-1689)의 시기 국민저항권이 새로운 이론적 배경을 획득하게 된 것은 잘 알려진 사실이다. 사회계약론이 등장하면서 로크와 루소에 와서 국민의 천부, 양도불가능한 생명, 자유, 재산, 행복권 개념이 정착되고, 통치권자가 국민의 기본권과 자유권을 침해하면 그 위법 및 권리 침해행위에 대해 저항권을 발동할 수 있다는 사상이 확산되었다(조원홍 1990). 이러한 사상은 더욱이 다른 국가의 제국적 지배에 대한 저항권으로 더욱 쉽게 확산되기 때문에 과거와 같은 제국적 통치는 저항권과 맞물려 지극히 어렵게 된다.

근대 제국적 통치는 제국이 자유주의 국가인 경우와 아닌 경우, 종속국이 자유주의 국가인 경우와 아닌 경우를 생각할 수 있다.

우선, 식민지가 자유주의 혁명으로 국민주권의 시대가 되면 식민

[표 2] 자유주의와 제국주의 관계 유형

		제국	
		자유주의	비자유주의
종속국	자유주의	미국 독립 이전 영국과 프랑스의 미국 지배	히틀러의 제국, 프랑스 등 유럽 자유주의 국가의 병합
	비자유주의	영국, 프랑스의 제국주의	스페인, 일본제국, 러시아제국, 독일제국

지화되기 어려운 상태에 이른다. 이 경우 자유주의 제국은 자유주의 국가를 식민지화할 수 있는 이념적 동력을 잃게 되고, 비자유주의 제국은 자유주의 국가를 물리적으로 병합할 수는 있다. 그러나 자유주의 식민지는 상당한 저항을 하게 되고, 중간 협력자를 구하기도 어렵다. 기본적으로 식민지의 중간협력자는 자유주의 국가의 경우 국민들의 반대와 정치의식 때문에 드러내놓고 활동하기 어렵기 때문이다.

둘째, 자유주의 제국이 비자유주의 식민지를 통치하더라도 자유주의 제국 내 상당한 이념적 반발이 있게 마련이다. 문명화의 논리 역시 부분적으로만 받아들여지기 쉽다. 자본주의라는 경제적 논리가 도움이 될 수는 있지만 완전하지 못하다. 유럽의 근대 주권국가의 본질을 군사국가, 경제국가와 함께 식민지 국가로 보는 이용희는 자유주의 제국의 자기모순을 다음과 같이 의미심장하게 논하고 있다:

> 식민지국가와 식민주의는 필연적으로 식민지의 항거 — 그것도 근대 유럽 정치의 이념에 입각한 반항을 촉발하는데, 그동안에 식민지는 식민지 국가의 군사 또는 경제구조 속에 완전히 편입되어 있는 것이 상례여서 그 반항은 식민지 국가에 중대한 문제를 던지게 된다. … 식민지는 유럽정치

의 일정한 발전 단계에 있어서 최대의 자기모순으로 나타날 수밖에 없게 되어 있다. 왜냐하면 19세기 후반에 이르러 구미정치는 국내에 있어서 국가권력을 국민화한다는 국민주의의 방향을 취하였으며 그 선두로는 법적 평등과 국민의 평등한 참정권 사상으로 표현되었다. … 그리고 동시에 국민주의, 민주주의가 19세기 후반 이후 유럽 경제의 번영 위에 수립되어 있었던 것도 의심의 여지가 없는 일인데, 바로 이 점에 있어서 유럽정치와 유럽정치사상은 모순을 표출하였다. 국민주의와 민주주의의 방향에선 유럽정치가 비국민주의, 비민주주의를 자체 속에 내포하여야 되고 또 동시에 반항적인 본질적 정치요인을 스스로 자기 안에 기르고 있다는 사실은 모순이 아닐 수 없다. 유럽국가의 민주주의 기반이 비민주주의적 식민지 정치와 경제 위에 서 있다는 것은 중대한 변화를 예언하는 또 하나의 싹이 아닐 수 없다. 식민지 정책은 그 자체가 유럽정치가 지니고 있는 군사주의, 경제주의의 역사적 표현으로서 구경에는 온 세계를 '너'와 '나'의 대립적 관계, 그리고 '우적'의 관계로 일변하여 놓았다(이용희 2013, 245-246).

셋째, 자유주의 제국이 자유주의 식민지를 유지하기는 상당히 어렵다. 양쪽 모두에서 제국에 대한 상당한 반발이 생겨나기 때문이다. 새로운 제국 기법을 개발하지 않는 이상, 즉 주권을 가진 식민지 개념으로 나아가지 않는 이상, 혹은 주권국가 간 제국-종속 관계를 만들어내지 않는 이상 지속가능하지 않다.

넷째, 비자유주의 제국이 비자유주의 식민지를 지배하기는 비교적 용이하다. 양쪽 모두에서 이념적 반발이 적고, 식민지에서 중간 협력자가 활동하기 좋으며, 통치 이익의 배분이 제국 내에서 불평등하게 이루어져도 이에 반발할 수 있는 제국 내 체제가 약하기 때문이다.

근대의 제국성이 주권국가 체제와 더불어 완전히 사라진다고 보면 강대국의 영향력에 대한 다른 개념화가 필요하다. 현대 국제정치이론의 맥락에서 도일(Michael Doyle)은 국가 간 불평등체제와 제국체제를 구별하는데, 제국체제가 주변의 외교정책뿐 아니라 국내정책에도 영향을 미쳐, 경제적, 사회적, 정치적 자율성을 축소시키는 데 비해, 패권은 의존국가(dependent state)의 외교정책에만 영향을 미치고 국내정책에는 영향을 미치지 않는 점을 지적한다(Doyle 1986, 12-13). 이어 도일은 제국주의를 제국 중심, 주변 중심, 국제체제 중심의 시각으로 나누어 설명하고 공식적 제국과 비공식적 제국 등 다양한 내용으로 제국을 분류하고 있다. 특히 국제체제 중심 시각은 국제정치학이 견지하는 무정부상태에서 국력 격차의 결과가 제국으로 귀결될 수 있다는 점에서 중요하다.

그러나 이것은 제국체제와 주권국가 간 불평등 체제를 구별하는 하나의 측면을 지적한 것일 수는 있지만 충분하다고 볼 수 없다. 첫째, 패권국가는 의존국가의 국내정책에도 영향을 미칠 수 있는 많은 정책수단을 가지고 있고, 둘째, 제국이 종속국의 국내정책에 크게 관여하지 않고 자율성을 허락하는 경우도 많으며, 셋째, 무엇보다 제국의 성격을 내장한 강대국이 주권국가 체제를 거치는 과정에서 제국체제의 역사적 변천과정에서 나타날 수 있는 많은 변이의 가능성을 충분히 고려해야 한다. 특히 세 번째가 중요한데, 도일은 제국이란 두 주권국가 간의 관계에서 제국이 종속국의 주권을 통제, 침해, 침탈하는 행위라는 가정을 가지고 있다. 이는 종속국의 주권을 이미 존재하는 것, 혹은 주어진 것으로 가정하는 발생론적 오류다. 제국의 침탈이 진행될 때 3세계는 각자의 전통질서 속에서 주권체제와는 거리가 먼 조직원리에 속해 있었고, 유럽 제국들은 이러한 3세계 정치체에 주권을 애초부터 부여한 적도 없다. 제국주의가 진행되면서 식민지, 반식민지화하였고, 1945년 이후에도 여전히 식민지의 해방과정, 이후의 발전과정에서 종속적 주권 형성과정을 창출하고자 노력하였다. 3세계 국가들이 불완전, 결손주권의 상태에 머물도록 하면서 다양한 영향력을 발휘하였다면 식민지의 주권상태를 미리 가정할 수 없다.

결국 제국이란 제국과 종속국 간에 주권의 개념, 주권의 정도, 주권의 성격을 둘러싼 정치적 불평등성에서 비롯된 것으로 보아야 한다. 주권이라는 개념 자체가 제국주의 속에서 만들어진 것이기 때문이다.

전간기 구제국주의의 해체와 민족자결주의

윌슨 대통령의 민족자결주의와 식민지 위임통치

근대 유럽의 제국은 다양한 방법으로 제국을 운영하였다. 식민지에 대한 직접적인 영토적 지배와 행정적 지배, 하위제국주의(sub-imperialism)에 의해 본국 국민을 파견하여 간접통치하는 지배(박지향 2000, 34), 그리고 자유무역에 의해 지배하는 비공식적 제국의 지배 등 다양한 형태가 존재하였다. 초기 식민주의는 식민지로부터 값싼 원료를 들여오고 교역을 하면서 식민지에 대한 통제를 강화하였고, 자본주의가 발달함에 따라 제국주의 역시 형태를 달리하였다.

19세기말부터 제국주의는 더욱 강화되었는데, 이때 유럽 제국들이 일관되고 계획적인 제국을 유지하려 했는가는 여전히 논쟁의 대상이다. 식민지의 중간협력자들의 협력도 중요한 역할을 하였다. 그러나 시간이 흐르면서 식민지에 교육이 확산되고 제국의 언어를 배우면서 제국주의에 대한 이해, 식민지 상호 간의 의사소통이 활발해졌고, 또한 제국의 정치제도가 식민지에 확산되면서 식민지의 정치참여가 증진되고 식민지 내 자유주의의 기운도 강화되었다. 제국주의의 확산은 보편적 이념과 지식이 확산되는 또 다른 결과를 불러와 제국적 지배와 모순되는 결과를 가져왔다. 제국의 확산 자체가 제국의 붕괴의 씨앗을 심었다는 점에서 제국은 필연적으로 붕괴할 수밖에 없는 상황으로 다가갔다.

미국과 소련은 유럽제국의 실패를 이해하였고, 식민지들의 주권에 기초하여 제국을 운영해야 한다는 사실을 인식하였다.● 1917년 미국은 1차 세계대전에 참전하면서, 러시아는 볼셰비키 혁명에 성공하면서 각각 자유주의와 공산주의의 이념을 세계에 투영시키는 계기를 확보한다. 미국은 자유주의, 자본주의를 통한 세계적 영향권 확보, 소련은 세계공산주의 혁명을 통한 제국 건설을 추구하였다는 점에서 모두 보편주의적 제국을 지향하였다(Gaddis 1997, 5). 윌슨과 레닌이 애초부터 거대한 제국 건설 구상을 가지고 있었다고 보기는 어렵다. 역사의 예측하기 어려운 흐름과 우연이 이들에게 기회를 제공하였고, "임시변통(improvisation), 설득력, 명확한 목적의식, 담대함" 등이 결합되어 20세기의 새로운 제국 건설의 프로젝트가 시작된 것이다(Gaddis 1997, 6). 두 국가는 식민지들의 해방과 민족자결주의를 적극 지원하고 유럽 제국들의 식민지 운영을 반대하였다. 동시에 이들 3세계 국가들에 대한 제국주의적 통제권을 강화해야 하는 과제도 안고 있었다. 민족자결주의라는 이념적 흐름과 민족 간 힘의 불평등이라는 현실 속에서 향후 제국의 지위

● 박지향은 제국과 제국주의의 개념을 구분한다. 제국주의는 제국 없이 존재할 수 있고, 기존의 전형적 제국의 형태가 아닌 것을 제국주의라고 할 수도 있다는 것이다. 다른 정치체에 대해 정치적, 군사적, 경제적, 사회문화적 영향력을 행사하는 것으로 일반적인 강대국의 정책과는 다르다는 점을 부각해야 분석적 개념으로 유의미하다는 점도 지적한다(박지향 2000, 19-20). 그러나 강대국이라는 개념 자체가 비서구 국가들의 주권의 불완전성 위에 성립되었다는 사실에 유의해야 한다.

를 확보해 나가는 서로의 길을 걷게 되었다.●

윌슨 대통령은 1918년 1월 8일 상하원합동 연설에서 1차 세계대전 참전 조건으로 14개 조항을 역설한다. 그중 다섯 번째 조항이 국가주권에 관한 부분이다. "주권에 관한 모든 문제를 결정하는 데 있어서, 이와 관련된 인민의 이익이 향후에 결정될 정부의 공정한 권한과 같은 비중으로 다루어져야 한다는 원칙을 엄격하게 준수하는 위에, 식민지의 모든 요구를 자유롭고, 개방적이고 완전히 공정하게 적용한다"는 것이다. 열네 번째 조항은 국제연맹에 관한 것인데 원칙의 표명은 역시 민족자결주의와 관련된다. 즉, 국제연맹의 결성 목적으로 "강대국이건 약소국이건 정치적 독립과 영토 보전을 상호 간에 보장한다"는 점을 명시하고 있다.

1차 세계대전 이후 미국이 주도한 국제사회는 위임통치(mandate)체제를 만들어 3세계 국가들이 법적 주권을 보유한 신생 독립국이 되도록 조치하였다. 위임통치 혹은 신탁통치라는 개념이 20세기에 최초로 탄생한 것은 물론 아니다. 1492년 스페인의 아메리카 대륙 발견 이래 교황, 스페인 신학자들은 "야만적, 반문명적" 원주민들의 개화를 위한 통치를 주장하였다. 이후 18세기 영국의 힘이 강화되자 영국 역시 비문명 지역에 대한 위임, 신탁 통치와 시정의 필요성을 주장한 바 있다.

● 자결(self-determination)이라는 개념은 1776년 미국의 독립선언과 1789년 프랑스혁명에서 비롯된 것으로 현대 국제법에서는 주요 원칙이자 강행규범이다. 레닌과 윌슨의 자결 개념은 법적 개념이었다기보다는 정치적 원칙으로 본다. 자결은 민족 또는 인민으로 번역되며 역사적 맥락에 따라 다르게 해석되어 왔다. 제국주의에 반대하는 식민지 인민, 민족의 자결이라는 의미에서 외적 자결(external self-determination)을 의미하는 한편, 민주적 참정권을 의미할 때에는 내적 자결(internal self-determination)로 해석된다. 자결의 권리이자 원칙인 self-determination은 양자의 의미로 사용된다(박정원 2008).

1775년 에드먼드 버크는 신대륙에 대한 통치를 신탁의 개념으로 논한 바 있고, 1818년 래플스(Thomas Stamford Raffles) 경 역시 싱가포르 통치를 신탁으로 보고 있다(Chowdhuri 1955, 18-19). 조약에 기초한 공식적인 국제적 영토 관리(international territorial administration)의 시초는 1815년 비엔나 회의에서 결정된 크라코우(Cracow) 자유시에 대해 1815년에서 1846년까지 오스트리아, 프러시아, 러시아가 공동 관리하도록 한 것이었다. 이후 상하이(1845-1944), 크레타(1897-1909), 탕헤르(1923-1957)에 대해서도 국제적 영토관리가 이루어졌다(Stahn 2008, 7).

그러나 개별 국가의 제국주의 통치를 대체하거나 보완하는 형태로 강대국들 간의 합의에 의해 식민지의 국제적 위임통치, 신탁통치를 구상하게 된 것은 1차 세계대전 이후이며 윌슨 대통령의 참전 이후 보다 구체화되었다. 윌슨 대통령은 패전국 독일의 식민지 처리 문제를 구상하는 과정에서 위임통치의 개념을 구체화하였고 전간기 많은 논자들이 이를 보완하였다.

1차 세계대전 이후 미국의 주도로 국제연맹이 위임통치제도를 실천하였고 이는 상설위임통치위원회(Permanent Mandates Commission)가 관리하였다. 위임통치는 국제연맹 규약 22조에 명시되어 있는데, "현대 세계의 지난한 조건하에서 스스로 생존하기 어려운(not yet able to stand by themselves under the strenuous conditions of the modern world)" 인민들에 대한 것으로 자원과 경험, 지리적 위치 등 여건이 맞는 선진국이 자발적으로 위임통치를 하는 것이 원칙으로 명시되어 있다. 1차 세계대전의 패전국이었던 독일과 터키의 식민지들이 위임통치의 대상이 되었고, 승전국인 영국, 프랑스, 일본 등 강대국들이 수임국이 되었다. 터키의 식민지였던 중동 국가들이 A 범주에 들었고, 독일의 식민지였던 중앙아프리카 국가들이 B 범주에 들었고, 서남아프리카와 남태평양제도들이 C 범주에 들었다. 이러한 범주 구분은 위임통치국의 문명수준, 정치, 사회, 문화적 발전 수준에 따른 분류로 중동 국가들은 궁극적으로 자치와 독립이 가능하다고 본 반면, 아프리카와 남태평양제도들은 그러하지 못하였다. B와 C 범주의 국가들에 대해 연맹 규약은 특히 "노예와 무기, 술의 거래 금지, 군사 및 해군 기지 설치 금지, 경찰 및 방어 업무 이외의 군사훈련 금지, 모든 연맹 회원국에 대한 공평하고 안전한 무역과 상업 기회 제공" 등을 규정하고 있다. 상대적으로 자치가 어려운 C 범주 국가들에 대해 시정권을 가지고 있던 수임국들은 연맹 규약에서 표현된 대로 이들을 자신의 영토와 매우 밀접하게 통치하였기 때문에("수임국 영토의 밀접한 부분으로," as integral portions of its territory) 궁극적으로 이들 국가들을 식민화하려는 유혹을 느끼지 않을 수 없었다.

그러나 국제연맹의 의미는 기존의 식민통치 지배와 구별되는 분명한 특성이다. 첫째, 19세기 실정법은 국가 이외 단위들의 국제법적 주체성을 인정하지 않았지만 국제연맹에 이르러서는 초국가 단위의 법적 인격성을 인정하기에 이르렀다. 실정법의 소위 과학적 접근은 국제정치에 대한 도덕적 판단을 결여한 결과 1차 세계대전과 같은 불행을 불러일으켰다는 반성이 일었고 결국 자연법의 부활까지는 아니지만 사회적, 정치적 관심의 중요성을 환기시켰다. 둘째, 식민지에 대한 개별 제국들의 통치 정당성을 최초로 의문시하고 국제연맹의 초국가적, 국제적 권위에 의해 식민지를 공동 관할하기로 하였다는 점이다. 식민지들이 궁극적으로 독립, 자치해야 한다는 당위를 인식하고 이를 강대국의 이익이 아닌 국제 합의에 의해 관리하기로 의결한 것이다. 셋째, 비서구 식민지의 주권성에 대한 기준을 설정하였다는 점이다. 상설위임통치위원회는 위임통치 기간을 지나 식민지들이 자치, 독립할 수 있는 정치적, 경제적, 문화적 기준에 대해 논의하기 시작하였고 이는 식민지의 발전에 공헌하기도 했지만, 유럽 국민국가를 기준으로 한 일률적이고 획일적인 기준 설정을 시도하였다.

위임통치가 궁극적으로 식민지의 주권국가화에 공헌했는가는 매우 논쟁적인 주제다. A 범주의 중동국가들은 2차 세계대전 직후까지 대부분 독립하였고, 다른 국가들은 그 이후 시차를 두고 독립했다. 위임통치를 하는 지역은 경제발전의 과제를 안고 있었는데, 수임국은 다른 강대국들에게도 공평하게 개방된 경제접근권을 허용해야 하였다. 소위 문호개방(Open Door)의 원칙으로 많은 천연자원이 존재하는 위임통치국에 대한 수임국의 독점을 막기 위한 장치였다. 수임 강대국은 위임통치국의 경제를 발전시키기 위해 양국 간 밀접한 경제관계를 수립할 수밖에 없었고 토착 지도층들은 자본가와 관료로 변신하였다. 또한 위임통치국의 인민들은 자본주의 경제에 맞는 임노동자로 변화할 수밖에 없었다. 위임통치 기간은 비서구 식민지의 법적 주권이 확립되는 기간이었지만 다른 한편으로는 실질적 주권의 구조적으로 종속되는 종속적 발전의 과정이라고 볼 수도 있다. 실제로 강대국이 위임통치를 식민지의 보편적 해방을 위한 움직임이라고 보았다는 증거는 없다. 일례로 볼드윈 영국 수상은 1937년 3월 22일 "영국의 식민제국에 위임통치를 실시하는 것은 종속국 인민들에게 환영받지 못할 것이다. 왜냐하면 그들은 영국 신민의 지위를 자랑스럽게 생각할 것이며 영국 제국의 다른 일원들과 다른 지위에 놓이게 되는 것을 찬성하지 않을"이라고 언급하기도 하였다(Chowdhuri 1955, 27).

이러한 문제는 비단 위임통치 기간에 한정된 것은 아니며 2차 세계대전 이후 세계경제의 틀을 만든 브레턴우즈 체제까지 이어져 국제법적 주권 획득과 실질적 주권의 왜곡의 불가분의 관계를 형성하였다고 볼 여지도 있다(Anghie 2004, 191-192; Anghie 2006, 746-748). 2차 세계대전 이후에도 지속된 국제사회와 선진국의 3세계 지원은 이들 국가들의 형식적 주권과 주권 평등의 원칙을 제고했지만 경제적 불평등을 둘러싼 논란은 심화되었다. "신국제경제질서(NIEO: New International Economic Order)"를 주장하는 3세계 국가들의 목소리가 커져 가는 가운데 국제법이 탈식민화를 어느 정도 완성하였는지에 대한 논쟁이 강화된 것이다.

소련의 민족자결주의와 사회주의 민족이론

20세기 제국의 다른 모델을 주창했던 소련은 이러한 위임통치를 비판했다. 스탈린은 1927년 11월 13일자 『프라우다』지에서 소련이 국제연맹에 가입하지 않은 이유를 국제연맹의 위임통치라고 주장하고 있다. 즉 소련은 식민지 국가들의 착취와 억압의 목적을 가지고 창설된 국제연맹의 위임통치라는 제국주의 정책에 책임을 공유할 생각이 없다는 것이다. 사실 전간기 위임통치에 반발하는 많은 저항이 있었는데, 1922년 남서아프리카의 본델츠바르트(Bondelzwarts) 반란, 1925년 시리아의 자발 드루즈(Jebel Druze) 반란, 1929년과 1936년 두 차례에 걸친 팔레스타인의 반란, 1926년과 1933년의 서사모아 반란 등을 들 수 있다(Chowdhuri 1955, 25).

소련이 미국 주도의 위임통치를 비판하였다고 해서 민족자결주의 자체를 비판했던 것은 물론 아니다. 소련은 유럽 제국주의가 자본주의에서 비롯된 것이고 계급 중심의 세계관으로 볼셰비키 혁명을 이루어냈기 때문에 제국주의를 반대하는 이념은 공고하였다. 그러나 제국주의로부터 식민지 국가의 독립, 즉 피지배 민족이 주권국가 단위로 독립하는 데 대해서는 시대상황과 마르크스주의 원리 사이에서 적절한 종합을 만들어 내야 하였다. 마르크스주의의 이념상 국가는 계급적 착취를 담지하는 억압적 기관이며 자본주의 생산관계에서 국가는 부르주아 국가로 프롤레타리아 계급을 착취하는 기관이다. 제국주의는 자본주의의 최고 단계에서 발생한 국제관계의 한 국면으로 자본주의의 모순이 극대화된 것이며 1차 세계대전은 제국들 간의 모순으로 발생한 것이다. 따라서 반자본주의, 반제국주의 투쟁은 프롤레타리아 국제주의, 그리고 볼셰비키 당의 선도에 따라야 하는 것인데 민족주의와 반제국 투쟁이 발생하는 상황에서 공산주의적 국제주의와 민족주의 간의 관계를 정리할 필요성이 있었다.

1896년 7월 런던에서 열린 제2차 인터내셔널은 각 민족이 스스로의 운명을 결정한다는 성명을 발표하고, 도시에 프롤레타리아의 국제적 연대를 강조하였다(민경현 2001, 133). 레닌 역시 민족문제를 본격적으로 다루지 않은 마르크스주의를 발전시켜 민족문제를 다루어야 한다는 생각을 하게 되었다. 국민국가 형성과정에서 세계적으로 다양한 민족들의 다양한 단계가 존재하는데, 이미 국민국가를 형성한 선진국, 동구권과 러시아처럼 자본주의 이행과정에서 국민국가로 나아가는 과도적 국가들, 그리고 비서구 지역에서 자본주의 이행과 국민국가 건설이 아직 시작되지 않았거나 혹은 막 시작한 국가들로 나눠질 수 있는데, 민족자결주의는 두 번째와 세 번째 범주의 국가들에게 해당되는 원칙이었다.

레닌은 한편으로는 러시아 혁명의 주체가 되는 사회민주당이 프롤레타리아 국제주의를 실현하는 동시에 민족자결주의를 이와 적절히

화해시켜야 한다는 이론적 문제에 봉착하게 되었다. 레닌은 반제국주의와 공산주의 이행에서 노동자 계급의 단결을 기초로 한 국제주의가 핵심이라고 생각하였지만, 1차 세계대전 전후의 국면에서 민족자결주의의 불가피성과 필요성을 인정하였다. 레닌은 스탈린으로 하여금 민족주의에 관한 볼셰비키의 견해를 정립하도록 하였고 스탈린은 자신의 입지를 다지는 데 발판이 된 『마르크스주의와 민족문제』를 저술하였다(Stalin 1913). 스탈린은 1905년 혁명 이후 공산주의 혁명의 상황 및 문제점을 진단하고 있는데, 그중 가장 심각한 문제가 민족주의라고 파악하고 있다. 당시 이론적으로 오스트리아 공산주의자들이 민족주의를 중시하여 민족 단위의 공산주의를 주창하고 있었고, 유대 민족주의를 비롯하여, 폴란드, 범이슬람주의 등 공산주의 국제주의를 위태롭게 하는 움직임이 강화되고 있었다. 민족주의라는 "전염병" "안개"로부터 혁명을 구출하기 위해 스탈린은 민족주의의 의미에 대해 입장을 정리할 필요가 있었다(Stalin 1913, 6).

스탈린은 우선 민족이란 공통의 언어, 영토, 경제생활, 그리고 공통의 문화에 나타난 심리적 구성을 기초로 역사적으로 구성된 안정된 인민들의 공동체라고 정의하고 있다(Stalin 1913, 11). 그러나 중요한 점은 역사상 민족이 중요해진 것은 봉건제가 소멸되고 자본주의 사회가 등장한 것과 때를 같이하는 것으로 자본주의라는 시대적 상황의 산물이라고 본 점이다. 또한 민족의 등장은 국민국가로 이어지는데, 국민국가를 주도하는 것은 부르주아 계급이고, 그 아래 노동자 계층이 같은 민족, 같은 국가의 구성원으로 자리 잡게 된다는 것이다. 민족주의가 계급을 망라한 광범위한 지지를 받을 수 있는가는 각 국가의 자본주의 발전 단계, 부르주아 계급의 지도력, 그리고 노동자 계급의 조직화, 의식화 정도의 차이에 달려 있다고 본다(Stalin 1913, 20).

여기서 스탈린은 제국주의 시대의 민족자결주의를 비판하지는 않는데, 그 이유는 프롤레타리아의 국제적 연대가 궁극적 목적이기는 해도 다른 민족에 의해 억압받는 민족 내의 프롤레타리아가 우선적으로 자유를 누릴 수 없기 때문이다. 식민지의 프롤레타리아는 사회주의적 국제주의를 이루기도 전에 자유를 박탈당하므로 우선은 민족자결의 원칙에 의한 피지배 민족의 해방이 중요하다는 것이다. "모든 민족은 주권을 소유하며, 평등한 권리를 가진다"고 언명하고 있다(Stalin 1913, 23). 그러나 민족자결주의와 국제적인 노동자 연대는 본질적으로 다른 것이다. 민족주의 운동은 부르주아의 운동이며 계급투쟁과는 섞일 수 없는 논리 위에 서 있다.

이러한 스탈린의 입론은 일견 만족스러운 것이기도 했지만 레닌의 견해와 완전히 일치하는 것은 아니었다. 레닌 역시 강대국과 제국에 의해 통치되는 민족들의 독립을 지지하였고, 이들 민족들이 내부적으로 민주주의에 기초한 사회를 만들어야 한다고 보았다. 어떠한 민족도 특권을 가져서는 안 되고 모든 민족은 동등하다고 주장하여, 민족과 국민의 주권 개념을 주창하지는 않았지만 주권적 평등과 유사한 논리를 전개하고 있다. 민족자결과 해방의 과정에서 부르주아 계급과 일시적 동맹을 맺을 수는 있지만 민주주의를 확립하여 결국에는 노동자 계급의 국제주의를 형성해야 한다고 주장하였다. 프롤레타리아는 모든 억압에 대항하는 계급이기 때문에 민족 단위의 억압과 계급의 억압 모두에 대항해야 한다고 주장한다.

민족자결에 대한 지지에서 보이는 국가 단위의 주권성에 대한 논의는 여기에서 그치고 결국에는 노동자 국제주의가 전면에 나서고 이를 지도하는 중앙집권적 사회민주당의 권한이 중요하다고 본다. 바우어(Otto Bauer)나 레너(Karl Renner) 등 오스트리아 민족주의 공산주의자들이 민족 단위의 사회주의 건설이 가능하고 민족문화를 강조한 데에 대해 레닌은 신랄한 비판을 가하고 있다. 이는 사회주의 국제주의의 원칙에 어긋날 뿐 아니라 노동자 계급을 부르주아 이념에 동화되도록 하고 국가 내 민주주의를 증진하여 국제 노동자 연대를 이루어야 하는 임무를 방기하도록 한다는 것이다. 국제주의 문화는 개별 국가들의 문화를 집산한 것이 아니라 확고한 프롤레타리아 국제주의 문화의 전제하에 각 민족들의 문화 중 이와 일관된 내용들을 선별하여 종합하는 것이라는 논리다.

레닌은 또한 모든 노동자 조직에 속해 있는 모든 노동자들을 민족 구분에 관계없이 사회민주당의 지도하에 단결시켜야 한다고 본다. 여기서 당은 단일한 당의 지도가 중요하며, 각 민족 단위의 당들을 연방제 아래에 묶는 형태가 되어서는 안 된다고 주장한다. 이는 스탈린이 연방제를 주창한 것과 차별화되는 것으로 레닌은 연방제를 인정한 스탈린의 견해에 반대하였다. 제국으로부터 개별 국가들의 분리독립, 그리고 각 지방 단위 당의 자율성을 인정하되 프롤레타리아 국제주의를 선도하는 단일한 사회민주당의 권한을 강조하는 것이다. 이러한 견해는 1916년 로잔에서 개최된 제1차 민족대회를 거치면서 공고해진다. 레닌은 민족자결주의를 프롤레타리아 국제주의에 기초한 노동자 정당이 주도하여 민족모순과 계급모순을 동시에 해결하도록 독려한다(Lenin 2013). 이 점에서 국가 주권을 논의하는 근대 국제정치의 논리와는 분명한 차이를 보인다.

특히 레닌은 1917년 7월과 8월에 저술한 『국가와 혁명: 마르크스

국가론과 혁명에서 프롤레타리아트의 과제들』에서 기존 국가에 대한 비판적 견해를 명확하게 표현한다. 19세기 초 독일 사회민주당의 지도자였던 카우츠키(Karl Kautsky)가 부르주아 국가 내 의회 과정을 통해 가능한 한 혁명 없이 사회주의를 이룩하는 것이 바람직하다는 타협적 견해를 표방하는 것을 보면서 레닌은 사회주의가 자본주의 국가의 논리와는 근본적으로 양립가능하지 않다는 점을 강조하고자 하였다. 즉, 국가란 계급착취의 도구이며, 자본주의 국가는 폭력 혁명에 의해 전복되어야 한다는 혁명관이 사회주의 운동의 기본이 되어야 한다는 것이다. 레닌은 마르크스와 엥겔스의 국가론을 해석하면서 프롤레타리아 혁명은 부르주아 국가를 제거해야 하며, 국가의 소멸(withering away)이라는 테제는 혁명 이후 잠정적으로 존재하는 프롤레타리아 국가, 혹은 준국가(semi-state)에만 적용된다는 이론을 주장한다. 프롤레타리아 혁명은 자본주의 국가의 "특별한 강제력"을 제거하는 것으로 사회의 이름으로 생산수단을 전유하는 것이며, 프롤레타리아 독재를 실현하는 것이다. 프롤레타리아 계급이 이 특별한 강제력을 소유하는 것은 오직 혁명에 의해서만 가능하며 이후 완전한 민주주의가 실현되면 국가는 자연적으로 쇠퇴하여 소멸하게 된다는 것이다(Lenin 2014, 53-54). 그러나 프롤레타리아 국가가 언제, 어떠한 조건하에서 소멸할 것인지에 대해서는 명확한 견해를 보이지 않고 있다.

미국의 식민지 해체와 신탁통치

2차 세계대전은 세계적 차원의 강대국 정치, 진화된 미소 두 제국의 등장, 양대 진영으로 갈라진 냉전적 질서, 그리고 비서구 식민지의 독립과 다양한 발전의 경로 등 많은 변화를 가져왔다. 영국을 비롯한 유럽의 제국들이 몰락하고 새로운 미소 초강대국이 등장하면서 역시 전시 외교의 핵심 사안은 강대국 정치와 안보질서의 확립이었다. 그러나 3세계 국가들의 독립을 맞으면서 이들에 대한 주권적 지위 문제도 중요한 사안으로 떠올랐다.

전후 질서 수립의 핵심 세력은 미국이었는데, 루스벨트 대통령은 승전국 간의 다자 협력, 국제연합 창설을 통한 보편적 안보 제도 수립, 그리고 식민지 철폐 및 구식민지의 국제적 관리를 전후 처리의 핵심으로 상정하였다. 루스벨트 대통령은 전후 미국 및 자유진영 국가들과 소련 간의 대립이 불가피하다는 점을 인식하고 있었는데, 소련을 국제무대에서 소외시키기보다는 국제연합 상임이사국의 일원으로 세계질서 형성과정에 참여시키는 것을 중요하게 생각하였다. 소련은 자국의 안보를 위해 동유럽 국가들을 위성국화하고 세력권을 유지하고자 하였고 루스벨트 대통령은 이러한 소련의 요구를 적절한 선에서 수용하고자 하였다. 한편 영국은 유럽 내 세력균형과 소련의 진출을 막는 한편, 식민지를 보존하고자 하였고, 미국은 동맹국 영국을 국제연합을 통해 강대국 정치의 일원으로 참가시키면서 국제적 처분에 따라 식민지 시대를 종식하도록 설득하였다. 그러나 루스벨트 대통령이 1945년 4월 12일에 사망하고, 샌프란시스코 회의는 4월 25일에 열려 막상 국제연합의 탄생을 목도하지 못하였다. 더구나 루스벨트 대통령이 구상한 전후 질서는 애초의 구상대로 실현되지 못하였는데, 미소 양국은 국제연합을 통해 협력하기보다는 격렬한 냉전적 대립을 시작하였고, 식민지는 점차 독립하였지만 국제연합과 신탁통치제도를 통해서라기보다는 전쟁과 개별적인 외교노력으로 독립하였다(Aldridge 1998, 1-3).

3세계 국가들의 주권과 관련하여 식민지 독립에 대해 루스벨트 대통령은 윌슨 대통령에 이어 민족과 인민의 자결주의를 존중하였고 반식민주의 이념에 충실하고자 하였다. 미국은 근대 국제정치에서 최초로 영국의 제국 지배에서 독립한 식민지였다는 정체성을 가지고 있었고 루스벨트는 이러한 반식민주의 정체성을 전후 처리에 반영하였다고 볼 수 있다. 미국의 외교정책이 물론 국가 이익을 중심으로 전개되었지만 특히 식민지 처리 문제에서 정체성과 이념의 요소가 작동하였다는 점을 무시할 수는 없다(Cosgrove 2014). 앞 장에서 논의한 바와 같이 18세기 중반 7년 전쟁에서 영국과 프랑스는 북미대륙에서 격돌하였고 이후에도 영국의 제국 지배, 토착 인디언과의 동맹은 지속되었다. 미국의 건국자들은 유럽의 베스트팔렌 모델 위에서 강대국을 추진하거나(해밀턴), 자유주의적 국제주의하에서 소위 필라델피아 체제를 축으로 새로운 질서를 건설하여 국제화하는(제퍼슨) 정체성을 추진하게 되었다(Cha

2015). 특히 자유주의 이념에 입각하여 반식민, 인권 존중, 민주적 정치 질서 확립, 상업의 자유 등을 주장하는 전통은 윌슨 대통령에 이어 루스벨트 대통령에게까지 이어진 것으로 볼 수 있다. 루스벨트 대통령은 미국의 필리핀 통치 초기 모델을 국제적 신탁통치의 전형으로 삼고 있었다(Chowdhury 2016, 11). 반식민주의 전통은 이념적이기도 하지만 제국주의와 식민지가 미국이 추구하는 자유무역과 경제적 이익에 해가 되는 문호폐쇄(Closed Door)의 이유가 된다는 점에서 실질적이기도 하다(Cosgrove 2014, 45-46). 반식민주의의 기치하에 유럽 승전국의 식민지 역시 국제적 관리하에 두고 궁극적으로 자치와 독립을 추진하며, 동맹국의 영국에 반대한 루스벨트 대통령의 외교정책은 이러한 전통 위에 서 있다고 하겠다.

그러나 미국의 반식민주의가 비서구 3세계의 반식민주의와 상통할 수 있는가는 별개의 문제다. 영국 조지 3세의 미국 식민지 통치가 억압적이었다고는 하나, 이는 타 인종에 대한 가혹한 식민통치가 아니라 유럽에서 건너온 유럽 토착민에 대한 통치였고 미국의 반란 역시 영국 헌정 내에서 정당한 권리를 찾고자 하는 것이었기 때문에 미국의 반식민주의가 보편적이었는가에 대해서는 논란의 여지가 있다(Cosgrove 2014, 10-11). 특히 미주의 아메리카 인디언들에 대한 가혹한 말살 정책은 제국적 정체성에 가깝다. 실제로 해밀턴이나 제퍼슨과 다른 잭슨주의의 전통은 소위 대륙주의로 서부로의 팽창, 강렬한 인종주의, 인디언에 대한 멸시와 말살 정책 등으로 특징지어진다. 이러한 제국주의 전통 역시 미국 외교정책의 한 축을 담당하고 있다(Cha 2015). 1823년의 먼로 독트린 역시 유럽의 제국주의 침탈에 대항하여 미주의 독립을 추진한다는 명분하에 만들어졌지만 19세기 후반을 넘어서면 남미에 대한 미국의 제국주의로 비판받게 되었다. 결국 미국의 반식민주의, 반제국주의라는 보편주의와 미국 스스로 국내외에서 영향력을 확산해 가는 과정에서 제국화되는 상반된 경향이 외교정책에 반영되어 있다고 하겠다.

비서구 3세계의 주권적 지위와 관련하여 2차 세계대전 이후 구 제국주의 시대는 청산되고, 1945년 이후 대부분의 국가들은 주권국가로 독립하게 된다. 모든 국가는 법적 평등성을 보장받고 국제연합 총회의 일원으로 균등하게 1국 1표를 행사한다. 이러한 현실은 현재의 관점에서 당연한 듯하지만 당시의 상황에서는 유사 이래 최초의 상황이었다. 2차 세계대전 이후 유럽의 제국주의 세력들은 대부분 식민지를 포기하게 되었지만 자발적인 것은 아니었다. 유럽의 패전국은 물론 승전국들은 대전 이후에도 최대한 식민지를 유지하고자 하였다. 2차 세계대전의 전시 외교 중에 미국은 전후 질서의 한 축으로 식민지의 국제관리, 신탁통치를 통한 궁극적 독립을 염두에 두고 있었지만, 유럽 국가들 특히 영국의 처칠 수상은 루스벨트 대통령의 신탁통치안에 격렬하게 반대하며 식민지의 유지와 전전 현상복구를 강하게 주장하였다. 그러나 루스벨트 대통령의 주장과 이에 찬동한 소련의 입장이 결과적으로 영국을 누르고 전후 처리에 반영되게 된다.

식민지의 해방, 주권국가화는 식민지 인민들의 인민자결주의와 민족자결주의, 즉 국내적으로는 민주주의를 향한 열망과 국제관계에서 독립하고자 하는 민족주의가 가장 큰 요인이었다. 그러나 1917년 자유주의와 공산주의라는 이념으로 무장한 미국과 소련이 국제무대에 발을 디디면서 미친 영향도 크다. 1차 세계대전 이후 국제연맹이 성립되면서 식민지 지역에 대한 위임통치가 시작된 것은 전술한 바와 같고, 이는 제국들이 식민지 자치의 필요성을 공식적으로 인정하였다는 점에서 역사적 의의를 가진다. 제국들은 소위 비자치령(non-self-governing territory)이라는 애매한 용어로 식민지 지역을 통칭하였는데, 이는 식민지의 형태, 혹은 식민지 지역이 부분적 주권을 소유한 형태가 역사적으로 사례에 따라 다양하고, 제국과의 관계 역시 복잡한 데에 기인한 것이다. 비자치령은 다양한 형태를 띠고 있었는데, 식민지, 보호령, 보호국, 위임령, 신탁령, 해외령 혹은 소유령, 정착지, 공동통치식민지, 종속지 등 다양한 명칭으로 지칭되었다. 비자치령이란 제국 중심의 정의로 아직 자치정부를 위한 충분한 능력을 소유하지 못한 지역, 국가라는 의미를 띠었는데, 그 의미가 불분명하였다. 국제연합 성립기에는 우선, 벨기에 정부의 언급에서 보이듯이 선진문명에 미치지 못하는 다양한 인종집단들의 혼합지역을 지칭하기도 하고, 소련의 위성국가를 의미하는 경우도 있었다. 이 경우 영국의 견해에 따르면 독재국가는 자신의 정부에 영향력을 발휘하지 못하기 때문에 비자치적일 수밖에 없다는 것이다. 마지막으로 식민지를 지칭하는 경우로 다양한 구성집단으로 일관성을 결여하거나, 혹은 제국의 오랜 통치로 자주적 능력을 상실한 경우를 일컬었다(Chowdhuri 1955, 3-4).

국제연맹의 위임통치제도와 국제연합의 신탁통치제도는 여러 가지 면에서 유사점이 많다. 연맹규약의 22조와 연합헌장의 73조에서 92조까지의 내용은 각각 위임통치와 신탁통치를 규정하고 있는데, 양자 모두 미국의 전략을 강하게 반영하고 있었다. 미국은 반식민주의라는 전통적 국가 이념, 문호개방을 통한 경제적 이익 취득 욕구, 태평양 지역의 안보 거점 획득 욕구 등이 복합되어 신탁통치안을 더욱 정교하게 주장하였다. 위임통치와 신탁통치의 유사점을 보면, 양자 모두가 지구적 차원의 전쟁 이후 성립되었다는 점, 인도주의와 현실주의 세력균형이 충돌하는 지점에서 최후에 타협으로 이루어졌다는 점, 비자치령 인민들의 복지가 중대한 국제적 관심으로 부상했다는 점, 패전국의 식민지가 주된 시정의 대상이 되었다는 점 등이다. 또한 주목할 점은 두 제도는 위임통치 내지 신탁통치를 시정하겠다는 자발적 의사에 의해 강대국들에 의해 행해졌다는 점이다. 무엇보다 특징적인 것은 위임, 신탁 통치 시정의 시한을 정하지 않았다는 점이다. 모든 시정은 사정이 개선되면 종식된다는 원칙은 있었지만 그에 관한 구체적 조건과 시기가 명시되어 있지 않았다.

차이점도 존재한다. 신탁통치안을 결정한 1945년 4월의 샌프란시스코 회의는 비자치령 인민들의 권리를 진정으로 심각하게 고려한 역사상 최초의 회의였다고 할 수 있다. 또한 위임통치제도의 문제를 개선하고 다양한 부분에서 더욱 세분화하였는데, 연맹의 규약보다 연합의 헌장이 실제로 3배 이상 많은 내용으로 구성되어 있다. 보다 구체적으로는 첫째, 신탁통치의 대상이 패전국 식민지에 국한되지 않고 모든 식민지 영토에 적용되게 되었고, 둘째, 위임통치령이 엄격한, A, B, C 범주 구분을 시도한 반면, 신탁통치는 전략적 지역과 비전략적 지역으로 비교적 유연한 범주화를 추구했으며, 셋째, 위임통치령이 비군사화를 규정한 반면 신탁통치령은 상황에 따라 적절한 평화유지 기능을 담당하도록 하였다. 넷째, 신탁통치의 궁극적 목적이 신탁 지역 인민의 자치와 독립이라고 명시하여 위임통치 지역의 A범주에 국한되었던 목적을 확장한 셈이며, 다섯째, 위임통치제도에서는 시정국들의 국제협력 하에 신탁령의 자원접근이 용인되었지만(소위 “Open Door”의 원칙), 신탁통치하에서는 신탁령 인민들의 의사와 배타적 이익을 존중하는 원칙을 강조하였고, 여섯째, 신탁통치위원회의 감독 기관 구성을 피신탁국가와 피신탁국가가 아닌 UN 회원국을 동수로 구성함으로써 편중성을 막고 주기적 현장 조사를 통해 자의적 시정을 막도록 했다는 점 등이다 (Chowdhuri 1955, 11).

2차 세계대전 종식 이후 10년이 지난 1954년 기준으로 보면 98개 비자치령, 인구로는 1억 7,500만 명이 존재하고 있는데, 이는 87개 주권 국가들 중 13개 국가들에 의해 시정통치되고 있었다. 이 중 영국이 비자치령 인구의 약 절반가량을 시정하고 있었고 이는 영국민의 2배에 달하는 인구다. 뒤를 이어 프랑스, 벨기에, 포르투갈, 미국, 호주, 스페인, 이탈리아, 네덜란드 순으로 시정국가가 존재하였다. 시정의 시한을 정한 경우는 이탈리아가 유일하다. 영연방 내의 호주, 뉴질랜드, 남아공은 주변 국가에 대한 신탁통치를 시행하였다. 면적상으로 보면 지구의 20%가 신탁통치 지역이었다. 프랑스가 가장 많은 면적을 시정하였고 뒤이어 영국, 벨기에, 덴마크, 포르투갈, 미국, 남아공, 네덜란드, 이탈리아, 호주의 순이었다. 신탁통치를 받는 지역의 자원공급은 여전한데, 지구의 많은 천연자원이 이 지역에서 생산되고 있었다. 다양한 시정통치 방식 중 UN의 국제신탁통치체제에 의해 시정되는 인구는 대략 2,000만 명 정도다(Chowdhuri 1955, 5-7).

소련 지배 공산권의 국가들 간 조직원리

사회주의 이론과 주권이론

이론적으로 공산주의는 주권의 개념 자체를 부정하지 않는다. 모든 권력의 원천이자 최상위 권력으로 주권의 개념을 인정하되 계급을 주권의 담지자로 본다. 특히 자본주의까지 인간 사회는 지배계급의 억압과 착취로 특징지어지기 때문에 보편적 해방계급으로서 프롤레타리아, 즉 노동자 계급이 주권을 소유하게 될 때 주권은 비로소 완전한 형태로 실현된다. 근대 국가체제에서 주권은 국가에 귀속된 것으로 보지만 사실은 부르주아 계급이 전유하고 있는 국가기구가 주권을 소유하고 있는 것이므로 이는 노동자 계급이 관점에서 불완전하고 착취적인 권력이다. 단지 법적, 형식적 주권만 존재할 뿐 진정한 인민주권이 존재하지 않는다고 본다(Jones 1990, 88).

따라서 공산주의 혁명 이후 사회주의적 국제주의하에서 노동자 계급의 세계적 연대하에서 진정한 주권이 실현되는 것이다. 사회주의적 국제주의는 마르크스와 엥겔스로 소급된다. 이들은 "세계 소비에트 공화국(World Soviet Republic)," "세계 소비에트 연방공화국(World Federative

Republic of Soviets)," "국제 소비에트 사회주의 공화국(International Soviet Socialist Republic)," "세계 소비에트 사회주의 공화국(World Soviet Socialist Republic)," "국제 프롤레타리아 연맹(International Union of the Proletariat)" 등의 개념을 섞어서 사용하였다(Jones 1990, 7).

소련에서 볼셰비키 혁명이 성공한 이후 국민국가의 주권이라는 개념은 공산주의에 적용되지 않는 것이 원칙이었다. 볼셰비키 혁명의 주축들은 소련의 혁명이 일국에 한정되어서는 안 되며 선진자본주의 국가로 곧 확산될 것으로 예측하고 있었다. 또한 혁명에 성공한 국가들이 기존의 "외교," 즉 근대 국제관계에 휘말려든다는 것은 상상할 수 없는 일이었다. 레닌의 생각 속에서 "완전한 주권 국가들 간의 국제관계"란 형용모순이었는데, 완전한 주권은 자본주의하에서는 실현될 수 없고 오직 공산주의하에서만, 즉, 프롤레타리아 독재하에서만 실현될 수 있는 것이었다. 따라서 프롤레타리아 독재는 국가에 기반하지 않고 국제소비에트 연맹과 국제주의에 기반하기 때문에 완전한 주권체는 "국제"관계를 가질 수 없다고 본 것이다(Jones 1990, 8).

그러나 앞서 살펴본 바와 같이 볼셰비키 혁명 이후 국가는 즉시 소멸하지 않았고, 세계공산주의 혁명이 완전히 실현되기 전까지 혁명의 종주국인 소련과 다른 사회주의 국가들 간의 관계, 소련을 제외한 다른 사회주의 국가들 간의 관계, 사회주의 국가와 자본주의 국가들 간의 관계, 그리고 사회주의 국가와 여타 3세계 국가들 간의 관계 등이 보다 복잡한 이론적 문제로 떠올랐다. 소련은 다른 사회주의 국가를 선도하는 가장 발전된 공산주의 국가로 소련 공산당은 모든 국제관계의 조직원리를 정초하는 특별한 역할을 맡았다. 자본주의 국가들에서 사회주의 혁명이 발생하도록 독려하고 이들 국가 내의 공산당과 연계하면서 자본주의 국가들과 투쟁, 또는 평화공존을 유지하는 역할을 맡았다.

문제는 소련이 다른 사회주의 국가들과 불평등하고 일방향적인 위계적 관계를 조성해 나갔다는 것이다. 이론적으로 사회주의권 내에서 모든 사회주의 국가들은 완전히 주권적이고 독립적이며, 소련은 나치즘을 격파함으로써 동유럽 국가들의 주권을 회복시켰고, 소련은 자본주의 제국주의 세력을 막아 냄으로써 이들 동유럽 공산주의 국가들의 주권을 수호한다는 것이다. 세계는 제국주의와 사회주의 양대 진영으로 분할되었고 인민민주주의, 즉 동구권의 공산주의만이 진정으로 인민주권을 실현할 수 있으며 자본주의 국가들 내의 인민들도 계급투쟁을 통해 자신의 주권을 회복하기 위해 노력하고 있다고 본다(Jones 1990, 15-16).

그러나 볼셰비키 혁명 이후 정국이 안정되고 1922년 12월에 연방국가를 설립하면서 국가 발전에 필요한 체제 정비를 해 나가는 과정에서 자본주의 국가들과의 외교 관계를 유지할 수밖에 없게 된다. 레닌은 이러한 외교관계가 일시적이며 잠정적이라고 상정하였다. 소련은 1차 세계대전에서 독일과 브레스트-리토프스크 조약을 체결하여 전쟁에서 빠져나왔고, 1927년 켈로그-브리앙 조약에 서명하였으며 국제연맹에도 가입하면서 기존의 국제정치 틀 속에 발을 들일 수밖에 없었다. 특히 1933년 독일에서 나치당이 집권하여 강력한 경제발전과 정치통합을 이루어 나가는 것을 목도하면서 스탈린 역시 국가에 대한 강조, "조국"의 중요성에 대한 민족주의 강조 등과 같은 변화를 보였다(Vishniak 1949, 36).

스탈린은 1933년 국가소멸론에 대해 언급하면서, "국가의 소멸은 국가 권력의 약화를 통해 이루어지는 것이 아니라, 극한까지 국가 권력이 강화됨으로써 이루어지는 것인데, 이는 잔존하는 사멸 계급들을 제거하고 아직 사라지지 않고 있으며 앞으로도 당분간 그러할 자본주의자들의 포위에 대항하기 위해 그러하다"는 것이다(Vishniak 1949, 38). 2차 세계대전을 거치면서 소련은 다른 어느 국가보다 전쟁의 막대한 피해를 입게 되는데, 이는 향후 소련의 방어를 위한 위성국가, 혹은 영향권을 강화하게 되고 동구권 국가들의 주권을 침해하는 결과를 가져온다.

소련이 수립될 때 레닌은 개별 공화국의 주권과 독립을 기초로 하고 이들 국가들의 사회주의 혁명을 연계한 세계사회주의 혁명 모델을 염두에 두고 연방제에 반대하였다. 그러나 스탈린 집권 이후 잠정적이라는 명분하에 연방제를 수립하여 러시아의 주도하에 다른 연방국들의 자율성을 침해하게 된다(Jones 1990, 40-43). 레닌은 1922년 스탈린이 우크라이나, 벨라루스, 아제르바이잔, 조지아, 아르메니아를 편입시켜 이들을 "독립" 공화국에서 "자율" 공화국으로 지위변경을 하자는 스탈린의 제안에 반대하였다. 그러나 결국 스탈린은 연방을 수립하게 되고, 추가적인 소련의 팽창 가능성을 열어 둔 정치체제를 수립한다. 연방체제하 소련의 주권과 다른 공화국 주권 간의 관계는 매우 모호한데, 소위 "이중 주권(double sovereignty)" 혹은 "병행 주권(concurrent sovereignty)"이라고 할 수 있다. 이는 다른 정치체의 주권을 존중해야 하는 원칙과 이들을 소련의 정치적 필요에 종속시켜야 하는 제국주권의 원칙이 충돌하면서 일시적 타협을 볼 수밖에 없었기 때문이다(Jones 1990, 48).

이후 1936년 스탈린 시대 소련의 헌법이 그 전모를 보여 준다. 이 헌법은 스탈린 헌법이라고도 불리며, 사회주의 내 국제관계의 본질을 보여 주는 핵심적인 조직원리의 문건이다. 여기서 소련연방 내 러시아 공화국과 소련공산당의 중앙집권적 권력을 명시하고 있다. 러시아 공화국 이외 15개 공화국은 동등한 권리를 가진다고 전제하고 있지만

(13조), 연방의 주요 사안들, 즉, 외교, 전쟁, 연방의 확장, 헌법 관련 사안, 국경 문제, 군사, 무역, 치안, 국가경제계획, 예산, 금융, 보험, 자원, 교육, 노동, 사법, 시민권, 사면 등의 사안에서 개별 공화국들은 독립적 권한을 가질 수 없다(14, 15조). 연방법은 개별 공화국에서 동등한 권한을 가지며, 양자가 충돌할 때에는 연방법이 우선하게 된다(19, 20조). 결국 소련 연방은 러시아 공화국과 소련공산당의 지배가 전체 연방에 우선되는 사실상의 국내적 주권을 강화하는 상황에 이른다.

소련의 관영 이론에서 주권의 개념 또한 변화해 나간다. 1925년 출간된 소련의 국가와 법에 관한 백과사전에서 "과학적, 실용적 관점에서 볼 때 국가권력을 주권적 권력과 동일시하는 것은 오류다. 연방국가의 정부 행위는 불완전하고 부분적인 주권의 한 사례"라고 나타나 있다. 1930년 소비에트 소백과사전을 보면 주권이란 추상적인 법적 개념으로 "불가분의 최고성을 정립하고 지배계급의 독재를 제한하려는 다른 계급들의 노력을 억압하려는 지배계급의 자기주장"이라고 되어 있다. 그러나 1943년 소비에트 소백과사전은 주권에 대한 긍정적 견해를 피력하고 있는데, "국가에 관해 주권은 다른 상위의 권력을 인정함이 없이 법적이고 실제적인 모든 국내외 문제를 결정하는 능력을 의미한다. 국제법에서 주권은 국가의 독립과 영토에 대한 최고성의 의미한다."라고 서술하고 있다. 1946년 소비에트 대백과사전은 과거 부르주아 시대의 주권 개념이 그릇되어 있었다고 비판하면서 소련 민족과 소비에트야말로 진정한 주권의 담지자라고 주장하고 있다. 사회주의 국가에서 인민의 주권은 소련연방 내부와 대외 관계에서 진정으로 실현되어 있다고 주장하고 있다(Vishniak 1949, 39-40).

결국 소련은 유럽이 구 제국주의 세력이 자본주의를 기반으로 세계 여러 민족과 인민의 주권을 억압하는 것을 비판하고 세계공산주의 혁명을 목표로 잠정적으로 민족자결주의, 인민자결주의를 지지하였다. 진정한 민주주의와 세계 각지의 공산당의 국제주의 협력에 기반한 노동자들의 세계질서를 이룬다는 목표였다. 그러나 소련연방이라는 정치체가 설립된 이후, 국내 정치통합, 경제발전을 위해 강력한 내적 주권을 도모하게 되었고, 이미 존재하고 있는 주권국가들과 관계를 맺어 가면서 유럽 강대국 정치의 일원이 되어 소련의 대외적 주권 개념을 새롭게 정립하였다. 혁명 초기 소련의 국제법 학자들은 사회주의가 기존 국제법을 변혁시키는 요소로 작동할 것이라는 견해로 소련이 기존 유럽 강대국 정치에 참여하는 것을 합리화하였지만, 점차 스탈린의 외교정책 목적에 따라 국제법의 논리도 변화되었다(Green 1988, 310). 주권에 대한 긍정적 견해로 선회함은 물론 공존과 다원주의를 내세운 국제법 견해를 표방하게 되었다. 소련의 국익을 극대화하기 위해 대외적으로 소련 국가주권의 최고성과 불가침성을 주장하였고, 세계공산주의 혁명이 아닌 일국 공산주의를 내세워 소련을 정점으로 한 공산권 내 위계를 만들어 가는 데 집중하였다. 2차 세계대전을 겪으면서 막대한 피해를 입은 소련은 동구권과 몽골, 북한 등 주변 지역에 공산당을 집권하도록 하여 새로운 제국을 건설하게 된다.

이상의 논의를 종합해 보면 소련의 주권이론은 사회주의적 국제주의라는 수직적 관점과 사회주의 주권국가들 간의 관계라는 수평적 관점이 상호 길항 관계에 있음을 알 수 있다. 국제주의를 강조하는 이데올로기가 강할 수밖에 없지만 동시에 다른 사회주의 국가들의 주권을 상호 존중해야 하는 문제가 동시에 존재하는 것이다. 따라서 양축에 따라 전개되는 사회주의 주권론은 때로는 긍정적 관점을 가지고 때로는 부정적 관점을 가진다. 국제주의라는 수직적 관점에서 주권의 논리가 긍정적으로 작용할 경우 세계사회주의 혁명을 위해 국가주권을 잠정적으로 인정하지만 부정적으로 작용할 경우, 사회주의 혁명 수호를 위해 개별 국가의 주권을 제한하고 심지어 무력으로 개입하는 주권 침해의 모습을 드러낸다. 수평적 관점에서 주권의 논리가 긍정적으로 작용하면 사회주의 국가들 간의 상호 주권 존중과 기존의 국제법 준수, 그리고 자본주의 국가들의 간섭에 대항하는 모습으로 나타나지만, 부정적으로 작용하면 소련은 자국의 이익을 수호하기 위해 다른 국가들에 대항하여 싸우고 대항하는 모습을 띠게 된다(Jones 1990, 29). 주권에 대한 이러한 혼란스럽고 상황논리적 이론은 결국 사회주의적 국제주의가 제대로 실현되지 않은 가운데 소련의 국익을 수호하기 위한 강대국 정치가 부각되면서 나타난 결과다.

2차 세계대전 중 소련의 전시 외교

소련이 로마노프 왕가 치하의 러시아 제국주의와 다른 유럽의 제국주의 세력과 진정으로 차별되는 점은 민족자결주의에 대한 지원과, 약소국이지만 사회주의를 채택한 다른 사회주의 국가들, 특히 동유럽 국가들의 주권에 대한 존중이었다. 그러나 소련-동유럽 관계가 진행되면서 결국 사회주의 국제주의는 혁명의 이데올로기에서 동유럽 국가들의 주권을 제한하는 정치적 합리화 기제로 변모하고 만다.

소련은 2차 세계대전의 전시외교를 통해 영국의 점령주의와 미국의 보편주의 사이에서 자국의 이익을 극대화하는 방향을 선택한다. 잘 알려진 바와 같이 소련은 전쟁 직후 이미 점령하고 있던 발틱 3국과 우크라이나 등을 소련연방에 편입시키고, 폴란드, 헝가리, 루마니아, 체코슬로바키아, 동독, 불가리아, 알바니아, 유고슬로비아 등 동구권 국가들을 위성국가화하였다. 유고슬라비아는 1948년 이후 자주노선을 추구하는 등 각국의 경제사정과 문화, 정치 상황에 따라 편차를 보였지만 소련과 밀접한 관계를 가지고 있는 공산당 지배계급들 간의 세력 연합, 경제적 분업구조 확립, 집단 안보 등 소련에 종속적 입장을 견지하였다. 1953년 스탈린 사망 이후 동독, 폴란드, 헝가리 등에서 반소 저항운동이 일어났고 소련은 이를 무력으로 진압하였다. 1960년대 유럽에서 데탕트의 바람이 불면서 동유럽 국가들은 서방국가들과의 접촉을 시도하였고 1968년 체코슬로바키아에서는 프라하의 봄이라 불리는 반소, 자유화 운동이 일어났다. 브레즈네프 서기장은 사건 직후 소위 브레즈네프 독트린이라 불리게 된 공산권 내 국제관계에 대한 독트린을 발표하여 소련에 종속적인 공산권 국가들의 주권을 제한하는 공식적 제한주권론을 발표하기에 이른다.

소련이 냉전기 팽창을 추구하고 동구권 국가들은 물론, 몽골, 북한 등 주변 국가, 그리고 서유럽의 공산당, 쿠바, 북베트남 등의 3세계 국가들에게 영향력을 확장한 것은 사회주의 국제주의의 이념이 큰 몫을 차지하였다. 앞서 논의한 바와 같이 사회주의 국제주의하에서 근대 국민국가의 주권체제는 자본주의 국가의 파괴에 따라 붕괴될 것이었다.

그러나 이념적 원칙과는 달리 소련이 자국 중심주의를 강화한 것은 우선 안보 우려와 전황 때문이었다. 소련은 2차 세계대전을 겪으면서 서유럽으로부터 침략에 대비하기 위해 완충지대와 세력권을 원하였는데, 이는 소련이 2차 세계대전 중 유럽 전쟁에서 가장 막대한 피해를 본 국가였기 때문이다. 1941년 6월 22일 독일의 소련 침공 시 독일 병력의 80%가 투입되었고, 이후 1943년 1월 스탈린그라드 패전 이후 독일의 260개 사단이 소련과 싸운 데 비해 영미 연합군은 롬멜 장군의 4개 사단과 싸웠을 뿐이었다. 1941년 6월부터 1944년 6월까지 독일군 피해의 93%는 소련군에 의한 것이었다. 대전 중 동부전선의 사상자가 420만 명이었던 데 비해 서부전선은 32만 9,000명에 그쳤다. 영미의 사망자가 각각 40만 명이었던 데 비해, 소련의 사망자는 800만 명에서 1,000만 명에 이르렀다. 민간인 역시 미국이 사실상 없었던 데 비해 영국은 약 6,500명, 소련 민간인은 1,500만 명에 이르렀다. 1941년 6월부터 1945년 5월까지 소련인은 시간당 1,000명꼴로 죽어 간 것이다(노경덕 2016, 326-327; Reynolds 2006, 235-236).

상황이 이렇게 된 것은 단순히 소련과의 전시외교에서 비롯된 것이 아니라 군사전략에 기인한 것이기도 하다. 소련은 나치군의 집중 공격을 분산시키기 위해 연합군의 서유럽 전선 개시를 원하였는데, 미국은 1942년 소련 패배에 대한 우려, 스탈린이 승전할 경우 영토요구가 커질 것에 대한 두려움, 소련과 독일 간의 평화협상 가능성 등 다각적 이유에서 제2전선 개시의 약속을 소련에게 해 주었다. 그러나 태평양전쟁 수행, 미국 내 준비시간의 필요, 미영 간 의견 차이 등으로 결국 1944년 6월에 가서야 제2전선이 개시되었고, 이미 스탈린은 동유럽 지역에 상당히 진출한 상황이었다.

다른 이유는 전쟁이 마감되면서 미소 간의 냉전적 대립이 시작된 사실이다. 미소 양국 중에 어느 국가가 더 공세적으로 냉전을 시작했는가는 정통주의, 수정주의, 후기수정주의 등 다양한 입장들 간에 논쟁을 불러일으킨 문제다. 소련이 주변국가들과 3세계의 국가들에 어떠한 전략을 추구했는지, 그 가운데 이들 국가의 주권성을 어떻게 상정했는지가 하나의 실마리가 된다.

1945년 2월 4일부터 11일까지 개최되었던 얄타 회담에서 루스벨트는 소련과의 협력에 기초한 소위 얄타 체제의 주요 내용에 대한 합의를 이끌어 내었고 이 단계에서 소련이 공산권 전체를 단위로 한 공세적 전략을 취하였다고 보기는 어렵다. 우선 영국의 입장을 보면, 영국의 전후 질서에 대한 소망은 가능한 한 전전 질서 회복과 식민지 보존, 그리고 공산권과의 타협을 통한 영향권 분할 등이었다. 이를 위해 영국은 대전 중 점령지역을 독자 통치하면서 영향권으로 공고화하는 전략, 즉 점령주의 전략을 사용하였다. 소련은 영국의 점령주의에 동의하면서 실익을 추구하고 다른 한편으로는 루스벨트 대통령의 4대 강대국 간 합의체제, 국제연합, 식민지의 국제관리 및 독립 준비인 신탁통치 체제에 참여하는 미소 협력 체제를 동시에 추구하였다. 1944년 가을 소련은 영소 간 악명 높은 퍼센트 협정을 추구하여 실익 중심 정책을 취하고자 하였다. 1944년 10월 9일부터 19일까지 개최된, 일명 톨스토이 회담이라는 암호명이 붙었던 제4차 영소 모스크바 회의가 퍼센트 협정을 토의한 회의였다. 처칠 수상이 스탈린에게 제안한 내용에 따르면 소련은 불가리아의 75%, 루마니아의 90%, 헝가리와 유고슬라비아 각각의 50%의 영향력을 확보하게 되어 있었다. 이튿날 이덴 외상과 몰로토프 외상은 협상을 계속하여 소련이 루마니아의 90%, 그리스의 10%를 얻도록 하였고, 불가리아에서는 소련이 75-90% 사이에서 협상되었지만 결국에는 80%로 결정되었고 유고슬라비아에서 몰로토프는 75%를 원했지만 50%로 굳어졌다. 헝가리는 80%로 재조정되었다(Nyyssönen 2016, 8).

얄타 회담에서 소련은 미국의 전후 구상에 협력하여 영국에 반대하는 입장을 취한다. 이러한 소련의 행동은 한편으로는 미국의 경제적 도움을 얻어 전후 경제 회복을 추진하고, 대일전에 참전하여 동아시아에서 전략적 이득을 극대화하고, 국제연합과 신탁통치에 협력함으로써 민족자결주의의 주도자라는 평판과 이념적 영향력을 확대하려고 한 것이다. 그러나 소련의 영향권 정치는 사실상 1939년 독소 불가침 협정부터 소련의 전략 속에 흐르고 있는 사고였고, 루스벨트 대통령 역시 명시적으로는 소련의 전략을 반대하였지만 내용적으로는 이를 묵인하였다고 볼 수 있다.

얄타 회담에 임하는 소련의 전략은 외무부상이었던 마이스키(I. M. Maisky)가 작성하여 1944년 1월 10일 몰로토프 외상에게 전달한 전략 메모를 보면 어느 정도 자세히 알 수 있다. 전후 30년에서 50년간 소련의 목표는 유럽과 아시아에서 평화를 유지해야 하며 이를 위해서는 전략적으로 유리한 국경을 만들어 내야 한다고 주장하였다. 이를 위해서는 체코슬로바키아, 핀란드, 루마니아 등과 경계를 공유하거나 동맹을 맺고 군사기지도 사용할 수 있어야 한다고 하였다. 이란에서 걸프에 이르는 수송로를 자유롭게 사용해야 하고 동쪽으로는 사할린 남부와 쿠릴 열도를 확보해야 한다고 주장하였다. 유럽 상황에 대해서는 독일은 10년 이상 무력화될 것이며, 유럽의 어느 국가도 소련을 능가하는 육군을 가져서는 안 되고 영국만이 우월한 해군력을 가질 것이라고 전망하였다. 프랑스는 강대국이지만 예전 같지 않을 것이며 유럽은 아프리카 식민지를 포기한 정상적인 유럽 국가로, 스페인은 소련과 우호관계를 가진 민주국가로 재탄생할 것으로 보았다. 동유럽에 대해서, 우선 폴란드는 1941년 국경으로 소련과 접경하며 최소한의 영토 크기로 독립국가로 존재해야 한다고 보았다. 체코슬로바키아는 최대한 강대한 나라가 되어 소련이 중부, 남동부 유럽으로 뻗어 나가는 데 전초기지가 되어야 한다고 주장하였다. 헝가리는 인종의 원칙에 따라 최소화되어 당분간 국제적 고립하에 놓여져야 한다고 보았다. 발칸에서는 루마니아, 유고슬라비아, 불가리아 등과 상호원조조약을 맺고, 그리스와는 영국과 함께 3자 조약을 맺는 한편, 터키의 영향력을 줄여야 한다고 계획하였다.

한편 소련은 미국이 제국주의 세력으로 향후 공화당이 집권할 경우 더욱 팽창적이 될 것으로 보고 있다. 유럽의 구 제국주의는 소멸해 가고 있지만 미국은 영토병합이 아닌 경제적, 금융 분야 힘을 활용하여 제국주의 팽창을 할 것으로 예상하였다. 그러나 소련은 미국과의 식민지 처리, 국제연합, 그리고 소련의 경제회복 등에서 미국과 협력 관계를 유지해야 한다고 주장하였다. 흥미로운 점은 점차 약화되는 영국과 협력하여 미영 간에 존재하는 딜레마를 활용하고, 적절히 미국을 제어할 수 있다는 생각을 비치고 있다는 점이다.•

전후 소련의 동유럽 정책

2차 세계대전이 종식되면서 소련은 동유럽 국가들과의 관계 설정에 고심했다. 이는 비단 소련-동유럽 관계에 국한되는 것이 아니라 소련이 국제관계의 조직원리를 어떻게 정초하느냐의 문제이기도 하였다. 스탈린은 서방과의 대결, 소련의 주도적 지위, 세계공산주의 혁명의 진퇴 양상 등을 고민하며 동유럽의 완전한 병합 가능성을 숙고한 것으로 알려져 있다.

• "On the desirable foundations for the future of the world" from the Deputy People's Commissar for Foreign Affairs of the USSR, head of the Commission of the USSR People's Commissariat for damages caused by Nazi Germany and its allies to the Soviet Union, I. M. Maisky, to the People's Commissar for Foreign Affairs of the USSR, V. M. Molotov, dated 10 January 1944.

1948년 스탈린과의 크레믈린 회의를 복기한 질라스(Djilas)의 회고에 따르면, 스탈린은 동유럽 국가들을 흡수한 거대 연방을 고려하기도 하였고, 다른 안으로는 우크라이나-헝가리-루마니아 병합, 벨라루스-폴란드-체코슬로바키아 병합, 발칸과 러시아의 직접 병합을 통해 이들을 엮는 연방안도 구상하였다는 것이다. 그러나 결국 스탈린은 동유럽 국가들의 형식적 주권을 보장하며 복속시키는 안을 선택하였다. 이는 첫째, 동유럽 국가들의 주권을 보장함으로써 소련의 개입주의적 전략을 감출 수 있다는 것, 둘째, 서구 제국주의에 반대하고 민족자결주의를 옹호하는 소련의 이미지를 고양시킬 수 있다는 것, 셋째, 동유럽을 병합함으로써 서구 국가들과의 전면전을 치르게 될 것을 우려하였다는 것, 넷째, 동유럽을 병합함으로써 이미 상당 부분 서방화된 선진 동유럽 국가들, 즉, 폴란드, 헝가리, 루마니아, 동독, 체코슬로바키아 등의 자유주의 바람이 러시아에 유입되는 것을 막고자 했다는 것 등의 이유 때문이었다(Jones 1990, 51-52).

소련은 병합 대신 소련의 복사판 정부 수립을 통한 복제(duplicative)의 지배 전략을 선택한다. 소련은 1944년 중순 이후 동유럽 국가들에 진군하면서 소련에 우호적인 정권을 수립하기 위한 노력을 시작한다. 인민 민주주의의 기치를 내걸고 소련이 후원하는 공산당이 다른 우호 정당들, 특히 좌파 정당들과 중도 정당들과 결탁하여 지배층을 형성하는 노력을 기울인다. 동유럽 국가들은 반 나치 민족 해방 운동의 과정에서 여러 정당이 협력한 공동전선을 펴 오고 있었기 때문에 반드시 공산당이 우세한 것이 아니었고, 자생적인 공산주의의 발전, 민주주의 정치 발전, 소련과의 우호관계 등에서 차이가 났으므로 소련은 인민 민주주의에 기초한 "국가별 공산주의"를 내세우며 각기 다른 접근법을 시도한다. 종전 이후 소련은 소련에서 교육받은 공산주의 엘리트들이 동유럽 국가에서 집권하도록 지원하기도 하고 반대파를 제거하도록 도와주기도 하며, 내각 장관들의 임명, 공산주의 건설에 필요한 지원 인력 파견 등 다양한 노력을 기울인다. 특히 소련식 공산주의를 확장하기 위해 비밀경찰, 선전 등 핵심 국가 기구 건설에 노력을 쏟는다. 폴란드의 경우 모스크바에서 소련의 지원을 받는 공산주의자들, 즉 폴란드민족해방위원회(Polish National Liberation Committee, PKWN)가 새롭게 정부를 구성하도록 지원하기도 하였다. 이들이 결성한 루블린 정부는 폴란드 국민 소수만의 지지를 받았지만 소련의 승인하에 반나치 운동을 벌였던 런던 임시정부를 대체하는 노력을 기울였다.

이러한 소련의 노력이 항상 성공한 것은 아니며 오히려 공산당이 소수당으로 몰려 다른 세력이 집권할 상황에 처하기도 하였다. 소련은 범슬라브주의를 내세우기 하고 사회주의적 국제주의에 호소하기도 하였지만 동유럽에 주둔한 적군(Red Army)의 행태는 동유럽 국민들의 반발을 사기 십상이었다. 스탈린은 1947년 3월 트루먼 대통령이 그리스와 터키에 대한 지원을 공식화한 소위 트루먼 독트린을 발표하자 동유럽의 공산화를 가속화하였다. 이 과정에서 공산당 집권을 위해 동유럽의 여러 반대 세력들에 대해 숙청을 가하거나 쿠데타를 일으키는 등 폭압적 방법을 사용하였다. 특히 1948년 2월 체코슬로바키아의 공산당은 소련의 지원하에 쿠데타를 일으켜 명분으로 내세웠던 민주주의를 붕괴시켰고, 같은 해 여름 유고슬라비아의 티토 대통령은 소련으로부터 독립노선을 내세워 소련과 갈등을 점증시켰다.

동유럽 국가들의 소비에트화, 혹은 스탈린주의화가 온전히 소련의 외압과 지원에 의한 것이었는지, 아니면 이들 국가들의 자생적 공산당의 활동에 의한 것이었는지 명백히 가리기는 어려우나 양자가 모두 작용하였다는 점에는 틀림이 없다. 스탈린이 과연 2차 세계대전 전시부터 동유럽의 공산주의화를 추구하는 청사진을 가지고 있었는지, 아니면 그리스 사태 이후 미국의 소련 견제가 강화되면서 동유럽 국가들에 대한 무리한 공산화를 추진하게 되었는지 정확히 알기는 어렵다. 그러나 소련과 동유럽 국가들 간의 관계에서 당 대 당의 관계를 내세웠지만 사실상 이들 국가들의 주권을 무시하고 내정에 깊숙이 간섭할 메커니즘을 만들며 공고한 위계를 설립하였다는 점에는 의심의 여지가 없다. 스탈린은 1947년 동유럽 국가들이 미국의 마셜 플랜에 부분적으로 참여하고자 했을 때 강력히 반대하여 실현하는 등 외교부문에서 막강한 힘을 행사하였고, 1947년 9월 폴란드에서 코민포름(the Communist Information Bureau, Cominform)을 만들어 동유럽 국가들에 대한 내정간섭의 기제를 만들었다. 여기서 즈다노프(Andrei Zhdanov)는 소위 양진영론을 제시하여 모든 공산당이 소련 공산당을 모방하도록 추동하였다. 1949년 1월에는 코메콘(COMECON)으로 알려진 상호경제원조회의(Council of Mutual Economic Assistance, CMEA)를 만들어 공산권 국가들 간의 경제적 분업관계를 만들었지만 사실상 소련 주도의 경제권을 만든 것이다. 동유럽 각 국가들이 프롤레타리아 독재를 향한 혁명을 거친 것도 아니고, 민주주의 과정을 통해 공산당이 집권한 것도 아닌 불완전한 과정을 통해 공산화를 추진하였으며, 소련의 외압이 가장 중요한 요인이었다. 이후 "작은 스탈린들"이 장악한 동유럽권과 소련의 위계 성립, 외교적 자율성 상실 등의 특징을 보였다는 점에서 새로운 제국의 모습을 창출하였다고 본다(Naimark 2010; Rajak 2010).

사회주의 신형국제관계의 모순과 제한주권론의 정착

스탈린 시대 소련 공산당은 소위 민주집중제의 원칙에 기초하여 동유럽은 물론 공산주의를 이끄는 주도적 역할을 하며 소위 사회주의 신형국제관계를 창출하고자 하였다. 소련 공산당은 사회주의로의 전위 역할, 소련의 경험을 전수하는 교육적 역할, 자본주의적 제국주의와 내부 반혁명론자들로부터 인민사회주의를 보호하는 역할, 그리고 경제적 지원을 제공하는 지원자의 역할을 하는 것으로 상정되었다(Jones 1990, 63-66). 사회주의 국가는 국가의 성격상 이익 조화를 이루며 상호 원조하고 착취적이지 않다는 새로운 형태의 국제관계를 내세우고 있었지만 실상은 그렇지 못하였다(Jones 1990, 74).

1953년 3월 스탈린 사망과 함께 공산권 내부는 큰 변화를 겪게 되었다. 흐루쇼프(Khrushchyov) 서기장은 1956년 20차 공산당 대회에서 스탈린 개인숭배를 철저히 비판하였다. 레닌이 스탈린에 대해 남긴 악평을 인용하고, 마르크스 레닌주의의 이념을 제시하고, 스탈린 통치의 문제점을 나열하면서 새로운 소련의 통치 방법을 제시하였다. 또한 흐루쇼프는 자본주의와의 대결이 불가피하지 않은 것이라는 평화공존론을 제시하여 외교노선에도 큰 변화를 가져왔다(Mastny 2010). 이러한 탈스탈린화(de-Stalinization)의 변화는 작은 스탈린들이 다스리던 공산권 전체의 변화로 이어졌다.

우선 공산권, 특히 동유럽 위성국가들은 좀 더 자유롭게 체제 변화를 추구할 수 있었다. 동유럽 국가들 간에 비자 없이 이동할 수 있게 되었고 소련과 유고슬라비아 관계 정상화 이후 국가 차원의 발전 노선을 모색하게 되었다. 소련에 속박된 지역경제체제에서 벗어나 주권과 애국주의를 강조하면서, 중화학공업과 방위산업 중심의 경제 노선을 비판하고, 위로부터의 계획경제의 한계를 넘어서기 위해 시장 요소를 도입할 수 있었다. 또한 스탈린주의적 독재체제가 아닌 아래로부터의 다원주의 정치체제를 지향하였으며, 언론과 결사, 이동의 자유를 추구하였고, 비밀경찰 등 억압기구에 의한 탄압정치를 벗어나고자 하였다. 소련에 대해서도 평등한 주권국가임을 천명하여 소련의 영향권에서 좀 더 유연해지고자 하였는데, 이는 흐루쇼프 스스로도 스탈린 치하 소련-동유럽권 관계가 많은 오점을 남겼다는 반성에 힘입은 바이기도 하였다.

흐루쇼프는 스탈린 시대의 소련이 "매우 거친 형태로 잘못을 저질렀고, 여전히 병을 극복하지 못하였다"고 언급하면서 "이러한 상황을 고치기 위해 당 내에서 해야 할 일이 많다"고 주장하였다. "많은 경우 소련과 사회주의 형제국가들 사이에 부적절한 관계가 발전하였고 … 이로 인해 정직하고 헌신적인 공산주의자들이 이들 국가에 대한 우리의 내정개입을 매우 꺼리게 되었다"고 언급하였다. 또한 "동유럽 국가들은 독립적인 발전의 장구한 역사를 가진 주권국가들"이라는 점을 중시하였다.• 중소 분쟁이 시작된 것도 큰 변화였다. 독자노선을 주장하며 소련의 종주권을 비판하였던 유고슬라비아가 복권되는 것과 동시에 소련의 단일 패권을 비판하는 중국이라는 세력이 동시에 등장한 것이다.

1956년 동독과 폴란드, 헝가리 등의 국가는 부르주아체제가 아니면서도 다원주의적인 정치체제를 모색하였으며, 국가의 자율성을 주장하고, 아래로부터의 목소리를 중시하는 정치, 경제 체제를 추구하고

• "Stenographic Record Of a 4 November 1956, Meeting of Party Activists," Wilson Center Digital Archive, https://digitalarchive.wilsoncenter.org/document/113337.

자 하였다. 이러한 모색의 근간에는 대외전략에서는 소련의 노선에서 벗어나지 않고, 공산권 내의 분열을 조장하지 않는다는 기본 원칙이 있었고, 동구 국가들 역시 이를 준수하였다. 그러나 경제체제 변화가 정치체제의 변화를 가져오고, 더 나아가 소련으로부터 더 많은 자율성을 원하게 되면서 소련은 동구 국가들의 개혁주의 노선에 제동을 가하기 시작하였다. 폴란드의 경우 많은 불안정 요소들이 있었는데, 흐루쇼프 노선 이후 폴란드 노동당 내 분열이 심화되었고, 경제 개혁도 실해하였으며, 정부에 대한 폴란드 국민들의 반감 역시 커진 상태였다.

6월 28일 시작된 포즈난 폭동 이후, 스탈린 시대 오랜 수감생활에서 벗어난 고무우카(Władysław Gomułka)가 10월 중순 제1서기로 선출되어 개혁운동을 주도하게 되었다. 헝가리 역시 강력한 개혁운동이 벌어지는 가운데 10월 24일 너지 임레(Nagy Imre)가 수상으로 취임하여 개혁을 주도하였다. 1956년 10월 고무우카는 소련으로부터 폴란드의 독자 발전 노선을 인정받는 대신 소련의 지도력과 공산권의 단결을 인정하는 정책을 취하였는데, 이는 서독과의 영토 경계가 아직 불확실하여 외교안보적으로 소련의 도움이 절실하였기 때문이기도 하였다. 그러나 너지 수상의 등장 이후 개혁노선은 더욱 강화되었고, 11월 1일 헝가리는 바르샤바조약기구에서 탈퇴를 선언하고 중립을 표방하였다. 폴란드 수준에서 헝가리의 개혁운동을 막고자 하였던 소련은 11월 4일 군사개입을 실시하였다. 불과 수일 만에 헝가리의 개혁시도는 좌절되었고, 소련의 승인을 받은 카다르(Kádár János) 정권의 등장, 개혁노선의 완전한 좌절, 너지의 망명 이후 처형으로 이어졌다. 소련의 군사개입에 대해 서방국가들은 적극적인 대응을 하지 않았는데, 당시 영국과 프랑스, 이스라엘의 이집트 침공으로 서방세계 역시 위기에 봉착해 있었을 뿐 아니라 공산권 내의 사건에 대해 현상유지의 노선을 사실상 유지하였기 때문이기도 하였다(Békés 2010).

폴란드와 헝가리 사태는 이후 소련과 동구권 국가들 관계에 많은 영향을 남겼다. 주권의 측면에서 소련은 사회주의 국가의 주권을 강조하고 불개입과 독립의 원칙을 강조해 왔다. 더욱이 자본주의 제국주의의 개입을 경계하는 이데올로기하에서 개입은 부정적 함의를 가진 것이었다. 그러나 폴란드, 헝가리 사태를 겪으면서 소련은 국제공산주의 내에서 소위 반혁명 세력을 퇴치하고 반혁명의 도미노 효과를 막기 위해 소련의 개입이 불가피하다는 이론으로 선회한 것이다.

보다 현실적으로 확립된 사실은 공산권 내에서 정부가 경제문제로 개혁노선을 걷고자 할 때 정치체제의 변화가 수반되게 마련이고 그 변화의 한계, 혹은 동유럽 국가들의 주권 한계는 소련의 판단에 달린 것이라는 점이다. 소련은 동구권의 공산당이 내부 장악력을 상실하였다고 판단할 경우 개입하며, 헝가리의 바르샤바조약기구 탈퇴와 같은 상황이 발생할 경우 개입을 주저하지 않는다는 점이 확고해졌다. 공산권의 분열, 소련의 지정학적 노선을 고려하여 소련의 반대가 제기되면 군사개입으로 진압될 것이라는 선례가 만들어진 것이다(Békés 2010, 352). 서방 국가들은 주권존중과 자유민주주의의 회복이라는 기치를 내걸었지만 사실상 공산권 내의 문제에서 소련의 주도권을 인정한다는 점 역시 확연해졌다.

폴란드, 헝가리 사태 이후로 사실상 공산권 내의 제한주권론이 자리 잡기 시작하였으며 이는 10여 년의 세월이 흐르면서 결국 체코슬로바키아 사태를 거쳐 소위 브레즈네프 독트린으로 자리 잡게 된다. 그 핵심 내용은 사회주의권의 주권은 개별 국가의 주권보다 더 중요하며,

개별 국가 주권을 부르주아식 국제법 개념에 의해 상정해서는 안 된다는 점, 공산권의 유기적 통일성과 국가들 간의 이익 조화가 중요하다는 점, 프롤레타리아 국제주의의 원칙에 다른 모든 원칙은 종속되어야 한다는 점, 그리고 이 원칙을 위해 상호 원조가 중요하며 소련이 원칙 수호를 위해 정당한 개입을 했다는 점 등이다(Jones 1990, 121-122).

소련은 마르크스주의 윤리학과 사회주의적 국제주의 이념의 기치하에 개인의 사회적 본성과 개별 국가의 국제주의 공동체성을 강조했다. 마르크스는 자연상태에서 개인이 개체로 존재하는가 하는 것은 사회적 맥락에 의해 결정되는 것이며, 특히 소유형태에 따라 결정되는 것이기 때문에 자연상태의 고립된 개인이란 이론적 허구라고 주장한다. 사회적 맥락에 따라 개인의 사회성의 정도와 성격이 결정되기 때문이다. 같은 논리의 연장선상에서 공산권의 개별 국가는 노동자들의 국제적 연대, 사회주의 국제주의에 의해 국가의 국제성, 사회성이 결정되는 것이다. 같은 사회주의 국가들 간에 상호 원조의 의무와 소련 공산당의 주도하에 있는 것이 공산주의하 국가 간 관계의 윤리가 되는 것이다. 소련은 이러한 논리로 동구권의 저항, 동독, 폴란드, 헝가리, 체코슬로바키아 등의 저항과 반란에 개입하여 진압하였다(Green 1988).

이 사태들을 계기로 소련은 "사회주의 국제관계"에 대한 소련의 이론을 더욱 정교하게 가다듬어 소련은 자본주의와의 대결이 지속되는 속에서 사회주의 국제관계의 우월성을 확인하고, 조화와 협력, 상호원조, 그리고 소련의 시혜적 역할에 기초한 국제관계를 만든다는 논리를 세웠다(Jones 1990, 127).

흐루쇼프가 실각하고 브레즈네프 서기장이 취임한 1964년 전후 동구권은 비교적 안정된 환경하에서 경제발전을 도모하고 있었다. 그러나 냉전 대결 속에서 공산권의 상황은 낙관적이지 않았다. 1960년대 중반이 되면서 공산권이 자본주의권을 경제적으로 앞선다는 것은 사실상 불가능한 것으로 판명되고 있었고, 3세계에서의 미소 대결도 소련에 유리하지만은 않았다. 많은 3세계 국가들은 공산주의로 경도되기보다는 비동맹 노선을 유지하면서 각자의 이익을 추구하고 있었다. 무엇보다 중소 분쟁이 심화되면서 공산권 내 소련의 종주권이 도전받고 분열의 양상이 정착되었다.

그 가운데 체코슬로바키아는 1965년 노보트니(Antonin Novotný) 당 제2서기 주도하의 경제 개혁이 실패하면서 심각한 경제난에 시달리고 있었고, 개혁 성향의 둡체크(Alexander Dubček)가 집권하게 된다. 개혁파와 보수파 간의 갈등이 심화되면서 동시에 사회 부문에서는 강력한 지식인들의 개혁 운동 속에 체코슬로바키아 사태가 발생하게 된다. 둡체크는 시장요소를 도입한 경제 개혁, 소비재 산업 강화, 언론, 이동의 자유 등 자유주의 개혁, 그리고 다원주의 정치 개혁을 추구하였다. 둡체크에 대한 공산권의 존중에도 불구하고 체코슬로바키아의 변화는 주변 동유럽 국가들에게 영향을 미칠 것으로 우려의 대상이 되었고 폴란드는 이에 영향을 받아 바르샤바 대학을 중심으로 소요가 발생하였다. 소련 점차 둡체크의 개혁을 반동적이고 반혁명적 움직임으로 규정하고 개입을 계획하게 되었다. 결국 소련은 체코슬로바키아의 변화를 정통 레닌주의에서 이탈하여 사회민주주의를 지향한다는 판단과 다른 동구권 국가들의 소요를 우려하여, 바르샤바 조약국들, 폴란드, 헝가리, 동독, 불가리아 등과 함께 8만 명의 병력으로 프라하를 침공하였고 개혁 운동을 무력 진압하였다. 둡체크 정권은 붕괴되고 소련은 이후 소위 브레즈네프 독트린이라 불리는 공산권의 제한주권론을 공식화하게 되었다. 체코슬로바키아 사태 직후 9월 26일자 『프라우다』지는 이 원칙을 명시하고 있다. 즉, "사회주의 5개국이 주권과 민족자결권에 관한 마르크스-레닌주의와 모순되는 행동을 취하였으며 … 이들의 판단은 추상적인 비계급적 접근에 기초하여" 수용될 수 없다는 것이다. "사회주의 국가와 공산당의 인민들은 의심의 여지 없이 자기 나라의 발전 경로를 결정할 자유를 가지고 있다. 그러나 어떠한 결정도 자국의 사회주의와 다른 사회주의 국가들과 사회주의 투쟁을 이끌고 있는 세계 노동자 운동의 사활적 이익을 해쳐서는 안 된다."라고 본다. 또한 "모든 공산당은 자국의 인민뿐 아니라 모든 사회주의 국가와 전체 사회주의 운동에 책임을 진다."라는 전제하에서 소련과 다른 사회주의 국가는 체코슬로바키아의 반사회주의 경향에 대해 단호하게 행동하였다는 것이다.●

이어 브레즈네프 서기장은 11월 폴란드 공산당 5차 대회에서 브레즈네프 독트린을 주창한다. 즉, "사회주의 국가는 모든 국가의 주권을 엄격히 존중하고, 주권을 위배하여 내정에 간섭하는 것을 반대한다."라고 전제하면서," "소련은 사회주의 국가의 주권과 독립을 강화하기 위한 많은 일을 해 왔다."라고 자평하였다. 그러나 "사회주의 건설을 지배하는 공통의 법"이 존재하는데, "사회주의에 적대적인 내외의 힘이 자본주의 부활을 향한 사회주의 국가의 움직임을 이끌 경우, 그리하여 사회주의의 대의에 위협이 될 경우, 사회주의 공동체의 안전에 위협이 되며 이는 더 이상 일국에 국한된 문제가 아니라 모든 사회주의 국가에 공통된 문제가 된다."라는 것이다. 그리고 한계를 넘어선 위협이 발생

● Sergey Kovalev. "Sovereignty and the International Obligations of the Socialist." *Pravda* Sep. 26, 1968.

할 경우, 군사적 개입은 비상한 단계의 행동이 되며, "사회주의적 국제주의 원칙이 성스럽게 지켜질 경우에만, 다른 사회주의 국가들과의 단결과 우호관계가 강화될 수 있다"는 것이다.[•] 이러한 원칙은 다른 세력권에 대한 선언들과는 달리 명확한 지리적 한계가 없는 매우 광범위한 것이었다(Romaniecki 1970, 537).

브레즈네프 독트린은 이미 폴란드, 헝가리 사태를 거치면서 상당 부분 내용이 확립되어 있는 것이었다. 그러나 체코슬로바키아는 1956년 헝가리와는 달리 바르샤바 조약기구 탈퇴와 같은 명시적 탈소련 노선을 걷지 않았음에도 불구하고 소련은 무력진압하였고, 헝가리 사태 때와는 달리 다른 동구권 국가들과 공동개입하였다는 점에서 보다 적극적이고 명시적인 주권제한을 표명한 것이다. 서구국가들은 이전과 마찬가지로 구두 비판 이외의 적극적인 비판적 대응을 하지 않았다. 결국 냉전기 미소 양국이 상호 간에 영향권을 묵시적으로 인정한 것인가 하는 논쟁이 불거질 수밖에 없었다. 그러나 미국은 체코슬로바키아 사태 이후 유사한 사태의 재발은 막아야 한다는 교훈을 얻어 이후 1979년 아프가니스탄 사태에는 보다 적극적 개입을 하기도 한다.

소련은 제한주권론의 철학적 기초로 마르크스주의 윤리학과 사회주의 국제주의 이념하 개인의 사회적 본성, 그리고 개별 국가의 국제주의 공동체성을 강조하였다. 마르크스는 자연상태에서 개인이 개체로 존재하는가 하는 것은 사회적 맥락에 의해 결정되는 것이며, 특히 소유형태에 따라 결정되는 것이기 때문에 자연상태의 고립된 개인이란 이론적 허구라고 주장한다. 사회적 맥락에 따라 개인의 사회성의 정도와

• Excerpts From Brezhnev Speech to the Fifth PZPR Congress, 12 November 1968.

성격이 결정되기 때문이다. 같은 논리의 연장선상에서 공산권의 개별 국가는 노동자들의 국제적 연대, 사회주의적 국제주의에 의해 국가의 국제성, 사회성이 결정되는 것이다. 같은 사회주의 국가들 간에 상호 원조의 의무와 소련 공산당의 주도하에 있는 것이 공산주의하 국가 간 관계의 윤리가 되는 것이다. 소련은 이러한 논리로 동구권의 저항, 즉 동독, 폴란드, 헝가리, 체코슬로바키아 등의 저항과 반란에 개입하여 진압하였다(Green 1988).

브레즈네프 독트린의 지리적 범위 역시 중요한 사항이다. 과연 소련이 위성국가들인 동구권을 넘어 모든 공산국가들에 대해 제한주권론을 적용하였는지, 필요에 따라 다양한 수단에 의한 개입을 공식적으로 표방한 것인지가 논점인데 이는 명확치 않다. 그러나 소련이 몽골, 북한, 쿠바, 베트남 등에 대해 실제로 개입한다는 것은 쉽지 않은 일이었다. 그러나 1979년 12월 아프가니스탄에 대한 소련의 개입은 제한주권론이 반드시 동구권에만 국한되지는 않는다는 점을 보여 준 사건이었다. 아프가니스탄은 어느 국가의 위성국가도 되지 않겠다는 정책하에 비동맹 노선을 걷고 있었고 1978년 12월 소련과 맺은 조약 역시 군사동맹이 아닌 우호조약에 불과한 것이었다. 그럼에도 불구하고 소련은 아프가니스탄이 "사회주의 경도 국가"라고 보고 제국주의로부터 사회주의 수호를 위한 국제적 의무라는 명목하에 침공을 단행한 것이다(Jones 1990, 174-175). 결국 1989년 동구권이 사실상 소련의 치하에서 벗어날 때까지 공산권 내 제한주권론은 지속되었다. 1975년 헬싱키 협약으로 공산권 국가들이 인권의 존중과 주권의 평등을 중요한 원칙으로 서방국가들과 합의하였지만 이는 명목상의 흐름이었고 1980년 폴란드 개입에서도 보이듯이 소련의 제국적 통치방식은 지속된 것으로 본다(Kemp-

Welch 2010).•

이상의 논의를 종합해 보면, 19세기 중반 이후 유럽 제국들의 제국주의 침략이 본격화되는 가운데, 유럽 국가들 간의 경쟁이 치열해져 결국 두 차례에 걸친 세계대전이 발발하였다. 식민지와 반식민지 상태에서 독립을 희구하게 된 비서구 정치체들은 서구 국가들이 누리는 주권적 지위를 위해 투쟁하고 제국들의 식민지 유지는 더욱 어려워졌다. 제국주의로 얻을 수 있는 이익은 식민지 인민들의 반제 투쟁을 억압하는 비용이 늘어날수록 줄어들 수밖에 없고, 식민지 인민들은 제국주의를 통해 서구의 자유주의 철학과 주권 평등의 원칙을 내재화하였기 때문이다. 제국의 성공과 식민지에 대한 통치의 확대는 제국을 유지하는 어려움을 배가하는 내적 모순을 키웠다.

1차 세계대전이 진행되는 동안 1917년 미국은 세계대전에 참전하였고, 러시아는 볼셰비키 혁명 이후 공산정권이 수립되어 세계대전에서 이탈하였다. 미국과 소련은 각각 자유주의와 공산주의를 내세워 비서구 인민들의 민족자결주의와 인민자결주의를 지지하였고, 1차 세계대전 종전 이후 유럽제국들, 특히 패전국들은 식민지 유지의 정당성을 점점 상실해 갔다. 국제연맹을 통해 식민지를 국제적으로 위임통치하고 궁극적으로 독립을 지향한다는 명분은 힘을 얻어 갔고, 미국과 소련은 위임통치를 찬성하는 진화된 제국의 모습을 보였다. 2차 세계대전

• 웬트와 프리드하임은 소련과 동독 간의 관계를 예로 들어 공산권 내 소련과 동구권 국가들의 관계를 비공식 제국으로 개념화한 바 있다. 형식적으로는 주권적 평등을 기반으로 하지만 실질적 주권의 불평등과 위계를 제도화하는 많은 기제들이 공산권 내에 존재한다는 것이다. 특히 약소국의 안보를 강대국이 책임지는 비대칭 의존관계에 착안하여 무정부 상태 하의 위계성을 강조한다(Wendt and Friedheim 1995).

이후 식민지 해방은 유럽의 패전국뿐 아니라, 영국, 프랑스 등 승전국에도 적용되었고, 미소 양국은 구 제국주의의 완전한 해체를 기초로 한 새로운 세계질서를 건설하게 되었다.

미소 양국이 비서구 국가들에 대해 유럽 제국들과 같이 명시적인 주권 부정의 정책을 취하지 않고, 국제연합과 같은 보편적 국제기구를 통해 형식적 주권이 평등성을 지지하였지만 그렇다고 제국성을 벗어난 것은 아니었다. 변화된 식민지 인민들의 정치의식과 국제정치의 변화를 충분히 반영하였지만 여전히 다른 국가들의 주권적 지위와 독립적 행동에 구성적 영향을 미칠 수 있는 기제를 개발해 나갔다.

미소 두 강대국은 2차 세계대전을 겪으면서 본격적으로 독자적인 영향권 확보의 길을 걸어 나갔다. 정치적, 군사적, 경제적, 사회문화적 메커니즘을 만들어 주권을 가진 3세계에 대한 지배를 강화하는 새로운 제국 모델을 만들어 간 것이다. 미국은 자체적인 중세를 결여한 예외적 신생국가로 자유주의 전통에 기초하고 있었고 20세기 초 계획적인 제국건설의 청사진을 가지고 있었다고 보기는 어렵다. 윌슨은 자유주의, 개방된 시장, 집단안보를 축으로 지도력 확보에 힘썼고 무력에 의한 방법보다는 경제력과 외교에 의한 지배를 선호하였다(Gaddis 1997, 39). 반면 레닌에 이어 스탈린은 강압적 방법을 사용하였으며, 민족자결주의 역시 원칙에서는 지지하지만 실제로 소련의 힘에 대항하는 정책으로 사용되면 이를 철저히 억압하였다(Gaddis 1997, 49-52). 이러한 배경에서 미국은 동의에 의한 제국(empire by concensus), 혹은 유럽의 국면에서는 초대된 제국(empire by invitation)으로 개념화되기도 하고, 소련은 억압에 의한 제국(empire by imposition)으로 상이한 제국을 건설한 것이다(Gaddis 1997, 53).●

미소의 냉전적 대립은 양 진영 내 미소의 지도력을 강화하는 논리로 작동했고, 다른 한편으로는 미국의 자유주의적 국제주의와 소련의 공산주의적 국제주의가 개별 국가들의 국가주권을 제약하는 원리로 작용하였다. 이 과정에서 미소는 비서구 국가들에 대한 이념적 책임감과 희생정신을 자부하였다는 점에서 구 제국주의의 문명적 사명감과 상통하는 부분도 있었다(Westad 2007, 5). 미국은 중남미에 대한 직접적 개입에 의해 타국의 주권을 제한하고, 소련과 냉전 수행을 위해 패전국인 독일과 일본의 주권을 회복시키는 한편, 미국을 중심으로 한 다자적, 양자적 동맹과 자본주의 세계 경제체제를 정립해 나가는 노력을 기울였다. 이 과정은 자유주의와 자본주의를 기반으로 하고 있었기 때문에 타국의 형식적 주권을 존중하는 원칙 위에서 실질적 주권에 영향을 미치는 형태로 진행되었다. 주권국가들 간에 보편적 규범을 조성해 가는 한편, 미국의 이익에 맞게 보편적 규범을 일방적으로 변화시키는 메타권력을 행사하게 되는데, 이는 다음 장에서 다루기로 한다.

한편 소련은 공산주의적 국제주의라는 수직적 축과 사회주의 주권국가들 간의 평등한 관계라는 수평적 축의 양축을 근간으로 삼는 신형국제관계를 표방하였다. 자국의 안보와 지정학적 국가 이익을 위해 긴밀한 종속관계를 유지해야 했던 동유럽 국가들에 대해 소련은 제국적 행태를 강화하게 되는데, 이는 사회주의적 국제주의 이념으로 합리화된다. 소련은 동유럽 국가들이 소련에 대해 주권적 자율을 요구하거나 상호 간의 협력관계를 통해 소련에 대항하려고 할 때 무력까지 동원

● 냉전기부터 미국의 패권전략의 흐름을 대전략 차원에서 분석한 연구로 이혜정(2017) 참조.

한 개입정책을 추진하게 되고 이는 소련을 제외한 다른 국가들의 제한주권론으로 귀결된다. 소련은 미국과는 달리 다른 국가들의 내정에 깊숙이 개입하였는데, 이는 소련 체제의 복제와 이식, 소련 공산당의 지도에 종속된 타국의 공산당 지도의 강화, 그리고 명시적인 주권 제한과 이에 대한 이념적 합리화 등으로 나타났다. 제한주권론은 비단 동구권에 그치는 것이 아니라 1979년 아프가니스탄 침공에서 드러났듯이 소련의 이익이 따라 지리적 경계를 확장하였다.

결국 소련은 한편으로는 진화된 제국의 모습을 보였지만 다른 한편으로는 다른 사회주의 국가들의 요구를 충분히 반영하면서 제국적 지배를 행사할 수 있는 충분한 기제를 만드는 데 실패하였다고 볼 수 있다.

제8장

더욱 진화된 제국: 미국과 메타주권

미국 주도 자유주의 국제질서는 제국의 질서인가

미국은 2차 세계대전을 겪으면서 역사의 흐름에 맞게 새로운 제국으로 진화하는 데 성공하였다. 다른 국가들의 주권을 빼앗거나 배제하거나 제한하는 제국이 아니라, 다른 국가들의 주권을 보장하고 주권의 법적 평등성에 기초하면서도 주권국가들 위에 설 수 있는 제국으로서 새로운 기제를 만들어 간 것이다. 미국 스스로가 영국의 식민지에서 독립하여 자유민주주의 혁명을 이룩하였고, 두 차례 세계대전에 참여하면서 유럽의 구 제국주의 세력을 견제하여 식민지의 독립과 3세계 국가들의 주권을 보장하는 데 앞장섰다. 자유주의 이념과 국내의 자유주의 제도의 연장선상에서 국제질서를 수립하고자 하였고 이는 과거의 유럽 주도 질서, 그리고 냉전기 소련 주도의 공산권 국제주의와 다른 질서라는 평가가 가능하다.

그러나 미국은 아메리카 원주민을 정복하고 19세기 멕시코, 스페인 등 주변국가나 구 제국주의 세력과 전쟁하면서 스스로 제국적 정책을 수행하였고 1898년 미국-스페인전쟁 이후 쿠바, 필리핀, 괌, 하와이 등을 점령, 식민지화하였다. 과연 미국은 제국인가, 제국이 아닌 주권국가에 그치는가? 제국과 강대국인 주권국가 간 개념적 분리가 오히려 인위적인 것인가?

주권은 자유를 의미한다. 타인과 타국으로부터 간섭받지 않을 소극적 자유와 자신과 자국이 추구하고자 하는 목표와 이익을 실현하는 적극적 자유를 주권적 지위가 부여하기 때문이다. 주권적 신의 명령을 매개하는 교회로부터 자유를 얻은 국가, 그리고 신으로부터 받는 주권을 자의적으로 행사하는 국가로부터 자유를 얻은 개인은 순차적으로 주권을 취득하였다. 그렇게 주권과 자유주의는 밀접한 관계를 가진다.

주권과 자유는 억압의 주체, 그리고 배제의 주체로부터 고난으로 점철된 항쟁을 통해 확산되었다. 주권과 자유를 먼저 얻은 주체는 주권의 행사 범위를 제한 없는 전체로 확산하기를 원하였기 때문에 주권적 지위로부터 배제된 주체들은 이미 주권의 지위를 취득한 주체들과 투쟁해야 하였다. 진정한 자유주의 국제질서는 한편으로는 지구상의 모든 인민의 주권과 자유가 확보되는 질서이자, 모든 인민의 자유를 보장하는 자유주의 국가들 간의 자유주의 질서다. 자유주의에 기초하여 개인은 국가를 넘어서는 지구적 정치체를 직접 지향할 수 있다.

자유주의는 국가 주권을 원천적으로 부정하지 않는다. 자유주의 정치철학은 개인이 정치적 주권을 소유하고 있다는 철학에 기반하고 있으며, 지구적 차원에서 개인은 자신을 대변하는 국가를 통한 지구 거버넌스에 참여할 수 있기 때문이다. 전자가 공동체주의 자유주의 철학이라면 후자는 세계시민자유주의이며 양자는 일정한 긴장관계를 가지기도 한다.

자유주의는 19세기까지 주로 국내정치질서를 지칭하는 말로 사용되어 오다가 본격적으로 국제질서의 한 특질로 규정되기 시작한 것은

1945년 이후다(Latham 1997, 3). 국제질서를 구성하는 국가들이 모두 자유주의 국가라 하여도 자유주의 국제질서가 과연 형성될 수 있는지, 혹은 모두가 자유주의 국가가 아니고 대부분, 혹은 일부가 자유주의 국가일 때 자유주의 국제질서가 형성될 수 있는지, 자유주의 국제경제질서 및 각 국가 내부의 자유주의의 사회적 목적 등이 전반적인 국제질서와 어떻게 연결되는지, 자유주의 국가들과 비자유주의 국가들 간의 관계, 세력균형이 자유주의 국제질서에 어떠한 영향을 미치는지 등은 매우 중요한 질문이다.

미국의 윌슨 대통령은 1차 세계대전에 개입하면서 항행과 무역의 자유, 정부의 민주적 정책결정과정, 그리고 국가들 간의 합의에 기초한 규범과 규칙에 따른 국제질서를 주창하였다. 자유주의 국제질서의 중요한 요소들을 염두에 둔 것이다. 본격적인 자유주의 질서를 건설해 나간 인물은 루스벨트 대통령이다. 루스벨트 대통령은 2차 세계대전을 치루면서 자유주의 국제질서를 실현하기 위하여 식민지의 완전한 해방, 국가들 간의 국제법적 주권평등 확보, 시장에 기초한 자유주의 국제경제질서, 국가들 간의 합의에 기초한 국제질서를 이끌어 가기 위한 국제연합 창설, 그리고 이로부터 배제될 수 있는 소련의 적극적 포용 등의 정책을 추구하였다.

냉전이 전개되면서 소련이 미국 주도 세계질서에 대항한 것은 앞서 살펴본 바와 같다. 소련은 자유주의와 자본주의에 대한 원론적 비판에서 시작하여 다른 세계관과 다른 세계질서의 비전을 가지고 있었다. 공산주의 이론은 개인이 사회적 존재이며 사회적 존재를 결정하는 것이 계급이라는 전제하에 진정한 주권은 프롤레타리아 인민에게 귀속된다고 본다. 국가는 부르주아 계급의 착취수단이므로 국가를 통해 주권을 실현할 수는 없고 프롤레타리아 독재를 실현하는 소비에트를 통해 진정한 주권이 실현된다. 또한 진정한 주권은 국가를 넘어 전 세계의 프롤레타리아의 단결을 통해 성립되기 때문에 주권과 국제관계는 동시에 성립할 수 없는 근본적 모순을 안고 있다. 프롤레타리아 주권은 국제주의를 본질로 한다. 2차 세계대전 이후 소련은 프롤레타리아 국제주의 주권을 지향하였지만 결국 사회주의 국가들 간의 권력정치와 소련을 제외한 다른 사회주의 국가들의 주권 제한의 현실만이 실현되었다. 소련은 자본주의적 제국주의의 위협과 냉전적 대립을 들어 이를 정당화하고자 하였지만 사회주의적 국제주의 내에 필연적으로 존재하는 정치체들 간의 관계 설정에 대한 별도의 이론이 없이 계급환원주의의 관점에서 사회주의 국제관계의 본질을 충분히 인식하지 못하였다. 계급에 기반한 국제주의가 정치체들 간의 정치적 관계에 기반한 위계를 극복하지 못한 것이다.

미국은 냉전기 소련 및 공산권과 대결하면서 애초에 구상하였던 자유주의에서 후퇴하였다. 강력한 군사안보체제를 구축하는 과정에서 시민사회에 비해 국가의 권한이 비대화되었고, 다자 혹은 양자 동맹 네트워크를 조성하면서 미군의 지위에 관련된 행정협정 사안에서 보이듯이 타국의 주권 침해 논란을 일으켰고, 공산주의 위협이 강화되는 많은 국가들에서 우익 쿠데타를 지원하거나 직접 개입하는 사례가 빈번하였으며, 냉전 수행의 논리 때문에 완전한 탈식민과정에 제약을 가하기도 하였다. 냉전기 미국은 중남미 특히 카리브해 연안 국가들에 대해 다양한 공개, 비밀 개입작전을 수행하였다. 1962년 쿠바 피그만 침공사건, 1973년 칠레 쿠데타에 대한 CIA의 개입, 1954년 과테말라 개입, 1965년 도미니카 공화국 개입, 1983년 니카라과의 우익 반군 콘트라 지원을 통한 개입 등의 사례를 들 수 있다. 또한 1983년 그라나다 침공, 파나마와 엘살바도르 개입 등 많은 사례가 있다. 동아시아의 경우, 미국은 소위 역코스 정책을 단행하여 일본의 주권적 지위를 회복하고 미일 안보동맹을 맺는 과정에서 일본의 제국주의 과거가 미완으로 봉합되는 결과를 초래하였다.

자유주의 이념을 종종 위배한 미국의 세계전략이 소련의 존재로 인한 자유주의의 유예였는지 아니면 자유주의 국제질서가 필연적으로 미국의 일방주의와 자의적 권력행사를 기반으로 한 것인지는 중요한 문제다. 냉전 종식 이후 진정한 윌슨주의의 실현 시기가 도래하였다든지, 민주주의 세계적 확산을 통한 역사의 종언이 도래하였다든지 하는 낙관적 예언이 있었지만 1990년대부터의 세계는 평화롭지 못했다. 9.11 테러와 북핵 문제, 미중 경쟁 등은 탈냉전기 국제질서가 안고 있는 문제들의 일부에 불과하다.

미국이 주도하는 자유주의 국제질서의 시초는 냉전기와 겹치지만 자유주의 질서는 미국 주도 정치군사질서의 틀 속에 안착되어 있으며, 미국이 주도적으로 제정한 정치, 경제, 사회문화 분야의 규범에 기초하고 있다. 소련과 공산권의 존재와 별개로 미국 주도 질서 속에서 정치군사적 안정의 초석을 놓고 국제경제질서 유지에 필요한 공공재를 제공하는 패권적 안정의 역할을 하며, 패권의 기초인 경제력을 유지하기 위한 시장질서의 유지, 이를 합리화하는 이념을 확산하고 다른 국가들과 이를 공유하는 노력은 냉전이라는 구조와 별개로 필요한 질서의 요소들이다. 주권적 개인의 의사를 반영한 국가가 자유주의 질서 유지를 위한 정치적 틀을 제공하듯이, 자유주의 국제질서를 유지하기 위해 미국은 정치적, 군사적, 제도적 틀을 제공하여 왔다. 그러나 국내정치와는 달리 미국은 국제질서에서 선출된 권력이 아니며, 따라서 정당화의 필요성이 더 많이 필요한 동시에 힘의 우위를 유지해야 할 현실적 필요성도 막대하다. 미국은 자유주의 국제질서 유지와 자국의 권력, 이익 극대화를 위해 기존의 제도를 주기적으로 재정비할 필요에 직면하며, 이때 일방주의적 결정을 내릴 수 있는, 주권국가들 상위의 메타주권을 행사해야 한다. 1945년 이후 모든 국가들의 형식적 주권평등을 인정하면서도 국제질서 유지를 위해 메타주권을 행사할 수 있는 틀을 만든 것이 자유주의 국제질서의 핵심이라고 볼 수 있다.●

이 장에서는 유럽 제국들이 조직해 온 1945년 이전의 국제체제를 염두에 두면서 1945년 이후 미국이 어떠한 조직원리 구성력을 행사하여 왔는지, 그리고 모든 국가들이 평등한 형식적 주권을 가지게 된 이

● 자유주의 질서가 무엇인가에 대해서는 논란의 여지가 많은 것이 사실이다. 첫째, 패권국가의 국내정치체제가 자유주의이고 그 국가가 자유주의 국내정치철학과 제도를 외면화하면 자유주의 질서인가 하는 문제다. 이 경우 19세기 영국 주도와 20세기 미국 주도의 두 경우를 자유주의 국제질서로 보는 경우가 있다. 둘째, 자유주의 국제질서를 경제 중심 시각에서 보는 경우로 국제무역, 금융, 투자 레짐 등 국제정치경제의 공공재를 제공하는 패권국가가 있는 경우 자유주의 질서로 보기도 한다. 그러나 폴라니의 논의처럼 자유주의는 이를 가능하게 하는 정치질서 속에 내장되어 있기 때문에 전반적인 정치, 안보, 군사 질서를 함께 논의해야 하는 문제가 있다. 셋째, 자유주의 철학을 기반으로 개인의 인권을 중시하는 철학을 내재한 질서를 자유주의 국제질서로 볼 수 있다. 유럽의 논자들이 많이 취하는 경우로 이 경우 냉전기 미국 주도의 질서는 자유주의 질서로 보기 어렵다. 미국은 자국의 이익을 위해 3세계의 독재정권을 지지하고 이들 정권의 인권탄압에 눈감았기 때문이다. 냉전 종식 이후 9.11 테러 발생 이전 1990년대 정도를 자유주의 국제질서의 짧은 가능기간으로 볼 수 있다. 넷째, 자유주의와 민주주의를 구별해야 하는 문제로 자유주의 질서가 개별 국가들의 동등한 주권에 기반하고 있다는 견해다. 자유주의가 "주권적 개인"의 일반의지를 담은 정치질서를 의미한다고 간략히 정의할 수 있다면, 이는 국내정치에서 민주주의에 의해 뒷받침되어 왔다. 만약 자유주의 국제질서가 "주권적 국가"들의 집합의지를 실현하는 국제질서라고 본다면, 이러한 질서는 사실 실현된 적이 거의 없다. 국가는 주권을 가지지만 이들 국가들의 주권적 의사를 민주적으로 수렴하는 절차는 무정부상태에서 존재하기 어렵기 때문이다. 패권 주도의 국제제도들이 이를 실현한다고 볼 수 있지만 결국 패권국과 강대국의 이해관계에 좌우되어 "민주주의 없는 자유주의"가 실현되기 때문이다.

후의 국제정치를 어떠한 개념으로 새롭게 이론화할 것인가 하는 점에 집중한다. 이 과정에서 국제정치 조직원리를 새롭게 정의하기 위해 슈미트의 주권론을 국제정치에 적용하여 본다.

미국은 태생적으로 제국인가

21세기 여전히 세계의 리더로 자리 잡고 있는 미국은 건국 이후 꾸준히 진화하여 왔다. 영국의 식민지로서 왕정하의 자치체로 존재하던 미국은 1776년 건국을 선언하고 영국으로부터의 독립과 공화정의 수립이라는 독립과 혁명의 이중적 변화를 수행하였다. 이후 아메리카 인디언을 완전히 복속시키면서 멕시코와의 전쟁, 스페인제국 세력과의 전쟁을 거치면서 강대국으로 성장하여 갔다. 1898년 미국-스페인전쟁 이후 구 제국주의 세력과 마찬가지로 제국 정책을 수행하였고, 이 과정에서 일본의 한국 병합을 공식적으로 인정하기도 하였다. 구 제국주의 패러다임을 벗어나는 것은 1차 세계대전 이후의 전후 처리 과정에서 윌슨 대통령이 주창한 민족자결주의에서 명시적으로 표명된다.

2차 세계대전 이후 루스벨트 대통령이 추구한 자유주의 국제질서는 세계 모든 국가들의 주권을 인정하면서 미국의 영향력을 유지하는 새로운 전략이었다. 냉전과 동시에 진행된 미국의 자유주의 국제질서는 3세계 국가들의 온전한 주권, 실질적 주권을 의도적으로 혹은 불가피하게 제한하는 질서였다. 중남미에 대한 명시적 개입전략은 물론이고 동북아의 샌프란시스코 체제 성립과정에서 드러났듯이 미국은 다른 국가들의 주권을 제한하였다. 동북아의 경우 냉전 수행을 위해 일본에 대한 전후 처리, 탈식민과정을 온전히 마무리하지 못하였다. 한국은 태평양전쟁 전후처리 과정에서 독립, 분단을 맞이하였지만 일본의 한국 병합의 불법성 인정, 이에 따른 온전한 보상 등을 보장하지 못하였고, 일본에 대해 소위 "관대한" 전후처리를 한다. 냉전의 수행을 위해 일본의 경제를 보존하고 자유진영의 보루로 삼는다는 역코스 정책으로 선회한다. 냉전이 종식된 오늘날 미국이 과연 비서구 국가들에 대한 형식적 주권 보장을 넘어 냉전기에 유예되었던 온전한 주권의 실현, 그리고 비서구 각 지역의 올바른 지역질서 수립을 위해 한층 진화된 제국으로 나아갈 것인가는 새로운 과제로 제시되고 있다.

역사적으로 돌이켜 볼 때, 미국이 과연 본래적으로 제국적인가의 논쟁은 결론을 내리기 쉽지 않은 문제다. 첫째, 지정학의 차원에서 2차 세계대전 이전까지 미국이 일관된 제국적 팽창을 해 왔다는 주장을 살펴볼 필요가 있다. 미국은 원주민이 거주하던 나라에 이주하여 영토를 건설한 정복자의 나라다. 미국의 3대 대통령 제퍼슨의 임기 중에 미국 영토는 대략 80만 평방 마일에 달했으나, 1848년에는 300만 평방 마일, 1867년에는 러시아로부터 알래스카를 취득하여 350만 평방마일로 증가하였다. 알래스카를 제외하고는 모두 무력을 사용하거나 무력 위협을 통하여 취득한 땅으로 루이애지나, 플로리다, 텍사스, 중서부, 1848년 멕시코로부터 이양받은 영토 등이 그러하였다. 미국은 이미 1845년부터 소위 "명백한 숙명(manifest destiny)"의 의식을 가지고 있었고 이는 팽창주의를 뒷받침한 이념의 표현이었다. 19세기 가장 중대한 팽창은 역시 토착 원주민인 인디언에 대한 정복으로 17세기 이전에 이주해 있던 원주민을 문명과 이성의 기치하에 정복하고 통제했다. 이후 쏟아져 들어오는 이민 속에서 소위 "미국적 가치"를 수호하기 위한 통제 역시 줄을 이었다.

1870년부터 1920년까지 미국으로 이주해 온 인구는 2,600만에 달했다. 미국은 1882년 중국인 입국금지법(Chinese Exclusion Act) 등 일련의 법안을 통해 "인종적으로 열등한" 이민을 통제하고자 하는 노력을 기울였다. 1890년대는 미국의 자유주의와 제국주의가 충돌한 시기였다. 자유로운 개인과 자유로운 기업활동을 중시하는 미국이 제국주의를 추구한다는 것이 미국 내 반발을 가져온 것이다. 1898년 미국-스페인전쟁 이후 필리핀과 쿠바의 점령은 미국의 자유주의 정신에 위배된 것으로 간주할 수 있다. 그러나 사실 미국은 1840년대부터 동아시아에 진출하고, 1846년부터 1848년까지 멕시코와 전쟁을 치루는 한편, 1855년 미국의 윌리엄 워커가 니카라과의 지도자로 행세하는 등 19세기는 이미 미국의 제국적 팽창의 시기로 일찌감치 자리 잡았다고 볼 수 있다. 미국-스페인전쟁 이후에도 1898년부터 1920년에 이르기까지 미국 해병대는 카리브 지역에서 최소한 20여 차례의 개입 작전을 치루었다(Westad 2007, 12-15).

1823년의 먼로 독트린 역시 제국적 팽창의 한 국면이다. 소위 미국의 영향권, 이익권을 확보하고자 한 노력으로 이후 미국은 19세기 후반부터 중남미에 직접 개입하였다. 1906년과 1917년 쿠바 개입, 1909년과 1912년 니카라과 점령, 1915년과 1916년 아이티와 도미니카 공화국 군정, 그리고 다양한 형태의 달러외교 등이 펼쳐졌다. 먼로 독트린은 시어도어 루스벨트 대통령 시기 1904년 소위 루스벨트 계론(Roosevelt Corollary)을 발표하여 중남미에 대한 내정간섭을 명시하였다. 미국판 주권제한론이라 할 수 있는 이러한 논리들은 미국 제국의 단면을 보여 주는 것이다.● 1933년 루스벨트 대통령의 선린외교(Good Neighbor Policy) 정책으로 내정불간섭을 표방하였지만 미국의 국익이 걸린 경우 개입정책을 사용하였다는 점에서 연속성을 볼 수 있다. 이후에도 미국은 중동과 같은 핵심 이익 지역에 카터 독트린, 레이건 독트린과 같이 개입적 성향을 보였다.

1차 세계대전 이후 미국이 1920년대와 1930년대에 고립주의 외교정책을 추구한 것은 사실이나 세계 최대의 산업국으로 이민 수용은 역사상 최대에 달하였고 서반구에서 영국을 대신하여 가장 중요한 경제세력으로 올라섰다. 동아시아에 대한 수출 역시 3배가량 증가하여 미국은 경제와 문화 면에서 명실공히 세계 최대강국으로 부상하였다(Westad 2007, 19). 미국은 라틴아메리카에 대해 막대한 영향력을 발휘하는 동시에 필리핀 통치를 통해 미국 모델에 따른 3세계의 변화에 주력하였다. 미국은 한편으로는 볼셰비키 혁명 이후 공산주의 세력과 싸우는 동시에 미국 영향력 확대를 위한 노력을 기울였는데, 2차 세계대전 이후 미국의 패권전략의 한 축은 전간기의 전략과 관계된 것으로 보아야 한다.

둘째, 자본주의 논리에서 비롯된 제국주의의 논쟁을 들 수 있다. 미국의 세계전략이 경제적 이득을 위한 것이고 행정부의 외교전략이 자본에 의해 좌우된다는 견해 역시 오래된 것이다. 이미 19세기 말 20세기 초부터 미국의 제국주의 정책을 둘러싼 논란이 시작되었고 미국의 외교정책이 산업자본, 금융자본에 포획되었다는 비판이 비등했

● 존스는 소련의 제한주권론이 소련과 유사한 정권 창출에 기반한 반면, 미국은 이러한 복제(duplicative)정책을 사용하지 않았다는 점에서 차이점을 찾고 있다(Jones 1990, 229).

다. 미국의 급진적 포퓰리스트 이론가나 마르크스주의 계열의 비판이론은 미국 외교정책을 자본주의 제국주의 정책으로 간주하였다. 산업에 있어서 명백한 숙명론의 이념이 1899년과 1900년 헤이(John Hay) 국무장관의 문호개방문서(Open Door Note)와 결합되어 미국 외교정책을 규정하는 경제적 팽창주의로 정착하였다는 윌리엄스의 논의는 고전적인 출발점이다. 맥킨리 대통령 시기 이후 미국의 정책은 문호개방제국주의였으며 비공식 제국을 창출하기 위한 노력이었다는 견해다(Williams 1959). 미국의 외교정책이 제국주의 시대에 유럽에 비해 뒤처져 있기 때문에 서둘러 제국주의 정책을 취하고, 직접 지배보다는 자유무역, 시장에 대한 자유로운 접근, 항행의 자유 등을 추구한 것은 사실이다.

미국은 1774년부터 1909년까지 연평균 3.9퍼센트의 경제성장률을 보였으며 1차 세계대전 이후 미국은 영국, 독일, 프랑스의 생산을 합친 것보다 더 많았다. 미국 경제의 일부만이 무역과 해외투자로 충당되었는데, 1913년 미국 수출이 전 세계 무역의 13%를 차지하였고, 1950년에는 20%로 상승하였으며, 1918년 세계 최대의 자본수출국이 된 이후 1981년까지 그 위상이 지속되었다. 1897년부터 1914년까지 미국의 해외투자는 5배 증가하였고 냉전기에도 추세가 이어졌다. 1940년대 후반에 이르면 미국은 전 세계 제조업의 절반을 차지하였고 미국은 명실공히 경제패권국이 되었다.

그러나 미국은 대체로 거대한 국내시장을 가지고 있었기 때문에 해외투자, 특히 3세계 국가로의 투자가 반드시 수익성이 높은 것은 아니었다. 미국 자본은 3세계에 대한 무역과 투자를 반드시 환영한 것은 아니며 냉전기 미국 정부가 오히려 기업들로 하여금 영향력과 발전의 명목으로 투자하도록 독려하는 경향이 강하였다. 그러나 기업의 자발성은 매우 제한되어 있었고 1950년대와 1960년대에 미국 정부의 직간접 원조액이 늘어난 것은 이러한 자본의 소극성에 기인한 것이 컸다.

미국이 자유무역을 중시한 자유무역 제국주의의 길을 걸었다는 점 역시 자세히 살펴보면 유의할 여지가 있다. 미국은 이념적으로는 자유무역을 중시하였지만 이는 미국 국내의 교역과 해외시장에 대한 미국의 접근에 주로 해당하는 말이었다. 미국은 자국에 수입되는 물품이 생산되는 과정에서 시장논리가 아닌 정부 개입으로 이루어진 경우 엄격한 관세를 부과하였다. 19세기 미국은 수입대체나 고관세 정책을 수시로 사용하였고 20세기 냉전기에도 관세정책을 사용하면서 동시에 3세계 시장 접근에 대한 공격적 정책을 폈다(Westad 2007, 29-32).

냉전기 미국 외교정책은 반드시 경제적 동기에 의한 것은 아니며 오히려 공산주의 팽창을 막기 위해 시장 논리를 강조하고 미국 자유주의에 따른 3세계 국가들을 더 많이 창출하기 위한 정치적, 안보적 동기가 매우 강했던 것으로 평가해야 한다.

셋째, 미국 국가 성립기에 나타난 조직원리로 필라델피아 체제의 논쟁을 들 수 있다. 듀드니는 1787년부터 1861년까지 북미 대륙 내의 조직원리를 필라델피아 체제라고 부른다. 이는 13개 주 간의 필라델피아 제헌의회를 출발점으로 삼고, 미국의 영토가 서부 해안에 이르러 주의 숫자도 33개로 증가한 1861년에 이르기까지 이어진 체제를 일컫는다. 건국 이후 미국은 각 주 정부의 자율성이 매우 강했고 주들 간의 평화, 그리고 주들의 연합에 대한 유럽 등 외부세력으로부터의 안보를 동시에 확보해야 하는 과제를 안게 되었다. 주들 간의 관계는 근대 국제관계처럼 주권적 주들 간의 무정부상태도 아니고 그렇다고 중앙연방정부가 모든 폭력을 독점적으로 소유한 베스트팔렌 조직원리하의 국민국가도 아니었다. 양자 간의 사이에 위치하여 주들이 주 자체의 안보를 책임지는 군사력을 소유하는 등 일부 주권적 권한을 가지면서도 대외적으로는 미국이라는 주들 간의 연방이 대외적 주권을 소유한 복합주권의 조직원리였던 것이다. 주들 간의 관계는 연합(confederation) 내의 관계이면서도 동시에 외교의 모습을 띠기도 하였다. 필라델피아 체제하 미국은 국가라기보다는 반국가(antistate)였고, 정부였지만 국가는 아닌 독특한 특성을 지니고 있었다는 것이 듀드니의 주요 논지다. 미국은 연방과 연합의 특성을 모두 가지고 있었지만 어느 것도 아니었고, 각 주들은 자율성을 가지고 있었지만 중앙 정부가 일정한 역할을 가지고 이들을 제약하고 있었다. 결국 필라델피아 조직원리는 위계와 무정부상태 모두를 부정하는 제3의 자유주의 조직원리(negarchy)라는 것이다.

이러한 조직원리는 미국의 영토를 넓히는 동시에 기존의 원주민들을 복속시키는 확장지향성을 내재하고 있는 조직원리다. 영토확장 과정에서 유타, 버몬트, 캘리포니아, 텍사스 등 많은 주들은 필라델피아 체제에 별 다른 저항 없이 잘 편입될 수 있었고 그만큼 체제의 확장 유연성이 있었다고 평가한다. 미국을 건설한 연방파의 선조들은 미국 내 중앙정부로 권력이 집중되는 것을 막는 세력균형을 이루면서 대외적으로 강한 안보를 가진 정치체를 만들고자 하였기 때문에 매우 독특한 조직원리를 구사하게 되었고 이는 공화주의 정치철학을 바탕으로 한 것이다. 세력균형에 의해 권력 집중을 막으면서도 민주주의의 무분별한 적용으로 인해 중우정치에 빠지지 않도록 인민주권에 기초하되 권력의 행사를 위임의 제도에 맡기는 신중한 공화주의 정치체를 만들게 되었다는 것이다.

필라델피아 조직원리는 남북전쟁이 시작되면서 사실상 붕괴되고 연방정부가 강화되는 형태로 변화하게 된다. 빠른 산업화로 인한 상황의 변화가 발생하였고 남과 북 간의 연방에 대한 시각차가 두드러지게 되었기 때문이다.

그러나 베스트팔렌 조직원리와 중앙집권적 조직원리를 절충하고자 한 미국의 노력은 지속적으로 대외정책에 반영되었다고 본다. 미국은 자신의 목표를 실현시키기 위해 고립주의로 회귀하는 정책을 펴기도 했고, 헤이그 평화회의, 국제연맹, 국제연합, 바루크 플랜, 핵비확산체제 등을 수립하여 세계질서 수립에 적극 관여하기도 한다. 윌슨 대통령은 국제연맹을 만들면서 미국 내부의 필라델피아 조직원리의 전통을 반영하고자 하였는데, 이는 중앙집권을 막으면서도 무정부상태의 혼란을 피하고 서로 간의 세력균형과 견제에 기반한 조직원리를 창출하고자 한 것이다. 칸트가 기대했던 세계정부가 인민들의 평화지향의 본성에 기대어 있는 반면, 미국의 공화주의적 필라델피아 체제는 중앙정부는 아니지만 강력한 연방 권위체의 능력과 권위를 가지고 문제를 해결하는 정책을 추진한다는 것이다. 자유주의 전통을 유지하면서도 미국 내 본래적 조직원리의 대외 투사를 실현한 이러한 미국의 외교정책은 구 제국주의적 팽창과 구별되며, 다원주의적 자유주의와도 구별되는 특징이라는 것이 듀드니의 설명이다(Deudney 1995; Cha 2018).

결국 미국은 2차 세계대전 이전 강한 제국적 팽창성을 가지고 있었고, 이는 윌슨 대통령과 루스벨트 대통령을 거치면서 지속성과 단절성을 동시에 가진다고 볼 수 있다. 한편으로는 자본주의 경제논리를 따르기도 하지만 이로써 모두 설명되기는 어렵고, 정치적, 안보적 의미의 팽창을 추구하면서도 적절한 수준에서 이를 억제, 통제하려는 현실주의 경향을 동시에 가지고 있었다. 또한 다른 국가와 달리 각 주들의 독립성을 보존하면서도 통합성을 유지하는 노력을 기울여 왔기 때문에 자신의 영향력 확장에 애초부터 유연하고 익숙한 예외적 특성도 가지고 있었다.

2차 세계대전 이후 자유주의 규범하에서 미국의 대외전략은 타국의 형식적 주권을 적극 인정하면서 영향력을 확대시키는 방향으로 진화한다. 상황의 변화에 적응하면서 실질적 위계를 형성하려는 노력인데, 이는 메타주권의 형태로 나타난다. 메타주권은 주권 국가들 간의 형식적 평등과 이들 간의 합의적 규범 형성, 이를 기초로 한 질서 수립을 추구하면서도, 패권국가 혹은 제국의 이익이 중대한 임계점에 이르렀을 때 이를 예외상태로 규정하고 전체 규범을 일방주의적으로 바꿀 수 있는 주권 위의 주권적 권한을 의미한다.

2차 세계대전 이후 미국의 조직원리 구성력

미국은 2차 세계대전 이후 명실공히 초강대국으로 떠올라 국제정치 조직원리를 구성할 수 있는 막강한 권력을 가지게 되었다. 미국은 2차 세계대전 중 국민총생산이 60% 증가했고 이는 소련의 세 배, 영국의 5배에 달하는 크기였다. 또한 미국은 과거 어느 때보다 많은 정부 재량예산을 가지고 있었다. 미국은 당시까지 역사상 최대의 군사력을 확보하게 되어 1942년 말에 이르면 모든 추축국의 무기 생산량을 합한 것보다 더 많은 무기를 생산했고, 1943년에는 소련의 세 배에 달하는 무기 생산량을 보였다. 1945년 미국은 세계 금보유고의 2/3, 세계 투자자본의 3/4, 선박 건조의 1/2, 제조업의 1/2을 소유하고 있었다(Leffler 2010, 67).

루스벨트 대통령은 지구에서 모든 식민지를 해방시키고 모든 정치체들에게 형식적, 법적으로 평등한 주권을 부여하며, 국제연합 등 다양한 국제기구를 통해 이들 정치체들의 의견과 국익을 민주적으로 반영하는 절차를 지지하였다. 모든 국가들의 주권을 존중한다는 의미에서 주권국가들을 단위로 한 자유주의 국제질서를 설립하고자 시도한 것이다.

2차 세계대전의 전시외교 과정에서 루스벨트 대통령은 전후 스탈린의 소련이 강대국으로 부상할 것을 예상하고 있었으며, 자유주의와 자본주의에 기초한 세계질서에서 소련이 국외자로 남아 문제를 야기하지 않도록 주의를 기울였다. 윌슨 대통령의 실패를 반복하지 않기 위해 영국과의 긴밀한 연대는 물론 스탈린과 유럽 전쟁 수행과정에서 많은 회담을 함께하였고, 1943년 11월 22일부터 5일간 개최된 카이로 회담에서는 중국의 장개석을 초청하여 향후 동아시아 전후 질서를 함께 논의하는 강대국 체제를 수립하고자 하였다.

미국은 1945년 2월 얄타 회담에서 미소 간의 전후 협력을 목표로 소련의 다양한 요구를 수용하는 한편, 소련에게 국제연합 참여하겠다는 약속을 받았고, 태평양전쟁 참전 역시 기정사실화되었다. 1945년 4월 루스벨트 대통령 사망 이후 트루먼 대통령 역시 애초에는 스탈린과의 관계 설정에 무조건 부정적이지는 않았다. 당시 미국 내 소련 견제와 소련 포용의 시각이 병존한 것은 사실이지만 트루먼 대통령은 소련과의 협력 노선을 완전히 포기한 것은 아니며 원자폭탄 개발 완료 이후 대소우위의 자신감도 가지고 있었다. 미군의 피해를 최소화하기 위해 소련의 태평양전쟁 참여를 독려해야 하는 전략적 필요도 존재하였다.

그러나 루스벨트 대통령 사망 이후 얄타 체제에 기반한 정교한 외교보다는 전쟁의 종식 과정에서 손쉬운 영향권 분할로 나아가는데 편의상 설정한 한반도 38도 분할선이 대표적인 예다. 전쟁 종식 후 1945년 12월 16일에서 25일까지 모스크바에서 미영소 3국 외무장관의 모스크바 3상회의가 개최되어 동유럽 국가에서 자유선거를 실시하고 평화협정을 맺도록 한 이후, 소련의 적극적인 영향권 전략이 가속화되고 트루먼 대통령 역시 더 이상 얄타 체제나 루스벨트 구상이 아니라 본격적인 세력균형에 의한 현실주의 정책을 펴기 시작하였다(Hast 2014,

115). 1946년 처칠의 철의 장막 연설과 1947년 3월 그리스와 터키에 대한 미국의 지원 필요성을 역설한 트루먼 독트린, 그리고 마셜 플랜 등을 거치면서 냉전적 대립이 자리 잡기 시작하였다. 미국은 점차 확대되는 소련의 동유럽 위성국가화 과정과 중국의 공산화 등을 목도하면서 패전국인 서독과 일본의 주권을 회복시키는 것을 대공산권 봉쇄전략의 축으로 삼기 시작하였다.

미국이 2차 세계대전 이후 국제정치 조직원리의 기초로 상정하였던 식민지 해방과 형식적 주권의 보편적 실현, 강대국 간의 협력과 규범과 규칙 기반 질서는 미소 간의 강대국 대립, 냉전 수행을 위한 주권체제 정착 과정 등에서 왜곡되었다. 미국은 그리스, 터키는 물론, 프랑스, 이탈리아 등 서유럽 국가들 내부에서도 경제가 악화되는 과정에서 공산당이 1/3 이상의 의석을 확보하는 등 위협감을 가지고 있었고, 동아시아에서도 중국 공산당이 승리하면서 한국과 일본 등 아시아 국가들의 존립도 우려하기 시작하였다. 유럽에 대한 마셜 플랜과 나토의 결성, 그리고 유럽연합의 출범 등은 다자주의에 의한 국가주권의 변환이라는 현실을 가져왔다. 동아시아에서 케난의 소위 "역코스(reverse course)" 정책에 의한 일본 주권의 회복과 1951년 9월 샌프란시스코 평화조약 체결, 미일 안보협약 체결 등은 동아시아 대공산권 봉쇄 체제의 마련이라는 결과와 동시에 일본 제국주의 청산의 미완이라는 과제를 동시에 남기게 되었다. 냉전을 수행해야 하는 필요성이 미국이 구상한 자유주의 국제정치 조직원리를 왜곡한 것은 분명한 사실이다. 미국은 자유주의 진영의 승리를 위해 강력한 동맹체제와 국제경제레짐을 창출하고 중요한 문제를 냉전 수행과 진영안보의 논리로 결정해 나갔다. 문제는 자유주의 국제질서가 냉전 수행과는 별도로 본래적으로 제국성을 내재한 질서인가 하는 점이다.

미국 주도 자유주의 국제질서에 대한 논쟁

2차 세계대전 이후 냉전기에 미국이 만들어 간 자유주의 국제질서의 본질에 대해서는 현재까지 치열한 논쟁과 연구가 진행 중이다. 우선 국제정치이론가 중 자유주의자들이 보는 자유주의 국제질서의 핵심은 모든 구성국가들의 주권을 기반으로 한 개방적 국제경제질서, 협력적 안보, 다자주의 국제제도, 규칙 기반 질서, 그리고 자유주의의 이념과 덕목 등이다(Deudney and Ikenberry 1999). 자유주의는 개인의 자유를 극대화하는 정치질서로서 이는 안전과 번영을 기초로 한다. 또한 자유주의는 기본적으로 계몽주의의 산물로서 이성과 기술이 발전하면 사회와 국제질서의 문제가 해결될 수 있다는 실용주의적 이념이다(Deudney and Ikenberry 2018, 17). 그리고 이러한 자유주의 국제질서를 주도하고 발전시킨 것은 패권적 조직자(hegemonic organizer)로서 미국이라는 주장이다.

미국은 2차 세계대전 이후 유럽과 아시아 등 주요 지역에서 다자 동맹, 양자 동맹 네트워크를 포함, UN 등 지구적 차원의 집단안보에 이르기까지 주권국가들 간의 제도적 협력을 주도해 왔다. 열린 국제경제질서 또한 중요하다. 자유무역과 다자적 금융제도를 축으로 미국은 국제적 경제 공공재를 제공하는 패권국가로 기능해 왔고 시장을 매개로 한 다자주의 질서는 국가 간 갈등을 막는 핵심 기제로 작동해 왔다는 것이다. 더불어 미국이 제창하는 시민적 덕목, 자유민주주의 이념, 인권 옹호 등의 문화적, 이념적 요소들이 자유주의 국제질서를 이루는 핵심으로 작동해 왔다.

자유주의자들이 보기에 자유주의 국제질서의 시초는 윌슨 대통령이지만 본격적인 주창자는 루스벨트 대통령이다(Deudney and Ikenberry 2016). 공산권이라는 적에 대항해 자유주의 이념하에 협력적 안보체제를 이루었고 소위 “내장된 자유주의” 타협에 의해 국제질서를 조성하였다. 국내적으로 국가의 강력한 개입으로 복지와 경제발전을 추구하면서도 국제적으로는 자유주의 질서에 기초한 다자주의 경제질서를 이루는 합의를 만들어 내었다는 것이다(Ruggie 1982). 결국 자유주의자들은 냉전기 질서가 자유주의였다고 주장한다. 물론 윌슨 대통령이 주창한 자유주의 질서가 최초의 것이고(자유주의 국제질서 1.0), 루스벨트는 이를 더 발전시켰다는 것(자유주의 국제질서 2.0)이다.

자유주의자들 역시 냉전 종식 이후 자유주의 국제질서가 훼손되었다는 점을 인식한다. 그러나 이는 자유주의의 확산과 성공 때문이었지, 자유주의의 근본적 쇠퇴는 아니라고 본다. 부의 불평등이 증가하고 노사 간의 합의가 좌초되고 사회적 안정성이 약해진 것은 사실이다. 그러나 이러한 자유주의의 문제는 더욱 강화된 자유주의에 의해 해결가능하다고 본다(Deudney and Ikenberry 2018, 18). 탈냉전기 자유주의 국제질서는 중국의 부상, 러시아의 강화 등 권위주의 정권의 영향력하에 약해진다고 볼 수 있다. 그러나 자유주의자들은 이러한 현상이 자유주의 국제질서를 약화시킨다고 보지 않는다. 자유주의 국제질서의 핵심은 자유주의 정권들 간의 협력이 아니라 주권국가 질서, 즉 베스트팔렌 주권 질서라는 것이다. 각 국가들이 주권을 소유하고 여기서 발생하는 문제를 해결하는 과정에서 자유주의 국제질서가 성립한다는 것이다. 권위주의 정권도 현상유지에 주력하고 베스트팔렌 질서를 강화하기만 하면 자유주의 국제질서는 유지가능하다는 주장이다(Deudney and Ikenberry 2018, 21).

내장된 자유주의 타협은 이미 1980년대부터 무너지기 시작했는데, 정부 개입에 의한 국민 복지 증진, 이에 기초한 민주주의 강화의 추세는 공화당이 주창한 신자유주의, 탈규제 등으로 불평등 심화, 중산층 약화, 결국 민주주의 기반 쇠퇴로 이어졌다고 본다. 국내적 복지국가의 쇠퇴와 국제적 자유주의의 결합은 소위 신자유주의 국제질서로 이어졌는데, 이는 통제되지 못한 자본의 세계화로 결국 국가들 내부의 불평등 심화, 민주주의 붕괴, 포퓰리즘 등장, 경제민족주의 강화 등의 현상으로 나타났다.

이러한 맥락에서 2016년 트럼프 대통령의 당선은 이러한 흐름의 결과였고, 이는 자유주의의 지나친 성공이었다고 볼 수 있다(이준구 2016). 트럼프 대통령은 바로 이러한 자유주의 질서의 핵심 요소들을 무너트리는 정책을 수행하였다. 방위비 분담금을 정당하게 내지 않으면서 국방의 부담을 미국에 전가하는 동맹국들을 비판하고, 미국이 맺은 자유무역협정을 미국의 경제 이익에 맞도록 수정하고, 파리기후협정 등과 같은 국제적 공공재를 위한 협정에서 탈퇴하였다. 또한 언론의 자유와 민주주의 이념 등 핵심적 가치들을 훼손하고 정의와 진실에 기초한 리더십을 약화시켰다.

자유주의자에게 해결책은 더 강화된 자유주의다. 민주주의 강화하는 국가의 적극적인 정책 추진, 세계화의 적절한 통제, 다자주의 경제 질서의 재건 등을 통해 지금의 국제질서 모순을 해결해야 한다는 것이다. 미국은 이를 바탕으로 세계적 리더십을 다시 회복하고 미국의 이익과 세계질서의 회복의 궤를 같이해야 할 것이다. 과거에도 미국은 같은 문제에 여러 번 봉착하였고 이를 적절히 해결하였다. 예를 들어 냉전이 종식된 직후 부시 대통령은 재선에 실패하였는데, 재임 대통령이 재선에 실패한 것은 60년 만의 사례이며, 국내경제보다 외교, 안보문제에 집중한 결과였다. 레이건 대통령 이후 점차 심화되는 불평등과 경제문제를 외면하고 냉전의 논리에 안착하여 이라크 전쟁 승리만을 강조한 부시 대통령이 경제 부흥을 주창한 클린턴 후보에 패배한 것이다. 이후 민주당 정권은 1990년대 경제발전과 외교, 안보문제를 적절히 결합하는 정책으로 리더십 회복에 성공하였지만 2000년 부시 대통령의 당선 이후 다시 자유주의 질서의 국내적 기반을 잃기 시작했다는 분석이다 (Deudney and Ikenberry 2018).

자유주의 시각은 현실주의자들에 의해 큰 비판에 직면한다. 현실주의 역시 미국 주도 질서가 국가 주권을 기반으로 하는 질서라는 데에는 의심을 품지 않는다. 그러나 미국의 군사력과 경제력과 같은 힘의 요소를 배제하고 국가들 간의 다자적 협력만으로 국제질서를 설명하는 것은 심각하게 비판한다. 현실주의는 냉전기 미국 주도의 질서가 자유주의 국제질서였다는 점을 대부분 부정한다. 소련과 공산권이라는 커다란 안보위협 속에서 미국이 추구했던 정책은 지극히 현실주의적이었으며 자유주의의 이념을 실현할 여유가 없었다는 것이다. 미국은 2차 세계대전 이전까지 미국의 자유주의와 자본주의를 유지하기 위해서는 지구적 차원의 외교정책이 필요하다는 점을 인식하지 못했다고 본다.

소련이라는 적이 없었다면 자유주의 국제질서와 같이 보이는 질서를 유지하였을 리도 없었고, 목적은 오직 미국 국내의 자유주의를 지키기 위한 것이라고 인식한다. 무정부상태 국제정치에서 규범과 규칙이 세력균형에 기반하지 않고 국가 간 협력, 시장 논리, 혹은 자유주의 이념에 기초한다고 분석하는 것은 핵심을 놓치고 있다는 비판이다.●

반면 미국이 2차 세계대전 이후 세계질서를 유지할 수 있었던 것은 다른 국가에 비해 막강한 국력에 기초하고 있었다고 본다. 기본적으로 공산권에 대해 대항할 수 있는 국력, 특히 군사력과 경제력을 확보하고 있었기 때문이다. 미국은 전 세계 생산력의 50%를 점하고 있었고 외환보유고가 다른 국가들을 압도하였으며 마침내 달러화를 기축통화로 만들었다. 2차 세계대전 직후 미국의 해군력과 공군력은 전 세계에 투사될 수 있었고 무엇보다 핵을 독점하고 있었다. 첫 번째 단극체제였다고 할 수 있던 기간이었다(Layne 2018, 91).

미국을 중심으로 공산권에 대항하는 동맹체제를 이루고 미국의 압도적 경제력으로 동맹국가들의 경제적 번영을 이끌었던 것이 미국 주도 국제질서의 핵심이었다. 자유주의자들은 동맹을 통한 집단방위가 자유주의의 한 축이라고 보지만 동맹은 미국과 동맹국들의 국력 차이 속에서 자유주의 이념과는 상관이 없었던 것이다. 국제연합과 같은 집단안보 역시 안보리 상임이사국의 비토권과 같이 근본적으로 불평등한

● 앨리슨은 규범과 규칙 기반 질서가 자유주의 국제질서의 핵심 개념인데, 이는 개념적으로 동어반복이라고 본다. 질서가 질서일 수 있는 것은 나름대로의 규범과 규칙을 가지고 있기 때문에 규범, 규칙 기반 질서라는 용어 자체가 성립될 수 없다는 것이다. 미국이 중시하는 자유주의, 민주주의 이념 역시 미국의 국익에 어긋나면 언제든 현실에서 부정된 것이 역사적 사실이라는 점에도 착목한다(Allison 2018).

질서였다는 점도 지적되고 있다.

내장된 자유주의의 논리가 국내적 국가 개입에 기초한 국제질서의 정치환경에 대한 강조라면 현실주의자들의 논리는 오히려 국제적 군사 질서가 다자주의 경제질서를 가능하게 한 국제적 환경이라고 할 수 있다. 공산권에 대항하는 군사적 진영으로서 자유진영의 정치적 틀이 만들어지지 않았다면 애초에 진영 내 다자주의적이고 개방된 자유주의 경제질서 자체가 성립할 수 없었을 것이다(Allison 2018).

현실주의자들은 미국 주도 질서가 힘의 요소를 평가절하한 채 국가들 간 협력적 요소에 초점을 맞춘다는 점에서 자유주의 국제질서의 성립 자체를 비판하지만, 온전한 주권국가들 간의 상호작용에 의해 질서가 창출되었다는 점은 부정하지 않는다. 힘의 요소에 의해 주권국가들 간에 위계가 발생할 수는 있지만, 주권국가 체제 자체가 약소국 주권의 태생적 결함과 결손을 포함할 수 있다는 점을 인식하지 못하고 있는 것이다. 크라스너의 경우 주권을 국내주권, 상호의존주권, 법적 주권, 베스트팔렌 주권으로 4분하고 힘의 요소에 따라 주권적 권리가 양도, 억압된다는 사실에 착안한다. 협약, 조약, 강압, 부과된 강제의 네 가지 메커니즘이 작동하면서 국가들 간 위계가 성립하는 것이다(Krasner 1999). 래이크 역시 국가들의 주권이 확립된 가운데 강대국과 약소국 간 상호 전략적 이익을 둘러싼 자발적 계약이 체결되고 이에 따라 권위에 기반한 위계가 발생한다고 본다(Lake 2009). 이러한 논의는 미국 주도 자유주의 질서가 위계적일 수 있다는 점을 밝히는 데 도움을 주지만 자유주의 질서 안에 내장된 주권 자체의 불평등성에 대해서는 철저한 비판을 가하지 못하고 있다(전재성 2014; 전재성 2020).

자유주의 국제질서가 패권이 제공하는 공공재에 의해 유지, 관리된다는 점도 반드시 인식해야 할 점이다. 국제안보질서는 미국의 안정자 역할, 미국 주도의 다자, 양자 동맹네트워크에 의해 유지되었다는 점은 자유주의자들도 인정한다. 국제경제질서도 공공재를 제공하는 패권국을 필요로 한다는 것이 1929년 경제공황 이후의 큰 교훈이며 패권안정이론가들에 의해 논의되어 왔다. 미국은 공공재를 제공함으로써 자유진영의 자유주의 질서를 유지해 왔다. 2차 세계대전 이후 공산주의가 팽배해지는 유럽 전체에 마셜 플랜을 통해 경제부흥의 계기를 제공하고 미국의 시장을 개방하고 의도적 무역적자 정책을 통해 유럽 국가들과 일본의 무역흑자 및 경제발전을 유도하였으며, 브레턴우즈 체제하에서 다자주의 금융질서의 축을 만들어 개방적 다자주의 질서가 유지되도록 하였다. 그러나 국제질서는 정부를 결여하고 있기 때문에, 패권국의 공공재 제공이 유지되어야 하는 소위 N-1의 문제를 안고 있다. 미국은 1970년대에 들어 경제력이 약화되고 자유주의 질서를 유지하기 위해 진영 내 다른 국가들의 양보를 이끌어 내는 전략을 취하였다. 1985년의 플라자 협정이 대표적으로 미국 우선주의와 힘을 통한 평화를 내세운 레이건 정부의 정책이었다. 일본은 안보의 공공재를 제공하고 있는 미국에 협력함으로써 구조적 이익을 얻는다는 사실을 잘 알고 있었기에 경제적 양보를 제공하였다. 결국 공동의 안보위협과 적의 존재, 자본주의 경제질서, 동맹을 비롯한 협력안보는 하나의 패키지로 존재하였으며 미국은 소위 "체제조성자(system-maker)이자 특권수혜자(privilege-taker)"로서 패권을 유지하였다(Mastanduno 2009).

1980년대 들어 복지국가의 틀에서 이익률이 낮아지는 자본의 편에서 본격화된 신자유주의 개혁은 이후 적이 사라진 탈냉전의 환경 속에서 더욱 큰 어려움을 미국에 제공하였다. 안보공공재 제공자의 위상이 약화된 미국은 동맹국으로부터 경제적 양보를 이끌어 내기 어렵게 되었고, 이미 시작된 신자유주의 세계화, 혹은 워싱턴 합의에 의해 패권의 지위를 유지하게 되었다(Rodrik 2011). 현실주의자들은 국제 안보질서의 변화 속에서 미국의 경제적 이익이 약화될 수밖에 없으며, 이 과정에서 미국이 추진해야 할 정책은 절제된 개입과 국력의 보존이라고 주장한다. 역외균형부터 선택적 개입까지 스펙트럼 상의 편차는 존재하지만 현실주의 외교안보 대전략가들은 안보전략의 변화를 촉구하였다(Mearsheimer and Walt 2016).

그러나 신보수파를 위시한 공화당 우세론자들은 9.11 테러 이후 무분별한 개입을 강화하였으며 민주주의 확산과 같은 그릇된 이념에 경도된 결과 미국 국력의 약화를 초래하기에 이르렀다는 것이 현실주의자들의 판단이다. 자유주의자들 역시 미국 주도로 만들어진 제도들이 미국의 현실적 힘의 쇠퇴에도 불구하고 미국을 패권의 지위에 계속 유지시켜 줄 것이라는 공고화(lock-in) 전략에 기댄 희망적 사고를 하고 있다고 현실주의자들은 비판한다(Layne 2018: 106). 현실주의 시각에서 보면 트럼프 대통령의 문제는 자유주의를 약화시키는 것이라기보다는 2008년 경제위기 이후 시작된 미국의 확실한 패권 쇠퇴 속에서 적절한 개입의 원칙을 무시하는 데에서 오며, 이는 트럼프 정부 이전에 이미 시작된 실패의 흐름이다. 트럼프 대통령의 외교는 반드시 고립주의적인 것은 아니며 오히려 군사력을 사용한 팽창의 성향도 보이는데, 문제는 이러한 군사력 투사와 개입이 명확한 원칙에 기반한 것이 아니라는 점이다(Posen 2018).

신현실주의의 대표격인 미어샤이머(John Mearsheimer) 역시 자유주의 국제질서를 추진하는 미국의 외교정책을 신랄히 비판한다. 미어샤이머는 우선 국제질서를 좌우하는 세 가지 이념으로 자유주의, 민족주의, 현실주의를 들고 미국은 자유주의 패권에 기초한 외교정책을 추구한 매우 특수한 국가였음을 강조한다. 자유주의는 개인의 자유와 권리에 기초한 이념으로 소극적 자유를 위한 정부의 불간섭, 혹은 적극적 자유를 위한 정부의 적극적 개입의 차이와 상관없이 보편주의적 이념을 가진다고 본다. 미국의 자유주의가 보편적으로 정의로운 이념이라는 전제하에 전 세계 인민들의 개인적 자유와 권리를 증진시키는 것이 옳다고 보는 것이다. 미어샤이머는 이러한 자유주의가 필연적으로 보편적 성격을 가지기 때문에 전 세계의 정치상황에 강력하게 개입하는 결과를 가져온다고 본다. 미국의 이미지에 맞는 자유주의 이념을 확산하는 것이 미국 외교정책의 중요한 목적이라는 것이다.

둘째, 미어샤이머는 미국 외교정책을 냉전기와 탈냉전기로 나누어 설명한다. 냉전기 질서는 다른 현실주의자들의 견해와 마찬가지로 미국 역시 세력균형에 기초한 전략을 추구하였고 자유진영의 질서 역시 자유주의 국제질서로 보기 어렵다는 것이다. 반면 탈냉전기에 미국이 자유주의 이념에 기반한 외교전략을 추구하였다고 본다. 개별 국가 차원에서 자유주의 외교정책을 추구하였다는 점을 인정하는 반면 국제질서는 자유주의적으로 귀결되지 않았다는 것이다. 미어샤이머가 파악한 미국의 탈냉전기 자유주의 전략은 미국식 자유민주주의를 다른 국가와 지역에 이식시키는 것으로 강력한 개입주의전략이다. 소위 인권과 자유민주주의 정치체제를 내세우면서 사실상 내정개입, 국가건설의 프로젝트를 추진한 것으로 이라크를 비롯한 중동국가에 대한 전쟁 수행과 전후 정권수립 노력을 든다. 자유민주주의 국가들 간의 전쟁 부재라는 소위 민주 평화론에 기초하여 미국의 내정 간섭은 평화를 가져온다는 정당화에 의존하기도 하였다. 미국은 9.11 테러를 기점으로 이전에 추구했던 중동에 대한 외교적 접근에서 벗어나 직접 무력개입을 단행하였고 소위 "역사의 종언" 명제, 즉 자유민주주의가 최종의, 최선의 정치체제라는 인식에 기반하여 타국가의 정권 건설을 추구하였다는 것이다. 이러한 전략이 가능했던 배경에는 미국이 탈냉전기 어떠한 자국 안보위협에 직면하지 않을 만큼 강력하였기 때문에 마음 놓고 다른 지역에 무력개입을 추구할 수 있었다는 것이다.

셋째, 미어샤이머는 자유주의적 미국 외교정책이 결국 민족주의의 강력한 반항에 부딪힐 것이라고 본다. 자유주의, 민족주의, 현실주의의 이념 중 가장 강한 것은 민족주의라고 본다. 미국이 보편주의적 자유주의 이념에 기초하여 타국에 대한 내정간섭을 추구하는 순간, 상대국은 민족주의 이념에 기초하여 이에 반대한다는 것이다. 그 결과 미국은 자유주의 확산의 프로젝트를 추진하지 못하고 강력한 반발에 부딪혀 결국 실패하였다고 지적한다. 이는 비단 정책의 실패가 아니라 이념의 실패로 자유주의의 개인주의 존재론과는 달리 민족주의와 현실주의는 집단 속의 개인, 즉 사회적 개인을 상정하고 있기 때문에 현실에서는 개인주의 존재론이 힘을 잃는다고 본다. 더욱 흥미로운 점은 미국 역시 보편주의를 내세우면서도 사실상은 미국의 민족주의, 미국의 국가이익을 저변에 깔고 있다는 점이다. 미국의 자유주의 역시 민족주의적 자유주의인 이상 자체모순을 내포한다고 본다.

넷째, 미어샤이머는 미국의 자유주의 외교정책이 미국 국내의 비자유주의를 강화하는 경향을 띤다고 본다. 대외적 내정간섭에 의한 자유주의 확산의 프로젝트는 미국에 대한 군사적 반발을 가져오고 미국은 이에 대항하기 위해 국내의 군사주의를 강화한다. 지구적 반테러 전쟁을 수행하면서 국토보안법 등 다양한 법제를 만들고 시민에 대한 강력한 정보취득을 추구함으로써 개인의 사적 공간을 침해하여 나갔던 점을 들 수 있다. 자유주의 대외정책이 그 자체로도 성공하지 못하고 내부적으로는 미국의 강점이 자유주의를 잠식하는 역효과가 발생하였다는 것이다.

다섯째, 미어샤이머는 미국이 적절한 힘의 제한에 따른 현실주의 외교정책을 펴 나가야 한다고 주장한다. 중동에 대한 향후 미국의 정책은 매우 어렵고 중요한 과제다. 이란을 축으로 한 소위 시아파의 초승달 지역과 사우디아라비아를 축으로 한 수니 벨트 간의 지역 패권 갈등이 벌어지고 있고, 그 가운데 시리아 사태, 예멘 내전, 리비아 내전 등이 벌어지고 있다. 미어샤이머는 미국이 이러한 지역 분쟁에 당사자로 개입해서는 안 되고 역외균형전략을 취해야 한다고 본다. 기존의 자유주의 전략을 버리고 지극히 현실주의적인 관점에서 지역 내부 동학을 주시하다가 미국의 사활적 이익이 걸린 상황에서만 제한된 개입전략을 펴야 한다는 것이다(Mearsheimer 2018).

미국 주도 자유주의 국제질서를 어떻게 볼 것인가: 슈미트의 주권이론

미국 주도 국제질서가 모든 국가들의 주권을 인정하고 이들 간의 다자주의 협력을 증진하는 면이 존재했다는 점에서 자유주의 질서의 특징을 분명히 가진다. 그러나 이러한 협력이 미국의 힘, 특히 질서와 규범, 규칙을 부여하는 미국의 힘에 의해 가능하였다는 점에서 현실주의의 견해 역시 사실이다. 미국 학계는 자유주의와 현실주의의 논쟁을 강조하고 있지만, 미국 주도 국제질서는 미국 밖에서 볼 때 현실주의적 자유주의, 혹은 자유주의적 현실주의의 측면을 가진다.

문제는 미국의 힘을 단순히 주권국가들 중 가장 능력이 강하고 국제질서와 공공재를 제공할 시혜적 의도가 있는 패권국가로 볼 것인가, 아니면 주권국가들의 권위와 권능을 기본적으로 넘어서는 근본적 조직원리의 창출자, 관리자, 변형자로 볼 수 있을 것인가 하는 점이다. 조직원리를 창출, 관리, 변형한다는 것이 국가 주권이라는 원칙 자체를 변화시킬 수는 없지만 주권의 온전성, 타국의 주권적 권한에 대한 개입능력, 주권국가들 간의 기본적 불평등의 문제라면 미국 혹은 1945년 이후 패권은 단순히 평등한 국가들 중 일인자(primus inter pares)라고 볼 수 없다. 그렇다고 과거와 같이 제국이라고 단순히 명명하기도 곤란하다. 오히려 주권 위의 주권, 주권 뒤의 주권, 혹은 메타주권이라고 할 수 있는 권능을 가진 존재라고 볼 수 있다. 이러한 관점은 기존의 국제정치 이론에서 상정되어 오지 못하였는데, 여기서는 이론적 기초를 위해 독일의 정치철학자이자 법학자인 슈미트의 이론을 살펴본다.

슈미트의 이론은 주권국가들로 이루어진 자유주의 국제질서를 주권이론의 관점에서 새롭게 볼 수 있는 관점을 제공해 준다. 주권의 본질에 대한 심도 있는 사유를 통해 개인 주권, 국가 주권, 국가주권들로 이루어진 국제관계 속의 메타주권성 등을 추출해 볼 수 있기 때문이다.

슈미트는 개별 국가의 헌정이론과 국제정치를 동시에 다룬 법학자이자 정치철학자다. 개별 국가의 헌정질서에 관해서는 자유주의 시각을 비판하면서 홉스적 시각에 가까운데 독자적인 결단주의 주권이론을 제시한 것으로 평가되고 있다. 국제정치 부분에서는 주권국가들 간에 상호 규범이 가능하다고 보지만, 그 규범의 근저에 존재하는 권력정치를 의식한다는 점에서 현실주의와 국제법 전통을 결합한 것으로 평가할 수 있다.

슈미트의 이론들은 정치체의 헌정 질서 기본에 대한 논의로서 하나의 정치체의 궁극적 권력 소재를 논하는 조직원리론이라고 할 수 있다. 슈미트의 이론은 동시대 켈젠(Hans Kelsen)의 법실증주의, 그리고 자유주의 입헌이론과 대척점에 있던 헌법이론으로 자유주의적 민주주의에 대한 근본적 비판을 담고 있다. 슈미트는 히틀러의 등장에 맞춰 독일 나치 정권의 독재를 옹호하는 데 자신의 주권이론을 내세운 전력 때문에 그의 주권이론은 많은 비판의 대상이 되어 왔다. 그러나 최근 다양한 슈미트 르네상스의 움직임이 일고, 특히 아감벤(Giorgio Agamben), 무페

(Chantal Mouffe) 등은 슈미트의 결단주의 주권이론을 정치학 이론에 재도입하고 있다. 국제정치학에서도 안보화(securitization) 이론은 국제정치사안을 예외상태로서 안보 문제로 재정의하는 과정에 슈미트의 예외상태론을 도입하기도 하였다.•

슈미트의 주권이론의 핵심 부분을 살펴보면, 슈미트는 "주권자란 예외상태를 결정하는 자"라고 정의한다. 여기서 예외상태는 국가의 특정 사안이나 상황과 같은 것이 아니고 일반적 헌정 상황이다. "일종의 긴급명령이나 계엄상태 따위가 아니라 공법합의 일반개념으로 이해되어야 한다고 본다"는 것이다. 이로부터 슈미트는 주권에 대한 법학적 정의에 따라 체계적, 법논리적 근거를 제시하고자 한다. 주권은 무엇으로부터 도출된 것이 아니라 그 자체로 지고의 지배력이며 예외상태, 혹은 극한의 긴급상황을 결정한다고 본다. 즉, 긴급사항이 어떤 것인지 열거하여 놓거나, 헌법에서 누가 어떠한 상황에서 열거해 놓은 것을 넘어서는 권한으로 어떤 상황이 극한적 긴급상황인지 아닌지, 이를 평정하기 위해 무엇을 할 것인지를 결정하는 것이다(Schmitt 2015, 16-18).

이러한 슈미트의 결단주의는 『정치신학(*Politische Theologie*)』(1922)과 『정치적인 것의 개념(*Der Begriff des Politischen*)』(1932) 등 두 저작에 기초한 것으로 볼 수 있지만, 법학자들은 그 이전 이미 형법상의 책임개념에 대한 슈미트의 박사학위논문에서 이러한 사고가 시작되었다고 본다. 첫 번째 단행본인 『법률과 판결』에서 슈미트는 사법을 넘어서는 정치적 생활 전체를 강조하고 있는데, "규범에 포섭시키는 것은 더 이상 논리적 추론과 판결이유의 목표가 아니라, 법적 명확성(확정성)을 위한 수

• 슈미트의 이론을 국제정치 조직원리 차원에서 도입한 연구로는 민병원(2015) 참조.

단일 뿐이다. 결정이 정당화되는 토대는 결정 이전에 있는 어떤 것(실정법, 문화규범 또는 자유법의 규범)이 아니라, (실정법, 문화규범 또는 자유법 규범의 도움을 받아) 비로소 만들어 내야 하는 것일 뿐"이라는 것이다(윤제왕 2016, 345).

따라서 슈미트는 "모든 결정, 심지어 구성요건적 포섭을 통해 절차를 진행하는 법원의 결정에서조차도 규범의 내용으로부터는 논리적으로 도출될 수 없는 순수한 결단의 요소가 담겨져 있다."라고 본다. 이를 결단주의라고 칭하면서 "의문, 불확실성, 의견의 차이를 결단해야 하는 특수한 기능을 가진 기관의 판결이 갖는 결단적 성격은 더욱 강하고 본질적"이라고 지적하고 있다. 특히 헌법재판소의 결정은 헌정에 관한 것으로 "최고권력, 즉 국가의 주권적 지배권행사에 참여하는 특수한 방식"이라는 것이다(윤제왕 2016, 347).

슈미트는 현대 국가론의 중요 개념은 모두 세속화된 신학개념이라고 정의한다. 전능의 신은 스스로 말미암은 존재로 모든 권능의 근거를 자신 안에서 가지고 있다. 전능한 신이 만능의 입법자가 되었다는 명제가 신학에서 국가론으로 옮겨 갔으며 법학에서 예외상태는 신학에서 기적과 유사한 의미를 가진다는 것이다. 슈미트는 17-18세기 신의 개념에 세계에 대한 신의 초월 개념이 포함되어 있었고 이는 국가에 대한 주권자의 초월의 개념과 상통하는 것이었다고 설명한다.

그러나 현대 법치국가의 이념이 이신론(理神論)에 근거하게 되면서 기적을 세계로부터 추방하고 정치학적 예외상태를 논의에서 제거하게 되었다고 비판한다. 19세기에 이르러는 초월표상은 내재성으로 이행하고 모든 것에 대한 내재표상의 지배가 확대된다고 본다. 이는 현행 법질서에 대한 주권의 직접 개입을 부정하는 것이나 자리매김하는 주권자는 철저하게 배제되며 기계는 이미 자동으로 작동하는 것으로 상정된다. 신은 특수한 의지가 아니라 일반의지만을 표명한다는 형이상학적 명제가 지배하게 되는 것이다.

슈미트는 이로부터 근대 법치국가의 발전이 인격적, 주권자적 결정을 제거하는 방향으로 발전해 왔다고 비판한다. 슈미트는 루소도 비판하는데, 인민을 강조하는 인민주권론이나 사회계약론은 언제나 선하고 인민이 주권자라는 정의를 내리는 과정에서 주권의 결단주의적, 인격주의적 요소를 제거하는 결과를 낳게 되었다는 것이다(Schmitt 2015, 68). 지배자와 비지배자가 동일하다는 민주주의 학설, 국가와 주권의 동일성에 대한 유기체적 국가이론, 주권과 법질서의 동일성에 대한 법치국가론, 국가와 법질서의 동일성을 주장하는 학설 등이 그것으로 비판의 대상이 된다(Schmitt 2015, 69-70).

슈미트는 주권자의 결단, 예외상태를 결정하고 이에 대처하는 주권자의 행동의 개념 등 주권론의 핵심 개념을 보댕의 주권론에서 가져온다. 보댕의 정의, 즉 "주권은 공화국의 절대적이고 영구적인 권력"이라는 정의보다는 "주권의 영원한 표식"이라는 학설을 더 강조한다. 이때 주권에 고유한 표식이란 "유효한 법률을 폐지하는 권한"이며, 이로부터 주권의 다른 모든 특징, 즉, 선전포고, 강화조약, 관리임명, 최종재판권, 사면권 등이 추출된다고 주장한다. 보댕은 국가에 대한 6종의 책 중 『국가론』 10장에서 이러한 견해를 밝히고 있으며, 이는 결국 헌법적 잣대로 규정된 바 없는 권한에 대해 판단할 때 누구에게 권한이 있는지의 물음이라고 본다(Schmitt 2015, 19-23).

슈미트는 결단주의적 유형의 고전적 대변자로 홉스를 들고 있는데, 리바이어던 26장에 논의된 바 "진리가 아니라 권위가 법률을 만든다"는 홉스의 논의를 중시한다. 홉스는 결단주의와 인격주의를 연결하여 구체적 국가주권을 설명하고 있고 이는 17세기 추상적 자연과학을 내재화한 홉스이기 때문에 더 흥미롭다고 본다(Schmitt 2015, 51).

슈미트는 국가주권의 본질은 강제나 지배의 독점이 아니라 결정의 독점으로 정확히 법학적으로 정의될 수 있다고 본다. "결정은 법규범으로부터 분리되고 국가의 권위는 법을 만들기 위해 법이 필요 없다는 사실을 증명하게 된다"는 것이다(Schmitt 2015, 25-26). 이러한 견해는 켈젠의 순수법학과 명확히 구별되는 입장으로 헌법제정권력의 시원이 인격적 주체로서, 켈젠이 상정하는 근본규범과 같은 추상적 원칙이 될 수 없다는 것이다. 슈미트 역시 인민이 신격화된 주체로 과거 신의 주권을 대신하는 존재로 상정되었다는 점은 인정하나 인민 전체가 일반의지를 가진 인격적 주체로서 결정할 수 있는 상황이 아니기 때문에 실제로 결정하는 주체가 존재해야 한다고 본다. 슈미트는 상이한 인민들의 협의와 토론에 의해 헌법보다 앞선 문제를 해결할 수 있는 가능성을 매우 비현실적이라고 본다. 인민들이 하나의 규범에 의해 동일한 결정에 도달하기보다 그 결정 과정의 정치성 때문에 결국 우적(友敵)을 구분하는 과정이 불가피하다는 것이다. 이때 누가 예외상태의 결정 권한을 가지는가가 핵심 문제로 부각된다(김성호 2008).

그리고 이러한 결정은 정상상태와 예외상태에 대한 구분, 예외상태에서의 행동에 관한 것으로 예외상태에서 법은 후퇴하는 반면 국가는 계속 존립하게 된다. 여기서 예외상태란 무정부상태나 혼란상태와는 다른 것으로 여전히 법학적으로 하나의 질서가 존재하는 상태다.• "결정은 모든 규범적 구속으로부터 자유로워지고 고유한 의미에서 절대화되며 국가는 자기보존의 논리에 따라 법을 효력 정지시키는 것"이다. 법이 있으려면 질서가 있어야 하고 질서가 있으려면 최종적 결정을 소유한 주권자가 있어야 한다는 것이다. 모든 법은 상황에 따른 법이며, 주권자는 상황을 하나의 전체로서 완전하게 만들어 내고 보장하는 최종적 결정의 독점자다(Schmitt 2015, 24-25).

따라서 주권자는 헌법 전체를 유예할 수 있고 긴급한 예외상태를 정의하며 그때 어떠한 행동을 하는지를 결정하는 자다. 긴급한 상황 자체를 법적인 판단에 구속시켜 법의 논리 구조를 끊임없이 반복하는 켈젠 식의 순수 법학에 반대하는 것이다. 소위 "주권의 역설"로 최종 권한의 근거를 찾기 위해 계속 최종 권한을 무한 소급하는 역설이 성립되는데, 슈미트는 이를 정지시킬 최종의 결단자를 상정한다(Nardin 2015, 92). 아감벤의 논의처럼 주권자는 헌법 안에 있으면서 동시에 헌법 밖에 존재하는 경계적, 한계적 존재로 결단을 통한 순수한 존재라고 볼 수 있다. 국가의 본질을 가장 잘 드러내는 예외라는 상태 속에서 주권자는 결단을 독점하며 그 속에서 법을 유예한 이후 행동하고, 그럼으로써 다시 정상상태를 회복한다. 이러한 최종결정으로서, 법 밖의 행동은 역설적으로 법적 행동이며 법 자체에 내재하는 요소라는 것이다. 법의 효력 근거를 법 안에서 찾지 않고 권력과 권위의 요소에서 찾는 것은 법의 기초가 정치이자 폭력이라는 사실을 확인해 주고 있다.

● 권경휘는 슈미트의 예외상태를 다음의 여섯 가지로 찾아 요약하고 있다. 즉, (a) 현행 법질서에 규정되지 않은 사례(슈미트 2015, 17); (b) 공공질서와 안전의 위기 상태(슈미트 2015, 21); (c) 누구도 법질서에 의한 권한을 가지고 있지 않은 상태(슈미트 2015, 22); (d) 헌법이 완전히 효력 정지되는 상태(슈미트 2015, 18); (e) 무정부상태나 혼란상태와 다른 무엇(슈미트 2015, 24); (f) 법학적 문제(슈미트 2015, 26) 등이다. 그리고 예외상태에 대한 설명들은 세 가지로 분류될 수 있다고 본다. 즉, 첫째, 예외상태로 결정할 수 있는 조건: (a), (b), 둘째, 예외상태를 결정한 결과: (c), (d), 셋째, 예외상태에 대한 평가: (e), (f) 등이다(권경휘 2017, 202).

슈미트의 주권이론과 국제정치의 조직원리 권력

이러한 논의는 국내정치에 관해서 논란의 여지가 많을 수 있으나 국제정치에 관해서는 오히려 더 정확한 논의다. 슈미트의 예외상태론을 국제정치학 이론에서 부분적으로 채택하여 안보화(securitization) 이론을 만들어 내기도 했지만 보다 근본적인 주권이론을 함께 보면 슈미트의 논의는 국제정치 전반에 적용가능하다. 슈미트의 주권이론은 국내 헌정질서를 둘러싼 헌법이론이지만, 권력의 본질, 정치적인 것의 의미에 대한 본질적 파악이라는 점에서 국내, 국제를 넘어서는 논지를 보인다. 모든 권력은 최종 심급에서 결단의 요소를 필요로 하며, 그 결단은 최후의 법적 명제에 기반할 수 없는 정치적인 것이라는 것이다. 그 정치적인 것의 핵심은 친구와 적을 나누는 것이며, 결단의 주체와 객체를 분리하는 것이다. 자연스러운 합의와 공동의 이익이 자동적으로 도출되지 못하기 때문에 어쩔 수 없이 정치적 판단을 내려야 하는 것이며, 결단자의 존재를 전제로 한 것이다. 설사 완전한 이해합의에 기초한 것이라 해도 그 합의를 이끌어 내고 합의를 결단의 형태로 수행하는 주체가 있어야 한다.

국내의 입헌민주주의에서 주권자인 국민이 최종결정을 내린다고 하지만 일반의지를 실행하는 결단자는 추상적 국민전체일 수는 없으므로 이를 대변한다고 인정된 개인, 혹은 개인들의 집단이 존재해야 한다. 예외상태에서 결단하는 자가 주권자이며, 이는 국내정치에서뿐 아니라 일정한 정치집단, 정치사회에서 보편적으로 적용되는 사항이다. 주권자의 결단이 순전히 개인적인 것인가, 그리하여 결단 이후에 정치집단의 전체, 혹은 부분에 대한 책임으로부터 완전히 면제될 수 있는가, 아니면 결단 이후에 정치사회 전체에 의해 판단되고, 그에 대해 책임을 져야 하는가에 따라 독재인가, 민주주의인가가 결정된다. 국제정치에서도 국제질서의 기본에 대한 다양한 차원의 일들을 결정하는 최종 결단국가, 그 국가의 정책결정자가 존재해야 한다.

슈미트는 국내정치에서 정상상태와 예외상태를 구분한다. 존재하는 법에 의해 운용되며 결정되는 상태가 정상상태라면 법의 권한이 미치지 않는, 혹은 법의 존재근거 자체에 영향을 미치는 상태가 예외상태다. 국제정치에 정상상태와 예외상태는 국내정치와는 아무래도 다르다. 상시의 국제정치를 이끄는 법적, 규범적 질서가 국내정치처럼 명문화되고 선행적으로 규정되어 있지 않기 때문이다. 국제법에서 명시하는 바와 같이 조약과 같은 명문화된 규범은 상대적으로 적고, 관습법이나 일반원칙의 영역이 더 많다. 따라서 정상상태는 법적, 규범적 규율의 영역이라기보다는 관습과 공동 인식, 합의의 영역이다. 갈등이 존재하는 것은 물론이지만 이러한 갈등을 기존의 사례에 기반하여 외교, 국제법, 합의 등에 의해 해결할 수 있는 상태가 정상상태다. 국제정치가 더욱 조직화되고 규범화되어 많은 국가들이 급증하는 조약과 관습법, 법의 일반원칙에 구속되는 경향 속에서 정상상태는 더욱 조직화된다.

흔히 국제법에서 법원은 세 가지를 들고 있고 이는 국제정치 정상상태를 지탱하는 요소들이다. 첫째는 조약으로 "단일의 문서에 또는, 2 또는 그 이상의 관련문서에 구현되어 있는가에 관계없이 또한 그 특정의 명칭에 관계없이, 서면 형식으로 국가 간에 체결되며 또한 국제법에 의하여 규율되는 국제적 합의"를 의미한다.● 여기서 흥미로운 점은 조약의 종류로 조약을 구분할 때, 계약의 성질에 의하여 계약조약(Contract Treaty)과 입법조약(Law Making Treaty)으로 분류할 수 있다. 전자는 당사국 서로의 이해관계를 조절하는 것을 내용으로 하고, 후자는 다수의 국가에 대해 공통의 행동규준을 정한 것이다. 전자의 예로는 통상조약을 들 수 있고, 후자의 예로는 국제인권규약을 들 수 있다. 특히 입법조약이 관심을 끄는데, 이는 당사국의 행위를 장래에 걸쳐 규율하는 일반 규범을 정립한 조약이다. 국내법이 국내의 일반규범을 정하는 것처럼 국제사회에서 일반적으로 적용되는 규범을 정하는 것을 입법조약이라고 부를 수 있다(김영석 2017, 29). 입법조약은 강학상의 개념으로 실제로는 드물고 국제법학자들은 기존의 국제관습법을 확인, 조약화, 법전화한 것이 대부분으로 본다. 국제관습법을 법전화한 조약이 아닌 것은 다자조약이라 해도 제3국을 구속할 수 없는 것이 원칙이다. 이에 비해 국제관습법을 확인하거나 법전화한 조약은 제3국도 구속하게 되는 것이다(김영석 2017, 30). 그러나 국제정치의 역사를 보면 특히 전후 처리 조약은 이후의 질서를 구성하는 조직원리 구성적 조약, 혹은 운용원리 구성적 조약으로 자리 잡고 정상상태로 회귀할 때 이를 적용하는 힘을 지닌다.

● 1969년 조약법에 관한 비엔나 협약(Vienna Convention on the Law of Treaties, 조약법 조약) 제1조 1(a)항에 의한 정의이다. 김영석(2017, 27) 참조.

둘째의 법원은 국제관습법으로 입법기관이 없는 국제사회에서 중요한 법원으로 기능하고 있다. 관습은 단순한 습관(habit)이나 관례(usage), 혹은 관행(practice)이 아니고 국제사법재판소 규정 제38조의 "수락된 일반적 관행"을 지칭한다. 국제관습법이 성립되기 이전 "일반적 관행"이 존재하고 이 관행이 법이라고 인정하는 "법적 확신(opinio juris)"이 있어야 한다(김영석 2017, 37).

여기서 일반적 관행은 국가의 실행과 국제조직의 결의, 실행이 포함되는 것으로 동일한 형태의 실행이 반복, 계속되어 일반성을 갖게 된 것을 말하는 것으로 객관적 요건이다. 이러한 관행은 어느 정도 균일적이고 지속적 관행(uniform and consistent state practice)으로서 반복될 필요가 있다. 국가 관행의 증거는 조약, 외교서한, 국내법원, 공식회의, 국제회의 등에서 국가의 법률자문관의 의견 등을 포함한다. 두 번째 요건인 법적 확신은, 어떤 실행이 국제법상 필요하다는 신념을 가지고 행동하는 것으로 국제관습법 성립의 주관적 요건이다. 국가들의 법적 확신의 존재는 명확하지 않은바, 특정 관행의 수행과 관련된 상황에서 추론해야 하는 경우가 다수 존재한다. 따라서 국제관습법을 성문조약법의 형태로 변경하는 법전화가 필요하다고 국제법 학자들은 본다. 관습법의 범위는 이를 묵시적으로 법규범으로 승인한 국가들에 한정된다. 이 역시 국제법의 정의에서는 정상상태적 법규범으로 제시하고 있지만 그러한 관습은 긴 역사적 과정에서 보면 많은 예외상태를 통해 정치적으로 규정된다(김영석 2017, 37-40).

국제법의 세 번째 법원으로 법의 일반원칙을 들 수 있다. 국제사법재판소규정 38조 1항은 "문명국이 인정한 법의 일반원칙"을 규정하고 있다. 법의 일반원칙은 1) 문명국가들에 의해 승인된 국내법상의 원칙;

2) 국제공동체의 특성에서 유래한 법의 일반원칙; 3) 법의 개념에 고유하고 모든 법체계의 근본적인 원칙; 4) 위계질서 및 조정과 관련한 모든 종류의 사회에서 유효환 원칙; 5) 이성적, 사회적 존재로서의 인간의 속성에 근거한 정의의 원칙 등으로 구체화할 수 있다. 첫 번째 유형은 국제사법재판소의 규정에 의한 것이고, 둘째는 국제공동체의 특별한 성격에서 유래한 원칙들로, "계약은 지켜져야 한다"는 원칙, 국내문제 불간섭의 원칙, 주권 평등의 원칙 등이 해당된다. 셋째는 법의 개념에 고유하면 근본원칙들로 기판(旣判)사항의 원칙 또는 신법 우선의 원칙 등이다. 넷째와 다섯째가 자연법, 자연적 정의와 관련된 것으로 인종 및 성별에 의한 차별금지 원칙, 형평법의 원칙, 상호주의의 원칙, 공평의 원칙 등이 해당된다. 법의 일반원칙은 본래 국내법의 원칙이었지만 점차 객관화된 것으로 조약과 국제관습법의 다음 적용순위를 가지고 있다. 이러한 일반원칙이 정해지기까지 많은 국제정치의 역사가 개입했고, 특히 문명기준이라는 것이 근대 국제정치에서 편파적 힘의 논리를 반영했다는 것은 주지의 사실이다(김영석 2017, 48-50).

이상의 논의로부터 국제정치의 조직원리에 가해지는 힘, 즉 조직원리 권력과 예외권력을 구분할 수 있고, 전자는 또한 네 가지로 나누어 볼 수 있다. 첫째, 조직원리를 구성하는 힘, 둘째, 조직원리를 조작, 변형시키는 힘, 셋째, 조직원리 속에서 행동의 규범을 조작하는 힘으로 기존의 패권개념과 일치하는 것이며, 넷째, 조직원리 속에서 상대방의 행동을 규율하는 힘으로 보다 미시적이고 행위적인 강대국의 힘을 들 수 있다. 국제법은 법적 규범의 연원을 평면적으로 보지만 각각의 조약과 관습법, 원칙 안에 이러한 조직원리의 힘이 어떻게 담기며 작동하는지를 분석해야 한다.

국제정치의 정상상태는 국가의 정상상태와 같을 수는 없다. 국내 정치의 경우 헌법에 의해 최상위의 규범 질서가 존재하고 이로부터 하위로 내려가는 법질서가 만들어진다. 명백한 헌법제정권력이 존재하고, 헌법에서 만들어진 권위에 입각한 입헌 권력이 존재한다. 그러나 국내의 권력구조를 다루는 헌법 이론 역시 다양한 논쟁이 존재한다. 법과 정치의 관계에서 어느 것이 우위를 점하는가, 헌법의 정당성 근거는 한 사회의 역사와 관습인가, 자연법과 같은 초월적이고 합리적 원칙인가, 아니면 헌법제정권력을 소유한 세력의 의지인가, 헌법제정 이전의 제정권력의 사회가 존재할 수 있는가, 홉스의 논의에서 불거진 바와 같이 자연상태에서 헌법상태로 이행할 수 있는가 등의 문제다.

국제정치에서는 국가들의 합의, 혹은 자연법적으로 규정된 명백한 헌정질서가 존재하지 않는다. 유럽의 경우 오랜 기간 역사를 공유하여 헌정질서라고 할 만한 기본 질서가 존재했다고 볼 수도 있다. 슈미트의 대지의 노모스나 영국 국제사회학파의 역사적 질서 요소 등이 그러한 배경에서 나온 논의다. 자연법에 기초한 규범적 이론으로 국제사회의 최소한의 사회성을 창출하려 했던 그로티우스의 논의도 국제질서의 정상상태를 뒷받침하는 요소가 될 수 있다. 19세기 서구의 경우 법실증주의가 강화되어 국가들 간의 합의에 의한 실정법에 의해 국제정치의 법규범을 정초하였다(김성호 2008; 함재학 2016b).

19세기 이래 정상상태에 대한 규정은 몇 가지 특징을 가지는데, 첫째, 국가들 간의 법적 평등, 둘째, 국가들 간의 실제적, 정치적 불평등, 셋째, 불완전 주권국가에 대한 명시적인 국제법적 규정, 넷째, 주권의 분리가능성에 대한 지속되는 논쟁 등이다. 국가 간의 평등은 형식적(formal) 평등, 법적(juridical) 평등, 실존적(existential) 평등으로 나누어 볼 수도 있다. 형식적 평등은 국가의 권리가 평등하다는 의미이며, 법적 평등은 국제법의 제정권한이 평등하다는 것이며, 실존적 평등은 치외법권과 같이 구체적인 이슈에서 평등하다는 것을 의미한다. 19세기 초 비엔나 체제는 국가들 간의 형식적 평등은 인정했지만 이후의 국제법, 원칙을 만드는 데 강대국이 절대적 권한을 소유하고, 약소국에 대한 실제적 힘을 행사한다는 점에서 법적, 실존적 불평등을 함께 인정한 체제의 시작이다. 19세기부터 본격적인 주권체제가 유럽에서 시작되었다고 할 때, 형식적 평등과 법적, 실제적 불평등이 공존하는 기제가 만들어졌다는 점을 인식할 필요가 있다. 이러한 불평등의 제도화 과정에서 다원주의는 무시되고, 패권은 법제화된다는 것이다(Simpson 2004).

1945년 식민지들이 주권국가로 독립하기 이전까지 현실에 존재하는 식민지, 부분적인 주권만을 가진 불완전 주권국가의 실체를 국제법이 인정하여 이를 정상상태로 규정하고 있었다. 이러한 논의 뒤에는 주권이 부분적으로 양도가능하다는 주권의 분리가능성에 대한 인정, 그리고 주권국가에 대한 부분적 승인, 강대국 중심의 국제정치 운용에 대한 인정 등이 깔려 있었다. 이에 대한 치열한 국제법적 논쟁이 이어지는 가운데, 다양한 국제법의 논쟁이 진행되었던 것이다.

그러던 것이 1945년 이후 논쟁적인 부분을 국제법에서 사상하게 되는데, 이러한 법적 미규정의 정상상태가 국제정치 권력의 여지로 성립하게 된 것이다. 강대국의 힘의 정치, 강대국의 의지와 명령에 의해 국제정치의 규범이 만들어지고, 이것은 조약과 같이 성문의 형태를 띠지 않더라도 묵시적 원칙, 혹은 관습과 일반원칙에 버금가는 힘을 발휘하였다고 볼 수 있다.

2차 세계대전 이후 미국 주도 국제질서의 정상상태가 강대국의 힘에 기반하는 것은 사실이지만 점차 법치의 형태를 띠는 것도 필연적 현상이다. 법의 지배는 사회적 사실에서 연원을 확인할 수 있는 실정법률의 지배이기도 하지만, 앞서 관습, 일반원칙 등 법의 연원에서 본 것처럼, 일정한 도덕과 정의의 원칙을 충족하는 법이라고 볼 수도 있기 때문이다(정경수 2013, 85). 정상상태를 규정하는 법의 지배는 일반성, 동등성, 확실성이라고 할 수 있는데, 적용 대상이 일반적이고, 모두에게 적용되며, 법의 해석에 의문의 여지가 없어야 한다는 것이다. 국제적 법의 지배 역시 이러한 법치의 일반 요건과 상통하는 것으로, 강대국들 간의 조정, 혹은 패권국의 권력이 반영되어 있어도 법치의 요건과 절충하여 정상상태가 결정된다.

결국 국제정치 정상상태를 조성한 헌정적, 혹은 조직원리적 권력의 시원은 권력정치와 법치의 조합이며, 시대와 상황에 맞게 다양한 요소들이 존재했다는 것을 상정할 수 있다. 그리고 국내정치와는 달리 구성원의 합의나 상위규범, 혹은 초월적 규범에 입각한 조직원리가 만들어지기보다 힘에 의한 명령과 의지, 그리고 이를 법치의 형태로 정당화하는 노력이 강력한 조직원리의 요소로 작용하였다는 점을 알 수 있다. 이렇게 조성된 정상상태 속에서 다양한 질서의 요소들, 외교와 국제법, 전쟁, 강대국 간 합의 등이 작동하였다고 할 수 있다.

그러나 국제정치에서 외교와 합의, 국제법 등 기존의 절차에 의해 해결할 수 없는 상태가 존재한다. 완전한 의견의 불일치, 이해관계의 갈등 속에서 패권국, 특히 강대국은 강압, 혹은 폭력 사용에 의해 문제를 해결한다. 이 경우 정당한 전쟁에 대한 법적 규범이 존재하지만, 전쟁 개시의 정당성에 대한 합의 자체가 무력화되어 결국 전쟁의 결과에 따라 승전국이 정전의 개념 자체를 결정하고 이를 소급하여 결정할 때

전쟁은 예외상태로 화한다. 국제정치에서 정상상태를 벗어나 예외상태로 돌입하면 폭력에 의해 문제를 해결하고, 승전국의 전후처리에 따라 이후의 국제정치가 결단되는 양상을 띤다. 그 전후처리는 정치 집단 간 조직원리 자체를 근본부터 바꾸는 결단일 수도 있고, 기존의 조직원리 하에서 운용에 관련된 보다 피상적 의제를 결정하는 결단일 수도 있다. 변화하는 원칙과 규범의 근본성에 따라 조직원리의 변화가 결정되고 그 속에서 승전국의 조직원리 권력의 심도를 파악할 수 있다.

국제정치가 법의 효력 속에 존재하는 것은 아니며 법의 효력을 정지시키고 예외상태를 창출하는 권력이 여전히 존재하며 그렇게 국제정치라는 전체 집단이 유지된다고 볼 수 있다. 진화된 제국성은 이미 조직화된 국제정치의 정상상태와 예외상태를 규정하는 일종의 메타권력으로 변화된다. 주권국가들 간의 관계에서 정상상태와 예외상태를 구분하고 예외상태에서 최종적 결단을 행하는 주체가 존재한다. 국제정치에서는 이러한 최종 결단을 순수 법적인 절차로 해결하기 만무하고 결국 예외상태에서 권력을 행사하는 강대국이 국제정치에서 주권적 힘, 즉 예외상태의 최종 결단의 힘을 발휘한다. 주권국가들 간의 관계에서 주권을 행사한다는 점에서 메타주권의 힘이라 명명할 수 있다. 이는 단순히 국제정치의 규범을 만들어 내는 패권의 개념과 다르며 보다 근본적인 개념이다. 패권은 정상상태에서 작동하는 각종 규범을 창출할 뿐 조직원리에 관계된 힘을 만들어 내는 개념이 아니기 때문이다. 또한 메타주권은 어느 특정 국가, 혹은 복수의 국가들을 지칭하기보다 국제정치적 근대의 권력관계를 보여 주는 체제 차원의 개념이다. 궁극적으로 메타주권이 존재하면서 주권국가들 간의 평등과 정상상태가 규정된다.

조직원리는 질서의 패러다임 자체를 바꾸는 거대한 예외상태 속에서 결정된다. 막대한 권력을 가진 행위자가 조직원리 권력을 행사하여 조직원리를 만들어 가기도 하고, 여러 힘들이 상호작용하여 조직원리가 의도하지 않은 방향으로 창발되기도 한다. 단 한 번의 대전쟁을 통해 바뀌기도 하고, 몇 번의 전쟁을 거치면서 서서히 바뀌어 나가기도 한다. 조직원리는 비단 정치집단 간의 물리적 조건의 변화뿐 아니라 인식의 변화, 근본적 거버넌스의 변화를 수반하기 때문이다. 중세에서 근대로 넘어오는 조직원리 변화의 배경에는 군사기술의 발전, 자본주의라는 새로운 생산양식의 대두, 인쇄술과 같이 결정적인 정치커뮤니케이션 수단의 변화, 그리고 민족주의와 같은 이념의 변화가 있었다. 이러한 변화가 조직원리의 변화를 추동한 전쟁의 배경으로 작용하고 승전국은 이를 바탕으로 새로운 조직원리를 만들어 간 것이다.

국제정치의 조직을 볼 때 불균등한 힘의 배분 구조 속에서 국제정치에 큰 영향력을 가하는 강대국, 패권국이 국제사회의 합의와 협력 속에 규범에 입각한 국제정치를 해 나가지만, 강대국의 이익을 극대화하기 위해 기존의 규범을 변화시키거나 부정하는 것은 물론, 새로운 규범을 만들어 내기도 한다. 1945년 이전 제국의 권력이 타국의 주권을 배제하거나 복속하는 방법에 기초하였다면 이후의 메타주권은 인민주권과 국가주권의 평등이라는 이미 확산된 규범을 수용하면서도 국가들이 최종적 권한인 주권을 가지고 선택할 수 있는 선택지의 범위를 유형, 무형으로 제한하는 정상상태 속의 권력을 기획한다. 이러한 기획은 국제법적 미규정 영역에서 실제적으로 그 힘이 발휘된다. 메타주권은 점차 조직화, 제도화되어 가는 국제사회 속에서 조직원리를 구성, 변용하는 힘을 행사하기도 하지만, 다른 한편으로는 기존의 규범을 틀 밖에서 변화시키는 예외상태 권력을 행사하기도 한다.

국내정치에서 이러한 주권자의 행위는 잘못하면 독재로 흐를 수 있지만 힘이 여전히 중요한 변수인 국제정치에서 강대국은 힘을 통해 의지를 실현한다. 근대 이전의 전통 제국체제에서 중심부는 핵심 사안에서 지속적으로 자신의 의지를 실현하지만 주권국가체제가 되면 다른 국가들과의 협의가 중요해지고, 이 과정에서 여러 강대국들과 공동으로, 또는 압도적 힘을 가진 강대국이 평상상태에서는 기존의 국제법 규범이나 원칙에 입각하여 행동한다. 그러다가 예외상태라고 스스로 규정하는 상황에서는 국내정치의 주권적 결단에 해당하는 행동을 한다고 볼 수 있다. 진화된 제국의 행동양태로 볼 수 있으며 이러한 일은 20세기 미소 냉전기 양 초강대국에 의해, 그리고 냉전 종식 이후 미국의 패권 전략 속에서 목격된다. 기존의 국제정치학 이론에서 패권으로 정의된 강대국은 국제정치규범을 조성하고 이를 통해 중장기 이익을 보장하는 것으로 보지만, 지금까지 논의된 내용에서 역사사회학적 관점에서 보면 국제정치의 조직원리 권력과 예외상태 권력을 모두 행사하는 것으로 보는 것이 이론적으로 더 타당하다고 본다.

정상상태에서 국제정치는 많은 국가들의 경쟁과 협력 속에 이루어진다. 그러나 강대국이 포함된 명시적 충돌이 있을 경우 폭력이 사용되어 전쟁이 일어나고 전시외교와 전후 처리 과정에서 강대국은 새로운 조약 속에서 국제질서를 창출해 간다. 국제법이 이러한 과정을 이끌기도 하지만 힘에 의해 결정된 새로운 질서를 합리화하는 역할을 하기도 한다. 과연 강대국, 혹은 패권국이 국제법의 법원을 법원 밖에서 새롭게 규정하고 변화시켜 새로운 정상상태, 새로운 국제법의 법원을 창출해 나가는가?

19세기까지 유럽의 강대국들은 때로는 이들 간의 협조체제 의해, 혹은 개별적 힘에 의해 제국적 힘을 발휘하였다. 영국은 19세기를 지배한 제국으로 문명화의 사명을 강조했고, 특유의 선민의식을 가지고 도덕적 의무감으로 제국주의를 추진하였다(박지향 2000, 78).

문제는 1945년 이후 유럽의 제국이 해체된 다음 메타주권으로서 새로운 제국적 힘의 행사방식이 창출되었다는 것이다. 2차 세계대전 이후 미국은 자유주의를 표방한 강대국으로 조직원리의 조성자 역할을 해 왔다. 미국은 자유주의 패권을 주장하며 법과 제도에 의한 리더십을 강조하였다. 그러나 이러한 정상상태를 조성하는 메타주권으로 여기에서 벗어나는 소위 예외주의를 주장하였다. 정경수는 미국의 예외주의 핵심요소로서 면제(exemption) 유형, 이중기준(double standards) 유형, 법적 단절(legal isolationism) 유형을 제시한다. 미국은 국제법상 국제의무로부터 벗어나는 지위와 상태를 가지고 있다는 점, 국제법에 구속될 때 적대국에게는 엄격한 기준을 적용하고 자국과 우호국에게는 완화된 기준을 적용하는 점, 그리고 미국 내에 유효한 국제법의 국내 적용을 단절하는 점 등이 핵심내용이다(정경수 2013, 92-94).

미국은 냉전기 공산권과의 대결과 전쟁을 수행하는 과정에서는 물론, 냉전의 종식 과정, 9.11 테러, 2008년 경제위기 등 국제질서가 근본적 변화에 직면하였을 때 이를 예외상태로 규정하고 국제정치의 조직원리를 다양한 차원에서 새롭게 변화시켰다. 냉전기 자유진영 수호를 위해 무수한 개입전략을 사용하였고, 미국 주도의 국제기구에서 결정적 영향력을 사용하였으며, 동맹국과의 관계에서 주도권을 놓지 않았다.

냉전 종식 이후 테러집단과 대량살상무기 생산국가를 불법 행위자, 불법 국가로 명명하고 기존 국제법의 정상상태에서 다룰 수 없는

적으로 명명하는 정치를 수행하였다. 정상상태를 예외상태로 돌리기 위한 지구적 안보화 논리가 확산된다. 메타주권은 예외상태 이후의 기간에 통용되어야 할 규범을 창출하고 다시 국제정치 정상상태로 복귀한다. 새롭게 설정되는 규범은 다양한 제도에 반영되어 국제관계를 규율하는 원칙으로 작용한다. 미국과 같은 자유주의 메타주권은 자신의 이익을 극대화하는 규범을 마련하여 보편화시키고 제도화하는 한편, 이러한 규범이 자국의 이익과 어긋날 때에는 이를 예외상태로 규정하여 기존의 규범과 규칙을 일방적으로 변화시킨다. 이때 어떠한 상태가 예외상태인가를 결정하는 권력이 메타주권의 기본적 권력으로 다른 국가의 이익을 반영할 수도 있고 그렇지 않을 수도 있다. 어느 정도의 반영이 메타주권의 정당성을 지탱할 것인가는 각 시대별로 다르다.

자유주의 국제질서가 국가주권의 국제법적 평등에 기반하고 있더라도 미국이 주권국가들 간의 협력의 방향을 설정하고 예외적 상황에서 결단력을 독점한다면 국제정치의 정상상태는 권력구조를 반영할 수밖에 없다. 형식적 주권의 평등성에도 불구하고 주권적인 정도(sovereignness)가 불평등한데 핵심적인 불평등은 주권의 양이 아니라 종류의 문제다. 자유주의 메타주권은 어느 정도 의도한 것인가와 상관없이 이러한 불균형을 자신의 이익으로 활용할 수 있는 막대한 권력자원을 획득하게 된다.

결국 2차 세계대전 이후 메타주권은 주권국가들로 이루어진 정상상태에서 예외상태를 결단하는 주권적 힘을 발휘하였다. 자유주의 메타권력은 변화하는 시대규범을 반영하기 위해 진화된 방법을 구사하지만 많은 국가들과 불균등한 힘의 관계를 새롭게 활용할 수 있는 기회를 가졌다. 주권의 원칙 때문에 다른 국가의 내정에 직접 개입하지 않더라도 다른 국가의 결정에 영향을 미침으로써 주권 위의 주권으로 존재할 수 있다. 때로는 다른 국가의 내정에 직접 개입할 방법을 찾기도 하였고 중요한 것은 이러한 개입이 정상상태의 규범하에서 적합한 것으로 인식되게끔 하는 규범적 권력 또한 가지고 있었다는 점이다.

슈미트의 한계를 넘어: 국제정치에서 메타주권 개념의 필요성

슈미트는 주권 이론을 국내정치를 분석하는 논리로 삼았지만, 국제정치에 대해서, 특히 국제법에 대해서도 많은 분석을 해 온 바 있다. 국제정치의 영역이 헌정적 질서를 가지고 있지 않기에 슈미트는 국제법의 불완전한 적용이 국제정치의 영역이라고 보았다. 특히 비유럽에 대한 유럽의 확장과 제국주의가 유럽 국가들 간의 강고한 합의에 기초해서 이루어졌고, 이러한 합의, 혹은 공통의 결단이 지구 전체의 공간 규범을 정초하는 노모스를 만들었다고 보는 것이다. 그러나 흥미롭게도 슈미트는 자신이 제시한 주권이론에 충실한 국제정치 분석에 오히려 미진한 모습을 보였는데, 이를 살펴보는 것이 현재의 논지를 파악하는 데 도움을 줄 것으로 보인다.

슈미트는 근대 국제정치를 조직하는 중요한 원칙으로 육지와 해양에 관한 공간질서에 주목한다. 유럽의 근대 주권국가가 영토에 기반한 영토국가이면서 동시에 비유럽국가로 팽창해 간 역사를 가지고 있으므로 공간질서가 근대 국제정치의 핵심이라고 본다. 유럽의 국가들이 국제정치를 하면서 일정한 규범적 틀을 유지해 왔다고 보는데, 이를 노모스라는 개념으로 설명한다. 근대 국제정치의 공간질서를 구성하는 근본 틀이라는 뜻으로 국제정치학이론에서 사용하는 조직원리에 대응하는 개념이라고 볼만하다.

슈미트는 19세기 후반의 시대를 안정과 협력의 시대라고 찬양하며, 이를 깨트린 미국의 1차 세계대전 개입과 윌슨의 기획을 심하게 비판한다. 이러한 배경에는 1919년 베르사유 조약이 슈미트의 조국인 독일에 미친 고통 때문이기도 했겠지만 슈미트의 국제정치관이 자신의 주권논리로 보면 충분히 논리적이지 못하였다는 슈미트의 자기성찰적 비판이 있었다. 미국의 자유주의 조직원리 권력은 새로운 시대에 따라 진화된 권력이며, 단순히 구 유럽을 파괴한 권력에 그치는 것이 아니기 때문이다. 앞서 논의한 바대로 자유주의 메타주권으로서 유럽 이후 국제정치의 정상상태와 예외상태를 만들어 가는 새로운 권력으로 등장한 것이다.

슈미트의 노모스 논리를 따라가 보면 우선, 슈미트는 1870년부터 1890년까지 유럽이 낙관주의의 시대였다고 본다. 이는 근본적으로 근대 초 베스트팔렌 시대에 대한 향수에서 비롯된다. 크림전쟁, 미국 내전, 비스마르크의 독일통일, 이탈리아 통일 등을 거치면서 유럽 문명의 진보와 평화에 대한 신념을 가지고 있었다. 또한 비유럽 토지에 대한 유럽 열강의 육지취득 역시 유럽 공법의 마지막 전성기를 거치고 있었다고 본다. 아시아 인민들도 조약관계에 편입되고 만국우편연합과 같은 국제기구에 들어갔고, 같은 권한을 가진 존재로 유럽 국제법에 편입되었다. 아프리카 지역 등 비국가적인 지배구성체(Herrschaftsgebilde)와의 계약도 존재했고, 실효적 선점이라는 승인된 법적 권원의 예비적, 협동적 방법으로서 가치를 가지고 있었다. 물론 법적 권원은 아니었다. 19세기 국제법에서 발견, 탐험, 상징적 점유취득 등은 점령의 단서로서, 발생 중의 권원으로서 중요성을 가진 것이었다. 적절한 시기에 우선권을 취득할 수 있기 때문이었다. 나중에 참가한 경쟁자들은 이러한 실효적 선점을 유일한 법적 권원으로 인정하는 것을 유보하였다(Schmitt 1995, 253-255).

혼재하는 다양한 법적 권원을 둘러싸고 합의를 이룬 마지막 회의가 1884-1885년의 베를린에서 개최된 콩고 회의라고 슈미트는 본다. 미국, 터키를 포함한 유럽의 강대국이 참여하였고, 콩고의정서가 결과로 채택되었다. 회의 결과 문명, 진보, 자유무역에 대한 신념이 유지된다는 사실을 보여 주었고, 아프리카 대륙의 주인 없는 토지에 대한, 즉, 유럽의 선점에 개방되어 있는 토지에 대한 유럽의 주장을 보여 주는 마지막 문서라는 것이다. 슈미트는 여기 참여한 미국의 영향력을 비판적으로 논한다. 1848년 이후 라이베리아 흑인 공화국을 통해 아프리카에 거점을 마련하고 있던 미국이 개입하였다는 것이다. 미국은 콩고 의정서를 비준하지 않았고, 콩고분지의 중립화에 대해서도 협력을 거부하였다. 이때부터 미국은 유럽의 문제에 대해 원칙상의 부재와 사실상의 개입이라는 모순된 행동을 보였다고 비판한다(Schmitt 1995, 257).

슈미트는 유럽 국제법에서 유럽의 국가영역과 식민지 토지를 국제법상 다른 지위로 인정하면서 대지의 노모스를 유지해 왔는데, 미국의 개입으로 이러한 노모스가 약화되기 시작하였다고 본다. 즉, 국가 영역과 식민지를 동일하게 취급하는 것을 주장하였다는 것이다. 슈미트는 이러한 구분이 국가 상호 간의 유럽 내 전쟁을 제한하는 데 매우 유효하였다고 본다. 식민지 공간에서의 무차별적인 전쟁이 옮아오는 것을 막을 수 있었기 때문이다. 그러나 이즈음부터 미국은 물론 유럽의 국가들도 양자의 육지 지위를 동일하게 간주하는 움직임을 보이면서 유럽 국제법의 전체 공간구조가 무너지기 시작하였다는 것이다. 1890년 이후 시작된 순수한 실증주의 국제법학은 구체적 질서의 공간구조에 대한 모든 의미를 상실하였고, 식민지의 공간 의미를 박탈하였다는 것이다(Schmitt 1995, 262). 콩고 문제는 중립국 벨기에가 콩고에서 식민지를 취득할 수 있는가인데, 실증주의 법학의 문제는 이를 문제로 성립시키지 않는다. 중립국이라 하여도 식민지 취득의 법적 자격에 문제가 없는 것이다. 슈미트는 이 사안이 문제가 된 것은 벨기에의 중립화가 유럽의 전쟁 제한을 위한 합의에 근거한 것이었고, 따라서 식민지 문제도 이 합의와 연관되었다는 것이다. 벨기에는 자국의 이익을 위해 실효적 선점을 주장함으로써 자신을 유럽국제법의 공간질서로부터 독립시키고 국제법적 공동체와 연대 속에 근거를 둔 승인이라는 법적 권원을 거부하고, 국제법상 권원을 내포한 공간질서의 파괴로 나아갔다는 것이다(Schmitt 1995, 265).

그리하여 슈미트는 한편으로는 유럽 열강의 경쟁 때문에, 다른 한편으로는 미국의 개입 때문에 1890년대부터 유럽 국제법의 고유한 공간질서, 전쟁의 제한을 위한 모든 정치적 직관, 모든 공동의 힘을 상실하여 버렸다고 판단한다(Schmitt 1995, 266). 슈미트는 미국의 보편주의에 기반한 공허한 규범주의 때문에 유럽 국제법과 대지의 공간 질서가 종말을 고하였다고 보는데, 이는 윌슨의 파리강화회의에서 정점에 달했고, 1890년에서 1939년 사이에 진행되었다고 본다. 1890년경까지는 국제법이란 특수한 유럽 국제법이라는 견해가 지배적이었는데, 유럽 국제법과 아메리카 국제법이 병립적으로 불리면서 통일적인 유럽 문명이라는 관념 속에서 협력관계를 가지고 있었다. 문제의 핵심은 무공간적이며 일반적인 하나의 국제법 대신에 광역에 따라 상이한 여러 개의 국제법이 등장했다는 것으로 아메리카로부터 새로운 공간질서가 나타나고 있었다는 점이다. 19세기에 접어들면서 일본, 중국 등 아시아 국가들의 등장하여, 1, 2차 헤이그 평화회의를 거치면서 점차 더 이상 유럽적이지 않은 국제법으로 옮아갔다는 것이다. 당시 유럽 국제법학자들은 세계 모든 국가들을 대상으로 다루고 있었지만 주권이라는 말은 회피하고 있었다. 아시아에서도 국가라는 말은 피하고 있었고, 다만 국제사회 외부에 존재하지만 여러 가지 조약들로 결합되어 있었다고만 보았다. 문제는 공간질서가 다른 대체물 없이 사라져 버렸다는 사실이다. 즉, "사실적 관계의 무공간적이며 무체계적인 착종과 병존하여, 50국이 넘는 이질적이고 이른바 동권(동일한 권리)이며 동등하게 주권적인 국가들과 그들의 산란한 관계들의 무질서하며 공간적으로 정신적으로 무관계한 착종과 병존하며, 하나의 무구조적인 혼란이었는데, 그러한 혼란은 더 이상 전쟁에 대하여 공동의 제한을 설정할 능력이 없었으며, 그러한 혼란에 대하여는 더 이상 한 번이라도 문명이라는 개념이 특정한 동질성의 실체로서 타당할 수 없었다"(Schmitt 1995, 279).

슈미트는 이러한 보편공간의 국제법이 자유무역과 연관되어 있다고 본다. 국가로부터 구별되는 자유무역과 세계시장이 강화되면서 무공간적 전 세계 보편주의와 결합되었다는 것이다. 외관상 순수하게 정치적인 국제법과 병존하여 비국가적 경제 공간이 펼쳐지면서 변화하였다는 것이다. 과거 국제법은 국가 상호 간의 정치적 국제법과 국제적 자유경제의 이원론에 기초하고 있었고 이는 공법과 사법의 이원론에 기초한 것이었다. 그러나 이제 자유주의적 입헌주의에 기초하여 자유경제가 자리 잡았다는 것이다.

유럽국가들이 공유하였던 공간질서가 막을 내린 포괄적 사건은 슈미트에 따르면 1919년의 파리강화회의였다. 참석한 주요 강대국들은 공동의 공간질서관을 공유하지 않고 있었다. 미국은 여전히 유럽으로부터 격리된 아메리카 대륙의 독자적 공간질서를 주장하는 먼로주의를 고수하고 있었고, 일본은 동아시아에 대한 특별한 이해관계를 통지하였다. 유럽과 아시아의 강대국이었던 소련은 참석하지 않았다. 파리회의는 새로운 세계 공간질서는 만들지 못한 반면, 기존의 유럽 중심의 질서를 파괴하였다. 즉, 유럽의 공간질서를 세계의 공간질서로 재편하는 시도였다(Schmitt 1995, 288-289). 전쟁의 폐지가 아니라 전쟁의 제한을 위한 강대국들의 공간 조정이 실효를 발휘하지 못하였고, 1919년부터 1939년까지 공간적인 노모스에 대한 명확한 관념 없이 근거 없는 국제법 질서가 지배하였다. 에티오피아의 분할은 과거 비유럽 토지 분할에 대한 유럽의 전통적 관념을 적용한 결과이면서도 동시에 국제연맹은 이를 부분적으로만 받아들이는 자체 모순에 처하기도 하였다(Schmitt 1995, 291-292). 국제연맹은 유럽의 질서이고자 하는 것과 보편적이고 전세계적인 질서이고자 하는 것을 동시에 의욕한 결과 유럽과 비유럽을 다루는 방식이 정리되지 못한 채 혼재되었다고 본다. 영국과 프랑스의 공간개념과 이해도 근본적으로 달랐고, 새로운 강대국인 미국과 소련의 관점도 반영되지 못하였다. 슈미트는 국제연맹에서 전쟁의 제한과 관련된 논의가 전무했고, 특히 전쟁의 공간적 제한에 대한 논의가 없었던 것을 문제라고 지적한다. 그러한 결과 1938년 뮌헨 회의를 통한 체코 분할, 중립국에 대한 무원칙의 규정 등 많은 문제가 생겨났다고 본다.

미국은 특히 먼로주의를 국제연맹 질서에 포함시켜 스스로는 국제연맹에 가입하지 않으면서도 많은 아메리카 대륙을 포함시켰으며,

서반구 즉, 아메리카 대륙에 대해서는 독자적인 권한을 유지하는 모순을 보였다. 또한 경제적 수단으로서 경제제재 및 전후 배상금 지원과 같은 방법을 사용하여 명확하게 정치적이고 군사적인 수단과의 구별을 흐렸다는 것이다.

전쟁에 대한 새로운 규정 역시 혼란스러운 것이었다고 본다. 정당한 전쟁이 상대를 정당한 적으로 인정하는 개념이었던 것이 전쟁 자체를 범죄로 보는 시각으로 대체되기 시작했다는 것이다. 슈미트는 특히 베르사유 조약의 228조부터 230조까지를 문제 삼는다. 전쟁에 있어서 법의 위반이라는 개념 자체가 혼동스러웠다는 것이다. 침략전쟁을 불법화하면 정당한 적의 이론은 폐지된다. 미국의 대표들은 독일의 전쟁을 인류에 대한 도덕적 범죄로 규정함으로써 정전의 개념을 혼동시켰다고 비판한다(Schmitt 1995, 316-330).

전쟁의 불법화, 범죄화 역시 혼란스러운 것이었다. 1924년의 제네바 의정서와 1932년의 군비 축소 회의 등에서 표명된 견해, 즉 침략전쟁은 형법적 범죄행위라는 견해는 미국식 사고의 소산이었다고 본다. 슈미트는 전쟁이라는 범죄, 침략이라는 범죄, 침략전쟁이라는 범죄를 구별해야 하는데, 침략 자체가 사람들이 침략에 뒤이은 전쟁과 법적으로 구별하는 특정 구성요건을 의미하는지, 먼저 발포한 자, 또는 먼저 국경선을 넘어선 자가 전쟁 전체의 야기자와 동일한지 등의 문제가 다루어져야 한다는 것이다(Schmitt 1995, 335). 전쟁은 침략전쟁을 포함하여 양면적 성격을 가지는데, 침략이 일방적 행위인지, 침략행위가 전쟁으로 나아가는지, 전쟁의 정당성과 특정 침략행위의 정당성이 구별되는지 등을 따져 봐야 한다는 것이다(Schmitt 1995, 336). 침략의 금지는 침략전쟁의 금지와는 다르며 정당한 공격전쟁도 존재한다. 공격이 최상의 방어일 수 있으며 전쟁의 정당성 문제는 정당원인의 문제, 전체적인 대외정치적 관계의 문제와 분리될 수 없다(Schmitt 1995, 337). 결국 1928년 켈로그-브리앙 조약과 더불어 국제법의 세계관, 전쟁관이 바뀌게 되는데, 이는 미국과 서반구, 소련의 시각들이 혼합된 결과였다.

슈미트는 근대 유럽 주권국가 간 국제정치의 본질이 무정부상태라는 인식을 비판한다. 국가 간 전쟁이 발생한다고 해서 무정부상태는 아니라는 것이다. 중세 유럽으로부터 무수한 전쟁이 있었지만 이들 전쟁은 유럽 전체의 정신질서와 규범 안에서 이루어지는 전쟁이었다. 유럽의 기독교도와 비기독교도 간의 전쟁은 물론 이러한 규범에 영향을 받지 않았다. 중세 유럽 내 공간질서 속에서 전쟁이 발발해도 전쟁이 일정한 규범에 따라 이루어졌기 때문에 무정부상태로 볼 수 없다는 것이다. 근대에 들어와 주권국가들 간의 전쟁은 고대로부터의 정당한 전쟁 개념을 이어받고 있다. 중세에는 정전이 정당한 원인에 근거해야 한다는 규범이 지배하였다. 그러나 근대에 들어와서는 정당한 원인이 문제가 되는 것이 아니라 정당한 적의 개념이 중요하게 되었다. 상대와 전쟁을 하더라도 상대의 존재를 부정하는 섬멸전이나 괴멸전은 사라지고 전쟁의 수행과 종식, 이후의 상대방과의 관계가 정당한 적의 개념에서 파생했다고 본다. 그러한 점에서 근대의 전쟁이 제한되고 통제되었다. 전쟁을 통한 육지의 분할 역시 이러한 규범을 따라 진행되었다.

그리고 근대에 들어 지구 공간의 노모스, 정당한 적의 개념, 유럽 강대국들의 다자주의적 합의, 자유무역에 대한 적절한 관리 등을 통해 유럽이 하나의 국제사회를 이루어 왔음을 강조하고 있다. 앞 장들에서 살펴본 바와 같이 19세기 이전까지는 개별 국가가 배타적 제국체제를 건설하려고 하였지만 19세기에 들어서는 결국 공동관리, 공동의 조직원리 권력과 예외상태 권력을 갖는 방향으로 선회하여 공동의 질서를 창출해 나갔다.

슈미트는 이에 대한 미국의 개입과 1차 세계대전의 전후처리로 이러한 정상상태가 근본부터 부정된다고 보고 이를 개탄하는 논지를 전개한다. 패전국인 독일의 지식인이었던 슈미트가 미국 주도의 새로운 국제질서에 반발하고 과거 유럽 제국 간 합의에 의한 국제질서에 향수를 가지는 것은 일면 이해가 된다. 그러나 20세기에 새롭게 조성된 상황에서 전후 국제질서를 예외상태로 규정하고 새로운 강대국인 미국이 조직원리 권력을 마음껏 행사하는 것은 오히려 슈미트의 논지에 부합되는 일이다. 미국이 이상주의 국제정치 조직원리를 들고 나온 자체는 문제가 안 되며, 국제정치의 조직원리와 운용원리가 어떻게 제국적 힘을 가진 새로운 강대국에 의해 규정되는가를 지적할 문제였다.

슈미트 스스로도 미국이 먼로 독트린을 지정학적으로 활용한 새로운 제국주의 세력이라는 점을 인식하고 있었다. 슈미트는 미국이 한편으로는 순진해 보이는 자유주의 패권의 모습을 하지만, 다른 한편으로는 그러한 얼굴 뒤에서 냉정한 지정학을 추구하는 세력이라는 생각도 가지고 있었다. 미국은 국제법을 준수하고 강조하지만, 국제법이 미처 정확하게 규정하지 못하는 조약들을 자국의 이익에 맞게 해석하는 모습을 보인다고 강조한다. 이는 앞서 논의한 메타주권의 개념을 어렴풋이 예고한 것이고, 슈미트의 결단주의 법철학과도 상통되는 관찰이다. 미국은 먼로 독트린을 통해 자국의 영향력이 행사될 수 있는 아메리카에 대한 장악을 확실히 하고 이를 자유주의 원리로 포장하는데, 사실은 개입과 불개입의 원칙을 미국의 이익에 맞게 사용하였다는 것이다. 이후에도 미국은 독특한 개입주의 전략으로 다른 국가의 주권을 제한하고 제국적 정책을 추진하는 데 매우 기민하였다는 관찰을 제시하고 있다. 이러한 논의는 후에 모겐소에게도 발견되는 논리이며 미국의 자유주의와 제국적 외교정책이 어떻게 결합하는가를 보여 주는 흥미 있는 주제이다(Scheuerman 2007, 71-77).

미국은 1차 세계대전이라는 국제정치적 예외상태에 강력히 개입하였다. 이후 새로운 조직원리 권력 국가, 혹은 메타주권국으로 유럽은 물론 지구적 노모스를 메타적으로 재정의할 힘을 가지게 되었고, 이는 곧 기존의 국제정치적 정상상태를 전쟁을 계기로 예외상태로 정의하고 새로운 정상상태를 만들어 내는 과정이었다. 미국은 주권국가들의 국제사회를 새롭게 규정하는 주권 보다 상위에 있는 주권적 결단의 힘을 가지고 있었고, 이는 슈미트가 미처 분석하지 못한 국제정치 조직원리의 변화과정이었다고 본다. 미국이 패권국으로 존재하는 한 21세기(트럼프 행정부의 경우와 같이)에도 미국의 자국 이익 우선주의에 의한 기존의 규범 파괴, 예외상태 선언, 그 속에서 새로운 규범의 창출 등의 행동은 이어진다.

슈미트의 분석은 대단히 유럽중심적이며, 구 제국주의 열강의 편향된 사고를 반영하고 있다. 비서구의 식민지, 반식민지들은 유럽의 침탈 속에 독립과 주권적 지위를 고민하면서 점차 자유주의 의식을 받아들였다. 독립투쟁을 하면서 세계질서를 전반적으로 변환하고자 하였는데, 슈미트는 이러한 전 세계적 변화의 방향을 무시하고 과거 유럽 제국들 간의 노모스적 합의를 과거 회귀적으로 희망하고 있다. 미국의 개입이 단지 자유주의의 가면을 쓴 권력정치 현상이라고 비판하지만 사실은 주권의 실천이 확산되면서 불가피한 세계사의 흐름을 미국이 선제적으로 채택하고 있다는 사실을 미처 인식하지 못하였다고 본다. 슈미트의 주권 개념은 국내정치에 한정된 논의이나 2차 세계대전 이후 국제정치의 정상상태가 상당부분 제도화된 협력의 모습을 보이면서 주권국가들 간의 유사 헌정체를 이룬다고 할 때 슈미트의 논의는 비판적으로 원용될 수 있다. 다만 민주주의의 절차가 미약한 자유주의적 질서가 미국 주도 국제질서이고 이 질서 속에서 주권자의 결단이 더욱 두드러진다고 할 때, 논의의 적절한 변형이 필요하다.

메타주권 개념을 통해 본 진화된 제국의 실체

국제정치의 이론적인 개념으로 설정된 메타주권적 힘은 조직원리 권력과 예외상태 권력이다. 국제정치 자체를 조직하는 힘을 가지고, 평소에 이를 다층적으로 관리하다가, 예외적, 사활적 상황에서 개입하고 결정, 결단하는 힘을 가진 주체가 주권이다. 애초에 신의 개입도 창조 이후 인류사회의 조직에 개입하고 이후 자동적, 이신론적 운영을 하다가 기적에 의해 예외적 개입을 하는 것으로 인식되고 있다. 고대, 중세의 제국 역시 평소에 공유된, 다층적 주권을 운영하다가 조직원리적, 예외적으로 개입한다. 자칫하면 주권국가들 간의 체제에서 주권이 존재하지 않을 수 있다고 오해할 수 있게 된다. 주권은 정상 상태에서 독재를 행하는 힘이 아니며, 모든 사안을 좌지우지하는 힘도 아니다. 조직원리권력을 행사함으로써 정상상태에서 보이지 않은 규율권력을 행사할 수는 있지만 가시적 권력을 상시적으로 행사하는 힘은 아니다.

이를 기존의 국제정치이론들과 비교해 보면 현실주의는 주권국가들 간의 무정부상태를 가정함으로써 제국을 향한 단위들의 운동을 부정하였고, 결국 주권규범이 내재화된 것으로 가정하는 비현실주의적,

비권력정치적 우를 범하였다. 앞서 살펴본 바와 같이 크라스너가 주권을 조직된 위선론을 제시하고, 래이크 등의 학자는 국제정치의 위계론을 궁구하는 등의 연구를 제시한 바 있다. 그러나 대부분의 논의는 20세기에 한정되어 있고, 이미 만들어진 베스트팔렌 체제 속에서 행위자들의 결정을 다루고 있다는 점에서, 보다 장기간에 걸친 강대국-약소국 관계의 구성 과정을 다루지 못하고 있다. 그러한 점에서 조직원리보다는 보다 표피적인 운용원리에 집중하고 있으며, 주권국가 체제가 역사적으로 불평등과 권력구조에 뿌리박고 형성되어 왔다는 점 자체를 구체화하지는 못했다(전재성 2014).

국제사회학파는 앞서 비서구 팽창론의 비판에서 살펴보았듯, 무정부상태의 사회에서 각 주권국가들이 주권규범을 내재화하였으므로 국제법적 정상상태가 작동하는 것으로 보았는데, 이는 주권의 개념에 대한 혼란을 내재한 채 권력정치의 작동을 과소평가한 것이다. 국가들 간의 합의와 공동운영이 가능하고 사회적 요소가 작동하는 것은 권력정치, 국제정치의 주권을 향한 국가들의 정치적 관계의 합의 속에서 가능한 것이다.

자유주의는 그 속에서 개별 국가들의 민주주의, 시장경제의 영향력을 강조하였지만, 이러한 힘들이 국제정치의 주권을 향한 힘을 대체하기는 어렵다. 주권국가들 간의 주권을 향한 단위들의 노력이 이러한 변수에 영향을 받아 그 운영방식이 영향을 받을 수는 있지만, 근본적인 조직원리가 달라지지는 않기 때문이다. 매개변수로서의 의미라 할 수 있는데, 칸트 역시 이러한 점을 인식하고 있었다. 칸트가 가정한 유럽공동체는 제국을 향한 단위들의 경쟁이며, 이는 전쟁을 수반하고, 민주주의는 그 매개변수로서 작동한다. 그러나 그 과정 자체가 민주주의적 합의에 의한 것이거나, 시장을 통한 평화적 상호작용에 의한 것일 수는 없다. 구성주의는 무정부사회의 조직 과정과 주권의 사회적 구성과정을 밝히지만 결정적으로 권력정치적 과정에 대한 논의가 빠져 있다. 권력정치적 가정이 본질주의 메타이론 요소이기 때문에 권력정치 자체가 구성될 수 있는 것으로 보았기 때문이다. 그러나 주권이라는 개념 자체가 권력의 개념이기 때문에 구성주의와는 간격이 크다.

마르크스주의에 기반한 국제정치이론은 주권국가체제가 유지되는 진정한 원인을 자본주의 구조에서 찾고 있다. 주권국가체제가 독립변수라기보다는 지구적 자본주의 착취구조에 유용하기 때문에 출현하고 유지되고 있다는 것이다. 월러스타인의 자본주의 세계체제론이나, 로젠버그의 시민사회 제국주의론 등 국제정치이론은 주권국가체제 조직원리의 근본을 주권논리, 혹은 주권의 권력정치논리 외적인 차원에서 찾고 있다(Rosenberg 1994). 우드는 "비록 자본주의가 민족국가를 창출하지 않았고 민족국가는 자본주의를 발생시키지 않았지만, 경제적 영역과 정치적 영역의 분리를 고유한 특성으로 가지고 있는 자본주의를 형성시킨 사회적 변환들이 동시에 민족국가를 성숙시켰고"(Wood 2002, 230), "자본주의는 다른 어떠한 사회형태보다 더 많이 사회의 질서 유지를 위해 정치적으로 조직되고 법적으로 규정된 안정성, 조화, 그리고 예측성을 필요로 한다."라고 논한다(Wood 2002, 240). "근대국가는 영토권과 주권이라는 근대적 개념과 함께 자본주의와는 아무런 관련이 없는 사회적 관계로부터 그리고 분절된 통치권자와 중앙 집권화하려는 군주간 긴장 속에서 등장"하였지만(Wood 2002, 233) "자본주의는 경제 외적 조건, 즉, 정치적, 그리고 법적 지원에 여전히 의존"하며 "오래된 민족국가 이상으로 이러한 지원을 공급할 수 있는 보다 효과적인 수단을 발견하지는 못하였다"는 것이다(Wood 2002, 241).

이러한 논의는 주권국가체제 조직원리의 동력을 주권국가체제 외부에서 찾는 논의들로 조직원리가 형성되는 과정에 작동한 권력적 측면을 역사적으로 밝히는 데 도움을 준다. 다양한 논의들은 주권국가체제의 상대적 자율성의 정도에 대한 견해에서만 차이를 보일 뿐이다.

결국 국제정치학 이론의 관점에서 중요한 것은 주권국가들 간의 법적 평등이라는 주권개념 자체가 정상상태를 규정하는 핵심 요인으로, 주권국가들 간의 권력관계를 보여 주는 내재적 요소라는 점이다. 역설적으로 국가들 간의 법적 평등은 실제적 불평등을 유지하고 제도화하기 위한 수단이었다. 주권국가의 자격이 없는 정치체들을 배제하고, 주권국가의 형태를 갖추기 어려운 초보적 변환 단계의 비서구 단위들의 주권 취득 단계에 과거 구유럽 제국들, 혹은 20세기 냉전의 주역인 미소 두 초강대국들이 개입하여 형성적 역할을 발휘하기도 하고, 그 과정에서 초강대국과 장기적으로 관계를 유지할 수밖에 없는 정치적, 경제적, 사회적 기제를 만들어 놓기도 한다.

2차 세계대전 이후 국제법적 주권을 취득한 비서구 국가들이 전통적으로 자부해 온 영토, 국민, 대외적 독립성을 모두 실현했는가도 문제다. 많은 비서구 국가들은 해방과정에서 구유럽 제국들의 개입으로 군사력, 경제력의 통제권을 벗어나지 못하고 있고, 주관적으로 만족할 수 있는 주권적 요소들을 확보하지 못한 경우도 다수 있다. 동북아의 경우만 해도 한반도는 분단되었고, 일본은 주권국가를 성공적으로 이룩하였지만 패전국으로 헌법적 제약하에 놓이게 되었다.

강대국들, 특히 미소 양대 초강대국은 각자의 진영에서, 혹은 지구적 문제에서 주권국가들만을 정당한 단위로 한 국제관계를 완성하고 이를 운용하는 틀을 만들어 낸다. 법적 평등의 원리 위에서 모든 국가들이 참여하는 국제질서의 원칙을 만들어 내는 것이 자유주의 패권의 임무이었다면, 세계공산주의 혁명의 기치하에 모든 공산주의 국가들을 하나의 이념하에 진영으로 관리하는 것이 소련의 방식이었다. 비서구 국가들과 약소국들의 민족자결주의를 존중하면서 주권적 권한을 무시하지 않는 방식으로 국제정치의 정상상태를 창출하고 정당성 있는 운용을 시도한 것이다. 경제원조, 군사동맹, 정치체제의 이식, 경제발전 모델의 제시, 자본주의 대 공산주의 이념 대립 속에서 이념적 정향성 제시, 사회차원 교류를 통한 국가 정체성의 친화성 강화 등 다양한 기제가 마련된다. 미소 양국 역시 표면적으로는 다른 국가들처럼 국제법적 평등 아래에서 한 표만을 행사하는 국가인 것 같지만 사실은 힘이 강대할 뿐 아니라 국제정치 자체를 조직하는 조직원리 권력을 행사하였고, 더 나아가 국제정치 정상상태를 넘어서는 예외상태를 규정하는 힘, 예외상태에서 초주권적, 혹은 더 정확하게는 메타주권적 권력을 행사하는 틀을 만들어 놓았다는 것이다. 소련이 제한주권론을 표방하고 명시적 제국으로 후퇴한 것에 비해 미국은 자유주의 국제질서하에서 메타주권의 행사방식을 더욱 정교하게 한 것을 대비해 볼 수 있다.

제9장

결론

—

주권이란 주어진 조직원리와 단위가 아니라 지속적으로 조정되고 실행되는 과정적 실천이다. 혹은 실천의 과정이다. 여기에는 결과의 논리와 적절성의 논리가 모두 작동하여, 힘의 균형과 인식, 관념, 합의, 제도 등의 변수가 함께 작용한다. 정복과 지배를 향한 힘과 인민들의 자유의사를 취합하고 대변하려는 힘이 함께 작용하면서 발전해 온 것이 주권의 개념이자 현실이다. 유럽도 그러하지만 무엇보다 비유럽의 주권체제는 현재에도 건설되는 과정에 있다. 문제는 그러한 과정에 작동하는 규범이 유럽과 강대국의 이익에 맞게 형성되어 비유럽에 외부적 규범으로 강제되어 왔다는 것이다. 2차 세계대전이 종식된 이래 지구적으로 주권국가들이 자리 잡았지만 여전히 주권국가들 간 조직원리를 규정, 변형하는 힘의 중심이 사라졌다고 보기는 어려우며, 이는 과거와는 구별되는 제국성을 가진다.

유럽에서 주권국가가 출현했을 때, 그 주권국가는 제국이라는 단위와 어떠한 관계를 가지는가? 주권국가가 다른 주권국가에 대한 통치권과 영향력을 완전히 포기하기 전까지 제국성은 사라지지 않는다. 사실 나폴레옹의 제국 건설 시도와 히틀러의 제국 건설 시도는 1648년 이후 1945년까지 주권국가가 제국으로 탈바꿈할 수 있다는 것을 보여 주고 있다. 이 경우 제국 건설시도가 단순한 일탈인지, 주권국가 체제 내 내장된 제국성이 표출된 것인지, 주권국가 체제가 곧 제국 체제의 한 단계로서 새로운 조건하에서 새로운 목표를 향해 진화하고 있는 국면인지 생각해 보아야 한다. 주권국가들 간 승인, 주권평등과 상호인정, 영토보존의 규범 등이 정착된 것이 시대적으로 점진적으로 이루어져 왔으며 여전히 완성된 규범은 아니다.

유럽 주권국가들은 서로 간에 주권 관련 규범을 인정했지만 전쟁을 통한 정복과 합병은 여전히 지속된 바 있다. 반대로 근대 이전 제국들 간 관계에서도 서로를 인정하고 각자의 대내적 최고성을 인정한 사례들도 있다. 중세 시기 서로마제국과 동로마제국, 이슬람제국 간에 그러한 관계가 성립했다. 이러한 관행이 새로운 조직원리를 만들어 내고 국제법의 규범으로 발전하지는 못하였다.

제국 간 관계가 국제법으로 발전하기는 어려운데 그것은 제국들 간에 문명권의 차이로 법의 관습적, 종교적, 문명적 기반이 공유되어 전체를 포괄하는 조직원리가 출현하기 어렵기 때문이다. 만약 한 문명권 내에서 다수의 제국이 출현한다면 어떻게 될까? 이들 간에는 정복과 합병을 향한 경쟁과 이를 막고 생존하려는 욕구 간에 충돌이 길항작용을 벌일 것이고, 그 과정에서 하나의 평형점이 마련될 것이다. 제국들 간 세력균형이 생긴다면 서로를 존중하는 규범이 마련되는 것인데, 이러한 규범이 얼마나 내재화되고 지속적으로 준수될 수 있는가는 실제 진행된 역사만이 보여 줄 수 있다.

유럽의 경우 점차 자유주의 이념이 확산되면서 유럽 문명권 내 대의적 정치철학이 자리 잡았고, 제국은 제국 내 신민의 의사를 반영해야 지속될 수 있는 상황이 마련되었다. 일부는 자유주의 국가이고 다른 일부는 비자유주의 국가일 경우, 자유주의를 표방하는 세력은 인민주권의 원칙 위에서 다른 주권국가의 영토 내 인민들 대변하는 제국으로 자리 잡을 가능성이 높아진다. 나폴레옹의 자유주의 제국은 유럽 영토 내에서 그러한 힘을 발휘한 것으로 볼 수 있다. 히틀러의 실패를 딛고 현재의 유럽은 하나의 민주세력이 유럽 전체를 대변하는 지역국가의 모델로 변화하였다. 주권국가 체제가 최후의 평형점이 아니라 과도기의 체제였다는 의심을 낳게 하는 현실이다.

유럽의 국가들은 18세기까지 여전히 제국성을 가지고 있었고 제국 간 관계의 정점은 나폴레옹전쟁이었다. 이후 배타적 영토성이 확정되고 제국의 출현을 막기 위한 국가들 간의 세력균형 논리가 자리 잡게 된다. 세력균형은 보편적, 독자적 제국의 출현을 막기 위한 다수 제국들 간의 제국적 합의라고 볼 수 있다. 제국들 간의 세력균형인 것이다. 그리고 이러한 균형 속에서 유럽 내 충돌을 유예하고 국력을 확장하는 새로운 개척지가 식민지가 되었다. 이 과정에서 제국들 간의 균형을 더욱 엄격하게 한 것이 배타적 영토성의 확립이었다.

주권국가들 간의 관계 자체를 조직하고 이를 운용하는 힘이 주체가 있다면 주권적 행위자들을 규율하는 다른 핵심적 힘을 상정해야 한다. 주권적 강대국들 간의 상호작용에서 자동적으로 생겨나는 질서라는 이미지가 옳은지, 아니면 이를 만들어 내고 유지하고 변형시키고 활용하는 힘의 핵심이 있는 것이 더 옳은 이미지인지의 문제다. 무정부상태 안에 있으면서 무정부상태 밖에서 결정을 내리는 권력적 주체, 혹은 국제정치의 가장 중요한 상태, 슈미트의 논리를 참고하면 국제정치의 예외상태를 결정하는 권력적 주체를 상정해 볼 필요가 있다. 즉, 주권국가들 간의 관계를 규율하는 메타주권적 주체가 있는가의 문제다.

국제정치는 국내정치와 다른 성격을 가지기 때문에, 이러한 명확한 주권자의 모습을 상정하기는 어렵지만, 단지 국가들 간의 관계나 규범을 창출하는 힘이 아닌, 국제정치를 규정하는 헌정적 힘, 더 나아가 헌정적 힘을 넘어선 결단적 권력을 가진 주체가 있는가를 생각해 볼 수 있다. 여태까지 주권이 어떠한 과정을 거쳐 진화해 왔는지를 본다면, 조직원리를 결정하고 이를 변화시키는 힘의 핵심을 간과할 수 없다. 국제정치의 이론화는 조직원리가 주어진 것, 혹은 상호작용에서 창발하는 것으로 보는 경향이 강하였는데, 이를 힘의 관계로 재이론화하는 것이 중요하다. 권력정치를 강조하는 현실주의 역시 조직원리를 창출하고 유지, 변형하는 힘의 정치를 외면하였다는 점에서 충분히 현실주의적이지 못한 문제를 안고 있다.

역사적으로 비유럽의 주권은 저항적, 배타적 반제국주의 독립성의 의미였고, 제국이 아닌 국민국가 간의 관계라는 긍정적 의미로 변화되었다. 이후 그 과정에서도 개입하는 외세에 대항하는 개념으로 몇 차례 의미가 바뀌면서 진화해 나간다. 20세기 중반 전후부터 형식적 독립이 이루어진 이후 3세계 국가들은 주권의 불완전성을 내장하고 이러한 불완전성을 활용하는 주변의 강대국, 지구적 제국의 영향하에 놓이게 된다.

2차 세계대전 이후 미국은 자유주의 철학의 기치하에 메타주권의 위상을 확립하였지만 냉전이 종식되면서 새로운 도전에 직면하고 있다. 메타주권을 유지하면서도 비서구 국가들의 불완전한 근대 이행, 주권의 결손에서 비롯되는 불안정을 해결하며 새로운 권력으로 진화한다면 다음 단계에서 제국의 공고한 기초를 다질 수 있을 것이다. 단지 형식적 주권의 평등성뿐 아니라 실질적 주권의 공정한 확보를 통해 새로운 정당한 권력을 확보하고 행사하는 방법을 익힌 21세기 제국으로서 미국이 진화할 수 있는가, 혹은 다른 국가가 미국을 대체할 수 있는가의 질문이다.

이 책에서 제시하고자 했던 주장을 정리하면 다음과 같다. 첫째, 유럽에서 발원한 주권국가체제는 유럽의 맥락에서 기존의 중세 제국에서 탈피하여 독립한 새로운 근대 제국들 간의 관계에서 형성되었다. 하나의 제국이 유럽 전체를 통일하지 못하는 환경 속에서 새로운 제국들은 중세의 보편제국에서 독립하는 과정에서 주권을 주장하게 되었고, 동시에 다른 제국들과의 잠정적 공존과정에서도 주권을 주장하였다. 유럽에서 주권국가체제는 제국체제의 재편이었고 제국체제의 연속선상에서 주권국가체제가 정립되었다.

둘째, 영토와 국민 개념에 기초한 근대 국민국가가 만들어지는 과정에서 국내적 주권은 대외적 주권에 큰 영향을 미쳤다. 유럽 지역 전체를 관통하는 지역 제국의 개념에서 영토군주가 자신의 영토 내의 인민들을 다스리고, 초국가적 네트워크인 종교 공동체를 극복하는 과정에서 대내적 주권이 만들어졌다. 정부의 형태는 왕정, 귀족정, 민주정 등 다양한 형태를 띨 수 있었지만 중요한 것은 영토와 인민, 정부에 기초한 단일하고 배타적인 정치체(body politic)가 만들어졌다는 것이다. 인민을 대변하고 정치적 의사를 모으는 정치체가 만들어지면서 제국이 되려면 다른 영토 내의 인민들을 대변해야 하는 정치적 부담이 새롭게 생겨났다. 이러한 대의정치체제의 확립으로 유럽 내 제국 형성에 더욱 어려운 조건으로 자리 잡게 된다.

셋째, 유럽 근대의 제국 간 정치는 비유럽에 대한 식민지 개척과 때를 같이하고 함께 지속되었다. 15세기 중반부터 20세기 중반까지의 500년간 유럽의 강대국은 주권국가이자 제국이었는데, 제국 간 정치에서 식민지 분할과 조정은 제국 간 관계에 절대적 영향을 미쳤다. 식민지는 유럽 제국들의 국력을 좌우하는 변수였을 뿐 아니라, 유럽 국가들 간 세력균형의 변화를 보상하고 조정하는 중요한 기제였다. 유럽 내 제국들이 평화적으로 공존하는 데 식민지 조정이라는 완충장치는 긍정적 역할을 하였다. 그렇게 조정된 세력균형 속에서 유럽 국가들은 잦은 전쟁을 통한 직접적이고 약탈적인 세력균형 정치를 피할 수 있었고, 안정 속에서 상호 주권을 인정하고 공존을 도모할 수 있었다. 유럽의 강대국들이 식민지를 포기하는 20세기 중반이 되면서 유럽 국가들 간의 국제정치가 주권국가체제를 넘어 유럽연합으로 이행하기 시작하였다는 것은 식민지의 존재가 유럽 제국들 간 주권국가체제의 성립과 유지, 안정성에 중요한 변수였다는 사실을 시사한다.

넷째, 제국들 간의 주권이 비제국들의 주권으로 확산되는 과정은 권력정치에 기초한 것이었으며, 주권이 일거에 전면적으로 각 단위들에 주어진 것이 아니다. 18세기 말까지만 해도 폴란드 분할의 경우처럼 유럽 내 약소국들은 주권을 소유한 제국들 간의 권력정치의 대상이었고 주권적 지위를 갖지 못했다. 베스트팔렌 조약 이후 나폴레옹 제국이 제국들 간의 주권적 공존을 실제적으로 위협하게 되면서 유럽의 약소국들에게 주권을 부여하는 방식으로 제국들 간 정치를 조정하게 되었다. 약소국의 영토보존, 정치적 존립, 혹은 중립국화 등을 통해 제국들의 약탈적 팽창을 막을 방책을 도모하게 되었다. 더 나아가 크림전쟁 이후

1857년의 파리 조약처럼 약체이자 유럽 문명권 밖의 오토만제국에게도 주권 지위를 부여하여 유럽 국가들 간 세력균형을 도모하게 되었다.

다섯째, 19세기 후반부터 제국주의의 물결이 더욱 강화되면서 비유럽 식민지들의 반제국주의 운동이 더욱 활발해졌다. 식민지 통치과정에서 합리화된 정치체제의 도입, 민주주의 정치철학의 확대, 식민지 내 정치 엘리트 양성, 국제정치의 모순에 대한 과학적 인식 등이 식민지에 확산되면서 제국주의 통치는 내재적 모순에 부딪히게 된다. 식민지 국가들은 제국주의의 약탈성에 대한 인식을 공유하면서 독립운동을 벌이게 되고, 제국들은 식민지 통치의 비용이 수익을 초과하는 상황을 맞이하면서 식민지 해방을 맞이할 수밖에 없었다. 강렬한 민족주의 운동과 반제국주의 운동 역시 중요한 역할을 하였다.

식민지의 독립과정에서 2차 세계대전의 승전국인 소련과 미국은 새로운 강대국 체제를 만들어 낸다. 양국 모두 공산주의와 민주주의에 기초하여 식민지를 반대하는 정치철학을 표방하였고, 20세기 비효율적 제국주의를 벗어나 새로운 리더십을 개발하고자 시도하였다. 2차 세계대전 종결과정에서 기존의 유럽식 구제국주의에 반대하고 식민지 해방과 비서구 국가들의 주권지위 획득에 찬성하였다. 그러나 냉전의 논리 속에서 공산주의 소련은 새로운 제국을 시도하여 소련을 제외한 공산주의 단위들에 대해 제국적 통치를 실시하였다. 미국은 자유주의 정치철학에 기초하여 공식적 제국을 추구하지 않았지만 자유진영 내 국가들에 대해 영향력을 유지하는 다양한 수단을 개발하였다. 미국이 애초부터 비공식 제국을 추구하는 마스터플랜을 가지고 있었다고 보기는 어렵지만 소련에 대한 냉전 수행, 미국 자본주의 팽창, 지정학적 영향력 확산 등의 다양한 동기 속에서 비서구 국가들에 대한 영향력 확장이 이루어졌다. 소위 미국 주도 자유주의 국제질서를 만들어 주권국가들의 사회를 주도하는 미국의 힘을 메타주권으로 개념화할 수 있다.

여섯째, 이론적으로 이러한 과정을 분석하는 데 기존의 주권적 행위자와 무정부상태 조직원리라는 다양한 논의로는 부족하다. 주권의 속성, 규범이 국가에 의해 실현되는 역사적 과정에서 여러 주권규범, 즉, 대외적 독립성, 대내적 최고성, 다른 주권체와의 법적 동등성, 내정불간섭, 영토적 완결성, 국민 개념의 수립 등이 순차적으로 많은 어려움을 거쳐 정립되었다는 점을 인식해야 한다. 또한 무정부상태라는 개념을 단순히 국내정치의 정부상태와 비교해서 정의해서는 안 되고 국제정치의 현실 자체가 어떻게 변화하였고, 그 과정에서 조직원리가 어떻게 진화해 갔는지를 보아야 한다. 여전히 주권국가들은 제국성을 내장하고, 진화하는 제국으로 존재하였으며, 그 과정에서 조직원리에 대한 권력투쟁을 벌였다. 이러한 관점을 이론화하는 데에는 슈미트의 주권이론이 유용하다. 제국 혹은 강대국은 정상상태에서 조직원리 개념을 행사하는 것은 물론, 특히 전쟁과 폭력으로 국제정치가 분절될 때 예외상태를 규정하고 이를 통해 자국의 이익을 실현하는 예외상태 권력을 동시에 행사하는 메타주권으로 존재하였다.

이상의 논의들은 현대의 국제정치이론을 바라볼 때 많은 시사점을 준다. 첫째, 국제정치의 조직원리에 대한 논의로 국내-국제 유추를 엄격히 바라보아야 한다는 것이다. 근대 국제정치가 가장 근본적으로 조직되고 구성되는 원리를 연구하는 과정에서 국내정치와의 비교, 개인과 국가 비교가 다양한 형태로 국제정치이론에서 자리 잡아 왔다. 공동체 속의 개인이든, 주권적 주체로서의 개인이든 개인과 국가의 관계가 국내정치 이론의 핵심이었던 것처럼, 국가는 국제정치의 핵심 행위자로 인식되었다. 국가가 일종의 인격화 과정을 거치면서 주권을 가진 국가들 간의 관계로 국제정치가 인식된 것이다. 개인 : 국가 = 개별국가 : 국제정치의 공식은 국제정치 조직원리를 이론화하는 데 핵심 공식이었다.

국내-국제 유추가 국제정치의 이론화 과정에 자리 잡게 되면서 국가의 주권이 관계적 개념이라기보다 국가의 속성적 개념으로 자리 잡았다. 대외적으로 독립된 주권이라는 개념이 국가의 속성이 되면서 국가들 간의 관계 속에서 주권의 개념이 인식되기보다는 주권의 외면화 과정에서 국가들 간의 관계가 인식되었다. 그 결과 무정부상태라는 조직원리 개념이 발생하는데, 이는 주권을 소유한 국가라는 행위자 중심의 시각에서 파생된 개념이다.

그러나 국제정치의 영역은 국내정치와는 근본적으로 다를 뿐 아니라, 국내정치가 성립되는 것은 근대 국제정치가 성립되면서, 즉 근대 유럽의 주권국가가 중세 제국으로부터 독립하면서부터다. 그렇게 볼 때, 국내-국제 유추를 무비판적으로 받아들일 것이 아니라 국제정치 영역 자체의 특징을 파악하고 이를 이론화하는 것이 중요하다. 국제정치의 영역은 다른 정치의 영역과 달리 개인들 간의 관계를 다루는 것이 아니라 집단들 간의 관계를 다룬다는 것이다. 하나의 집단이 다른 집단과 관계를 맺을 때에는 개인들 간의 관계에서 보이는 특징이 증폭되기도 하고, 또는 전혀 다른 특징이 나타나기도 한다. 베버의 논의처럼, 집단을 대표하는 대표자는 개인적인 심정윤리가 아니라 대표자로서의 책임윤리에 따라 행동할 수밖에 없다. 개인의 도덕성이나 가치관은 집단의 대표로서 행동할 때의 덕목과 일치될 수도 있지만 배치되는 경우 또한 허다하다. 니버(Reinhold Niebuhr)의 논의를 빌리자면, 개인은 도덕적일 수 있지만 집단은 도덕적이기 어렵다고 볼 수도 있다. 집단은 개인의 이익을 실현해야 하기 때문에 집단의 대표에게 집단 내부의 이익을 대표하는 것이 도덕적인 행동이 된다. 따라서 집단 간 정치는 개인 간 정치와는 다른 특징을 보이는데, 국제정치는 국가들 간의 정치적 관계, 혹은 국가를 포함한 다른 정치집단들 간의 정치적 관계를 다룬다.

또한 국제정치는 국가 및 여타 집단들 간의 관계를 다룰 때, 관계의 정치적 측면을 다룬다는 점에 주의해야 한다. 정치적인 것은 여러 의미를 가진 복잡한 용어다. 그러나 정치적인 것의 핵심은 권력을 대상으로 한다는 것이다. 권력, 혹은 힘을 차지하면 다른 여타의 가치, 즉, 이익이나 도덕성 등의 가치를 더불어 실현할 수 있다고 보는 것이 정치적 시각이다. 권력의 근원은 폭력이기도 하고, 경제력이기도 하며, 이념이기도 하다. 권력의 자원을 적절히 사용하여 다른 정치집단에 비해 우월한 권력을 소유할 경우 관계에서 우위를 차지할 수 있다. 권력을 대상으로 할 때 필연적으로 따라오는 특징은 편가르기이다. 슈미트는 이를 친구와 적의 관계라고 표현했지만, 핵심은 정치적인 행동을 하기 시작하면 모든 사람을 내 편으로 삼기 어렵다는 것이다. 결국 권력을 대상으로 편가르기를 하여 내 편을 강화하고 상대편을 약화하여 제한된 자원을 내 것으로 하고, 나의 의지를 상대방에게 실현하는 것이 정치적인 것의 핵심이다. 단재 신채호도 『조선상고사』에서 역사란 아(我)와 비아(非我)의 투쟁의 기록이라고 정의하였는데, 사실 아와 비아는 집단적 개념으로 민족, 혹은 국가를 일컫는다. 역사를 정치적 역사로서 하나의 정치적 집단이 상속성과 보편성을 가지고 다른 정치적 집단과 투쟁하는 가정을 역사라고 정의한 것이다.

둘째, "국제"와 "제국"의 경계가 생각보다 높고 단단하지 않다는 것이다. 제국은 매우 느슨한 개념으로 넓게 사용할 경우 분석적 유용성이 떨어지는 것이 사실이다. 그러나 다른 단위들의 최고, 독립적 권위를 인정하지 않는 단위이며 자신의 보편성을 주장한다는 점에서 다른 단위와는 차이가 있다. 주권국가는 다른 국가들의 최고, 독립적 권위를 인정하고 공존을 법적으로 약속한다는 점에서 제국과 분명한 차이를 보인다. 문제는 이러한 주권적 규범이 영구히 각인되어 불변의 규범으로 지켜질 수 있는가 하는 점이다. 주권국가 체제 내에서 1945년 이전까지 주권규범은 제국이면서 주권국가인 단위들에 한해서만 적용되는 규범이었기 때문에, 제국 간 규범의 보편성, 지속성의 논의는 토대가 빈약하다. 식민지를 유지하고 다른 유럽의 약소국가들을 지배, 정복, 분할하는 주권국가가 어느 정도 주권규범을 영속할 수 있는가의 문제다. 유럽 제국들 간의 주권인정은 실제 역사에 의해 지속적으로 부정되었다. 나폴레옹의 프랑스, 1, 2차 세계대전을 일으킨 독일, 그리고 공산주의를 표방하지만 강력한 현실주의 권력정치를 추구했던 소련 등은 모두 주권국가의 모태인 유럽의 강대국들이다.

2차 세계대전 이후 국제관계가 제국성과 거리가 멀다고 이야기한다면 이는 특히 자유진영을 이끈 미국과 관련된 논의다. 21세기 초 소련이 사라진 상황에서 미국의 국력이 극대화되고 미국의 안전을 위협할 불특정의 도전세력이 등장하여 결국 2001년 9.11 테러가 벌어진 이후 미국은 스스로 제국적 위상과 정책적 비전을 표방하였다. 2002년 국가안보전략(National Security Strategy)에서 제시되었듯이, 다른 세력의 안보위협에 대해 예방적 공격을 표방하여 주권국가 간 국제법을 넘어서려고 하였던 국가가 미국이다. 주권 규범은 상황에 따라 만들어지고 정착되며 내재화되지만 변화하는 국제정세 속에서 또다시 변형을 겪고 혹은 약화된다. 국제법과 조약에 명시된 고착화되고 고정화된 규범이 아니라 국제정세의 상황에 따라 내용이 변화하고 진화하며 결국 주권의 개념 자체와 주권 규범의 구성요소들이 변화하는 가변적 실천이라고 보아야 한다. 이러한 실천은 주권국가들 간의 규범을 일방주의적으로 규정하는 메타주권의 힘에서 비롯된다.

다른 국가의 주권적 지위를 실질적, 경험적으로는 물론 법적으로도 제한하여 권력을 극대화하는 것은 현실주의 국제정치이론의 기초 가정이다. 현실주의가 인간의 정치 집단 간 권력정치적 성격을 기본으로 한다면, 주권국가 간 관계를 "국제"에 한정하고 제국성의 내장성, 혹은 강화의 가능성을 원천적으로 봉쇄하는 것은 현실주의 제일 원칙에 어긋난다. 미국의 신현실주의는 현실주의의 기본 원칙으로 권력정치를 논하고는 있지만 주권국가가 분석단위의 기본이라고 상정함으로써 근대 국제관계에서 제국의 존재 자체를 부정하고 있다. 그러나 주권국가는 제국성이 진화하는 과정에서 한 단계이며, "국제"는 "제국 간 관계" 혹은 "제국의 대외전략"이 고착된 형태라고 볼 때, 현실주의는 주권국가의 제국성, 혹은 새로운 제국으로 계속 진화하는 단위의 한 형태로서 주권국가를 논해야 한다. 권력정치를 논하면서 주권국가를 제국과 근본적으로 분리시킨 것이 현실주의의 패러독스라고 할 만하다.

셋째, 유럽의 주권국가 체제는 유럽 국가들 간에 만들어지고 타 지역에 순차적으로 전파된 것으로 보기 어렵다. 15세기 전후 영토에 기반한 새로운 왕조국가들은 중세 기독교 제국으로부터 독립하면서 다른 영토 군주들과 경합하는 한편, 비유럽으로 팽창하여 국력을 축적하였다. 근대 초 강대한 제국들의 수입원은 신대륙으로부터의 은, 농산물 등 교역에 힘입은 바 컸다. 유럽을 중심으로 세계를 재편하여 자연법이 미치지 않는 영역으로 비유럽을 상정한 결과 유럽은 경제적으로 성장할 수 있었다. 만약 국력의 축적이 유럽 강대국들 간의 제로섬 게임이라는 세력균형 정치에 의해 이루어졌다면 전쟁과 정복, 분할은 끊임없이 지속되었을 것이다. 물론 30년 전쟁까지 유럽 국가들은 전쟁에 의해 국가를 만드는 내부적 투쟁을 거쳤고 그 과정에서 다른 제국들을 정당한 적으로 인정하는 무정부적 사회를 만든 것이 사실이다. 그러나 무정부적 사회가 제국들의 존재를 전제하여 언제든 정복정치의 부활을 가능하게 했었다는 점에서 주권 규범은 오늘날 국제법에서의 주권규범과는 사뭇 다르다.

이 과정에서 유럽의 약소국들과 오토만제국, 새로 개척되는 신대륙과 아프리카, 그리고 이미 높은 수준의 문명을 가지고 있던 인도와 아시아 제국들은 유럽이 상정한 주권지위에서 배제되었다. 국제사회가 유럽 내에서 만들어지고 전파된 것이 아니라, 유럽의 국제사회가 비유럽의 식민화를 이미 전제한 계서적 사회로 전체를 인식하고 있었다는 것이다. 또한 유럽의 국제사회가 작동할 수 있는 물적 기반과 정치적 안정성을 식민지 개척에서 찾고 있었다는 것이다.

2차 세계대전 이후에 미국과 소련이 새로운 제국을 추구할 수 있었던 것은 과거 유럽 제국주의의 결과가 절대적 영향력을 발휘하였다. 유럽과 일본의 제국주의로 비서구 식민지, 혹은 반식민지 국가들은 순조롭게 주권국가체제로 이행하지 못하였다. 우선 각 지역 내 토착적 지역질서가 주권국가체제로 이행하는 내적 동기와 논리를 발견하지 못했다. 기존의 제국보다 유럽이 부과한 주권국가체제가 더 나은지 스스로 납득하지 못하는 상황에서 존재하는 국제법적 주권국가 체제로 이행하는 것을 각자의 목표로 삼게 되었다. 여기에는 배타적 영토 개념, 인민들의 경계와 근대적 민족주의, 근대적 정치철학 등이 모두 포함된다.

기존의 주권국가 단위로 가장 적절하다고 생각하는 모습이 온전하게 실현되지 못한 것이 또 하나의 문제다. 각 단위들은 기존 체제 내에서의 지위, 영토의 범위, 국민의 범위, 정부의 성격과 형태 등에 대해 나름대로의 인식을 가지고 있었다. 그러나 구 제국들은 자국의 이익에 맞게 비서구 단위들의 주권적 요소들을 강제하였을 뿐 아니라 탈식민 과정에서 향후의 지속적 이익확보를 위해 때로는 무력으로 때로는 정치적으로 많은 영향력을 확보해 놓고자 하였다. 그 결과 비서구 식민지들은 해방 이후에도 자기정체성과 어긋나는 현실적 주권국가 요소들에 부딪혔고, 불완전주권을 소유한 단위로 남게 되었다.

영국의 국제사회학파는 유럽의 국제사회, 무정부적 사회가 비유럽과 무관한 상황에서 내부 전쟁과 조정, 협력을 통해 이루어진 것으로 전제한다. 최근의 연구들 일부는 비유럽에 대한 유럽의 제국적 지위를 고려하고 있지만, 유럽의 국제사회가 식민지의 존재, 식민지에 대한 유럽의 약탈을 전제로 하였을 때 사회성을 가진다고 말하기는 매우 어렵다. 사회는 질서에 대한 최소한의 합의가 전제되어야 하는데, 사회의 일원으로서 존재론적 지위를 상실한 채 방치되었던 식민지의 상황을 고려하면 국제사회의 존재를 논하는 것은 타당하지 않다. 국제사회는 비유럽으로 순차적으로 확산된 것이 아니라, 애초부터 유럽의 국제사회의 차별적 구성부분으로 결합되어 있었던 것으로 보아야 한다.

넷째, 근대 국제정치에서 제국의 실현이 어려워진 것은 다른 제국들과의 경쟁 및 균형도 한 원인이지만, 국내정치가 민주주의로 이행한 것이 큰 원인이다. 이미 중세 말부터 상향식 인민주권의 정치철학이 자리 잡고 있었고, 국가 주권을 논하면서 절대왕정의 필요성을 논하더라도 대의정치의 중요성은 인정되었다. 보댕과 홉스의 논의에서도 국내의 안정과 주권의 설정을 위해 절대왕정이 상정되었지만 이는 정부의 형태에 관한 것이고 인민의 정치적 의사가 대변되어야 한다는 원칙은 존재하였다. 근대 국가가 영토에 기반하여 존립하게 된 이래 그 영토에 사는 인민들의 정치적 의사를 대변하는 정부가 존재해야 하는 원칙이 성립되면서, 타 영토의 인민들을 지배하면 대의정치를 하지 않고는 정당성을 가질 수 없다. 비민주주의 정치체제하에서는 타국의 정복이 억압정치에 기반하여 유지될 수 있었지만, 민주주의가 확산되면서 타국을 점령한 제국은 피치자의 의사를 대변해야 했다. 나폴레옹이 유럽을 점령하면서 기존의 왕정을 무너트리고 민주주의의 대변자가 되면서 제국 건설에 박차를 가할 수 있었던 것도 기존의 제국과 다른 모델을 추구하였기 때문이다. 결국 실패로 돌아갔지만 국내 정치 요소의 변화가 국제정치에서 제국의 확산에 큰 어려움을 가져오게 된 것이 사실이다. 정복하려면 정복한 영토와 인민들의 의사를 대변해야 하는 새로운 원칙이 생겨난 것이다.

자유주의 국제정치이론은 그러한 점에서 민주주의 간 관계의 일면을 파악하고 있다. 칸트는 공화주의가 정착, 확산되면서 물론 전쟁을 거치지만 섭리에 의해 평화로 이른다는 명제를 제시한 바 있다. 국가들 간의 연합을 주장하였지만 현대의 관점에서 보면 민주주의가 확산되면서 제국의 성립조건이 더 까다로워졌음을 예측한 것으로 이해할 수 있다. 향후에 등장할 제국은 현재 존재하는 국가들의 정치체제의 문제점을 개선하고 다른 영토 내 인민들의 정치적 의사를 더욱 현실적이고 책임 있게 대변할 수 있는 제도적 장치를 만들어야 한다.

그러나 막상 자유주의 정치철학자들은 제국주의에 대해 반드시 반대한 것은 아니다. 19세기 영국이 제국주의를 실현할 때 이에 찬성한 존 스튜어트 밀과 같은 경우가 대표적이다. 영국의 국익을 위해 식민지 개척에 찬성했으며 자유주의의 적용에 한계를 분명히 하였다(박동천 2010). 이전의 로크 역시 무주지 점유이론을 내세워 유럽 제국의 아메리카 정복을 합리화한 바 있다. 자유주의의 확산이 제국의 실현을 어렵게 하는 것은 사실이지만, 자유주의의 적용 범위를 자의적으로 주장하며, 자유주의의 확산을 유럽 국가들의 사명이라는 이데올로기를 내세워 제국주의를 합리화하였다. 자유주의의 선택적 적용이 제국주의와 밀접한 관련을 가진다는 것이다.

다섯째, 마르크스주의 혹은 구조주의는 19세기 제국주의 분석의 선구적 역할을 하였다. 20세기 초 홉슨(John Atkinson Hobson), 힐퍼딩(Rudolf Hilferding), 룩셈부르크(Rosa Luxemburg), 레닌, 트로츠키 등은 제국주의가 자본주의의 단계에서 불가피한 현상이었다는 점을 지적하고 있다. 국가와 결탁한 독점 금융자본이 제국주의에서 돌파구를 마련하려 했다는 레닌의 분석은 식민지의 존재가 유럽 자본주의의 발전에 필수불가결한 존재였으며, 더 이상 분할할 식민지가 남아 있지 않을 때 제국들 간의 전쟁이 발생할 것이라는 예측을 하게 되었다. 실제로 식민지의 완전 분할을 제국들 간의 완충지를 소멸시켰고 제국들 간의 충돌과 경쟁은 이들 간의 세계대전으로 변화하였다.

월러스타인(Immanuel Wallerstein) 역시 자본주의 세계경제체제 개념을 내세워 근대 국제정치체제가 애초부터 지구를 대상으로 하였다는 존재론적 명제를 제시하였다. 세계가 중심, 반주변, 주변으로 이루어져 유기적 전체를 만들어 내었고 유럽의 제국들은 애초부터 식민지 국가였다는 점을 주장한 바 있다. 이러한 마르크스주의의 존재론적 가정은 주권국가체제를 지구 전체의 차원에서 조망하려는 노력과 맞닿아 있다. 문제는 이러한 지구적 주권국가 체제의 진화를 경제의 논리에 국한하여 설명하려 한다는 경제결정론의 시각이다. 19세기 제국주의만 하더라도 자본의 역할 이외에 군국주의, 주변부 협력자, 문화적 팽창주의 등 다양한 설명이 제시되고 있고, 자본은 제국주의를 통해 애초에 의도한 이윤을 남기지 못했다는 분석 역시 상당히 진행되었다. 더욱이 19세기 이전 제국주의보다는 식민주의가 팽배했을 당시 자본주의 동력만으로 유럽국가들 간 주권규범의 창출한 것과 비유럽 국가들에 대한 위계적 조직을 설명하기에는 부족하다. 지구 전체의 위계성의 한 메커니즘을 밝힌다는 점에서 마르크스주의 분석이 시사하는 바가 있지만 국제정치의 세밀한 조직원리 진화를 밝히기에는 논리가 치밀하지 못하다.

여섯째, 국제정치의 단위들이 주권적으로 상정되고 이러한 관념이 실재를 이끄는 힘을 유발하는 것은 사실이다. 현실을 창출하는 관념과 규범의 힘이다. 유럽의 강대국들, 제국들 중심으로 주권의 규범이 정착된 이후, 헤겔이 논하는 주인-노예의 변증법처럼 비강대국들 역시 주권의 지위를 탐하여 스스로 주인의 지위를 취득하고자 노력하였다. 유럽의 약소국들은 19세기를 통해 강대국들의 틈바구니에서 주권국가로 등장하려는 근대적 민족주의 노력을 강화하였고, 수많은 전쟁을 치렀다. 식민지들 역시 수입된 국가 주권의 개념을 자신의 것으로 내재화하여 이를 기반으로 근대적 민족주의를 정착시켰고 독립을 위한 지난한 투쟁을 지속하였다.

이러한 설명은 구성주의 설명과 닿아 있다. 구성주의는 주권은 사회적으로 구성된 규범이자 사회적 구성물로 보며 이러한 규범이 주체의 인식을 변화시켜 국제정치의 현실을 조성하는 구성적 역할을 한다고 상정한다. 이러한 분석은 주권규범의 현실적 힘을 시사하는 점에서 이론적으로 타당하다. 그러나 국제정치의 물리적 속성, 즉 군사력과 경제력에 기반하여 개인과 국가의 이익이 결정되고 이를 위한 전쟁과 착취의 메커니즘은 관념적 규범의 힘으로 부정되거나 극복되기 어렵다. 제국들은 유럽의 약소국들이나 식민지의 주권적 관념이 현실화될 여지를 주지 않았고, 이를 선제적으로 억압하여 자신의 이익을 극대화하였다. 약소국과 식민지가 주권지위를 부여받는 것은 유럽 제국 정치의 부산물이거나 제국들 간의 전쟁의 전후 처리과정에서 주어진 측면이 강하다. 이들의 독립쟁취 운동의 이념적 정당성과 실질적 효력을 과소평가해서는 안 되지만 강대국 정치의 물질적 속성이 관념의 실현에 미치는 긍정적, 부정적 영향을 정확히 평가할 필요가 있다.

일곱째, 다양한 비판이론들은 서구 주류이론의 기본 가정을 다양하게 비판하고 있다. 서구 주류이론이 강대국의 지위를 강화하는 담론으로서 권력정치 자체로부터 자유롭지 못하다는 비판도 있고, 현재의 국제정치 규범을 과거에 투사하여 장소와 시간을 물신화하는 실증주의적 오류를 범하고 있다는 비판도 있다. 탈식민의 이론화 역시 현재의 국제정치를 지구 전체에서 보는 데 매우 타당하다. 억압받고 주변화된 주체들에 역량을 부여하고 주류화하는 작업은 반드시 필요한 일이다.

문제는 이러한 비판 작업이 비판에 그치는 것이 아니라 현실을 분석하는 분석이론으로서 명백하고 유용한 경험적 가설을 제시해야 한다는 것이다. 이를 위해서는 국가주권과 무정부상태, 그리고 국제정치의 개념을 일면적으로 사용한 기존의 주류이론들을 새롭게 극복하여 보다 정확한 경험이론을 만들어야 한다. 비판이론은 서구의 현실은 물론, 서구 주류이론의 억압적 담론화의 경로까지 설명할 수 있는 지구적 차원의 일반국제정치이론을 만들어 내는 데 성공하지 못하고 있다. 이는 근대 이후의 지구적 역사와 유럽은 물론 실로 다양한 비서구의 각 지역에 대한 총합적 분석이 이루어지기가 매우 버겁다는 사실에 기초할 것이다. 소위 탈서구적 전회는 방법론과 새로운 이론적 시각에 근거한 것이 대다수인데, 국제정치의 역사를 이론화하는 근본적인 노력이 필요하다.

참고문헌

권경휘. 2017. "『정치신학』에 나타난 "예외상태"에 대한 슈미트의 이해방식." 『법철학연구』 20-3: 189-222.

김경근. 2005. "영국의 세계 지배와 18세기 프랑스." 『미국학』 28: 109-137.

김대륜. 2012. "18세기 영국의 경제와 정치제도: 분석의 시각에 관한 검토." 『대구사학』 107: 231-260.

김성호. 2008. "헌법제정의 정치철학: 주권인민의 정체성과 인민주권의 정당성." 『한국정치학회보』 42-3: 5-27.

김영석. 2017. 『국제법』. 서울: 박영사.

김영호. 2002. "홉스(Thomas Hobbes)의 국제정치관에 관한 연구." 『국제정치논총』 42-2: 7-25.

김용구. 2001. 『영구평화를 위한 외로운 산책자의 꿈: 루소와 국제정치』. 서울: 원.

———. 2008. 『만국공법』. 서울: 소화.

김준석. 2018a. 『국제정치의 탄생』. 서울: 북코리아.

———. 2018b. "사무엘 푸펜도르프의 국가이론연구: 신성로마제국에 대한 견해를 중심으로." 『21세기정치학회보』 28-2: 1-26.

노경덕. 2016. "얄타 회담 다시 보기." 『사총』 87: 317-349.

민병원. 2015. "초국가적 사회운동과 국제정치 '예외상태'에 관한 이론적 논의." 『한국정치학회보』 49-1: 49-69.

민경현. 2001. "레닌의 민족자결주의: 10월혁명 이전 시기를 중심으로." 『사총』 54: 131-143.

박경철. 2006. "보댕, 홉스, 루소의 주권이론과 주권론." 『강원법학』 23: 73-104.

박동천. 2010. "존 스튜어트 밀의 자유주의와 제국주의: 실존과 시의의 관점에서." 『국제정치논총』 50-4: 29-54.

박상섭. 2008. 『국가, 주권』. 서울: 소화.

박정원. 2008. "국제법상 인민자결권의 현대적 경향에 대한 소고." 『한양법학』 22: 271-287.

박지향. 2000. 『제국주의: 신화와 현실』. 서울: 서울대학교출판부.

안두환. 2014. "세력 균형에서 협조 체제로: 폴 슈뢰더(Paul W. Schroeder)의 근대 유럽 외교사." 『세계정치』 20(0): 193-282.

———. 2016. “홉스를 넘어서 홉스로: 생-피에르 신부의 사중 평화론.” 『국제정치논총』 56-3: 7-49.
오병선. 2003. “휴고 그로티우스의 법의 개념.” 『서강법학』 5: 5-28.
안상준. 2005. “중세의 민족의식과 카롤루스 마그누스: 독일·프랑스 신화적 민족사 서술과 통합적 유럽중세사의 지평.” 『역사교육』 93: 177-196.
오향미. 2013. “장 보댕의 주권론: 절대적 주권의 내적 논리.” 『국제정치논총』 53-3: 9-38.
용채영. 2016. “베스트팔렌 신화와 신성로마제국의 존속에 관한 연구(1495-1806).” 서울대학교 정치외교학부 석사학위논문.
윤재왕. 2016. “예외상태와 주권의 역설: 아감벤의 칼 슈미트 해석에 대한 비판.” 『강원법학』 47: 337-404.
이국운. 2016. “‘헌정적인 것’의 개념.” 『법과 사회』 51: 85-109.
이근관. 2007. “주권평등 원칙의 현대적 의의에 대한 비판적 고찰.” 『국제법평론』 26: 21-5.
이영석. 2005. “18세기 영국의 국가체제와 제국 경영.” 『미국학』 28: 33-60.
이용희. 2013[1962]. 『일반국제정치학(상)』. 서울: 이조.
이재경. 2008. “14세기 오캄을 통해서 본 중세철학과 근대철학의 연속성.” 『헤겔연구』 2: 231-250.
이준구. 2016. 『미국의 신자유주의 실험』. 서울: 문우사.
이혜정. 2002. “웨스트팔리아와 국제관계의 근대성: 러기의 비판적 이해.” 『국제정치논총』 42-2: 27-44.
———. 2017. 『냉전 이후 미국 패권: 자본주의와 민주주의, 전쟁의 변주』. 서울: 한울.
전재성. 1999. “19세기 유럽협조체제에 대한 국제제도론적 분석: 현실주의와 구성주의 제도론의 시각에서.” 『한국과 국제정치』 15(2): 33-60.
———. 2011. 『동아시아 국제정치: 역사에서 이론으로』. 서울: 동아시아연구원.
———. 2014. “국제정치 조직원리 논쟁과 위계론.” 『국제정치논총』 54-2: 7-45.
———. 2020. 『동북아 국제정치이론: 불완전 주권 국가들의 국제정치』. 출간예정. 서울: 한울.
정경수. 2013. “미국의 예외주의와 국제적 법의 지배.” 『서울법학』 20-3: 79-107.
조긍호·강정인. 2012. 『사회계약론 연구: 홉스, 로크, 루소를 중심으로』. 서울: 서강대학교 출판부.
조원홍. 1990. “서구 국민저항권론에 관한 사적 고찰.” 『역사교육논집』 13·14-1: 1156-1194.
조찬래. 2014. “중세시기 세속권 논의에 대한 연구.” 『한국시민윤리학회보』 27-1: 61-76.
———. 2015. “중세시기 교황절대주의(papal absolutism) 관념에 관한 연구.” 『사회과학연구』 26-3: 445-464.
차용구. 2002. “통합유럽의 중세 유럽적 기원: 중세 초기의 통일성과 다양성 개념을 중심으로.” 『서양고전학연구』 18: 123-139.

최철영. 2014. “로마법상 무주지(terra nullius) 개념과 실효적 지배를 통한 국가영역획득.” 『성균관법학』 26-1: 319-342.
———. 2016a. “국민주권과 정치신학: 헌법이론의 탈주술화는 요원한가?” 『법철학연구』 19-2: 177-206.
함재학. 2016b. “헌법질서와 주권의 매력에 관한 소고.” 『법학연구』 26-4: 39-75.
홍용진. 2012. “중세 프랑스 왕권의식(儀式)과 정치공간의 형성.” 『도시연구』 8: 155-188.

Albrecht-Carrie, Rene. ed. 1968. *The Concert of Europe*. New York. Walker and Company.
Aldridge, Daniel W. III. 1998. “Visions of a New World Order: Franklin D. Roosevelt and the Origins of the United Nations Organization, 1913-1945.” Ph.D. Diss. Emory University.
Alkopher, Tal Dingott. 2005. “The Social(and Religious) Meanings that Constitute War: The Crusades as Realpolitik vs. Socialpolitik.” *International Studies Quarterly* 49: 715-737.
Allison, Graham. 2018. “The Myth of the Liberal Order: From Historical Accident to Conventional Wisdom.” *Foreign Affairs* 97-4(July/August 2018): 124-133.
Anand, R. P. 2008. *Sovereign Equality of States in International Law*. Delhi: Nagri Printers.
Anderson, Benedict. 2006. *Imagined Communities: Reflections on the Origin and Spread of Nationalism*. New York: Verso.
Ando, Clifford. ed. 2016. *Citizenship and Empire in Europe 200-1900: The Antonine Constitution after 1800 Years*. Stuttgart: Franz Steiner Verlag.
Anghie, Antony. 1999. “Finding Peripheries: Sovereignty and Colonialism in Nineteenth-Century International Law.” *Harvard International Law Journal* 40: 1-68.
———. 2004. *Imperialism, Sovereignty and the Making of International Law*. Cambridge University Press.
———. 2006. “The Evolution of International Law: Colonial and Postcolonial Realities.” *Third World Quarterly* 27-5: 739-753.
———. 2012. “LatCrit and TWAIL.” *California Western International Law Journal* 42(2), Article 5: 311-320.
Aronovitch, Hilliard. 1997. “The Political Importance of Analogical Argument.” *Political Studies* 45: 78-92.
Asbach, Olaf and Peter Schroeder. 2010. *War, the State and International Law in Seventeenth-Century Europe*. New York: Ashgate.
———. 2014. *The Ashgate Research Companion to the Thirty Years War*. New York: Routledge.

Bartelson, Jens. 1995. *A Genealogy of Sovereignty*. Cambridge University Press.

———. 2011. "On the Indivisibility of Sovereignty." *Republic of Letters: A Journal of the Study of Knowledge, Politics and Arts* 2-2: 85-94.

———. 2013. "Three Concepts of Recognition." *International Theory* 5-1: 107-129.

Beaulac, Stéphane. 2004. *The Power of Language in the Making of International Law: The Word Sovereignty In Bodin And Vattel and the Myth Of Westphalia*. Leiden: Martinus Nijhoff Publishers.

Békés, Csaba. 2010. "East Central Europe, 1953-1956." in Melvyn P. Leffler and Odd Arne Westad. eds. *The Cambridge History of the Cold War*, Vol. I, 334-352. Cambridge University Press.

Berent, Moshe. 2000. "Sovereignty: Ancient and Modern." *Polis*. 17-1&2: 2-34.

Black, Jeremy. 1983. "The Theory of the Balance of Power in the First Half of the Eighteenth Century: A Note on Sources." *Review of International Studies* 9: 55-61.

Bodin, Jean. 2013[1576]. *Les Six Livres de la Republique*. 나정원 역. 『국가론』. 서울: 아카넷.

Bottici, Chiara. 2003. "The Domestic Analogy and the Kantian Project of *Perpetual Peace*." *The Journal of Political Philosophy* 11-4: 392-410.

———. 2009. *Men and States: Rethinking the Domestic Analogy in a Global Age*. New York: Palgrave Macmillan.

Branch, Jordan. 2012. "'Colonial Reflection' and Territoriality: The Peripheral Origins of Sovereign Statehood." *European Journal of International Relations* 18-2: 277-297.

Bull, Hedley. 1977. *The Anarchical Society: A Study of Order in World Politics*. New York: Columbia University Press.

Bull, Hedley and Adam Watson. eds. 1984. *The Expansion of International Society*. Oxford: Clarendon Press.

Bull, Hedley, Benedict Kingsbury, and Adam Roberts. eds. 1990. *Hugo Grotius and International Relations*. Oxford: Clarendon Press.

Burbank, Jane and Frederick Cooper. eds. 2010. *Empires in World History: Power and the Politics of Difference*. Princeton University Press.

Cha, Taesuh. 2015. "The Formation of American Exceptional Identities: A Three-tier Model of the "Standard of Civilization" in US Foreign Policy." *European Journal of International Relations* 21-4: 743-767.

———. 2018. "Competing Visions of a Postmodern World Order: The Philadelphian System versus the Tianxia System." *Cambridge Review of International Affairs* 31-5: 392-414.

Chimni, B. S. 2013. "Legitimating the International Rule of Law." James Crawford and Martii Koskenniemi. eds. *The Cambridge Companion to International Law*. Cambridge Unviersity Press.

Chowdhuri, Ramendra N. 1955. *International Mandates and Trusteeship Systems: Comparative Study*. The Hague: Martinus Nijhoff.

Chowdhury, Tasnin R. 2016. "'For the Benefit of Mankind': Franklin Roosevelt's Development of Trusteeship for the Postwar World." M.A. Thesis. University of Boston.

Cosgrove, Kenneth Joseph. 2014. "The American Anti-colonial Tradition and International Accountability for Dependent Peoples: A Study of the American Role in the Establishment of the League of Nations Mandates System and the United Nations Trusteeship System." Ph.D. Diss. London School of Economics.

Deneen, Patrick J. 2019. *Why Liberalism Failed*. New Haven: Yale University Press.

Deudney, Daniel. 1995. "The Philadelphian System: Sovereignty, Arms Control, and the Balance of Power in the American States-Union circa 1787-1861." *International Organization* 49-2: 191–228.

Deudney, Daniel and G. John Ikenberry. 1999. "The Nature and Sources of Liberal International Order." *Review of International Studies* 25-2: 179-196.

———. 2016. "Unraveling America the Great." *American Interest* 11-5(May/Jun): 1-17.

———. 2018. "Liberal World: The Resilient Order." *Foreign Affairs* July/August: 16-24.

Donnelly, Jack. 2006. "Sovereign Inequalities and Hierarchy in Anarchy." *European Journal of International Relations* 12-2: 138–170.

———. 2009. "Rethinking Political Structures: From 'Ordering Principles' to 'Vertical Differentiation' — and Beyond." *International Theory* 1-1.

———. 2011. "The Differentiation of International Societies: An Approach to Structural International Theory." *European Journal of International Relations* 18-1.

Downes, Alexander B. and Lindsey A. O'Rourke. 2016. "You Can't Always Get What You Want: Why Foreign-Imposed Regime Change Seldom Improves Interstate Relations." *International Security* 41-2.

Doyle, Michael. 1986. *Empires*. Ithaca: Cornell University Press.

Duchhardt, Heinz. 2014. "The Peace of Westphalia: A European Peace." in Olaf Asbach and Peter Schroeder. eds. *The Ashgate Research Companion to the Thirty Years War*. New York: Routledge.

Dunne, Tim and Christian Reus-Smit. 2017. *The Globalization of International Society*. Oxford University Press.

Ejdus, Filip. 2014. "Forum: The Expansion of International Society after 30 Years: Views from the European Periphery." *International Relations* 28-4: 445–478.

Elliott, J. H. 1992. "A Europe of Composite Monarchies." *Past & Present* 137: 48–71.

Elrod, Richard B. 1976. "The Concert of Europe: A Fresh Look at an International System." *World Politics* 28-2: 159-74.

Elshtain, Jean Bethke. 2008. *Sovereignty, God, State, and Self.* New York: Basic Books.

Falaky, Fayçal. 2016. "A Forsaken and Foreclosed Utopia: Rousseau and International Relations." *European Journal of Political Theory* 15-1: 61-76.

Fitzmaurice, Andrew. 2012. "Discovery, Conquest, and Occupation of Territory." in Bardo Fassbender and Anne Peters. eds. *The Oxford Handbook of the History of International Law*. Oxford University Press.

Gaddis, John Lewis. 1997. *We Now Know: Rethinking Cold War History*. Oxford: Oxford University Press.

Giddens, Anthony. 1985. *The Nation-State and Violence*. London: Routledge.

Giudice, Alessio Lo. 2011. "The Mediterranean Legacy in the Concept of Sovereignty: A Case of Legal and Philosophical Hybridity." *Journal of Civil Law Studies* 4-2: 397-417.

Gong, Gerrit W. 1984. *The Standard of 'Civilization' in International Society*. Clarendon Press.

Gotthard, Axel. 2014. "The Settlement of 1648 for the German Empire." in Olaf Asbach and Peter Schroeder. eds. *The Ashgate Research Companion to the Thirty Years War*. New York: Routledge.

Green, Eric F. 1988. "Socialist Internationalism: Theoria and Praxis in Soviet International Law." *Yale Journal of International Law* 13-2: 306-331.

Grotius, Hugo. 2005. *The Rights of War and Peace*, Book I, II, III. Edited by Richard Tuck. Carmel: Liberty Fund.

Gulick, Edward V. 1955. *Europe's Classical Balance of Power*. New York: W. W. Norton.

Gustafsson, Harald. 1998. "The Conglomerate State: A Perspective on State Formation in Early Modern Europe." *Scandinavian Journal of History* 3-4: 189-213.

Haas, Ernst B. 1958. *The Uniting of Europe: Political, Social, and Economic Forces, 1950-1957*. Stanford University Press.

Hast, Susanna. 2014. *Spheres of Influence in International Relations History, Theory and Politics*. Burlington, VT: Ashgate.

Heller, Franscis H. and John R. Gillingham. 1992. *NATO: The Founding of the Atlantic Alliance and the Integration of Europe*. New York: St. Martin's Press.

Hindess, Barry. 2007. "Locke's State of Nature." *History of the Human Science* 20-3: 1-20.

Hinsley, F. H. 1986. *Sovereignty*. Cambridge University Press.

Hobbes, Thomas. 2016[1651]. *Leviathan*. 최공웅 · 최진원 역. 서울: 동서문화사.

Hoffmann, Stanley. 1963. "Rousseau on War and Peace." *The American Political Science Review* 57-2: 317-333.

Holbraad, Carsten. 1970. *The Concert of Europe*. London: Longmans.

Jackson, Robert H. 1990. *Quasi-states: Sovereignty, International Relations, and the Third World*. Cambridge University Press.

Jones, Robert A. 1990. *The Soviet Concept of 'Limited Sovereignty' from Lenin to Gorbachev: The Brezhnev Doctrine*. New York: Palgrave Macmillan.

Johnson, Curtis. 1985. "The Hobbesian Conception of Sovereignty and Aristotle's Politics." *Journal of the History of Ideas*. 46-3 (Jul.-Sep.): 327-347.

Kayaoğlu, Turan. 2010. *Legal Imperialism: Sovereignty and Extraterritoriality in Japan, the Ottoman Empire, and China*. Cambridge University Press.

Keal, Paul. 2003. *European Conquest and the Rights of Indigenous Peoples: The Moral Backwardness of International Society*. Cambridge University Press.

Keene, Edward. 2002. *Beyond the Anarchical Society: Grotius, Colonialism and Order in World Politics*. Cambridge University Press.

Kemp-Welch, Anthony. 2010. "Eastern Europe: Stalinism to Solidarity." in Melvyn P. Leffler and Odd Arne Westad. eds. *The Cambridge History of the Cold War*, Vol. II, 219-237. Cambridge University Press.

Kim, Joon Suk. 2005. "Making States Federatively: Alternative Routes of State Formation in Late Medieval and Early Modern Europe." Ph.D. Diss. Chicago University.

Kissinger, Henry. 1957. *A World Restored: Metternich, Castlereagh, and the Problem of Peace*. London: Houghton Mifflin.

Koenigsberger, H. G. 1978. "Monarchies and Parliaments in Early Modern Europe: Dominium Regale or Dominium Politicum et Regale." *Theory and Society* 5 (1): 191–217.

———. 2007. "Composite States, Representative Institutions and the American Revolution." *Historical Research* 62: 135–53.

Kopp, Kristin. 2011. "Gray Zone: On the Inclusion of "Poland" in the Study of German Colonialism." in Michael Perraudin and Jürgen Zimmerer. eds. *German Colonialism and National Identity*. New York: Routledge.

Kovalev, Sergey. 1968. "Sovereignty and the International Obligations of the Socialist." *Pravda*. September 26.

Krasner, Stephen D. 1999. *Sovereignty: Organized Hypocrisy*. Princeton University Press.

———. 2001. "Organized Hypocrisy in Nineteenth-Century East Asia." *International*

Relations of the Asia-Pacific 1-2: 173-197.
———. 2004. "Sharing Sovereignty: New Institutions for Collapsed and Failing States." *International Security* 29-2 (Fall): 85-120.
Lake, David. 2003. "The New Sovereignty in International Relations." *International Studies Review* 5-3: 303-323.
———. 2009. *Hierarchy in International Relations*. Ithaca, NY: Cornell University Press.
Langhorne, Richard. 1986. "Reflections on the significance of the Congress of Vienna." *Review of International Studies* 12-4: 313-324.
Larkins, Jeremy. 2010. *From Hierarchy to Anarchy: Territory and Politics before Westphalia*. New York: Palgrave.
Latham, Andrew A. 2011. "Theorizing the Crusades: Identity, Institution, and Religious War in Medieval Latin Christendom." *International Studies Quarterly* 55: 223-243.
Latham, Robert. 1994. *The Liberal Moment: International Order, Security and Pluralism in the Post-World War II Period*. Doctoral Dissertation.
———. 1997. *The Liberal Moment: Modernity, Security, and the Making of Postwar International Order*. New York: Columbia University Press.
Layne, Christopher. 2018. "The US-Chinese Power Shift and the End of the Pax Americana." *International Affairs* 94-1: 89-111.
Leffler, Melvyn P. 2010. "The Emergence of an American Strategy, 1945-1952." in *The Cambridge History of the Cold War*, Vol. I. London: Cambridge University Press.
Leffler, Melvyn P. and Odd Arne Westad. eds. 2010. *The Cambridge History of the Cold War*, vol. I. London: Cambridge University Press.
Lenin, V. I. 1913. "Theses on the National Question." in translated by George Hann. *Lenin Collected Works 19*, 243-251. Moscow: Progress Publishers.
———. 2014[1918]. *State and Revolution: The Marxist Theory of the State & the Tasks of the Proletariat in the Revolution*. Chicago, Illinois: Haymarket Books.
Locke, John. 1996[1689]. *Two Treaties of Government: The Second Treaties of Government-An Essay Concerning the True Original Extent, and End of Civil-Government*. 강정인 · 문지영 역. 서울: 까치글방.
Lorimer, James. 1883. *The Institutes of the Law of Nations: A Treatise of the Jural Relations of Separate Political Communities*, 2 vols, vol. 1. Edinburgh and London: William Blackwood and Sons.
Lovin, Robin W. 2016. "Authority, Legitimacy and Sovereignty: Religion and Politics in the Roman Empire before Constantine." *Studies in Christian Ethics* 29-2: 177-189.
Mastanduno, Michael. 2009. "System Maker and Privilege Taker: U.S. Power and the

International Political Economy." *World Politics* 61-1: 121–54.

Mastny, Vojtech. 2010. "Soviet Foreign Policy, 1953–1962." in Melvyn P. Leffler and Odd Arne Westad. eds. *The Cambridge History of the Cold War*, Vol. I, 213-333. Cambridge University Press.

Maurseth, Per. 1964. "Balance of Power Thinking from the Renaissance to the French Revolution." *Journal of Peace Research* 1-2: 120-136.

Mearsheimer, John J. 2018. *The Great Delusion: Liberal Dreams and International Realities*. New Haven: Yale University Press.

Mearsheimer, John J. and Stephen M. Walt. 2016. "The Case for Offshore Balancing: A Superior U.S. Grand Strategy." *Foreign Affairs* July/August: 70-83.

Mehta, Uday Singh. 1999. *Liberalism and Empire: A Study in Nineteenth-Century British Liberal Thought*. University of Chicago Press.

Miller, Benjamin. 2007. *States, Nations, and the Great Powers: The Sources of Regional War and Peace*. Cambridge University Press.

Mitrany, David. 1966. *A Working Peace System*. Chicago: Quadrangle Books.

Morrall, John B. and Walter Ullmann. 2016. *Political Thought in Medieval Times, Medieval Political Thought*. 박은구 · 이희만 역. 『중세 유럽의 정치사상』. 서울: 혜안.

Mutua, Makau. 2000. "What is TWAIL." *American Society Internatioal Law Proceeding* 94: 31-38.

Naimark, Norman. 2010. "The Sovietization of Eastern Europe, 1944–1953." in Melvyn P. Leffler and Odd Arne Westad. eds. *The Cambridge History of the Cold War*, Vol. I, 175-197. Cambridge University Press.

Nardin, Terry. 2015. "The Diffusion of Sovereignty." *History of European Ideas* 41-1: 89-102.

Negri, Antonio and Michael Hardt. 2000. *Empire*. Cambridge: Harvard University Press.

Neumann Iver B. 1999. *Uses of the Other: "The East" in European Identity Formation*. Minneapolis, MN: University of Minnesota Press.

Nexon, Daniel H. 2009. The *Struggle of Power in Early Modern Europe: Religious Conflict, Dynastic Empires, and International Change*. Princeton University Press.

Nussbaum, Arthur. 2013[1954]. *A Concise History of the Law of Nations*. 김영석 역. 『국제법의 역사』. 서울: 한길사.

Nyyssönen, Heino. 2016. "Spheres of Influence: A Few Reflections on the Concept." *Cojourn* 1-3: 1-15.

Oppenheim, L. 1912. *International Law. A Treatise*, vol. I. New York: Longmans, Green and Co.

Osgood, Robert Endicott. 1962. *NATO-the Entangling Alliance*. Chicago: The University of

Chicago Press.

———. 1994. *The States System of Europe 1640-1990: Peacemaking and the Conitions of International Stability*. New York: Clarendom Press.

Osiander, Andrea. 2001. "Sovereignty, International Relations, and the Westphalian Myth." *International Organization* 55-2: 251-287.

Palladini, Fiammetta. 2008. "Pufendorf Disciple of Hobbes: The Nature of Man and the State of Nature: The Doctrine of *Socialitas*." *History of European Ideas* 34: 26-60.

Parker, Noel. 2013. "Empires and the Sovereign State Order: A Revisionist History." Noel Parker. ed. *Empire and International Order*. Surrey: Ashgate.

Pasha, Mustapha Kamal. 2017. "Decolonizing The Anarchical Society." in Hidemi Suganami, Madeline Carr, and Adam Humphreys. eds. *The Anarchical Society at 40: Contemporary Challenges and Prospects*. Oxford University Press.

Peter, Simon J. and Jonathan Saha. 2015. "Global History, Imperial HIstory and Connected Histories of Empire." *Journal of Colonialism and Colonial History* 16-1: 1-38.

Philpott, Daniel. 2001. *Revolutions in Sovereignty: How Ideas Shaped Modern International Relations*. Princeton University Press.

Pitts, Jennifer. 2005 *A Turn to Empire: The Rise of Imperial Liberalism in Britain and France*. Princeton University Press.

Polanyi, Karl. 1944. *The Great Transformation: The Political and Economic Origins of Our Time*. Boston: Beacon Press.

Posen, Barry R. 2018. "The Rise of Illiberal Hegemony: Trump's Surprising Grand Strategy." *Foreign Affairs* March/April: 20-27.

Pufendorf, Samuel. 1991[1673]. *On the Duty of Man and Citizen*. Cambridge University Press.

———. 1994. *On the Law of Nature and Nations in Eight Books*. in Craig L. Carr. ed. *The Political Writings of Samuel Pufendorf*. Oxford University Press.

Rajak, Svetozar. 2010. "The Cold War in the Balkans, 1945-1956." in Melvyn P. Leffler and Odd Arne Westad. eds. *The Cambridge History of the Cold War*, Vol. I, 198-220. Cambridge University Press.

Reynolds, David. 2006. *From World War to Cold War Churchill, Roosevelt, and the International History of the 1940s*. Oxford University Press.

Rodrik, Dani. 2011. *The Globalization Paradox: Democracy and the Future of the World Economy*. New York: W. W. Norton of Company.

Rolf, Jan Niklas. 2014. "The State of Nature Analogy in International Relations Theory." *International Relations* 28-2: 159-182.

Romaniecki, Leon. 1970. "Sources of the Brezhnev Doctrine of Limited Sovereignty and Intervention." *Israel Law Review* 5-4: 527-541.

Rosenberg, Justin. 1994. *The Empire of Civil Society: A Critique of the Realist Theory of International Relations*. New York: Verso.

Rosler, André. 2011. "Odi et Amo? Hobbes on the State of Nature." *Hobbes Studies* 24: 91-111.

Rousseau, Jean-Jacques. 1984. 『전쟁과 평화』. 김용구 역. 서울: 을유문화사.

———. 1999[1762]. *Du Contrat Social*. 이환 역. 『사회계약론』. 서울: 서울대학교출판부.

———. 2010[1755]. *Discours sur L'Origine et le Fondaments de l'Inégalité parmi les Hommes*. 김중현 역. 『인간 불평등 기원론』. 서울: 웅진씽크빅.

Ruggie, John Gerard. 1982. "International Regimes, Transactions, and Change: Embedded Liberalism in the Postwar Economic Order." *International Organization* 36-2: 379-415.

———. 1983. "Continuity and Transformation in the World Polity: Toward a Neo-Realist Synthesis." *World Politics* 35: 261-285.

———. 1992. "Multilateralism: The Anatomy of an Institution." *International Organization* 46-3: 561-98.

———. 1993. "Territoriality and Beyond: Problematizing Modernity in International Relations." *International Organization* 47-1: 139-174.

Sack, Robert D. 1983. "Human Territoriality: A Theory." *Annals of the Association of American Geographers* 73-1: 55-74.

Scheuerman, William E. 2007. "Carl Schmitt and Hans Morgenthau: Realism and Beyond." in Michael C. Williams. ed. *Realism Reconsidered: The Legacy of Hans Morgenthau in International Relations*. Oxford. Oxford University Press.

Schmitt, Carl. 2015[1934]. *Politische Theologie: Vier Kapitel zur Lehre von der Souveränität*. 김항 옮김. 『정치신학: 주권에 관한 네 개의 장』. 서울: 그린비.

———. 1995[1950]. *The Nomos of the Earth in the International Law of Jus Publicum Europaeum*. 최재훈 역. 『대지의 노모스: 유럽 공법의 국제법』. 서울: 민음사.

Schroeder, Paul W. 1992. "Did the Vienna Settlement Rest on a Balance of Power?" *The American Historical Review* 97-3: 683-706.

———. 1994. *The Transformation of European Politics* 1763-1848. Oxford: Clarendon Press.

Schröder, Peter. 2017. "The Concepts of United Monarchy and Balance of Power in the First Half of the Seventeenth Century: A Case Study." in Martti Koskenniemi, Walter Rech, and Manuel Jiménes Fonseca. eds. *International Law and Empire: Historical Explorations*. Oxford University Press.

Simpson, Gerry. 2004. *Great Powers and Outlaw States: Unequal Sovereigns in the International Legal Order*. Cambridge University Press.

———. 2013. "International Law in Diplomatic History." in James Crawford and Martii Koskenniemi. eds. *The Cambridge Companion to International Law*. Cambridge University Press.

Smith, Joseph. 1990. *The Origins of NATO*. The University of Exeter Press.

Sofka, James R. 2001. "The Eighteenth Century International System: Parity or Primacy?" *Review of International Studies* 27: 147-163.

Spruyt, Hendrik. 1994. *The Sovereign State and Its Competitors*. Princeton University Press.

Stahn, Carsten. 2008. *The Law and Practice of International Territorial Administration: Versailles to Iraq and Beyond*. Cambridge University Press.

Stalin, J. V. 1913. *Marxism and the National Question*. London: CPGB-ML.

Stirk, Peter M. 2012. "The Westphalian Model and Sovereign Equality." *Review of International Studies* 38: 641–660.

Suganami, Hidemi. 1989. *The Domestic Analogy and World Order Proposals*. Cambridge University Press.

———. 2017. "The Argument of the Anarchical Society." in Suganami, Hidemi, Madeline Carr, and Adam Humphreys. eds. 2017. *The Anarchical Society at 40: Contemporary Challenges and Prospects*. Oxford University Press.

Suganami, Hidemi, Madeline Carr, and Adam Humphreys. eds. 2017. *The Anarchical Society at 40: Contemporary Challenges and Prospects*. Oxford University Press.

Suzuki, Shogo. 2009. *Civilization and Empire: China and Japan Encounter with European International Society*. New York: Routledge.

Teschke, Benno. 2003. *The Myth of 1648: Class, Geopolitics and the Making of Modern International Relations*. New York: Verso.

Thompson, Andrew C. 2008. "Diplomacy and the Great Powers." in Peter H. Wilson. ed. *A Companion to Eighteenth Century Europe*. Malden, MA: Blackwell Publishing.

Tuck, Richard. 1999. *The Rights of War and Peace: Political Thought and the International Order from Grotius to Kant*. Oxford University Press.

Tully, James. 1991[1673]. "Introduction." in Samuel Pufendorf. *On the Duty of Man and Citizen*. Cambridge University Press.

Vattel, Emer de. 2008[1758]. *The Law of Nations*. Béla Kapossy. ed. Indianapolis: Library Fund Inc.

Vick, Brian. 2011. "Imperialism, Race, and Genocide at Paulskirche: Origins, Meanings, Trajectories." Michael Perraudin and Jürgen Zimmerer. eds. *German Colonialism and*

National Identity. New York: Routledge.
Vishniak, Mark. 1949. "Sovereignty in Soviet Law." *The Russian Review* 8-1: 34-45.
Vitoria, Francisco de. 1992[1539]. *Vitoria: Political Writings*. Anthony Pagden and Jeremy Lawrance. eds. Cambridge University Press.
Waltz, Kenneth N. 1979. *Theory of International Politics*. Reading, MA: Addison-Wesley.
Watson, Adam. 1992. *The Evolution of International Society: A Comparative Historical Analysis*. New York: Routledge.
Wendt, Alexander. 1992. "Anarchy is What States Make of It: The Social Construction of Power Politics." *International Organization* 46-2: 391-425.
———. 1999. *Social Theory of International Politics*. Cambridge University Press.
Wendt, Alexander and Daniel Friedheim. 1995. "Hierarchy under Anarchy: Informal Empire and the East German State." *International Organization* 49-4: 689-721.
Westad, Odd Arne. 2007. *The Global Cold War Third World Interventions and the Making of Our Times*. Cambridge University Press.
Wheaton, Henry. 1916[1836]. *Elements of International Law*. Fifth Edition. London: Stevens and Sons, Limited.
Wight, Martin. 1966. "Why is There No International Theory?" in Herbert Butterfield and Martin Wight. eds. D*iplomatic Investigations*. George Allen & Unwin. 17-34.
———. 1977. *Systems of States*. Leicester University Press.
Williams, William Appleman. 1959. *The Tragedy of American Diplomacy*. Cleveland: World Pub. Co.
Wilson, Peter. 2008. "The Empire, Austria, and Prussia." in Peter H. Wilson. ed. *A Companion to Eighteenth Century Europe*. Malden, MA: Blackwell Publishing.
Wood, Ellen Meiksins. 2002. *The Origins of Capitalism: A Longer View*. New York: Verso. 정이근 역. 『자본주의의 기원: 장기고찰』. 부산: 경성대학교 출판부.
Yurdusev, A. Nuri. 2006. "Thomas Hobbes and International Relations: From Realism to Rationalism." *Australian Journal of International Affairs* 60-2: 305-321.
Zielonka, Jan. 2007. *Europe as Empire: The Nature of the Enlarged European Union*. Oxford University Press.
Zucca, Lorenzo. 2015. "A Genealogy of State Sovereignty." *Theoretical Inquires in Law* 16-2: 399-422.

찾아보기

ㄹ

ㅂ

ㅅ

ㅈ

ㅊ

ㅋ

ㅎ

전재성

서울대학교 정치외교학부 교수.
동아시아연구원 국가안보연구센터장.
서울대학교 국제문제연구소장 역임.
일본 게이오대학 방문교수 역임.

저서

『동아시아 국제정치: 역사에서 이론으로』(2011)
『정치는 도덕적인가: 라인홀드 니버의 초월적 국제정치사상』(2012)